企业项目化管理（道特智库）系列丛书

企业项目化管理范式

Enterprise Projectification Management Paradigm

——企业整体管理系统解决方案

第 3 版

韩连胜 著

U0348851

机械工业出版社
CHINA MACHINE PRESS

本书内容共分为三部分。第一部分：倡导企业项目化管理范式，引领企业科学发展。介绍企业项目化趋势与企业项目化管理产生的必然性、概念、价值、特征以及企业项目化管理范式的框架。第二部分：构建企业项目化管理体系，助推企业升级发展。从操作、知识、思想三个层面介绍如何结合企业自身特点构建企业项目化管理体系。其中，在操作层面，从战略、项目、运营、组织与人员五个领域对企业项目化管理系统的构建进行详解。第三部分：实施企业项目化管理变革，践行企业创新发展。介绍如何进行企业项目化管理变革，如何提升和维护企业项目化管理能力。

本书详细介绍了企业项目化管理范式理论，并对如何结合企业的特点进行企业项目化管理进行了阐述，可作为企业 CEO、总经理或总裁、董事、投资人、顾问和商学院学生及致力于管理研究与实践人员的案头指南。

图书在版编目（CIP）数据

企业项目化管理范式：企业整体管理系统解决方案/韩连胜著 . —3 版 . —北京：机械工业出版社，2021. 12

（企业项目化管理（道特智库）系列丛书）

ISBN 978-7-111-69862-3

Ⅰ . ①企⋯　Ⅱ . ①韩⋯　Ⅲ . ①企业管理 – 项目管理　Ⅳ . ①F272

中国版本图书馆 CIP 数据核字（2021）第 258176 号

机械工业出版社（北京市西城区百万庄大街 22 号　邮政编码 100037）
策划编辑：张星明　责任编辑：张星明　陈　倩
责任校对：李　杨　封面设计：郝子逸
责任印制：谢朝喜
北京宝昌彩色印刷有限公司印刷
2022 年 1 月第 3 版 · 第 1 次印刷
210mm×285mm · 22. 5 印张 · 582 千字
标准书号：ISBN 978-7-111-69862-3
定价：95. 00 元

电话服务　　　　　　网络服务
客服电话：010-88361066　　机 工 官 网：www.cmpbook.com
　　　　　010-88379833　　机 工 官 博：weibo. com/cmp1952
　　　　　010-68326294　　金 书 网：www.golden-book.com
封底无防伪标均为盗版　机工教育服务网：www.cmpedu.com

少懷壯志起鴻鈞固本當高做學人范

嶺水公磨鐵杵精勤資踐悟真金

開心故勝豫經濟率眾籌謀富國民

大作宏如開 正語偹行鑄煉自精神

贈韓連勝先生

辛卯夏日 千春

书法家赵千春题词

企业项目化管理（道特智库）
系列丛书编委会

推荐序一

或许本书的书名也可以叫作《企业追求卓越之道》，因为本书作者凭借在企业界和咨询界奋斗和苦研20多年的经验，加之在学术方面的潜心钻研，使打造核心竞争力、追求卓越不再停留在思想上，而是真正地为企业实现跨越式发展找寻到一条行之有效的路径。

能够为本书作序，是由于本书作者与我有着很深厚的渊源。韩连胜是我指导的众多博士生中非常优秀的一个。他有着企业经理、管理副总裁和总经理等的丰富实践经历，更有着多年企业管理学习、研究、培训和咨询的理论研究功底。我一直指导并鼓励他：从企业管理的本质出发，综合运用项目管理、工程管理、人员管理等各种理论成果，融各家之所长，开创性地提出一种适应当今以及未来企业发展的管理范式。

进入21世纪后，企业处于"静与动"和"刚与柔"的竞合之中。信息技术的发展和网络空间的形成，无疑是企业竞合成功的使能器，而项目管理则是更加适合"动与柔"的一种管理思想和模式。

令人欣慰的是，韩连胜总结提炼近年来国内外卓越企业管理经验，系统研究国内外先进企业管理理论，于2008年发表了题为《企业项目化及其能力研究》的博士学位论文，得到了企业管理领域和项目管理领域众多专家、学者以及企业精英的一致认可。随后在天士力医药集团股份有限公司、唐山轨道客车有限责任公司、开滦集团等国内外知名企业深入推广的基础上，其理论知识体系日臻完善，其应用操作模式日臻成熟，终成今天大家即将看到的著作《企业项目化管理范式——企业整体管理系统解决方案（第3版）》。本书以企业管理变革系统、应变和成效为准则，将企业创新发展整体管理体系予以表达，"酒好出巷子"，希望能够帮助更多企业对企业创新发展整体管理有新的认识，并真正地指导企业构建整体管理体系，不断走向卓越。

《企业项目化管理范式——企业整体管理系统解决方案（第3版）》从科学应对当今及未来社会项目化趋势日趋增强的需要出发，系统融合了思想管理、知识管理、战略管理、运作管理、项目管理、组织管理、人员管理和信息化管理等各种实践理论成果，真正具备了"对内系统整合、对外及时应变、自身落地实操"的科学、实效管理理论的三大特征，是现代企业管理研究中颇具特色的一项研究成果。

创意、激情、机制和文化是互为一体的企业成长、发展的灵魂，愿此书能够从一个新的视角为企业的整体管理系统建设提供一种创新性思维和管理范式，为提高我国企业的国际竞争力做出贡献。

南开大学教授、博士生导师、MBA专家委员会主席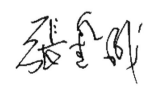

推荐序二

《企业项目化管理范式——企业整体管理系统解决方案（第3版）》一书即将出版，我既感欣慰又觉激动，应邀作序，希望与有志于推动我国项目管理发展的同行们分享该书观点。

我国是世界上少数几个项目实践最早、项目管理经验最丰富的国家之一，但在现代项目管理的应用、发展方面却落后于西方主要发达国家。数十年来，我与众多专家、学者一起，一直致力于推进我国项目管理的专业化、现代化和国际化发展，致力于我国项目管理学科建设与研究。令人欣喜的是，近20年来，我国项目管理发展硕果累累，不仅神舟六号等诸多项目多次荣获国际大奖，项目经理能力的国际认可度大幅增长，而且一些项目管理的研究成果陆续问世并得到国际嘉奖，一些具有中国特色的项目管理专著也接连出版。这些成果不仅使国人备感骄傲，也令世界为之惊叹！

看到本书书稿之后，我真的很激动。作为一名学者，我不仅亲历了我国项目管理专业的从无到有、国际项目管理学术交流的从无到有、项目管理图书出版的从无到有，更看到了我国年青一代学者开拓创新、学习成长的艰辛历程。这方面的感人事例很多，韩连胜博士就是其中一例。他凭借在企业界、咨询界奋斗和苦拼20多年的实战经验和在学术方面的潜心研究，推出了"企业项目化管理范式"，真正为企业实现可持续发展找到了一条科学路径。

中国现代项目管理是在全球知识经济时代的到来和我国特定的改革开放经济建设大环境中发展的。伴随着社会经济的深层次发展，项目管理也必然会涉及一些深层次的发展问题，企业项目化管理就是其中之一。将项目管理提高到企业战略层次，以解决"项目的临时性"与"组织的长期性"的矛盾，由企业对活动的项目管理演化为企业的项目化管理，成为国内外项目管理专家、学者共同关注的热点。

本书的出版也使我想起了2010年机械工业出版社出版的《企业项目化管理实践》（李文等著）。《企业项目化管理实践》和《企业项目化管理范式——企业整体管理系统解决方案（第3版）》可以说是引领我国企业项目化发展的姊妹篇，前者是企业从职能型向项目化变革转型的真实记录，后者则为企业管理向项目化转型提出了一套整体解决方案。这两本书的出版标志着我国现代项目管理进入了一个重要的自主发展新阶段，对国际项目管理领域的发展也产生了重要影响。

作者和道特智库团队20多年来肩负项目管理研究、推广和服务的三重重任，在项目管理领域做了大量的工作。感谢韩连胜博士和道特智库团队为企业项目化管理领域发展做出的新贡献！

国际项目管理协会（IPMA）Honorary Fellow

国际项目管理协会中国认证委员会主席

中国（双法）项目管理研究委员会（PMRC）名誉主任

西北工业大学国际项目管理研究院名誉院长

西北工业大学教授

钱福培

自 序

乌卡（VUCA）时代，充满易变性、不确定性、复杂性和模糊性，创新为王。创新是一种精神，项目是一种手段。

本书定位与价值

变革时代，创新是企业得以生存和发展的必要手段；创新又是对预期成果和未知不确定性的探索，存在巨大风险。

基于本人近20年企业创新管理理论研究、专业服务和丰富实践，从企业科学创新的领域和方法出发，系统开展了三个系列的研究：系统阐述企业所有者与经营管理者委托机制创新的"企业项目化治理范式"，阐述企业对外业务经营转型创新的"企业项目化经营范式"，以及阐述企业对内管理升级创新的"企业项目化管理范式"。

《企业项目化管理范式——企业整体管理系统解决方案（第3版）》，是一本辅助当今社会创业精英、发展企业高层领导，特别是企业一把手，处于变革日益加剧的乌卡时代，为追求创新发展，科学规划创业、持续、永续发展路径，有效解决各发展阶段管理难题，系统构建企业整体管理科学体系，打造企业核心管理竞争能力，促进企业实现持续、稳定、健康发展，全面系统了解"企业项目化管理范式"理论以及实践高效实操技巧的著作。

本书紧密围绕"凭借卓越管理之道，特创辉煌发展成就"这一企业核心发展主题，深入研究并借鉴近百年来国内外企业管理研究成果，总结并提炼道特智库团队多年来成功打造多家行业领先企业的管理顾问经验，探究并剖析国内外卓越企业的成功历程和衰落轨迹，响应当今社会项目化发展趋势以及企业创新升级科学管理的要求，开拓性地界定了"企业项目化及其能力"的概念，创新性地构建了"企业项目化管理范式"，科学性地阐释了"企业项目化管理知识体系"的内涵，实效性地勾画出了企业追求卓越的管理变革提升路径。

本书阅读建议

在读者正式阅读本书之前，我建议读者改变以往的阅读观念与习惯，以企业管理问题解决和系统提升为目标，以对本书的阅读、批判、思考和应用为手段，这将使您阅读本书的收益大为增加。

首先，建议各位读者明确您在企业管理方面要解决的问题或要达到的目标：无论是要验证一下自我企业管理的感悟、经验，还是要解决企业管理中的实际难题；无论是要部分层面地改善企业管理水平，还是要通过管理将企业打造成同领域内最为卓越的企业。

其次，建议读者尝试"知识学习"与"应用批判"相结合的阅读习惯，学本书以及国内外诸家的管理之"知"，悟当今企业和个人管理能力提升之"识"，求企业和个人卓越发展之"道"。

阅读目标不同、心态差异，阅读效果会大相径庭。我相信，以上这种阅读方式将会最大限度地拓宽您的管理视野，拓展您的管理深度，丰富您的管理内涵，提升您的管理成效。同时，开诚布公地与领导、同事、下属乃至业务合作伙伴分享该书心得，将会让您在企业经营业绩和个人职业品牌两个方面获得超出想象的价值回报。

企业项目化管理范式理论来源于管理实践，超越于具体实践，而又应用于新的实践，建议读者采用以下"三步走"策略，借助本书的阅读，实现自我和企业管理竞争力的跨越提升。

学"道"：倡导企业项目化管理范式，引领企业科学发展

"他山之石，可以攻玉。"本书第一部分从当今时代发展特征和企业管理特点出发，辨析了传统企业管理理论在指导竞争环境下企业管理工作方面存在的不足；通过众多卓越企业管理经验的总结和现代企业管理理论的研究，梳理了企业项目化管理范式的发展历程，阐述了企业项目化管理发展的必然性，系统介绍了企业项目化管理及其范式的核心概念、内涵与价值。本部分辅助读者深入认知在竞争环境下，面向竞争、追求卓越的企业项目化管理范式及其应用价值。

悟"道"：构建企业项目化管理体系，助推企业升级发展

"实用体系，普适价值。"本书第二部分紧密围绕构建企业最佳管理系统方案这一目标，针对创业发展、持续发展和永续发展三个不同层次的企业，深入阐述了各发展层次的管理目标、范围、内容、手段和路径，系统全面地介绍了企业项目化管理范式三大层级、五大领域、二十二个模块的管理范围、内容、方法以及工具，精要阐述了企业通过创业项目管理、管理领域拓展、管理层级演进从创业发展阶段突破至持续发展阶段进而进入永续发展阶段的过程。本部分辅助读者以企业项目化管理思想为引导，以企业项目化管理知识为指导，深入开展企业项目化战略管理、项目管理、运营管理、人员管理、组织管理等企业项目化管理操作，构建应对竞争的企业项目化管理体系，形成追求卓越的企业项目化管理操作系统。

布"道"：实施企业项目化管理变革，践行企业创新发展

"学以致用，变革提升。"本书第三部分以企业实际导入并持续提升企业项目化管理为核心，剖析了近年来企业项目化管理的成就与价值，深入分析了企业项目化管理变革各项工作的要点，对企业项目化变革的驱动因素以及驱动程度给出了量化的测量方式，介绍了企业项目化管理变革中企业体制演进的动态过程。本部分内容在对企业项目化管理变革的各种工作与状态进行阐述的同时，也提出了对项目化能力进行提升、维护与评价的方法，为企业在进行项目化管理变革的过程中正确认知自身能力提供了准确的测量方案。本部分辅助读者以企业项目化管理思想、知识和操作为依托，客观评价企业项目化管理能力差距以及变革驱动因素与程度，有效地进行企业项目化管理变革，建立起定期、持续、有效的管理提升工作流程和方法，维护并持续提升追求卓越的企业项目化管理能力，促进企业持续、稳定、健康发展，达到基业长青。

"道无止境，业无坦途。"当您读完本书，不妨掩卷长思：您是否在本书中找到了您要解决的问题的答案，本书对您提升企业管理水平有多大帮助。

亲爱的读者朋友们，时间是最宝贵的资源，您完全可以根据自己的时间情况和阅读效果，选取最适合您的阅读方式：

- 3 小时　成效：开启管理思路；阅读方式：您只需要看导图。
- 3 天　　成效：理顺管理系统；阅读方式：您只需要看导读和结论。
- 3 月　　成效：提升管理成效；阅读方式：您需要研读全文。
- 3 年　　成效：独创管理成果；阅读方式：您可结合企业实践苦心研究和发展。

本书既可成为您精心研读和领悟的一本精华读物，也可成为您案边随手可得的宝典。

总的来说，本书的价值充分体现在：精辟阐释、融合扬弃国内外企业管理理论，系统总结、科学提炼近20年国内外领先企业管理经验，开创性地倡导一套"企业项目化管理范式"。

- 紧密围绕现代企业，依托管理实现持续、稳定、健康发展并达成卓越的一大目标。
- 彻底解决单一传统企业管理理论和项目管理理论指导现代企业管理实践不足的两大难题。
- 完全体现现代企业管理对外应变、对内系统、落地实操的三大功能。

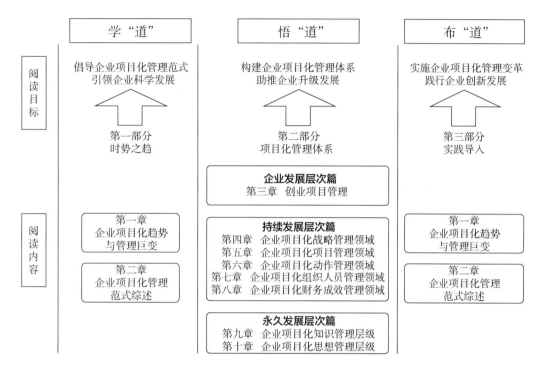

本书适合的阅读人群

本书有其最适合的读者群。相信企业的 CEO、总经理或总裁读了它，会有深层次的感悟并有所行动；公司的董事、投资人、企业顾问和商学院学生及致力于管理研究与实践的朋友们读了它，会产生不同角度及不同程度的共鸣；对企业如何应对层出不穷的变化感兴趣的人读了它，会从思想上进行一次革新。具体表现为：

- 企业的 CEO、总裁、总经理等高层管理者，通过阅读本书掌握适应超强竞争、微利情况下，依托管理能力（资源配置能力）寻求经营优势（资源获得能力）的科学发展模式；构建起支撑企业面向发展、应对竞争、追求卓越，包含以先进的管理思想为引导、以科学的管理知识为指导、以实效的管理操作为支撑的企业项目化管理体系。

- 企业的管理副总裁、管理部部长、项目管理办公室（PMO）主任等中层管理者，通过阅读本书掌握一种对内系统整合资源、对外及时响应变化，思想、组织、方法和工具一体化的管理能力；构建起以战略管理为主导、以项目管理为核心、以运营管理为基础、以组织管理为保障、以人员管理为支撑的系统化的企业项目化管理系统。

- 企业管理研究专家、教授和学者，通过阅读本书科学借鉴国内外的先进管理知识，系统提炼优秀企业的卓越管理经验，辩证解决企业长期性、稳定性与创新变革之间的矛盾，创建信息时代背景下以项目化管理为牵引、以标准化管理为基础的企业项目化管理范式理论。

韩连胜

目　　录

推荐序一

推荐序二

自序

引言　管经修炼——企业修炼篇 ……………………………………………… 1

第一部分　倡导企业项目化管理范式，引领企业科学发展

第一章　企业项目化趋势与管理巨变 …………………………………… 5

　第一节　乌卡时代特征与企业成功要点 ……………………………… 5

　第二节　企业转型升级与管理挑战 …………………………………… 7

　第三节　企业项目化管理的缘起、拓展与提升 …………………… 16

第二章　企业项目化管理范式综述 …………………………………… 26

　第一节　企业项目化管理深化理解与相关概念 …………………… 26

　第二节　企业项目化管理范式框架精解 …………………………… 30

　第三节　企业项目化管理范式应用与三个层次 …………………… 37

第二部分　构建企业项目化管理体系，助推企业升级发展
（企业项目化管理体系构建）

创业发展层次篇：抢抓机遇、创业可期 …………………………… 43

　第三章　创业项目管理 ………………………………………………… 45

　　第一节　创业与项目管理 …………………………………………… 45

　　第二节　创业项目管理能力与提升 ………………………………… 53

　　第三节　创业项目工作与十八步模型 ……………………………… 58

持续发展层次篇：系统打造、持续有望 ………………………… 84

　第四章　企业项目化战略管理领域 ………………………………… 87

　　第一节　企业项目化战略管理综述 ………………………………… 87

　　第二节　企业项目化战略分析模块 ………………………………… 91

　　第三节　企业项目化战略规划模块 ………………………………… 95

　　第四节　企业项目化战略实施模块 ……………………………… 103

　　第五节　企业项目化战略管控模块 ……………………………… 106

第五章　企业项目化项目管理领域 ································· 111

第一节　企业项目化项目管理综述 ································· 111

第二节　企业项目化项目孵化模块 ································· 117

第三节　企业项目化单项目管理模块 ······························· 122

第四节　企业项目化项目集群管控模块 ······························ 128

第六章　企业项目化运作管理领域 ································· 139

第一节　企业项目化运作管理综述 ································· 139

第二节　企业项目化运作转化模块 ································· 142

第三节　企业项目化运作管理模块 ································· 145

第七章　企业项目化组织人员管理领域 ····························· 151

第一节　企业项目化组织人员管理综述 ······························ 151

第二节　企业项目化组织架构与职责模块 ···························· 156

第三节　企业项目化人员聘用与育留模块 ···························· 172

第四节　企业项目化组织薪酬管理模块 ······························ 189

第五节　企业项目化制度与标准模块 ······························· 194

第八章　企业项目化财务成效管理领域 ····························· 204

第一节　企业项目化财务成效管理综述 ······························ 204

第二节　企业项目化全面预算管理模块 ······························ 205

第三节　企业项目化全面决算管理模块 ······························ 206

第四节　企业项目化业绩成效管理模块 ······························ 208

永续发展层次篇：体系管理、永续传承 ····························· 211

第九章　企业项目化知识管理层级 ································· 214

第一节　企业项目化知识管理综述 ································· 214

第二节　企业项目化经验固化模块 ································· 218

第三节　企业项目化知识提炼模块 ································· 222

第四节　企业项目化能力复制模块 ································· 228

第十章　企业项目化思想管理层级 ································· 233

第一节　企业项目化思想管理综述 ································· 234

第二节　企业项目化愿景使命模块 ································· 236

第三节　企业项目化理念价值观模块 ······························· 241

第四节　企业项目化行为法则模块 ································· 246

第三部分　实施企业项目化管理变革，践行企业创新发展
（企业项目化管理变革实施）

第十一章　企业项目化管理变革与演进 ····························· 255

第一节　企业项目化管理范式变革 ……………………………………………… 255

第二节　企业项目化管理体制演进 ……………………………………………… 269

第十二章　企业项目化管理能力与诊断 …………………………………… 273

第一节　企业项目化管理能力 …………………………………………………… 273

第二节　企业项目化管理诊断 DEPMT ………………………………………… 279

第三节　企业项目化管理能力维护与完善 ……………………………………… 284

附录 …………………………………………………………………………… 287

附录 A　企业项目化管理百词解析 ……………………………………………… 287

附录 B　某大型医药研发企业项目化管理成功案例分享 ……………………… 311

附录 C　某生产型企业的全面绩效管理方案 …………………………………… 321

附录 D　企业项目化管理变革驱动测量问卷 …………………………………… 329

附录 E　企业项目化管理诊断（DEPMT）问卷 ……………………………… 332

附录 F　企业管理人员能力提升路线图 ………………………………………… 339

附录 G　企业系统建设路线图 …………………………………………………… 340

后记 …………………………………………………………………………… 341

参考文献 ……………………………………………………………………… 342

引　言

管经修炼——企业修炼篇

思民族振兴强国之梦，念企业辉煌强大之路。探源究本，悟管理之道，日思夜悟，以求精进，摘其精要而成"管经修炼——企业修炼篇"。

一、认知

管理之道，以资源配置之功，行卓越发展之能。
顺而不管，顺不长久；逆而不管，逆不终结。

管之具象，有四层：事为基，人为本，企为业，世为源。
历经尝试，为之炼；扬弃升华，为之修。
事修得技，人修得术，企修得法，世修得道。

管之功能，有四级：遵道、守法、擅术、重技。
道法自然，道世归源。上善若水，大智在"道"。
务求自道，坚持他道；不依小道，追求大道。
循规导律，重管遵道；系统管理，强企兴邦。
物竞天择，适者生存。自然法则，企业亦然。

工业社会，规范性流水线生产，盖以职能化为追求；
信息社会，创造性单一化服务，当以项目化为牵引。
弃职能化管理迟滞之弊，扬项目化管理应变之利。
贯通古今，融汇中外，管在当代，赢在未来。

二、修炼

管经修炼，化繁为简。
五域拓展，定当优秀。
三级跨越，应能卓越。

初级项目修炼：

选事要准，谋事要透，干事要快，了事要清。

项目操作，做对做成，创业可期。

中级系统修炼：

战略明确主导化，项目创新核心化，运营经验积淀化，组织人员保障化，财务成效支撑化。

系统运行，做强做大，持续有望。

高级体系修炼：

思想引导、能力传承，

知识指导、能力复制，

操作支撑、能力提升。

体系运转，做优做久，永续传承。

三、作为

卓越管理，唯历创业、持续、永续发展阶段，经人治、法治、自治变革才成。

核心能力，唯历诊断、构建、优化、系统过程，经体制健全、机制完善提升方盛。

企业领袖、管理精英，

当以"能事助人，强企兴邦"为己任，志存高远。

当拥"系统管理、科学发展"之能为，雄才大略。

凭借卓越管理之道，特创辉煌发展之路。

小则创业可期、发展有望；

大则持续发展，永续传承！

第一部分

倡导企业项目化管理范式，引领企业科学发展

管理之论，由来久矣！学派众多，建树颇丰。

心永驻，理恒通，明月照中外，古今存大道。

遍览古今，尽阅中外，

管理之道，莫不以资源配置之功，行优良发展之能。

物竞天择，适者生存。自然法则，社会亦然。

工业社会，规范性流水线生产，盖以标准化为追求；

信息社会，动态性专一化服务，当以项目化为牵引。

弃标准化迟滞之弊，扬项目化应变之利，乃企业管理的时代选择。

贯通古今、融汇中外，管在当代、赢在未来，

尽在企业项目化管理范式。

读者感言：

阅 读 导 图

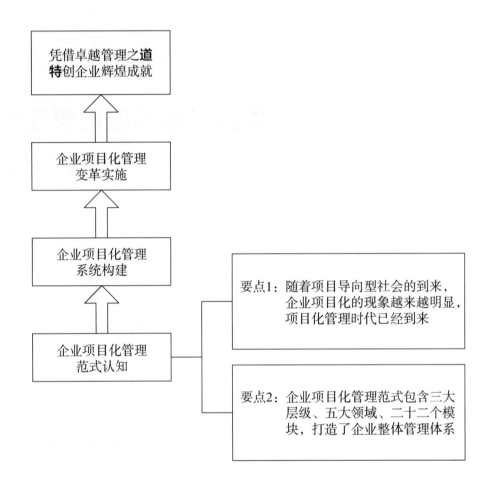

第一章

企业项目化趋势与管理巨变

近年来，伴随科技进步的加速、顾客要求的提升、市场竞争的加剧，企业中临时性、一次性的任务活动日渐增多，单纯以运作管理思想进行企业管理的传统管理方式越来越不能适应时代发展对企业的新要求，而灵活应对环境变化的企业管理方式研究已经逐渐成为时代的主流。企业在不断发展的过程中，项目意识逐步增强，通过更加动态和更具有创新性的努力取得企业变革性跨越式提升的企业项目化的现象日益普及，企业项目化的趋势日渐增强。这种趋势推动了企业管理理论与实践研究的新进程，带来了显著的企业管理巨变。在这种趋势的推动之下，应时代发展要求，依管理发展规律，创新性地构建领先的企业管理理论和体系，已经成为时代发展的核心主题和必然选择。

第一节　乌卡时代特征与企业成功要点

当今社会，人类在技术、经济、文化等方面取得了显著的进步与成就，为企业的发展奠定了良好的基础。然而，信息的高度发达、技术的高度进步、经济的高速发展，也给企业发展带来了巨大的挑战。当前，企业在面临巨大发展机遇的同时，也面临着各种各样的问题：

——行业发展过于依赖宏观环境

——管理人员比例低

——平均技术含量低

——资金风险大

——市场竞争激烈

——管理低收益、高风险

即当代社会表现出明显的乌卡（VUCA）时代特征：Volatility（易变性），Uncertainty（不确定性），Complexity（复杂性），Ambiguity（模糊性）。

当代企业为有效应对竞争，必须持续完善和提升企业管理能力，但企业管理的发展方向、变革内容以及提升效果并不简单。当前，企业处在科技日益发展、竞争日益加剧的动荡环境中，为谋求更好的发展，就必须从时代发展的现象和企业发展的特征出发，持续提升管理能力。

一、时代发展的现象

企业作为推动社会前进的重要单元，其发展伴随时代的发展而不断变化。就现代社会而言，有人称之为知识经济社会，有人称之为信息工业化社会。经济发展的速度越来越快，企业发展的环境也越来越好，但同时也面临着越来越大的挑战，如何从复杂的时代发展环境中寻找并抓住企业发展的良好契机，实现企业跨越式发展，成为越来越多的企业竞相追逐的目标。

从人类社会进入 21 世纪以来，时代发展呈现出日渐明显的三大趋势：市场化、国际化、集约化，促使着当今企业的发展呈现出日益明显的超强竞争（Hypercompetitive）状态。

（一）市场化加剧了竞争的程度

我国从 1978 年前的完全计划经济，通过改革开放，发展演变成社会主义市场经济。从 2001 年12 月 11 日正式加入 WTO 后，我国经济的市场化程度逐步加强。市场化程度的加强，使企业客户有了更为广阔的选择空间和更强的谈判能力，进一步削弱了企业对包括物质与人力在内的资源的掌控程度，最终使得企业之间的竞争不断加剧。

在市场经济条件下，客户对企业的认可程度成为企业得以生存和持续发展的最为重要的保障。企业只有以市场为导向，以客户为中心，将满足客户现实和潜在需求作为战略目标，才能更好地生存和发展。更为重要的是，客户的需求不是停滞的，而是处于永无止境的提升当中的，企业只有保证产品能够满足客户不断变化的需求，才能确保企业的市场地位。

（二）国际化拓展了竞争的范围

进入 20 世纪以后，随着科学技术的不断进步、交通通信的日益发展，经济全球化的趋势不断加强。特别是进入 21 世纪以后，经济发展的国际化特征更为明显。国际化的发展，一方面，为企业提供了更为广阔的市场空间；另一方面，也为企业带来了更多现实的和潜在的竞争对手。国际化的发展，不断扩大着企业面临的竞争范围，给企业发展增添了更大的压力。

国际化格局的形成以及发展，伴随着日渐完善的反垄断法、反不正当竞争法等法律法规的出台，使得各种形式和程度的垄断成为奢望，竞争成为企业生存和发展的一个永恒课题，企业的竞争范围也从国内市场竞争逐渐向国际市场竞争转变。特别是进入 21 世纪以来，在连续多年的经济高速发展背景下，任何一个行业中都充斥着大量的竞争对手，优胜劣汰的自然法则使企业的竞争意愿由过去的被动接受竞争转向主动挑起竞争、竞争范围由过去的国内竞争转向国际竞争，竞争的白热化程度不断加剧。

（三）集约化加大了竞争应对的难度

当前，依靠生产要素的大量投入和扩张实现企业的发展与提升，消耗与成本均较高，同时产品质量难以提高，经济效益难以保证。为抓住更多有利资源，满足客户日益提升的需求，在同行业竞争中谋取优势，企业不得不对产品研发、质量水平、成本控制、人员能力等各方面的工作提出越来越高的要求。企业如何在有限的资源与条件下实现持续、健康、稳定的发展，已经成为时下研究热点。以往的粗放式经营与管理的弊端越来越明显，企业正在向集约化的经营与管理转变。然而，随着越来越多的企业意识到集约化的重要性，有利资源的争夺也愈发激烈，给企业谋求竞争优势增加了难度。

二、企业成功的要点

鉴于当今社会发展的市场化、国际化和民主化趋势不断加强，现代企业的成功表现出日益明显的三大要点：创新、科学、升级。

(一) 以"创新"为企业发展动力

近年来，我国经济呈现出新的发展轨迹。转变经济增长方式、加快转型升级成为更加紧迫的命题。逐渐消失的人口红利、资源红利，迫使实体经济必须依靠自主创新驱动发展。除此之外，在当今信息化成为主导的时代，信息的传递速度与产品的更新换代的速度不断加快，停滞不前将逐渐被社会所淘汰。因此，企业要想在日益变化的大环境之中保持竞争优势，创新是必不可少的手段，也是推动企业前进的动力。

对于一个企业而言，创新包括很多方面：技术创新、体制创新、思想创新。简单来说，技术创新可以提高生产效率，降低生产成本；体制创新可以使企业的日常运作更有秩序，便于管理，同时也可以摆脱一些旧体制的弊端，如科层制带来的信息传递不畅通；思想创新是相对比较重要的一个方面，领导者的思想创新能够保障企业沿着正确的方向发展，员工思想创新可以增强企业的凝聚力，发挥员工的创造性，为企业带来更大的效益。

(二) 以"科学"为企业发展标准

在当今时代下，各种管理理论层出不穷，对企业的发展具有不同角度的指导意义。企业的管理者如果没有一定的管理理论与经验，在日益激烈的竞争环境中将寸步难行；然而，如果企业管理者一味照搬各大管理理论，又会让企业陷入巨大的困境。那么企业应该如何进行管理，才能健康、稳定、持续地发展呢？曾经有一位管理大师说过："管理既是科学，又是艺术。"可见，管理既不能一成不变，又要有一定的规范。企业管理十分复杂，要求企业拥有科学管理的理念。管理的科学性是管理作为一个活动过程，具有自身的客观规律，管理的科学性强调管理活动必须以反映管理客观规律的管理理论和方法为指导，掌握科学的方法论。要保证管理实践的成功，管理者必须懂得如何在管理实践中运用科学的理论，并以科学管理作为企业管理的规范。

(三) 以"升级"为企业发展手段

企业作为我国经济发展的基础驱动力，必须适应新的经济增长形势，加大转型升级力度，主动适应新的市场环境。面对激烈的竞争环境，企业到底要走一条什么样的发展道路，才能实现企业持续、健康、稳定的发展目标呢？结合多年的理论研究与经验总结，本书认为企业必须不断升级，才能在残酷而激烈的竞争环境中生存与发展。

第二节　企业转型升级与管理挑战

时代发展的现象背景与企业发展的特征，都对企业的生存与发展提出了新的要求：一般的管理模式难以驱动企业不断发展与前进，企业转型升级迫在眉睫。

一、企业转型升级的内涵

一般来说，企业的转型升级可以从转型和升级两个层面来理解。转型是从一种状态向另一种状态的转变。转型包括转行和转轨，前者表现为企业在不同产业之间的转换，后者表现为不同发展模式之间的转变。升级是企业提高迈向更具获利能力的资本和技术密集型经济领域的能力的过程，即企业在产业链和价值链上位置的提升，一般通过创新和整合来实现。

（一）企业转型的内涵

企业发展的表现是非常复杂的，发展途径更是纷繁复杂，但就其根本属性而言，可以简单地概括为经营和管理两种主要途径。企业要追求卓越，确定了企业发展使命之后，如何实现企业使命？根本途径在于经营和管理，如图 1-1 所示。

图 1-1　企业发展的根本途径

在企业发展的各层次研讨会议中，管理者会经常提到企业发展的两大主题：一个是经营；另一个是管理。那么，这两大主题之间有什么区别和联系呢？到底什么是经营，什么是管理呢？不同的人有不同的说法，很少有人去专门分析它，但它却是很多企业总裁内心深处最为关心的话题。本书认为：企业的经营就是企业获得各种资源的过程。比如，企业发展要获得国家政策的支持，要有领先的技术，要有足够的资金，要有各种各样的人才。企业谋求获得这些政策、技术、资金、人才等资源，这就叫经营。那么，什么叫管理呢？企业有了人员、设备、厂房以及一些外部机会等资源之后，将这些资源进行有效配置使产出最大化，这就叫管理。简单来说，企业各种资源的获得叫经营，各种资源的配置方式叫管理。

> **重要概念**
>
> 企业经营：企业各种资源（如技术、资金、设备、人才、资质等）的获得。企业经营成果对企业发展影响巨大、见效快速。
>
> 企业管理：企业各种资源（如人员、资金、设备、原料、机会等）的配置方式。企业管理成果对企业发展具有一定影响、见效缓慢。

经营与管理是密不可分的。在企业发展的中前期，成功的经营能让企业获得飞速发展；而在中后期，企业发展更多地是依靠资源的有效配置，即管理。经营与管理，是企业发展的"静脉"与"动脉"，前者获取资源，后者配置资源。好的企业能够将经营与管理有机结合起来。忽视管理的经营是不能长久、不能持续的，因为经营赚回来的一些收入，可能会由于管理水平低下、资源配置低效产生不同程度的浪费，使企业整体收益水平降低。忽视经营的管理是没有活力、僵化的，为了管理而管理，为了控制而控制，只会使企业止步不前，甚至把企业管死。总之，经营是龙头，管理是保障，二者相辅相成。企业要做大做强，必须首先关注经营，研究市场和客户，并为目标客户提供有针对性的产品和服务；然后管理必须跟上，只有管理跟上了，经营才可能继续往前进；经营前进后，又会对管理水平提出更高的要求。

将企业发展的经营与管理两种主要途径进一步细化，可以分为资金、技术、市场、管理等多种发展途径。在不同的社会发展阶段，不同的发展途径都曾发挥过极大的价值。从当今所面临的一般发展环境来看，企业发展途径的价值分析见表 1-1。来自于技术、资金、市场等资源方面的价值，也就是企业经营发展方面的竞争优势在日渐萎缩；而来自于企业管理方面的竞争优势，相对而言收益更大、持续时间更长。特别是在当今社会资源日渐稀少、社会法制日渐完善、企业竞争日益加剧的经济环境下，企业管理成为企业发展更为可行、更为有效的发展途径。同时，管理贯穿于企业发展的全程，如企业资金拓展、技术拓展及市场拓展等经营活动的高效开展都需要有效的管理来助力。

表 1-1　企业发展途径的价值分析

分析因素 ＼ 突破口	资金拓展	技术拓展	市场拓展	管理拓展
实施障碍	大	大	大	小
突围风险	大	大	大	中
资金需求	大	大	中	低
实施时间	短	长	中	中
持续时间	短	长	中	长
拓展绩效	中	中	中	高

资料来源：《当代企业拓展方式调查报告》（道特咨询公司）○。

就当前企业而言，管理在企业发展进程中起着不同的作用，企业的两大根本途径——经营和管理在企业中的相互关系不同。从经营与管理的价值定位角度分析，企业发展模式核心表现为两种：一种是重经营轻管理；另一种是经营和管理并重。当前企业发展模式如图 1-2 所示。

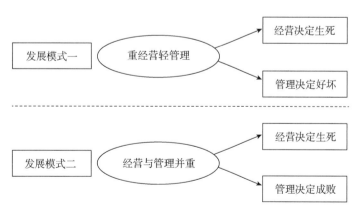

图 1-2　当前企业发展模式

1. 重经营轻管理

在过去甚至现在，有很多企业领导重经营轻管理，表现为第一种发展模式，这和经营和管理二

○　道特咨询公司为本书对天津市道特企业管理咨询有限公司的简称。

者给企业带来的价值不同有关系。经营决定企业生死，对企业的影响特别大。比如，如果一个企业没有人员、没有政策允许，企业如何运行；如果一个企业没有资金，就像一个人身体没有血液一样，企业如何动弹。因此，经营的问题往往决定企业生死。那么，在第一种发展模式中，管理决定什么问题呢？管理影响好坏，也就是管理的好坏决定着企业资源配置成效的大小。

（1）改革开放初期我国企业的发展模式　在过去包括现在，很多企业家并不重视管理，只是在开会、在宣传时会提到重视管理，并没有在实际工作中去落实。那么，这种做法可不可以理解呢？其实是可以理解的，这说明经营和管理对企业的价值不一样。在过去我国市场经济不发达的情况下，科学技术发展相对缓慢，市场竞争程度较低，产品供不应求，资源的获得非常关键，企业只需稍作整合，就可以获取利润。所以，在当时的环境下，企业领导更多地是争分夺秒地抢占资源，而很少关注资源的配置效率。这是因为：抓经营要来得快，拿来一种资源就会立竿见影、"政绩"突出，见效非常快，如技术升级、设备采购、订单获得等；而管理耗时耗力，要经过很长时间的努力、耗费很大的精力才能真正见效。

（2）当前处于初创期或小规模企业所体现的发展模式　当前，一些企业在初创期或规模比较小的时候，往往也是采取重经营轻管理的发展模式。因为此时企业发展的第一要务就是生存，经营放在首位，管理放在第二位，也是可以理解的。但随着市场竞争进一步加剧，信息化程度日益提升，对企业运作效率和灵活反应等方面的要求越来越高，管理本身已成为竞争手段之一，重经营轻管理的思想就不可取了。这种思想在改革开放初期还是非常适用的，但在当今已比较落后，急需提升。

总结来说，在这种企业发展模式中，经营和管理的关系突出表现为：经营决定生死，管理决定好坏。这个结论解决了企业领导们多年来对经营和管理的认知混乱问题，理清了经营和管理的关系，对企业管理理念的认知前进了一步。

2. 经营与管理并重

随着信息化社会的来临及企业对管理价值认识的加深，大多数企业的发展体现为第二种模式——经营与管理并重。许多企业领导人在管理思想上发生了很大的变化，通过请顾问、参加总裁班等方式学习管理知识，变革管理思想，提升企业管理水平。

宏观环境的发展也要求企业必须加强管理。中国共产党第十七次全国代表大会把"科学发展观"写入党章。"科学发展观"是依据新的环境及新的历史条件提出的。现代社会发展到今天，环境保护、资源匮乏和民生等问题的出现，要求改变发展思路，改变经济增长模式，实现科学发展。"科学发展观"，通俗地讲，就是指不仅要把事做成，而且要做好。例如：企业发展要对环境污染最小、资源消耗最少、效益产出最大，不仅要为自己的企业考虑，还要作为一个企业公民为社会考虑，这样的领导观才能带领企业持续发展，走向卓越。由国家领导者的思维转变延伸到企业领导者的思维转变，可以预见的是，持有科学发展观的领导者才是当今社会倡导以及未来真正有发展空间的领导者，也只有这样的企业领导者才会使企业产生根本性的变化。因此，新时期要求企业领导者不仅要抓经营，还要加大管理力度，使资源配置更为高效。在市场同质化、竞争白热化及资源紧缺的趋势下，企业对管理的倚赖程度日益提升，企业在很大程度上开始拼管理能力，管理能力的高低决定着企业的成败。总结说来，当今以及未来，经营决定生死，管理决定成败。

通过上述对企业发展使命和途径的深入分析可以看出，当今的企业领导人应当进一步加深对企业管理概念及企业发展价值的认知，深刻认识到企业管理的作用及价值，应当从"经营决定生死，管理决定好坏"上升到"经营决定生死，管理决定成败"的理念层次。只有在这样的管理思想指导下进行经营与管理理念并重转型的企业，才能真正打造出能够持续、稳定和健康发展的卓越企业。

（二）企业升级的内涵

当今社会，企业的竞争多以资源（人才、技术、信息等）竞争为主，要求企业改变以往粗放式的管理模式，转而向集约化的管理升级，从而保证企业的发展。

目前，很多企业仍处于粗放式管理阶段，生产效率、产品质量和服务都很难提高。粗放式管理是一种"差不多"的管理，不是准确的、科学的管理。很多企业领导张口就是企业将实现两位数的增长，实际上却没有任何有说服力的依据。这种"差不多"的管理在措辞中往往带有差不多、大概等字样。企业在进行质量管理时常常自我感觉良好，实际上却对产品合格率、每道工序的生产能力和成本等情况知之甚少。粗放式管理实际上是一种短暂的管理，企业事先并没有制订充分的长期规划，企业政策往往是朝令夕改，不稳定性极大，抗风险能力低下。

企业要想在复杂的竞争环境中脱颖而出，必须改变现有的粗放式管理方式，利用管理使企业达到集约化，保证企业的生存与发展。采用什么样的管理，主要看它能否为企业带来价值。因此，企业管理必做于细，企业需要新的管理思维和逻辑，要从粗放式管理迈向集约化管理。企业应该保持从粗放式管理到集约化管理转变的思想，同时认识到升级管理方式的必要性和迫切性。

二、企业转型升级对现代管理的要求

企业转型升级，需要强大的企业理论作为支撑。当前，我国已进入改革开放的"深水区"，以往"摸着石头过河"的模式不再适应现代企业发展的需求，企业的转型升级需要明确的目标指导。那么，何种管理理论与范式能够有效指导企业的升级发展，使企业在日益激烈与复杂的竞争环境中脱颖而出并占据优势呢？

企业管理理论是一门实践性非常强的学科，其理论的先进性及价值性来自对管理实践指导的实效性。不同的管理理论有着不同的研究视角，其理论成果也有着不同的应用环境和特定范围。纵览管理学的发展历史和演变历程，随着企业外部环境变化的动态性加剧，企业系统管理能力和应对外部环境变化的能力成为企业管理关注的热点，企业管理的实效性成为企业管理变革的焦点。引导和指导当代企业管理变革的管理理论和范式，一定能够紧密围绕企业客户需求和环境变化，及时响应行业竞争，系统整合企业内部各种资源，有效应对企业在管理中面临的各种挑战，同时具有管理思想明确、管理组织合理、管理方法有效和管理工具便捷等特征。面对当今及未来企业环境的变化，指导当今企业发展的管理理论应同时具备内部系统性、外部适应性和应用实效性三大特征，如图1-3所示。

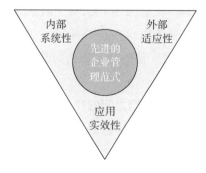

图1-3　先进企业管理范式应具备的三大特征

三、企业传统管理理论与挑战

管理活动源远流长，人类进行有效管理活动已有数千年的历史。从管理实践到形成一套比较完整的管理理论，也是一段漫长的历史发展过程。回顾管理学的形成与发展，分析管理活动的演变历史、现状和发展趋势，了解管理先驱对管理理论和实践所做的贡献，对于探寻满足现代企业升级发展三大特征的管理之道至关重要。

（一）企业管理学科的发展

企业管理学科的发展可以分为传统管理、科学管理、现代管理和当代管理四个阶段。每一阶段的思想理论都是对前一阶段的扬弃和修正，最终形成了范围广博、内容庞杂的管理学体系。将各个阶段的各种管理思想和知识详列出来，既无可能，也无必要。因此，简要列出每个阶段具有代表性的核心管理理论（表1-2），有助于读者了解企业管理学科的发展脉络以及趋势。

表1-2　企业管理学科发展阶段

管理学发展阶段	时间起始	代表性管理理论	代表人物
传统管理	劳动分工出现—18世纪	古代管理实践阶段	—
科学管理	18世纪—19世纪末	科学管理理论 组织管理理论	泰罗 法约尔
现代管理	20世纪初—20世纪80年代	质量管理理论 精益管理理论 标准化管理与认证	戴明、朱兰等
当代管理	20世纪80年代至今	竞争战略理论 企业能力理论 超越竞争理论 企业流程再造理论 项目管理理论	波特、哈默尔等

1. 传统管理阶段

在原始社会，生产力水平极其低下，当时的管理水平也与之相适应。随着人类社会的不断进步，管理思想有了很大发展。比如，埃及的金字塔、古巴比伦国王汉穆拉比颁布的第一部法典、古罗马建立的层次分明的中央集权帝国以及我国古代的《孙子兵法》都闪现出了管理思想和管理方法的火花。18世纪中叶开始的产业革命，使社会生产力有了较大发展，管理思想也发生了深刻的变革，计划、组织、控制等管理职能相继产生。在这一期间，亚当·斯密发表了他的代表作《国富论》，对管理思想的发展做出了重大贡献，他的分工理论为管理学的形成奠定了重要的理论根基。

2. 科学管理阶段

进入前工业社会，社会分工、分层及人们之间的社会关系和社会活动日趋复杂，资本主义国家劳资双方矛盾日趋突出，生产力水平日趋提高，急需一套系统的管理理论和科学的管理方法与之适应。尽管早期的管理思想已经产生，但非常零散，没有系统化，如何改进工厂和车间的管理成为迫切需要解决的问题。当时，基于以追求经济利益为人类的基本需要这一"经济人"假设，泰罗重点研究了企业内部具体工作的作业效率，建立了一套企业管理理论——科学管理（泰罗制）。与此同时，法约尔把企业作为一个整体加以研究，系统地提出了"十四条原则""五种管理职能"，创立了组织管理理论。泰罗的科学管理理论与法约尔的组织管理理论具有较强的系统性和理论性，使管理学体系初具雏形。此时，企业管理学科仍停留在关注内部管理系统性的阶段。泰罗的科学管理理论和方法在 20 世纪初对提高企业的劳动生产率起了很大作用，但无法彻底解决提高劳动生产率的问题。因此，一个专门研究"人"的因素，以调动人的积极性的学派——人际关系学派应运而生。它超越了泰罗的"经济人"假设，提出了"社会人"假设，为以后的行为科学学派奠定了理论基础，成为科学管理向现代管理过渡的桥梁。

3. 现代管理阶段

在工业经济时代，生产力飞速发展，生产社会化程度迅速提高，市场不断扩大，企业竞争日趋激烈。这就要求企业不断提高管理水平，以适应新的经营环境。因此，许多管理学者、社会学家、心理学家积极从事管理研究，创立了许多新的管理理论，出现了"管理学说丛林"。第二次世界大战后，日本经济之所以能迅速崛起，除了一些共同的因素以外，还与美国管理大师戴明等人到日本讲学、传播和推进质量管理等理论密切相关。戴明等人的理论研究在美国没有得到重视，而日本由于独有的岛国文化、资源短缺等因素，接受并逐步深化了这种专业化分工追求效率的管理思想，并把它做到了极致。在那个时候，日本企业的精益管理、准时化生产、零库存管理等专业化分工管理做到了世界第一。所以说，日本战后经济的崛起与其在管理上的领先是密切相关的。因此，此阶段管理理论的发展集中于专业化分工的职能管理研究。

4. 当代管理阶段

随着信息化时代的来临，经济全球化进一步推进，企业的外部环境更为复杂多变，企业管理转向了如何应对变化和竞争加剧等外部环境的研究。19 世纪 90 年代初，相继出现了波特的竞争战略理论、哈默尔的企业能力理论、超越竞争理论、企业流程再造理论（Business Process Reengineering，BPR）等理论，这些理论都将企业视为一个整体，关注企业管理能力的提升以及如何提升企业应对变化的能力。与此同时，在企业管理实践中，19 世纪 40 年代兴起的项目管理理论在这个阶段获得了飞速的发展。随着信息化时代的来临，环境的动态性和复杂性加强，企业适应外部变化能力的需求提升。这不是说企业内部管理的系统性不重要了，而是说在内部管理加强的同时，还要加强对外部变化的关注。

（二）企业管理核心理论成果

为帮助读者掌握企业管理学科发展的精要，本书精选出在管理理论和实践应用方面具有代表性和重要影响的核心管理理论进行介绍，见表 1-3。

表 1-3　企业管理核心理论

管理理论成果	代表人物	核心思想
科学管理理论	泰罗	基于经济人的假设，侧重于生产作业管理，效率至上，为了谋求效率，可以采取任何方法
分工、目标管理等经验主义理论研究	德鲁克	把对管理理论的研究聚焦于对实际管理工作者的管理经验、教训等方面，强调从企业管理的实际经验而不是从一般原理出发来进行研究，强调用比较的方法研究和概括管理经验

（续）

管理理论成果	代表人物	核心思想
领导学和企业文化	科特	科特对企业文化颇有研究。他认为，企业文化（包括内在的共享价值观及外显的行为规范）和长期经营绩效有很大的正相关性。企业长期经营绩效的好坏与企业文化的强弱无关，而与企业文化是否适应外部环境变化有关
学习型组织	圣吉	美国学者圣吉在《第五项修炼》一书中提出企业应建立学习型组织。学习型组织的涵义为，面临变化剧烈的外在环境，组织应力求精简、扁平化、弹性化、终生学习、不断自我组织再造，以维持竞争力。学习型组织应包括五项要素：建立共同愿景、团队学习、改变心智模式、自我超越、系统思考
全面质量管理理论	戴明	戴明学说简洁易明，其"十四要点（Deming's 14 Points）"成为21世纪全面质量管理（TQM）的重要理论基础。戴明是质量管理的先驱者，其学说对国际质量管理理论和方法始终产生着异常重要的影响。他认为："质量管理是一种以最经济的手段，制造出市场上最有用的产品的理论。一旦改进了产品质量，生产率就会自动提高"
竞争战略理论	波特	竞争战略是一个企业在同一使用价值的竞争上采取进攻或防守行为。波特的竞争战略理论重点主要有五力模型、三大一般性战略、价值链、钻石体系和产业集群
营销管理理论	科特勒	科特勒的营销理论极具深度和广度，综合了经济学、行为科学、管理理论、数学等学科作为基础理念和工具。科特勒对营销管理提出了新的见解
核心竞争力理论	普拉哈拉德，哈默尔	自普拉哈拉德和哈默尔于1990年在《哈佛商业评论》上发表了《公司核心竞争力》一文后，核心竞争力的概念迅速被企业界和学术界所接受。普拉哈拉德和哈默尔认为：公司的核心竞争力是企业内部集体学习的能力，尤其是关于如何协调不同的生产技能和整合多种技术的能力

（三）企业管理理论评析

基于现代企业管理理论的特点以及企业管理实践应用的有效性，对此前精选的核心管理理论从内部系统性（资源整合性）、外部适应性（环境适应性）、应用实效性（思想指导性、组织保障性、方法有效性、工具支撑性）三个维度进行评价。代表性企业管理理论评析见表1-4。

表1-4 代表性企业管理理论评析

代表性管理理论	内部系统性	外部适应性	应用实效性			
			思想	组织	方法	工具
竞争战略理论	强	强	强	弱	中	弱
企业能力理论	强	强	强	弱	弱	弱
超越竞争理论	强	强	强	弱	中	弱
企业流程再造理论	强	中	中	弱	强	弱
丰田管理方式	强	弱	中	中	强	强
精益管理	强	弱	强	强	强	强

（续）

代表性管理理论	内部系统性	外部适应性	应用实效性			
			思想	组织	方法	工具
全面质量管理	强	弱	中	中	强	强
标准化管理	强	弱	弱	中	强	强
项目管理	强	强	弱	弱	中	强

从表1-4可以看出，用上述传统企业管理理论和模式指导当代企业管理的变革，均遇到了巨大挑战或存在重大不足。

1. 创新和变革管理等理论的内部系统性不足

经历了工业时代的经济大发展之后，社会进入信息化时代，社会经济的发展实现了巨大的跨越，生产力水平不断提高，新时代展示出新的发展特征，创新与变革成为新时代的关键词，之前的规模化与标准化不再是企业发展的热点。创新与变革等管理理论提出了当今企业发展的关键管理任务，但对如何发现创新、创新与企业战略如何融合、如何进行变革以实现创新等研究缺乏系统性，限制了企业从组织整体层面上进行系统管理变革。

2. 标准化管理、全面质量管理等理论外部适应性不足

标准化管理、全面质量管理，乃至在此基础上发展起来的丰田管理、精益管理等理论，都讲求内部管理的流程化和规范化，追求管理效率的提升和精益求精。这种管理范式，对于发展环境相对稳定的企业管理或对企业内部重复性的运作活动管理非常有效。而通过上一节对当今企业发展环境和管理特征的分析可以看出，当今企业大都处于一种市场需求日渐饱和、市场竞争日益加剧、客户需求日益增多、资源日渐紧缺的动荡环境之下，企业管理不仅要强调企业内部管理的规范、专业和效率，更要强调对外部环境的适应程度与速度。企业越是单纯地强调内部规范，对于企业内部变化性的活动以及外部环境的适应就越差。因此，标准化管理、全面质量管理等理论，对于指导外部环境相对稳定的工业化时期的企业管理，或现在竞争性比较小的企业管理是适宜的，但对于当今企业管理的指导在外部适应方面和指导思想上存在不足。开滦集团吕矿公司的第一次管理变革没有取得预期效果，即源于此。

3. 核心能力、竞争战略等理论的应用实效性不足

普拉哈拉德和哈默尔等人先后提出了核心能力的理论，认为企业持续竞争的优势在于企业的核心能力，并把这种能力定义为企业内的一种积累性的学识，特别是关于如何协调不同生产技能和有机集合各种技术流的学识⊖。企业核心能力概念得到了企业界和学术界的极大肯定，促进了企业对核心能力的认识和理解，并由此引发了更多学者更为深入地进行企业核心能力的研究。一方面，企业核心能力理论研究，大都是从西方传统经济理论生产要素的划分角度进行的，从而产生了以生产要素为主要评判对象的各种知识流派；另一方面，诚如丹·辛普森所说，真正的核心能力是难以精确定义的，而且通常是在事后发现的。即正如你所经历的，你只是通过简单地描述你的成功与失败来定义你的能力⊖。

正是因为企业核心能力难以精确定义，所以众多企业核心能力知识流派将研究的重点放在了企

⊖　PRAHALAD C K, HAMEL G. The core competence of the corporation [J]. Harvard Business Review, 1990 (66)：79-90.

⊜　凯文·科因，斯蒂芬·霍尔，帕特里夏·克里福德. 公司的核心竞争力是否只是一个幻影 [J]. 麦肯锡高层管理论丛，1997 (Ⅲ)：95-105.

业核心能力的识别和评判上，而对企业核心能力的培育和提升研究不足，少有的研究也多以定性研究为主，可操作性不强。企业核心能力培育和提升研究上的不足，在很大程度上削弱了对企业管理实践的指导价值。特别是在提出企业核心能力概念多年后的今天，企业已经不满足于仅从概念上认知企业核心能力，更希望获得关于企业核心能力培育和提升的一系列科学指导。企业对核心能力的迫切需要，显示了企业核心能力理论研究在深层次上的不足。同样，竞争战略等理论对于企业如何形成竞争优势的操作性研究也存在着不足。

除此之外，企业的生存与发展受到外部环境的极大影响。在日益加强的国际化、市场化发展趋势推动下，特别是进入 21 世纪以来，社会发展越来越快，经济水平不断提高，科技进步日新月异，企业的生存与发展面临着来自社会发展、科学技术、顾客需求、市场竞争等环境因素越来越大的变化与挑战。

伴随企业环境的变化，企业之间的竞争日益加剧，正如 Richard A. D Alene 在其论著 *Hyper competition: Managing the Dynamics of Strategic Maneuvering* 中指出的，当今企业的经营环境已经处于一种超强竞争（Hypercompetitive）状态。

古希腊哲学家赫拉克利·特罗杰斯在《学生的哲学史》中提出，只有变化才是永恒的。当今企业，对外要应对因社会发展、科技进步、客户需求等引起的各种竞争挑战，对内要应对在生产、组织、经营和管理各方面发起的变革挑战，因此必须加强包含管理在内的各种发展能力，以有效应对日益加剧的各种挑战。

正如英国生物学家、进化论的奠基人查尔斯·罗伯特·达尔文在《物种起源》中所揭示的，"物竞天择，适者生存"。自然界里真正能够生存、发展并壮大起来的物种，既不是体积最大的，也不是攻击能力最强的，而是适应自然界环境变化能力最强的物种。自然界如此，人类社会也是如此。真正能够有所发展并日益壮大的企业，并不一定是资金实力最强、市场份额最大的企业，而一定是适应社会、市场变化能力强的企业。应对社会、市场、客户变化的能力，是企业的核心能力。适应这种变化的管理能力，成为企业的核心管理能力。如何应对日益加剧的变化和挑战，成为当今企业管理必须面对的课题。

综上所述，企业环境变化和竞争加剧给当今企业的经营管理带来了巨大的挑战，这种挑战表现在企业生产经营的各个方面：企业顾客的地位不断提升，提出的服务要求不断提高；企业产品的生命周期不断缩短，只有加快产品的升级换代乃至开发新产品才能保证产品的竞争力；企业的经营管理水平面临更大的压力，只有持续完善和提高，才能保持企业的竞争力。也就是说，创新和变革成为当今企业一项非常重要而又基本的要求。

第三节　企业项目化管理的缘起、拓展与提升

基于当今时代发展的现象，企业在转型升级的道路中遇到了各种各样的挑战，迫使企业寻求新的管理理念。当前，标准化的分工作业模式逐渐受到个性化与定制化的挑战，社会中的项目活动逐渐增多，社会与企业的发展正走向一种新形态。基于当今企业发展的变化与管理特征，国内外专家从社会与企业发展形态的角度进行了更为充分的研究，提出了项目导向型社会与项目导向型企业的概念，并明确指出当今社会与企业发展具有越来越明显的项目导向型趋势，如图 1-4 所示。

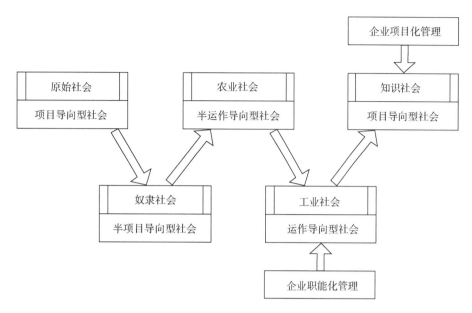

图 1-4 社会项目导向型发展趋势

人类社会在不断发展，从社会发展的经济形态和人类积累社会财富的主要方式来分析，今天的社会已经开始并且正在不断进入项目导向型社会。随着社会主导产业的转换，整个社会创造财富的手段也发生了根本性的变化。

如图 1-5 所示，社会从以向资源增量要效益为主导模式的农业社会和以向资源效率要效益为主导模式的工业社会，发展到当今的信息社会。而信息社会是一种以向资源创新要效益的知识经济，主动地创造和运用知识去开展各种创新活动，成为人们获得更多财富的主导模式，而项目也成为创新活动的载体和主要实现途径。

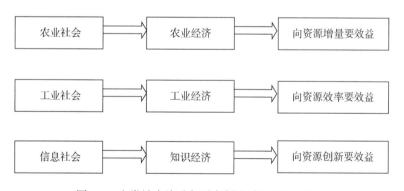

图 1-5 人类社会演进与财富创造手段变化示意图

在项目导向型社会与企业中，传统的管理理论逐渐受到诸多挑战，管理变革已经成为企业发展的必然选择。能够适应时代发展变化、快速响应竞争环境的企业项目化管理，成为越来越多企业竞相追逐的目标，企业项目化已经成为企业必然的转化过程，也将成为企业最佳的发展状态。笔者以及所在的团队基于多年致力于企业项目化管理研究的理论与实践经验，从企业整体发展角度，对企业项目化管理的缘起、发展与提升进行了深入的研究，为企业项目化管理的实践发展奠定了坚实的理论基础。

首先从一个典型案例入手，分析当今企业升级发展的方向与变革核心。

企业管理修炼案例

案例回放

由"开滦股份"管理提升看现代企业管理变革

开滦（集团）有限责任公司（以下简称"开滦股份"）的前身为开滦矿务局，被誉为"中国煤炭工业的摇篮"。它始建于1878年，迄今已有143年的历史，是国有特大型煤炭企业。近几年来，开滦股份以建立现代企业制度为方向，加快企业内部改革和经济结构调整，加大管理创新和技术创新力度，大力推进公司的全面发展。开滦股份吕家坨矿业分公司（以下简称"吕矿"），拥有员工6000人，是开滦股份的核心成员单位，以"建设科学发展标志型煤矿企业"为目标，自2003年起发起了三次管理提升的变革。

第一次管理变革：标准化管理

2003年，吕矿以管理制度化和规范化建设为核心，以实现企业管理标准化为目标，提出了管理要上水平的变革要求。企业组织专有部门和人员负责，动员全矿人员参与，最终完成了篇幅近千页，范围涉及全矿，内容包括公司决策篇、人力资源篇、生产管理篇、安全管理篇、技术管理篇、行政管理篇等十大篇章的管理制度汇编。这次以标准化管理为目标的管理变革，完善了企业各专业管理的标准化程度，提升了企业管理的整体水平。但相对于日益加剧的行业竞争需要而言，吕矿依然存在管理机制与体制不协调、工艺变革缓慢、经营粗放导致效益不高、三量比例失调、生产单位与辅助单位关系失衡等问题，管理仍未能完全发挥出促进企业发展的战略作用。

第二次管理变革：项目管理变革

为响应集团公司加强管理创新的号召，并进一步解决上述管理问题，吕矿核心领导在充分学习和研究项目管理思想、组织、方法和工具的基础上，于2007年决定在标准化管理提升的基础上进行第二次管理变革：贯彻Paul Grace"一切都是项目，一切也将成为项目"的观念，吕矿全员掀起了一股"一切都是项目"的管理变革热潮，用项目管理方式解决企业管理提升的问题。本次管理变革在企业部分领域起到了很好的作用，特别是增强了企业管理在方法和工具层面的执行能力。但鉴于项目管理方法的特定应用性，此次变革未能从整体上提升吕矿的管理能力，甚而还引发了企业组织不稳定、工作交叉频繁、人员疲惫抱怨等新的问题。第二次管理变革依然未能获得全面成功。

第三次管理变革：企业项目化管理变革

2009年4月，吕矿核心领导读到《企业项目化管理与变革》一文，对文中的主张深有同感，经企业班子会讨论，派4名企业高管到道特咨询公司进行考察交流。一个月后，吕矿组织了10余人的核心管理团队再次到道特管理咨询公司考察，并参观了企业项目化管理优秀试点单位——天士力医药集团股份有限公司（以下简称"天士力"），就吕矿企业管理变革与企业项目化管理体系进行了深入的研讨。最终，吕矿决定聘请道特管理咨询公司为外部专家顾问，以"企业项目化管理"为核心，开展吕矿的第三次企业管理变革。

吕矿与道特咨询公司共同成立了企业项目化管理提升项目组，制订了"吕家坨矿业公司项目化管理实施规划"，明确了企业项目化管理的指导思想和目标，制订了三年三阶段（启动、实施和提高）的管理发展目标、策略和工作内容；成立了项目化管理办公室（PMO），主导推进公司项目化变革；开展了针对核心骨干的项目化管理培训，提升了人员管理的综合素质；选取了两个试点项目（开拓区巷道掘砌施工项目、综采工作面安装工程项目），在咨询公司指导下，深化管理内容、流程、方法和工具，形成项目管理模板，作为标杆在更大范围内进行推广。本次企业项目化管理变革基本实现了预期目标，取得了良好的成效。2010 年 11 月，吕矿书记代表公司在第九届中国项目管理大会上进行了企业管理变革经验交流。2011 年 3 月，开滦股份管理变革现场会在吕矿召开，吕矿的管理变革成效得到广泛赞誉。

案例思考

当代及未来企业应用什么样的管理理论指导企业管理变革？企业又应该构建什么样的管理范式推进企业的发展？

当今社会，由于项目的增多，项目管理对于企业的发展至关重要。项目管理具有一次性与多资源投入性的特点，对于指导企业的发展变革必然会出现各种程度的不足，因而企业的发展指导仍然离不开一般的管理理论。企业项目化管理是在融合项目管理与一般管理理念的基础上所形成的，可以指导企业在当今乃至未来复杂的竞争环境中脱颖而出的管理范式。何为企业项目化管理？企业项目化管理又是如何兴起与发展的呢？

在探讨企业项目化管理的缘起、发展与提升之前，有必要对企业项目化管理的概念与应用进行较为全面的介绍。

一、企业项目化管理的核心概念

企业项目化管理，是站在企业整体角度，为解决具有时限特征的项目管理与企业这一长期稳定组织之间的矛盾，以企业为对象的一种管理体系。这与项目管理以项目活动为对象存在着本质的区别。

（一）项目活动

项目（Project）一词由来已久，其概念和内涵是在发展中不断演进的。过去，人们一提到项目，就想到工程和建筑，认为只有工程和建筑才是项目。如今，人们对项目有了一个更为广泛的定义。两大国际项目管理组织之一的项目管理协会（PMI），对项目一词从最广泛的含义上给予了界定。PMI 认为：项目是为提供某种独特产品、服务或成果所作的临时性努力[⊖]。这一定义中的"临时性"是指每个项目都有明确的起点和终点，"独特性"是指一个项目所形成的产品、服务或成果在关键特性上的不同。

企业有组织的活动已经有了多种角度的划分。按照等级，可分为企业活动、部门活动、个人活动；按照行业，可分为医药行业活动、化工行业活动、IT 行业活动等；按照职能，可分为市场活动、研究活动、生产活动等。按照现代项目的定义，根据活动性质的不同，企业组织的活动可以分为以下两种基本类型：

运作活动。连续不断、周而复始、有固定规律遵循的活动，称之为"运作"（Operation）或"常规运作"，如企业流水线的生产、例行检查、财务月度报税等。

项目活动。临时性、一次性、无固定规律可循的活动，称之为"项目"（Project），如企业成立、市场开拓、产品研发、工艺改造等活动。

⊖　项目管理协会. 项目管理知识体系指南（PMBOK®指南）[M]. 3 版. 卢有杰，王勇，译. 北京：电子工业出版社，2004.

企业活动的性质不同、特点不一，其管理方式也不相同。企业活动与管理手段的选择如图1-6所示。

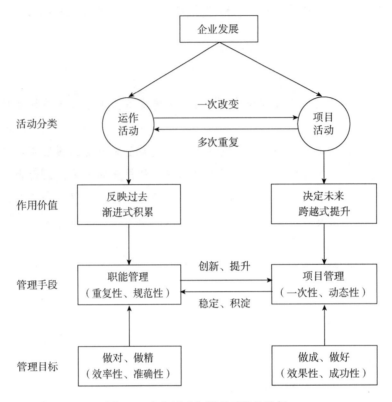

图1-6　企业活动与管理手段的选择

1. 活动特征的比较

对项目活动做进一步深入分析，项目活动具有如下特征：

1）环境不确定性。项目环境在项目实施过程中会发生各种变化，进而对项目目标以及实施产生影响。

2）生命周期属性。项目活动都是在一段时间内完成的，有一个时间上的起点和终点。

3）资源约束属性。项目活动都要消耗资源，而且是在一定资源限制内完成的。

4）目标明确性。项目活动在立项决策后，项目目标就明确了。

5）多目标冲突属性。项目具有多个目标属性，如质量目标、时间目标、费用目标、安全目标等，多目标之间相互冲突。

6）风险性和成果不可挽回性。项目实施具有风险性，不能完全照搬以往经验，而且项目结果一旦形成，就不可更改。因而，项目活动实施追求的是一次成功。

对项目活动和运作活动做进一步分析，其特征差异见表1-5。

表1-5　项目活动和运作活动的特征差异

项目活动的特征	运作活动的特征
独一无二的	重复的
有限时间	无限时间（相对的）
革命性的改变	渐进性的改变

（续）

项目活动的特征	运作活动的特征
目标之间不均衡	目标之间均衡
多变的资源需求	稳定的资源需求
柔性的组织	稳定的组织
效果型	效率型
以创造性实现目标为宗旨	以规范化完成任务为宗旨
风险和不确定性	经验与确定性

2. 作用价值的比较

企业的运作活动是企业中稳定运行的活动，占据企业常规资源，以企业长期运转的经验为基础，以专业化的分工为工作方式，是企业渐进式的积累过程，反映的是企业过去的成就。项目活动是企业一次性的、临时性的活动，是在企业运作活动的基础之上，为提升企业的整体管理能力与水平而进行的活动变革，决定的是企业未来的成就，也是企业跨越式提升的前提与基础。

3. 管理手段的比较

（1）运作活动特点与职能管理　根据运作活动的定义，运作活动具有如下特征：

1）活动目标明确，活动范围明确。

2）活动环境稳定，活动内容清晰。

根据运作活动的特征要求，对运作活动进行管理，是重复性的、规范性的，即在对运作活动进行专业化细分的基础上，追求准确和效率的提升，亦即标准化的职能管理方式。

（2）项目活动特点与项目管理　根据项目活动的定义，项目活动具有如下特征：

1）项目活动目标会因内外部环境的改变而调整。

2）项目活动环境具有变化性。

3）项目活动目标的实现依赖跨部门（岗位）的合作。

根据项目活动的特征要求，对项目活动进行管理，是一次性的、动态性的，即必须采用以目标为导向的过程管理，采用专业化分工基础上的整合管理，追求项目活动的成功性和效益性，亦即采用独特的项目管理方式。

4. 管理目标的比较

就目标而言，企业的运作活动由于其稳定性与常规性的特点，多注重活动的结果，而对过程的关注程度极低，以最终成果的做对、做精为目标，更加注重结果的准确性与效率；项目活动为企业中未曾经历的活动，没有运行模板可供参考，企业需要尽早摸索项目运行与管理过程的情况，争取实现项目目标，因此项目活动不仅要关注其结果，还要注重其过程，以做成、做好为管理目标。

（二）企业项目化

企业项目化，是指当今企业受科技进步、顾客需求增加、竞争加剧等环境因素的影响和驱动，主要采用项目形式，通过更加主动和创新性的活动努力，取得企业变革性跨越式提升，并达到持续、稳定、健康最佳发展状态的一种演变过程和结果。

企业项目化

企业项目化（Enterprise Projectification，EP），是当今企业普遍存在，具有更广泛和深化发展趋势的一种企业发展现象。

在20世纪，企业管理专家的研究和项目管理专家的研究基本上没有更多的联系。项目管理专家将研究的重点放在了对项目成功要素，特别是活动和人员要素的研究上，企业管理专家的研究主要是对企业战略、组织、核心能力等进行研究。企业的项目管理的应用发展过程，经历了由传统的"对项目进行管理"的基本管理方式到"按项目进行管理"的中级管理理念，再由"按项目进行管理"的中级管理理念到"通过项目进行管理"的高级管理理念的过程，体现了"管理项目化"这一管理理念不断延伸的过程[⊖]。

进入21世纪以后，伴随社会发展全球化、市场化、集约化趋势的进一步增强，企业经营环境日趋复杂多变，企业创新变革活动日趋增多，企业获得的重复性经验得以维持的时间越来越短。以往企业可以保持很长时间的市场、技术等优势很快被竞争对手获得或超过，企业的产品更新换代更加频繁，企业的平均寿命越来越短。有研究资料表明，竞争环境下企业中的一次性工作，达到了企业活动的50%，甚而有的企业这种比例高达80%[⊖]。

在企业项目化（项目导向型）发展趋势中，除基建、技改、研发、市场开拓等项目活动日益增多外，即使规范运作特征最为明显的传统生产制造活动也表现出越来越强的项目特征，生产制造活动的项目化趋势日益明显，如图1-7所示。

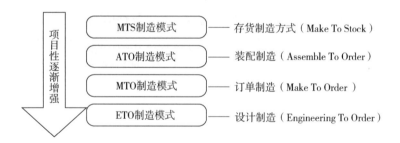

图1-7　企业生产制造活动项目导向型发展趋势

企业项目化现象的出现和普及，是当今社会发展的一种必然，其根本动因在于当今社会科学技术的日益进步、交通通信的日益发达、客户需求的日益增加、企业竞争的日益加剧。这一现象的日益加剧，是不以微观层面上企业和领导人的意志为转移的，企业及领导人只能适应，而不能回避。

（三）企业项目化管理的概念

在任何企业内部，既有项目活动，也有运作活动。针对不同的活动，可以采用不同的管理方式。那么，针对整个企业，又该采用什么样的管理方式，协调按项目进行管理和按运作管理所产生的组织、人员、流程和资源冲突，实现企业资源的优化配置和良性发展呢？这种从企业整体角度探讨的管理方式，就是企业项目化管理。

面对企业项目化现象的普及和日益强化的趋势，企业在管理方面采取的正确的、与现代企业管

⊖　刘国靖. 现代项目管理教程［M］. 2版. 北京：中国人民大学出版社，2009.

⊖　李文. 项目化企业的组织结构选择［J］. 科学学与科学技术管理，2005，26（12）：151-156.

理特征相适应的管理范式、策略和方法，就是企业项目化管理。企业项目化管理（Enterprise Projectizaton Management，EPM）是基于企业持续、稳定、健康发展的整体视角，为有效应对竞争、挑战等企业项目化的普遍现象，以企业战略管理为导向，以项目管理为核心，以组织管理为保障，以人员管理为支撑，打造既能系统整合内部资源，又能动态响应外部变化的企业管理范式。

企业项目化管理

企业项目化管理（Enterprise Projectification Management，EPM），即基于企业发展的视角，为有效适应当今企业项目化越来越强的趋势，以专业化的职能管理为基础，以系统化的综合管理为核心，进而以项目为牵引，以规范为目标，打造既能系统整合企业内部资源、动态响应外部变化，又能落地实操的企业管理范式，促进并实现企业持续、稳定、健康发展。

二、企业项目化管理的缘起、发展与提升

企业项目化管理范式的形成过程，是企业项目化管理不断实践、总结、拓展的发展过程。那么企业项目化管理是如何发展的？下面将进行详细阐述。

（一）企业项目化管理的缘起

企业项目化管理，源自项目管理在大型挑战性活动中的管理实践和拓展应用。传统项目管理方法起源于工程建筑行业。鉴于项目管理在大型活动管理中的实效，其应用范围不断拓展，管理方法不断丰富，管理重点逐步由对工程建筑活动的管理转向对各种大型挑战性任务的管理，其管理主导思想是"对项目的管理（Project Management）"。

1942年6月，美国陆军部开始实施"利用核裂变反应来研制原子弹"的曼哈顿计划（Manhattan Project）。该工程集中了当时西方国家（除德国外）最优秀的核科学家，动员了10万多人参加。在工程执行过程中，工程负责人格罗夫斯和奥本海默应用传统项目管理的思路和方法进行整个工程的规划和监控。结果是：工程时间大大缩短（仅历时3年），工程费用大大降低（仅耗资20亿美元），于1945年7月16日成功地进行了世界上第一次核爆炸，并按计划制造出两颗原子弹。

1957年，美国杜邦公司将项目管理方法应用于大型设备维修，把维修停工时间由原来的125小时锐减为78小时。1958年，美国人在北极星导弹设计中应用项目管理技术，竟把设计完成时间缩短了2年[一]。20世纪60年代，项目管理使得美国的阿波罗登月项目取得巨大成功，由此风靡全球。我国著名科学家华罗庚教授将项目管理引进国内，称之为统筹法或优选法。项目管理的应用范围逐步脱离工程、建筑、国防和航天等少数领域的限制，拓展到更广泛行业的大型活动管理中，人们普遍认为项目管理是应用于大型挑战性活动管理的一种普遍性的实效方法，企业项目化的概念也在此时初显。

20世纪60年代，企业项目化概念的雏形——Projecticised，指企业中越来越多的活动按新逻辑（time-limited；sequences of actions）来组织，出现越来越多的项目工作方式（project work form），并呈现出一种大趋势：把持续流程和日常工作（continued，process，business as usual）重新解读为在时间、资源、范围上都是有限制的活动，并需要新的管理理念、方法、工具和手段。

○ 杰克·吉多，詹姆斯·克莱门斯. 成功的项目管理 [M]. 张金成，等译. 北京：机械工业出版社，1999.

（二）企业项目化管理的拓展

企业项目化管理的拓展阶段，源自企业挑战性活动的增加以及项目管理方法的实效，其管理主导思想逐步由"对项目的管理（Project Management）"转向"按项目进行管理（Management as Project）"。与之相对应的，在项目管理研究领域，研究对象也从对活动的管理拓展到对企业人员和组织的管理。

1988年，美国电话电报公司（AT & T Corporation）为了抓住政府对电话行业管制放松的发展机遇，重新组合公司，将公司分为19个战略单元。其商务通信系统（BCS）作为其中的一个业务单元，主要是开拓程控交换市场。面对这一新型的业务领域，负责人认为：传统的管理方式在新技术市场环境中已不再具有竞争力。为了更好地控制企业经营状况、提高企业竞争力，BCS决定率先在行业中采用项目管理方法管理新业务的拓展。BCS取得了巨大成功，一度负责全球超过5亿美元的项目。福特（Ford）汽车公司认识到企业变革挑战的战略倾向，在公司战略中采用了项目管理方法，成立了福特公司主框架项目管理选择委员会，并确立了几项重要的政策[⊖]。此后，IBM、花旗银行（City Bank）、摩托罗拉（Motorola）、美国运通（American Express）等企业，纷纷加强对项目管理方法的运用。2002年，某大型医药研发企业为保障企业树立行业标杆战略任务的实现，将项目管理应用于企业的创新与变革管理，实行"全面项目化管理"。这些企业共同的管理体验是：项目管理是企业面向发展、迎接挑战、增强竞争力的有力武器。项目管理突破了在原有特定行业应用的局限，在医药、电子、IT等更为广泛的行业领域，在基建、技改、市场拓展、研发、组织变革等更为广泛的职能领域，进一步拓展应用。

（三）企业项目化管理的提升

企业项目化管理的提升，源自企业项目化现象的普及和企业项目化管理理论的不断应用与发展。其管理主导思想由企业"按项目进行管理（Management as Project）"转向企业"用项目进行管理（Management by Project）"。

企业项目化现象的日渐普及，以及企业项目化管理实践的日渐深化，推动着企业项目化管理理论研究的发展与提升。近年来，众多学者开始进行企业项目化管理的研究，一直致力于企业项目化管理理论与实践研究的、以笔者为首的道特智库团队，从2002年开始，就在企业项目化管理的研究之路上不断前行，以助推企业升级发展为己任。

自2002年以来，道特智库团队分别在天士力、天津卷烟厂、天津电力建设公司（以下简称"天津电建"）等企业推进企业项目化管理实践，针对企业的创新升级、持续发展、永续经营等管理难题，通过不断实践，日渐提升企业项目化管理理论与实践的研究水平，并助推这些企业实现了跨越式的发展。

2009年，笔者所著博士学位论文《企业项目化与企业项目化能力研究》，从企业长期性、稳定性的组织特点出发，借鉴现代项目管理理论，通过对企业项目化现象的总结，从理论上正式界定了"企业项目化"与"企业项目化能力"的概念，提出了包含环境条件、转换过程和状态结果的企业项目化的概念性模型，设计了包含理念、知识和管理三个层次的企业项目化能力概念性模型，成功解决了具有一次性努力特征的项目管理理论与企业这种长期性、稳定性组织之间的各种冲突和

⊖ CHARLES F. Using a cross-functional team at Ford to select a corporate PM system [J]. PM Network, 1990, 4 (6): 35-59.

矛盾。

2012 年，笔者将多年企业项目化管理研究的精华与成果进行沉淀，形成企业项目化管理落地实操的著作——《企业项目化管理范式》，标志着企业项目化管理的理论与实践研究进入新阶段。

当前，我国为适应企业项目化（项目导向型）的发展趋势，为应对环境变化带来的挑战，越来越多的企业加入学习和应用企业项目化管理的潮流中。

我国电力建设行业龙头企业——天津电建，实施项目化管理，实现管理异地复制，迅速扩大企业规模，3 年内由行业规模排名第十跃居行业第一。

为我国高速铁路发展提供动车生产的唐山轨道客车有限责任公司，采用项目制管理（项目化管理），促进了企业技术变革、经验固化和产能扩展，持续取得 CRH3 首单圆满完成，CRH380BL 首列顺利下线，碳钢车产能提升为日产 10 辆、年产值超 100 亿元等战略突破，并全面实现项目进度、质量和费用预期目标。

Cavaleri 等认为，项目管理体系不但为组织学习提供了一个天然载体，而且以项目为导向的管理方式（企业项目化管理范式）正成为处理复杂市场环境的重要方式⊖。企业项目化管理作为一种系统的活动管理方法，具有很大的实效优势，显示出很强的管控价值，逐渐成为企业在新的商业环境下发展的有力保障⊖。

企业项目化管理范式，因其既能系统整合内部资源，又能动态响应环境变化，已经成为当今企业管理的必然选择；企业项目化管理范式，因科学综合现代企业管理思想、组织、方法和工具，已经成为当今企业管理的科学选择。企业项目化管理时代已经来临！

⊖ CAVALERI S A，FEARON D S. Integrating organizational learning and business praxis：a case for intelligent project management [J]. The Learning Organization，2000 (5)：87-91.

⊖ COOPER G K，LYNEIS J M. Learning to learn：from past to future [J]. International Journal of Project Management，2002 (4)：213-219.

第二章

企业项目化管理范式综述

为响应当今及未来企业应对环境变化、提升竞争能力的要求，针对传统企业管理和项目管理理论指导当今企业管理变革的不足，笔者在多年企业管理和项目管理顾问服务经验的基础上，综合借鉴国内外企业管理、项目管理研究知识成果，深入总结现代企业管理变革成功经验和失败教训，科学性地提炼出企业项目化管理的概念，创新性地提出企业项目化管理范式，创造性地构建了企业项目化管理体系、企业项目化管理系统、项目管理十八步等模型，系统性、实效性地指导当今企业管理的变革与提升，取得了极大成效，并得到了企业界、咨询界、教育界的广泛认同。

本章将精要阐述企业项目化管理的具体内容、框架体系与层级、层次的关系。

第一节　企业项目化管理深化理解与相关概念

上述对企业项目化的概念界定与内涵分析说明，企业项目化不等同于企业对项目的管理，而是广泛意义上的项目管理在企业中的拓展和升华，是企业应对环境挑战的一种管理探索。而要深入研究企业项目化管理如何在企业中应用，需要对企业项目化管理进行深化理解。

一、企业项目化管理的深化理解

从简单层面上理解，企业项目化管理就是对企业项目化现象的管理。从深入层面理解，企业项目化管理概念包括以下三个内涵。

1. 企业项目化管理触动动因

企业进行项目化管理，是企业受到内外两种因素协同影响的必然选择：一方面，是受到社会、行业、客户、竞争对手等外部环境的压力驱使；另一方面，是受到股东、管理者、员工等内部利益相关方更强发展欲望的动力驱使。不管企业领导人是否愿意，企业只有采取项目化管理，才能有效应对日益加剧的外部挑战和竞争，才能持续满足日益提高的客户需求。

2. 企业项目化管理转化过程

要实现企业持续、稳定、健康发展的目标，其核心任务就是要打造一种既能实现企业内部资源系统整合，又能动态响应外部环境变化并落地实操的能力，包括企业的战略管理、项目管理、运作管理、组织管理和人员管理等内容。

3. 企业项目化管理结果状态

企业是一种长期、稳定的社会组织，企业只有相对稳定，才能固化经验，实现稳定发展；企业所处环境又是日益动荡的，企业只有不断变革，才能应对挑战，实现持续发展。企业只有在相对稳定与持续变革之间达成一种平衡，才能实现健康发展。企业项目化管理的目标，就是要从根本上实现企业的持续、稳定、健康发展。

要深入理解企业项目化管理的概念，可以借助企业项目化管理的概念性模型（图2-1）。

图2-1　企业项目化管理的概念性模型

二、企业项目化管理范式相关概念

企业项目化管理，能够有效解决企业在升级发展过程中遇到的种种难题与挑战，而经过理论的深入研究与积累以及众多企业实践经验的高度总结、提炼与升华所形成的企业项目化管理范式，可以成为企业升级发展之路上的路标，为企业变革创新指明方向、提供方案。

笔者凭借多年对企业管理领域的深入研究，在大力推进企业项目化管理理念、助推企业升级发展的道路上，以专业的视角、丰富的实践，创新性地提出"企业项目化管理范式"的相关概念，为企业项目化管理在企业实践中的深入研究奠定了坚实的基础，因此被誉为"企业项目化管理范式"的创始人。

企业项目化管理范式作为竞争时代企业系统应变的管理方案，有其独特的概念与内涵。为了更准确地了解与掌握企业项目化管理范式的相关概念，笔者不仅对企业项目化管理范式进行了研究，而且对助推企业项目化管理范式落地实施的企业项目化管理体系、企业项目化管理系统进行了深入的剖析，下面将对与企业项目化管理范式相关的概念进行深入解析。

（一）企业项目化管理范式的概念

谈到"企业项目化管理范式"一词，不得不对"管理范式"进行解析。管理范式就是企业家们用以解决实际问题的、大家能够接受的规则体系。管理范式的具体形态与整个经济体制、企业组织机制、企业治理结构等诸多制度性因素紧密相关，这些制度性因素是管理范式得以建立的重要基础。

企业项目化管理范式（Enterprise Projectification Management Paradigm，EPMP），是企业领导和管理学者用以解决企业项目化管理实际问题，并共同认可接受、执行遵从的规则内容。企业项目化管理范式，是对当今国内外企业项目化管理实践卓越经验的总结、提炼和升华，具有系统整合内部资源、动态响应环境变化、科学实效落地实操三大特点。其核心内涵是三大层级、五大领域、二十二个模块。企业项目化管理范式，对当今企业的整体管理具有科学指导价值，但不能完全照搬。

（二）企业项目化管理模式的概念

企业项目化管理范式按照其三大层级、五大领域、二十二个模块，在多个维度对企业具有通用的管理指导意义。但结合到具体行业，需要根据行业自身特点，对企业项目化管理范式内容进行科学细化，形成企业项目化管理模式。

从词义上讲，模式（Pattern）泛指主体行为的一般方式，具有一般性、简单性、重复性、结构性、稳定性、可操作性的特征。模式在实际运用中只有结合具体情况，实现一般性和特殊性的衔接，并根据实际情况的变化随时调整要素与结构才有可操作性。企业项目化管理知识体系的概念可以描述为：

企业项目化管理模式（Enterprise Projectification Management Pattern，EPMPN），是以企业项目化管理范式为指导，结合具体行业的特征，对行业发展具有指导作用与价值的管理方式。企业项目化管理模式是企业项目化管理范式在具体行业应用中的集中体现。

（三）企业项目化管理体系的概念

企业项目化管理范式，可以在多个层面上提升企业的管理成效，同时为企业实施项目化管理提供理论指导。但如果想最大限度地发挥企业项目化管理的作用，就必须按照系统科学的要求，结合企业的实际情况，构建适合企业自身发展的企业项目化管理体系。

从词义上讲，体系（System）泛指一定范围内或同类的事物按照一定的秩序和内部联系组合而成的整体。企业项目化管理知识体系的概念可以描述为：

企业项目化管理体系（Enterprise Projectification Management Systems，EPMSS），是指相关企业立足自身特点，充分借鉴企业项目化管理范式理论知识，并参考相关企业卓越管理经验，构建并持续完善具有自身特点的整体管理体系。从企业发展的外在表现看，企业项目化管理体系包括创新发展、持续发展、永续发展三个层次的管理。

三、企业项目化管理的目标

企业项目化管理范式是近年来企业管理研究领域的创新性成果，对企业的发展具有重要的指导意义，对其目标与特征进行剖析，有助于企业更有效地应用企业项目化管理范式指导企业的发展。

（一）企业项目化管理的终极目标

企业项目化管理是企业进行科学管理，特别是在竞争环境下进行科学管理的范式。笔者致力于企业项目化管理研究多年，以助推企业的腾飞发展，作为企业项目化管理研究的动力，以期通过卓越管理范式提升企业持续、稳定、健康发展的能力。以此为依据，总结企业项目化管理的终极目标为：系统管理，强企兴邦！

（二）企业项目化管理的整体目标

伴随社会发展与科技进步，企业各种生产经营活动都会面临来自环境的挑战，即使当前没有多大挑战，从发展的角度看，未来也会遇到各种程度的挑战。企业项目化管理作为企业应对环境挑战、谋求资源优化配置的一种管理方式，主要以对企业项目的管理为形式和载体，从而对企业整体进行有效管理。在复杂的竞争环境中，任何能够帮助企业实现持续、稳定、健康发展整体目标的管理理论，都是企业所急需的理论。企业项目化管理正是基于企业的发展的要求，以指导企业实现管理目标为管理的最大价值。企业实现管理目标的过程如图2-2所示。

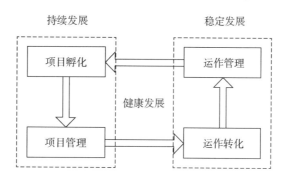

图2-2　企业实现管理目标的过程

如图2-2所示，持续、稳定、健康发展是企业发展的整体目标。企业项目化管理范式，是以企业标准化管理为基础的。从广义上理解，企业项目化管理包含企业运作管理。企业为持续发展，实施项目化管理，将企业的竞争性、变革性需求孵化为项目，通过项目管理实现项目成功；然后通过运作转化，将企业一次性的努力转化为长期的收益，也就是转化为运作；再通过制定标准和实施标准，发挥企业经验性优势，实现企业相对稳定发展，也就是进行运作管理。标准实施一定阶段后，标准要改进、完善和提升，又会转化为新的项目，再实行项目化管理，这一过程称为企业健康发展的路径。如此循环，从而实现企业相对稳定和持续提升的均衡发展。

（三）企业项目化管理的具体目标

企业项目化管理的具体目标如下。

1. 应对环境挑战与动态调整

按照达尔文的进化论学说，自然界的生存法则是"物竞天择，适者生存"。由此可见，应对环境挑战对于各物种来说都是极为重要的，对于人类社会和企业来讲也是如此。企业业已取得的核心能力与竞争优势，都会随着社会的进一步发展、科学技术的进一步提升而逐步失去，只有具有应对环境挑战的能力，才能真正做到基业长青。任何企业在应对环境挑战的时候，都离不开对已有能力基础和对未来环境的假设与判断，但这一假设和判断会随时间的发展而变化，因而必须进行动态调整，其中包括对计划、行动甚至是目标的调整。企业项目化管理范式，恰恰为企业提供了这样一种组织管理范式，既能应对环境挑战，又能进行动态调整。

2. 资源整合与利益协调

现代企业越来越强调企业内部资源的整合与利益协调。企业各级组织、部门以及个人不能进行很好的合作，往往就是因为：在以职能管理为基础的管理范式中，各组织（部门、个人）之间的目标不统一，具有各自不同的利益诉求，表现在企业经营管理中，各自按照各自的目标，围绕着各自的局部利益开展工作，而使企业的整体目标无法有效落实，企业的整体利益得不到保障。采用企业项目化管理的体系，能够将与企业某一整体目标相关的各组织（部门、个人）整合在一起，构成一个整体，很好地整合企业资源，协调各部门之间的利益，从而保证企业总体目标的实现。

3. 打破组织界限与降低冲突成本

对于企业中的项目活动，采用传统职能式的管理范式，往往会在各组织之间增添人为的沟通屏障，造成沟通成本上升，甚而爆发难以磨合的冲突。而采用项目化的形式，将与项目活动相关的部门人员纳入统一的组织中，能够打破原有的组织界限，使相关各方成为一个相对独立的组织内部构成单位，极大地降低了沟通成本，降低了冲突等级。在项目驱动型组织里，没有封闭的企业部门所具有的僵化性和沟通障碍等特征。

此外，企业项目化管理范式，在活动的资源优化配置、风险控制等方面也具有非常明显的作用和价值。

四、企业项目化管理的特征

企业项目化管理是一般企业管理与项目管理理念与方法的融合，是"用项目对企业进行的管理"，既能及时响应复杂多变的外界环境，又能系统整合内部资源，同时能够落地实操，因此企业项目化管理具有科学性、系统性与领先性的特征。

1. 科学性

企业项目化管理同其他管理理论相类似的是，有其内在的规律性，其科学性表现在它是大量管理实践经验的升华、管理活动的基本规律以及从事管理活动的科学手段和方法，对企业发展具有重要的指导意义。除此之外，企业项目化管理是从企业所面临的竞争环境出发，以解决企业不同时期的困境为主要方向，与社会生产的规律性紧密相联，形成的一套系统的理论和科学方法。它借助现代科学技术和手段，利用系统的基本原理和科学方法，研究和探索人们如何有组织地、有效地实现既定目标，从中揭示管理活动的各种规律。

2. 系统性

企业项目化管理范式来源于企业整体系统管理的经验总结与升华，是站在企业整体的视角，对企业的战略、活动、组织与人员进行的系统整合管理，在对各部分分别进行管理的同时，考虑各部分之间的联系，使之形成协调统一的有机整体。因此，企业项目化管理具有系统性的特征。

3. 领先性

对于企业管理理论的研究，古往今来有众多管理大师的理论成果，如科学管理理论、战略管理理论、运作管理理论、项目管理理论等，每个理论的侧重点不尽相同，但都在企业的管理实践中取得了一定的成果。然而，当今社会，竞争形势极其严峻，传统的管理理论在指导当今企业发展的过程中有不同程度的不足之处，企业项目化管理是在结合当今社会发展趋势、企业发展要求的基础上，汲取其他管理理论的精华，同时在不断自我实践与完善的过程中所形成的、对当今企业具有重大指导意义的管理理论，因此具有领先性。

第二节　企业项目化管理范式框架精解

任何企业都处在特定的行业环境之中，在受宏观经济环境影响的同时，也要不断迎接来自竞争对手的挑战，从激烈的竞争环境中脱颖而出，深挖竞争优势，探求利益点，因此需要既能应对环境挑战，又能落地实操的企业项目化管理范式保驾护航，创造或延续企业的辉煌。企业项目化管理范式的框架，是企业项目化管理得以落地实施的重要基础，也是企业项目化管理的精髓所在。

经过多年的企业项目化理论研究与实践经验，笔者在对企业项目化管理范式的框架进行提炼总结之后，凭借多年的企业管理咨询实践经验，对框架进行了不断的修改与完善，目前所形成的企业项目化管理范式框架对于企业有领先性指导的作用。企业项目化管理范式由三大层级、五大领域、二十二个模块组成，具体框架如图 2-3 所示。

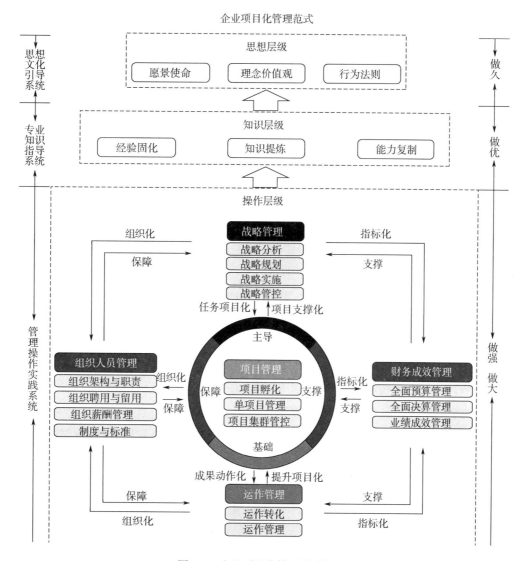

图 2-3　企业项目化管理范式框架

一、三大层级

企业项目化管理的层级，指在企业项目化管理体系构建过程中在内容结构上的等级划分，侧重于内涵的比较，由低到高分为企业项目化管理操作层级（EPM Operation Level，EOL）、知识层级（EPM Knowledge Level，EKL）和思想层级（EPM Ideological Level，EIL）。

（1）企业项目化管理操作层级　是企业项目化管理体系的基础层级，是企业项目化管理在操作层面的体现，由具有明确管理目标、内容、方法和工具并可外在显现的管理领域构成。企业项目化管理操作层级，是企业管理竞争力的直接表现，对企业项目化管理体系具有坚实的支撑作用，具体包括企业项目化战略管理领域、项目管理领域、运作管理领域、组织人员管理领域和财务成效管理领域五大领域。

（2）企业项目化管理知识层级　是企业项目化管理体系的中间层级，是企业项目化管理在知识层面的体现，由企业对外部项目化管理理论知识以及范式体系的借鉴和自身管理实践中经验教训的总结提炼整合而成，表现为企业独享并较难被竞争对手完全模仿的管理概念、模型、制度、规范、理论等知识，通过企业人员对知识的传播、学习和应用，达到传承企业管理能力的目的。企业项目化管理知识层级，是企业管理竞争力的核心体现，对企业项目化管理体系具有重要的指导作用。企业项目化管理知识层级，由企业项目化管理经验固化、知识提炼和能力复制三个管理模块组成。

（3）企业项目化管理思想层级　是企业项目化管理体系的高端层级，是企业项目化管理在思想意识层面的体现，由企业在项目化管理操作和知识层面之上，对企业未来发展终极目标以及坚持理念、原则等在思想意识层面的思考所得。企业项目化管理思想层级，是企业管理竞争力的本质体现，对企业项目化管理体系具有持久的引导作用。企业项目化管理思想层级，由企业项目化管理的使命愿景、理念价值观、行为法则三个管理模块组成。

二、五大领域

企业项目化管理范式的五大领域是指以企业项目化战略管理领域（EP Strategic Management Field，EP-SMF）为指导、以企业项目化项目管理领域（EP Project Management Field，EP-PMF）为核心、以企业项目化运作管理领域（EP Operation Management Field，EP-OMF）为基础、以企业项目化组织人员管理领域（EP Organization & Human-Resource Management Field，EP-OHMF）为保障、以企业项目化财务成效管理领域（EP Financial Effectiveness Management Field，EP-FEMF）为支撑的五大管理领域。以下分别对五大管理领域进行详细解析。

（1）企业项目化战略管理领域（EP Strategic Management Field，EP-SMF）　是企业项目化管理操作层级五大领域之首，是基于企业项目化的发展视角，在发展环境日益动荡、竞争日益加剧的条件下，为实现企业持续、稳定和健康发展目标，对企业中长期发展目标进行整体谋划，进而有效进行战略分解和实施战略管控的管理内容和过程。企业项目化战略管理在企业整体管理中居于主导地位。企业项目化战略管理以战略分析为前提，以战略规划为基础，以战略实施和战略动态管控为核心。企业项目化战略管理领域具体包括企业项目化战略分析、战略规划、战略实施、战略管控四大管理模块，拥有企业项目化战略地图、战略主题、战略任务分解、战略连续统等核心概念。

（2）企业项目化项目管理领域（EP Project Management Field，EP-PMF）　是企业项目化管理操作层级核心任务的关键，是以企业战略任务为导向，从企业特定需求出发，为实现企业从稳定到突破的跨越式提升，对企业不同层级和类型的具有不确定性、挑战性、临时性特点活动的全周期、全要素、全团队进行管理的过程。企业项目化项目管理是企业管理能力提升的核心。企业项目化项目管理领域具体包括项目孵化、单项目管理和项目集群管控三个模块，拥有企业项目化项目孵化、项目管理、项目活动、单项目管理、项目集群管控、全周期精益管理、全团队集约管理、项目全要素规范管理等核心概念与阶段门、里程碑、质量门、成本点等管理方法。

（3）企业项目化运作管理领域（EP Operation Management Field，EP-OMF）　是企业项目化管理

操作层级五大领域之一，是企业针对运作活动的管理。对于运作活动的管理，追求的是做对、做精，也就是追求工作效率的提升，其管理方法是标准化管理、流程化管理、精益化管理，其责任主体可以选择原有的组织部门和架构形式。在成熟的企业中，其价值链中有很多活动都是以运作的方式进行管理的。运作管理领域是企业项目化管理的核心基础，其本质反映了对重复性活动资源优化配置的能力，其核心管理要点是专业化的职能管理和结果导向的目标管理。运作管理领域主要包括运作转化和运作管理两个模块。

（4）企业项目化组织人员管理领域（EP Organization & Human-Resource Management Field，EP-OHMF)是企业项目化管理操作层级的保障，以企业项目化战略为引导，以企业项目化活动（包括项目活动与运作活动）的需要为核心，结合现有企业组织人员条件，明确各组织、部门、岗位的职责、权限和相互协作机制，建立企业项目化组织管理制度和标准，进行企业项目化管理组织的设计及人力资源的聘用、育留等管理，提升企业项目化组织能力，为企业项目化战略和活动管理提供坚实的组织和人员保障。企业项目化组织人员管理领域具体包括组织架构与职责、人员聘用与育留、组织薪酬管理和制度与标准四个模块，拥有企业项目化组织架构、职能型组织架构、矩阵式组织架构、项目式组织结构、PMD、PMO、PMC、项目团队、组织职责描述、人力资源能力测评、职业生涯发展设计、组织薪酬、学习型组织建设、制度与标准等管理方法和工具。组织人员管理，是企业项目化管理的难点，需要充分发挥管理学科科学和艺术二重性的功能和特点。

（5）企业项目化财务成效管理领域（EP Financial Effectiveness Management Field，EP-FEMF）是企业项目化管理操作层级的支撑，是企业实施项目化管理获得财务收益的外在显现。财务成效作为企业项目化管理系统的重要组成部分，为企业战略实施、项目突破、运作积淀提供强有力的财务支撑。企业项目化财务成效管理领域具体包括全面预算管理、全面决算管理和业绩成效管理三个模块，拥有财务决策、财务风险、财务分析等管理方法和工具。

三、二十二个模块

企业项目化管理范式的模块是指支撑企业项目化管理各层级与领域落地实施的具体管理方面，包含企业项目化战略分析、战略规划、战略实施、战略管控、项目孵化、单项目管理、项目集群管控、运作转化、运作管理、组织架构与职责、人员聘用与育留、组织薪酬管理、制度与标准、全面预算管理、全面决算管理、业绩成效管理、经验固化、知识提炼、能力复制、愿景使命、理念价值观、行为法则二十二个模块。

（1）企业项目化战略分析（EP Strategic Analysis，EP-SA）　是企业项目化战略管理的前提，是指企业对所处社会宏观环境、行业中观环境以及企业微观环境进行客观分析和趋势判断，结合对企业自身发展能力的客观评价，利用战略分析工具，进行企业发展战略定位和初步规划的战略管理内容和过程。企业项目化战略分析是战略规划、实施与管控的前提，对确定企业定位、未来发展方向乃至目标策略具有至关重要的作用和影响。企业项目化战略分析工具主要有：SWOT、波士顿矩阵、波特五力模型等。

（2）企业项目化战略规划（EP Strategic Planning，EP-SP）　是基于企业项目化战略分析结果进行企业的战略定位，制定企业项目化的总体战略目标，并对企业中长期发展策略进行谋划，包括企业的近期、中期和长期的战略目标以及对其实施路径的描述。企业项目化战略规划的制订是建立在企业项目化战略环境分析的基础之上，是企业项目化战略实施的前提，是企业项目化管理的精要所在。企业项目化战略规划工具主要有战略定位、战略主题、战略蓝图、战略连续统等。

（3）企业项目化战略实施（EP Strategy Implementation，EP-SI）　是在进行了企业项目化战略规划后，为实现企业战略目标而对战略规划的实施与执行。企业在明晰了自己的战略目标后，应专注于如何将其落实转化为实际的行为并确保实现。企业项目化战略实施是战略管理的行动阶段，也是战略管理的核心内容。

（4）企业项目化战略管控（EP Strategic Control，EP-SC）　是指在企业项目化战略实施过程中，检查企业为达到战略目标所进行的各项战略任务的执行情况，评价实施企业战略执行后的绩效，并与既定的战略目标与绩效标准相比较，发现战略差距，分析产生偏差的原因，纠正偏差，使企业战略的实施更好地与企业当前所处的内外环境、企业战略目标协调一致，使企业持续、稳定、健康的发展战略得以实现。企业项目化战略管控注重对战略实施过程的管理和监控，将管控系统的规划工作置前，从而真正体现战略管理的实效性。

（5）企业项目化项目孵化（EP Project Incubation，EP-PI）　是企业升级发展的重要前提，是指企业创造条件促进项目发起并将项目列入企业正式工作程序的一个过程，其最大特点就是这一工作往往体现为非常规的企业工作，孵化人员的各种努力并不一定为企业所认可。项目孵化阶段主要包括企业需求识别、项目策划、项目发起等工作。

（6）企业项目化单项目管理（EP Project Management，EP-PM）　企业项目化单项目管理就是企业针对单一项目活动，通过项目孵化、项目概念、项目规划、项目实施、项目收尾和项目转化中的一系列管理活动，实现单一项目活动成功，并将企业一次性的项目成果转化为企业长期成果。

（7）企业项目化项目集群管控（EP Program Management & Control，EP-PMC）　包含项目集管理与项目组合管理：

1）企业项目化项目集管理（EP Program Management，EP-PGM），是指对具有相同或相似性质、目的等的同一类别项目进行的管理，其中项目集是指通过协调管理能够获取单独管理这些项目时无法取得的收益和控制的一组相关联的项目。整体而言，企业项目化项目集管理是指对一个项目集采取集中式的协调管理，以实现这个项目集的战略目标和收益，包括把多个项目进行整合，以实现项目集目标，并使得成本、进度与工作可以被优化或集成。

2）企业项目化项目组合管理（EP Project Portfolio Management，EP-PPM），是指为了实现特定的组织目标，对集中放在一起以便于进行有效管理的一组项目、项目集和其他工作进行的统一管理。对这些不同组成部分的统一管理有利于提高管理效率，实现战略性商业目标，但项目组合中的项目或项目集可能不具有依赖性关系或直接关系。

（8）企业项目化运作转化（EP Operation Translation，EP-OT）　是指将企业中的项目活动，通过管理能力提升将其转化为运作活动进行管理，从而降低管理成本、提升管理效率的过程。企业通过项目管理的系列努力，获得了项目活动的成功，并不能作为企业长期追求的成功。作为长期稳定性的组织，企业还需将项目这种一次性的努力转化为企业长期性的收益，也就是把项目活动转化为运作活动，这有赖于活动外部环境的稳定和内部管理水平的提升两个条件，我们将这个过程称为运作转化。运作转化工作主要包括活动转化、组织转化、人员转化等。对于勘察、设计等典型项目活动，往往很难将其完全转化为运作活动，这也需要引起注意。

（9）企业项目化运作管理（EP Operation Management，EP-OM）　企业对运作活动的管理。企业的运作活动，是指活动环境稳定、工作内容清晰，企业曾经发生过，且本次活动与此前活动相比是重复的，没有影响性变化的活动，如企业流水线的生产、物料入库、财务报销、例行安全检查等活动。对活动进行运作管理：一方面说明对该活动的管理已经成熟；另一方面说明企业自身已经掌握了对该活动的管理。运作管理具有目标静态化、内容明确化、流程规范化、行为标准化、组织专业化、工具信息化等特点。

（10）企业项目化组织架构与职责（EP Organizational Structure & Responsibility Description，EP-OSRD）　是以企业项目化战略管理为导向的组织架构及对应岗位所要求的工作内容、责任范围，以职能管理为基础，对因企业项目化活动需求而构建的组织架构及权责分配的描述，是职务与责任的统一，由授权范围和相应的责任两部分组成，既有助于任职者明晰自己的主要产出领域及结果，也有助于管理者明确所需人员的素质要求。企业项目化组织架构是基于新趋势的企业组织形式，有其鲜明的特征。企业项目化的组织架构设计，要充分考虑发展的趋势和要求。为有效支撑企业战略任务的实施，企业项目化组织架构应从整体组织架构、企业项目化专有组织和单项目组织三个层次进行规划、设计。企业项目化管理组织职责描述是保证企业组织架构稳定的重要途径。

（11）企业项目化人员聘用与育留管理（EP Personnel Employment & Personnel Trainning Management，EP-PE & PTM）　是企业项目化组织人员管理的重要工作和内容。企业项目化战略目标的实现、相关项目和运作工作的实施，都需要根据组织管理的相关规定，进行各部门、各岗位人员的识别、选拔、任用、培养和留用，这就是企业项目化人员聘用与育留管理模块，主要包括人力资源的整体规划、招聘选拔、聘请任用、培训和开发和职业、事业留人等方面。

（12）企业项目化组织薪酬管理（EP Organization Salary Management，EP-OSM）　是指一个组织为了达到组织的战略和任务目标，根据组织管理相关规定和人员素质水平等情况，由企业管理者主导推动，确定各级员工应当得到的报酬总额、结构和形式的管理过程。从本质上讲，是通过对优良行为的奖励、固化和对不良行为的处罚、警戒，达到改善企业员工行为、提升企业发展成就目的的组织措施。

（13）企业项目化制度与标准（EP Organization Rule and Standered，EP-ORS）　是站在企业组织的层面，通过对内的制度约束和对项目执行的第三方标准要求，持续改善企业员工的工作行为，从而保障企业项目化管理能力不断提升和企业项目化战略目标成功实现。其中，管理制度作为企业内部立法，是通过组织权力程序形成的行为规范，对员工或组织具有强制约束作用，但管理成熟度较低；标准是按照通用规则形成的第三方强制要求，分为国家标准、行业标准、企业管理标准等内容，执行范围更广泛，管理成熟度也更高。

（14）企业项目化全面预算管理（EP Total Budget Management，EP-TBM）　是指根据企业项目化战略要求和项目实施需求，通过对内外部环境的分析，在财务预测与决策的基础上，调配项目、运作所需的相应资源，对企业未来一定时期的经营和财务等做出一系列具体计划，是预算计划的数字化、表格化、明细化的表达，体现了预算管理的全员、全过程、全组织的特征。

（15）企业项目化全面决算管理（EP Total Financial Accounts，EP-TFA）　是指对项目预算经费执行情况的总结。通过项目财务决算工作可以对项目预算经费的执行情况进行系统分析，便于后续项目预算的合理编制，从而提高财政经费的使用效益，有利于项目管理办公室掌握各项目成本管理情况，促进项目管理水平提升。

（16）企业项目化业绩成效管理（EP Performance Effectiveness Management，EP-PEM）　是指为了达到组织的战略和任务目标，根据组织管理相关规定和人员素质水平等情况，由企业管理者主导推动，由员工参与共同制定实施业绩成效目标、业绩成效计划、业绩成效考核评价、业绩成效结果应用以及业绩成效目标改进。根据组织或项目的业绩成效，对企业员工的行为表现进行考评。根据业绩成效面向的活动性质不同，业绩成效主要分为项目业绩成效和运作业绩成效两种。

（17）企业项目化经验固化（EP Experience Curing，EP-EC）　是指将在实践中总结而来便于本岗位工作更顺利进行的技能与方法等以可视化方法进行有效的记录，以便接任本岗位的工作人员能够快速进入工作状态。企业中需要固化的经验大致分为两类：成功的经验与失败的教训。在工作岗位上积累的成功经验是企业员工快速掌握工作技能的重要参考，而企业中的重大工作失误也是企业的宝贵财富。企业经验固化最有效的方法是树立基准标杆，将成功的经验进行固化与传承。

（18）企业项目化知识提炼（EP Knowledge Refine，EP-KR）　是指企业清晰界定知识提炼途径，科学制定知识提炼过程，促进企业独有的项目化管理知识水平不断提高，以达到更高的项目化管理成熟度等级的过程。企业项目化知识提升的来源主要有两方面：外部知识与内部知识。企业项目化知识的提升，通常需要外部机构进行辅助，一般通过培训的方式进行。

（19）企业项目化能力复制（EP Abilities Copy，EP-AC）　是指在企业项目化管理实施过程中，日常经营管理活动中满足企业生存、成长和发展的系统方法和综合过程所表现出的复制能力，是企业项目化管理快速、稳定实施的保障。从企业经营的宏观方面来说，主要包括企业发展战略规划能力、资源获取能力、资源整合能力、价值链管理能力、关键核心竞争优势和能力等；从企业内部管理微观角度来看，主要包括企业组织运作能力、指挥控制能力、战略分解与执行能力、综合管理能力等；从企业职能分配来看，主要包括企业产品开发与设计能力、市场与客户服务能力、产品与服务提供能力、生产与品质保障能力、供应与物流管理能力、人力资源开发与利用能力、成本管控能力、品牌策划与运作能力、后勤保障支撑能力等。企业进行项目化能力复制最有效的成果是形成学习型组织与企业大学。

（20）企业项目化愿景使命（EP Vision & Mission，EP-V & M)模块　包含企业愿景与企业使命两部分内容：

1）企业愿景（Enterprise Vision，EV），又译企业发展愿景，简称愿景（Vision），或译远景、远见。企业愿景是企业的发展方向及战略定位的体现，是指企业的长期愿望及未来状况、组织发展的蓝图，体现组织永恒的追求。企业愿景，是企业最高管理者头脑中的一种概念，是这些最高管理者对企业未来的设想，是对"我们代表什么""我们希望成为怎样的企业？"的持久性回答和承诺。企业发展愿景是企业对发展终极目标的整体描述，主要是针对企业内部利益相关方，引导大家的发展方向和终极目标。

2）企业使命（Enterprise Mission，EM），界定了企业在社会经济发展中所应担当的角色和责任，阐释了企业的根本性质和存在的理由，说明了企业的经营领域和主导思想，是企业发展目标和策略制定的根本依据。企业发展使命确立了企业发展的基本指导思想、原则、方向和发展哲学等，它超越了企业的战略目标，是一种抽象的存在，影响着经营管理者的决策和思维。对各企业的发展使命，有着形形色色的描述形式，但上升为一般性的表述，核心体现为企业为什么而存在以及如何存在的问题。企业发展使命，也是企业对发展终极价值的整体描述，主要是针对企业外部利益相关方，引导企业外部利益相关方对企业的认知和认同。

（21）企业项目化理念价值观（EP Idea & Value，EP-IV）　企业发展理念是由企业家积极倡导，全体企业员工自觉实践，关于企业发展的一种正确、理性的看法和思想。企业理念是能够激发企业内部人员的活力，推动企业长期发展的精神和行为规范。一般而言，应先形成企业家的意念，将正确的企业意念转化为企业观念，再将企业观念上升到思想理性高度，这就是企业的理念。企业理念的对外延伸是企业价值观，基本内容是企业经营管理思想、宗旨、精神等一整套观念性因素的综合，构成企业价值观体系。

（22）企业项目化行为法则（EP Conduct & Principle，EP-CP）　是企业以客观的管理实践为依据，在管理实践中逐步产生和发展起来的，在更高层次上对管理行为活动及其规律的高度总结和深度概括，是企业所有人员必须遵循的准绳。

第三节　企业项目化管理范式应用与三个层次

无论哪种管理理论，只有落地应用，才能体现其价值。企业项目化管理范式在应用的过程中，针对处于不同层次的企业，其应用的程度各不相同。以下将对企业项目化管理范式的应用进行简单阐述。

一、企业项目化管理范式的应用范围

如前所述，企业项目化管理因外部环境的变化而产生，应用范围很广。

一种情况是，一部分企业在当今及未来的外部环境挑战的影响下，不管企业是否愿意，都必须推行企业项目化管理，否则就会因为不能适应环境的挑战而丧失部分甚至全部竞争优势。这些企业对企业项目化管理的需求最为迫切。绝大多数行业的企业都属于这种类型，这也是为何企业项目化管理会如此受关注的原因之一。

另一种情况是，一部分企业受到外部环境的挑战非常小或者还没有受到外部环境的挑战，企业经过对未来发展环境的预测和分析，预感到在将来某一时刻会面临环境发展带来的挑战，前瞻性地提出企业内部变革提升的要求，决定实施企业项目化管理，以实现产品质量的提升、生产成本的降低、营销能力的增强等。这种企业项目化管理需求的迫切性不明显，只有那些具有长远发展战略和危机感较强的企业才能做到。这种类型的企业一般指项目化特征不明显的企业，如垄断程度高的行业企业（卷烟厂、印钞厂、发电厂等）。但随着社会的发展，一些行业逐步放开，垄断程度降低，项目化的活动越来越多。企业响应外部变化的速度跟不上竞争对手的变化，对管理变革的需求越来越迫切。这种类型的企业虽只占很小的比例，但随着市场化程度的加强，也将步入项目导向型企业的行列。

因此，根据以上分析，企业项目化管理几乎对所有企业都适用，只是对不同的企业提供的价值不同而已。基于企业项目化现象的程度不同，企业对企业项目化管理的倚重程度也不同。企业发展过程中的项目活动数量越多、活动项目特征越明显，企业项目化现象程度越高、企业项目化管理的价值越高。表2-1是基于项目活动所占比重进行的企业类别划分。不同比例表示企业对企业项目化管理倚重的程度不同。

表2-1　基于项目活动所占比重进行的企业类别划分

企业类型	项目活动所占比重	企业项目化管理价值	举例
基于运作的企业	10%以下	最低	卷烟厂、印钞厂等

（续）

企业类型	项目活动所占比重	企业项目化管理价值	举例
运作导向型企业	10%～40%	较低	汽车厂、印刷厂等
项目、运作平衡型企业	40%～60%	中等	饭店、旅馆等
项目导向型企业	60%～90%	很高	房地产、飞机制造等
基于项目的企业	90% 以上	最高	电影制作、奥运会等

二、企业项目化管理范式的应用价值

为进一步加强对企业项目化管理范式的认识，对企业项目化管理范式的概念进行深入分析，对其核心理解如下。

（一）企业项目化管理范式，是企业面向发展、应对竞争的一种管理范式

企业项目化管理范式，是企业应对发展速度提升、竞争程度加剧等项目化趋势和现象，从企业跨越式、提升性的战略目标出发，以变化性的项目活动为核心，架构企业的组织、进行资源配置和人员能力培养的一种管理范式。企业项目化管理水平越高，企业应对竞争的能力越强。企业项目化管理范式，反映了当今及未来企业发展环境的要求。

（二）企业项目化管理范式，是企业兼顾、融合专业分工和系统整合的一种管理范式

企业项目化管理范式，是以专业化的职能管理为基础，以整合性的项目管理为核心。对企业内重复性的运作活动，采用标准化、规范化和专业化分工的职能管理；对变化性的项目活动，采用一次性、动态性和综合性整合的项目管理。运用职能管理，实现企业专业化分工和职能效率的提升；运用项目管理，实现企业综合性整合和整体效能的提升；运用企业战略任务的活动分解和活动的相互转化，兼顾、融合专业分工和系统整合。

（三）企业项目化管理范式，是企业均衡实现相对稳定和持续发展的一种管理范式

企业项目化管理范式，是以思想为引导、以知识为指导、以操作为基础的管理方法。在落地操作层次中，又以战略为主导、项目为核心、运作为基础、组织人员为保障、财务成效为支撑，使企业实现科学性、系统性的发展，奠定企业领先发展的行业地位，保证企业实现相对稳定和持续的发展。

（四）企业项目化管理范式，是企业综合运用现代管理思想、组织、方法、工具、便于实操的管理范式

企业项目化管理范式，从企业持续、稳定、健康发展的根本使命出发，基于企业组织的整体角度，综合借鉴现代企业管理和项目管理在管理思想、组织、方法和工具方面的先进知识成果和实效应用手段，系统构建了有效连接企业发展战略和具体任务活动的管理体系，实效提供了适应各管理模块特征的管理方法、工具、表格和模板，保证了该管理范式的思想先进性、组织有效性、方法得当性和工具支撑性，具有极强的实操性和便捷性。

（五）企业项目化管理范式，是企业超越优秀、追求卓越的一种管理范式

企业项目化管理范式，从管理思想、知识和操作的体系构成上，从管理评价、变革、提升和维护的运行机制上，以面向发展、迎接挑战、增强竞争为指导，不满足于已有的管理成效，综合运用内外两种促进手段，促使企业持续发展、不断完善，以超越优秀、追求卓越并打造行业第一为管理发展目标。企业项目化管理，就是打造企业卓越竞争力的一种管理范式。

三、企业项目化管理范式应用的三个层次

上述内容精要描述了企业项目化管理范式在实际应用中的范围与作用价值，以下将对企业项目化范式如何指导不同发展阶段的企业进行阐述。要了解企业项目化管理范式在不同发展阶段企业中的应用，首先应明确企业的发展层次与阶段。

（一）企业发展层次

在企业发展过程中，从企业的生命力以及发展的能力来看，根据企业所处生命周期的不同，由低到高可分为创业发展、持续发展、永续发展三个层次。

企业的创业发展层次，是指企业处于创业时期，还没有固定的规模，各人员的角色也不明确，所有人以完成企业的创业项目为共同目标，齐心合力，决策者、管理者与执行者的界限并不明显，如创业时期的决策者同时充当企业管理者与执行者的角色。处于创业发展层次的企业，具有效益低、失败率高，以解决当下任务为目的，将做对事、做成事为主要努力方向等特点。

企业的持续发展层次，是指企业渡过创业发展阶段之后，形成一定的规模，岗位职责较为明确，人员分工合作较为顺利，业务来源较为稳定，服务达到一定规范的阶段。此时的企业已经解决了生存的难题，以发展为自身的首要目标。与创业层次的企业相比，持续发展时期的企业具有效益稳定、失败率降低等特点，企业决策者关注的是企业的中长期发展情况，以解决企业做强、做大难题为首要任务。

企业的永续发展层次，是企业较为理想的发展阶段。此时的企业，不仅解决了生存的难题，还在一定程度上积累了发展经验，人员分工明确、工作流程统一、业务来源稳定、服务标准，领导者关注的是企业如何延续至下一代的问题。处于永续发展层次的企业，具有效益高、失败率低等特点，以突破做优、做久的难题为主要任务。

综上所述，企业发展层次特征比较见表 2-2。

表 2-2　企业发展层次特征比较

企业发展层次	特征				难题
	特点	效益	失败率	关注点	
永续发展层次	业务来源稳定 服务标准 产生新业务	高	小	下一代	做优、做久
持续发展层次	业务来源较稳定 服务规范 产生新业务	中	中	中长期（3～5 年）	做强、做大

（续）

企业发展层次	特征				难题
	特点	效益	失败率	关注点	
创业发展层次	业务来源不稳定 服务不规范	低	大	现在	做对、做成

（二）企业项目化管理三个层次

根据企业发展的不同层次，企业项目化管理范式应从企业各层次的特征出发，为企业不同层次的发展提供指导，以助推企业不断升级发展。根据企业所处的层次不同，企业项目化管理也提出三个层次，以更具针对性地对企业层次修炼提供指导。

企业项目化管理层次（Hierarchy），是指企业在发展过程中，在企业项目化管理变革修炼中的递进方式，侧重于外在的体现，分为初级（创业）修炼、中级（持续）修炼、高级（永续）修炼，如图2-4所示。

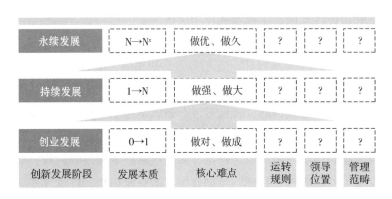

图2-4　企业创新发展三个层次与挑战

（1）初级（创业）修炼　也称为企业的创业发展阶段，指的是企业从无到有的过程，此阶段的企业负责人又可称为创业者或项目经理。在此阶段，大多数创业者的主要工作精力仅放在一个项目上，可以说项目成则企业活，项目败则企业亡。创业发展阶段企业的收益不明显，以构建创业发展项目管理系统为主要工作，做对事、做成事是企业的主要难题。

（2）中级（持续）修炼　随着创业阶段项目的成功，企业也逐渐步入持续发展阶段。此阶段企业的项目不断增多，各项任务逐渐步入正轨，管理流程与规章制度也逐渐规范，企业越来越强大。在此层级之中，企业以构建持续发展项目化管理系统为主要任务，所遇到的最大难题为如何做强、做大，企业的收益相比创业发展阶段也有了较为明显的提升。

（3）高级（永续）修炼　当企业发展到一定规模，运作活动慢慢占据主导地位，人员管理较为规范，企业自运转良好之时，企业就逐步迈入永续发展阶段。此阶段的企业，以构建永续发展的企业项目化管理体系为阶段主要任务，做优、做久已经成为发展的核心难题。

企业项目化管理范式开启了新时代企业管理的新理念，同时为指导企业在竞争的复杂环境之中脱颖而出开辟了新道路。如何搭建企业项目化管理系统，将企业项目化管理范式应用企业管理实践之中，保持企业的持续、永续发展，将在第二部分详细说明。

构建企业项目化管理体系，助推企业升级发展
（企业项目化管理体系构建）

管之具象，有四层：事、人、企、世，

事为基，人为本，企为业，世为源。

管之功能，有四级：技、术、法、道，

"道"以"法、术、技"为实，"法、术、技"以"道"为本。

历经尝试，为之炼；扬弃升华，为之修。

事修得技，人修得术，企修得法，世修得道。

道法自然，道世归源。上善若水，大智在"道"。

务求自道，坚持他道；不依小道，追求大道。

项目决定未来，管理决定成败。

五域修炼，定当优秀；

三级跨越，应能卓越。

初级项目操作修炼，创业可期；

中级系统运行修炼，持续有望；

高级体系运转修炼，永续传承。

尊道、守法、擅术、重技，

系统管理，强企兴邦！

读者感言：_____

_____

_____

_____

阅 读 导 图

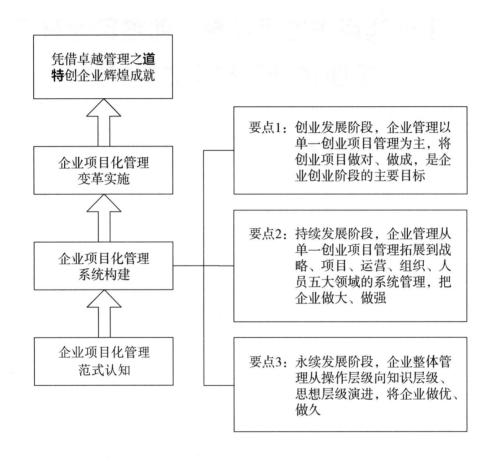

凭借卓越管理之**道** **特**创企业辉煌成就

企业项目化管理 变革实施

企业项目化管理 系统构建

企业项目化管理 范式认知

要点1：创业发展阶段，企业管理以单一创业项目管理为主，将创业项目做对、做成，是企业创业阶段的主要目标

要点2：持续发展阶段，企业管理从单一创业项目管理拓展到战略、项目、运营、组织、人员五大领域的系统管理，把企业做大、做强

要点3：永续发展阶段，企业整体管理从操作层级向知识层级、思想层级演进，将企业做优、做久

创业发展层次篇：抢抓机遇、创业可期

千里之行，始于足下；
创新创业，落于项目。

项目有风险，成果不可回；
态度决定一切，能力突破一切。
选要准，谋要透、干要快、了要清。
项目操作，做对做成，创业可期。

创业发展	0→1	做对、做成	人治	前台	点
创新发展阶段	发展本质	核心难点	运转规则	领导位置	管理范畴

读者感言：

阅 读 导 图

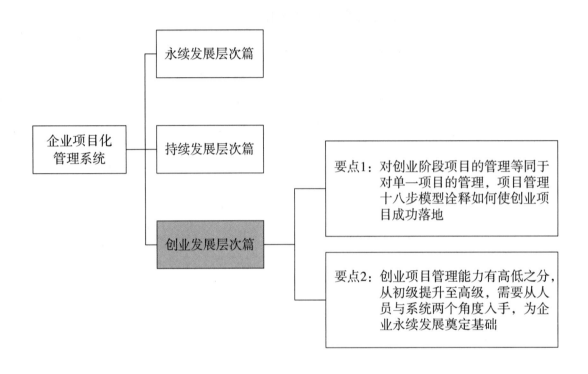

企业项目化管理系统
- 永续发展层次篇
- 持续发展层次篇
- 创业发展层次篇
  - 要点1：对创业阶段项目的管理等同于对单一项目的管理，项目管理十八步模型诠释如何使创业项目成功落地
  - 要点2：创业项目管理能力有高低之分，从初级提升至高级，需要从人员与系统两个角度入手，为企业永续发展奠定基础

第三章

创业项目管理

所有企业的发展与成长都起源于创业，只有创业成功，企业才有继续发展的基础与支撑。企业后期的发展，与最初创业的经验积累密切相关。就企业创业的特殊性而言，大多数创业是以项目的方式进行的。创业企业想要在激烈的竞争环境中获得创业项目的成功，在现代社会中越来越难。本章将针对创业项目的管理进行重点解读，以期帮助创业企业提升创业项目的成功率。

第一节　创业与项目管理

一、创业

我国有句古语叫做"万事开头难"，对于企业而言，最难的莫过于创业阶段，大有生死悬于一线之感。大多数企业的起步，往往来源于创业者脑海中一个可行的想法，这个想法如果能够落地实施并取得一次性成功，则企业将渡过创业阶段，逐渐走向辉煌；反之，如果这个想法"胎死腹中"，或者取得的结果不尽如人意，则企业将迅速走向衰败。

那么，什么是创业？有人认为：创业是指某个人发现某种信息、资源、机会或掌握某种技术，利用或借用相应的平台或载体，将其发现的信息、资源、机会或掌握的技术，以一定的方式，转化、创造成更多的财富、价值，并实现某种追求或目标的过程。还有人认为：创业是一个发现和捕捉机会并由此创造出新颖的产品或服务和实现其潜在价值的复杂过程。由此可见，创业必须要投入时间和付出努力，承担相应的财务、精神和社会风险，并获得金钱的回报、个人的满足和独立自主。霍华德·H. 斯蒂芬（Howard H. Steven）认为："创业是一种管理方式，即对机会的追踪和捕获的过程，这一过程与其当时控制的资源无关"，并进一步指出："创业可由以下 7 个方面的企业经营活动来理解：发现机会、战略导向、致力于机会、资源配置过程、资源控制的概念、管理的概念和回报政策"。杰弗里·A. 蒂蒙斯（Jeffry A. Timmosns）则认为："创业是一种思考、推理和行为方式，这种行为方式是机会驱动、注重方法和与领导相平衡。创业导致价值的产生、增加、实现和更新，不只是为所有者，也为所有参与者和利益相关方。"

科尔（Cole）把创业定义为："发起、维持和发展以利润为导向的企业的有目的性的行为。"史蒂文森（Stevenson）、罗伯茨（Roberts）和苟斯拜客（Grousbeck）提出："创业是一个人——你不管是独立的还是在一个组织内部——追踪和捕捉机会的过程，这一过程与当时控制的资源无关。"

美国学者帕尔特·蒂·维罗斯（Paud. D. Reynolds）把创业概念延伸到从人们创业意识产生之前到企业成长的全过程。他认为创业应该分为四个阶段：未成年；创业行动开始之前；开始创办企业；企业成长。未成年就是创业意识萌芽阶段，创业者心里有创业的冲动，只是还没有找到合适的机会；当机会出现后，创业欲望加强，开始进行各种准备活动，进入第二个阶段；接着，创业者或者独自一人，或者组建创业团队，开始进行市场调研、拟订创业方案、融资、注册登记、建厂生产、提高产品或者服务质量；最后，企业进入发展期，进入第二次创业阶段。

综上所述，创业是一个人们发现和捕捉机会并由此创造出新颖的产品或服务和实现其潜在价值的复杂过程，即是人们创业意识产生之前到企业成长的全过程。

二、创业项目与管理

随着项目型导向型社会与组织的趋势越来越明显，项目在社会中的作用越来越重要。对于企业而言，项目往往代表企业创新的能力。创业就其表现形式而言，也属于项目活动。与企业中的一般创新活动相比，创业项目所不同的是项目成则企业成，项目败则企业败，因而，创业项目是一般项目中的特殊存在。那么，什么是创业项目？应该从哪些方面对创业项目进行管理，从而保证创业项目的成功？以下将进行阐述。

（一）创业项目

就一般意义而言，创业项目指创业者为了达到商业目的具体实施和操作的工作。从项目视角解读创业，则认为创业项目是指创业者在充分了解市场需求的基础上，将自认为可以对市场产生影响的想法或创意以项目的形式开展，以期该想法或创意的实现为自身带来经济效益或实现创业企业发展的过程。

创业项目作为项目中的特殊存在，不可否认具有一般项目的特征，但同时由于创业项目与企业一般创新项目在资源支持等方面存在差异，因此又具备自身独有的特征。创业项目的基本特征如下。

1. 创业机会一次性

与一般项目类似，创业项目的一次性是指创业项目是在一定的资源供应、一定的时间要求内所要完成的活动。与一般项目所不同的是，创业项目的一次性特征更明显，创业的机会稍纵即逝，一旦不能抓住机会取得成功，即标志着创业失败。

2. 创业团队临时性

在创业项目进行过程中，创业人员的角色分工与职责权限的规定不像成熟的企业进行项目时界定得那样清晰与明确，很多工作都是在进行过程中逐渐摸索与反复试验，在此过程中所有人员都有可能承担各种工作。随着创业项目的不断进行，创业团队的角色定位越来越明确。待创业项目结束时，创业团队的职责也已完成，创业团队随即进行相关角色的转换。

3. 创业基础薄弱性

创业项目来源于创意，发展于机会，因此在实施过程中没有完全可以照搬的经验。在资金预算与规划、资源的投入与使用、管理的及时与有效等方面，与其他一般项目相比都显得较为薄弱。

4. 创业过程风险性

与一般项目相比，创业项目的风险性更大。企业中的创新提升项目，通常以企业的资源为支撑，企业人员通力合作且有一定的分工；创业项目并没有强有力的支撑，创业者一般是孤注一掷，将可投入资源全部投入其中，其所承担的风险更大。

5. 创业成果不可挽回性

创业项目一般是市场中的红利区，一旦加入将带来意想不到的收益；或者是市场中的空白点，虽然短期盈利不明显，但在未来一段时间内将有良好的发展趋势。创业项目的最终成果是创业公司的成立与发展，但在创业项目实施过程中如果发生致命性的问题，那么在此之前的投入就会成为沉没成本，无法挽回。

（二）创业项目管理

创业项目管理即对创业项目进行的管理。如何对创业项目进行管理，需要对项目管理的概念进行详细阐述。

1. 项目管理的概念

项目管理，顾名思义是对项目进行管理。

IPMP 认为：项目管理是以项目为对象的管理方法，通过临时性的、专门的柔性组织，对项目进行高效率的计划、组织、指导和控制，以实现项目全过程的动态管理和项目目标的综合协调与优化。

PMI 认为：项目管理是将知识、技能、工具与技术应用于项目活动，以满足项目的要求。

PMRC 认为：项目管理是一种基于系统思想与权变理念、面向对象（Object-oriented）的组织管理方法论。

本书认为，项目管理是指在大量不确定因素的影响下，一个临时组成的团队如何有限地组织资源，追求一个特定目标的管理控制动态的过程。项目管理的核心目的是实现项目目标，满足项目利益相关方的需求。

2. 创业项目管理的概念

创业项目管理即通过项目管理的方式对创业进行管理。项目管理理论凭借其鲜明的理论优势与可行性，被许多创业者用于降低创业项目的管理成本、改善创业项目的活动环境，确保创业项目可以保质保量地按时完成。同时，在项目管理理论的指导下，创业者还可以创新管理手段，制定有效的监督手段，促进项目内部的信息交流，进而保证项目的实施效果。

综上所述，创业项目管理，是根据项目管理理论，对创业项目的过程进行动态控制、对资源进行合理分配，从而追求项目目标实现的过程。

3. 创业项目管理的重要性

在企业发展过程中，管理一直是重要的支柱之一，在创业过程中，管理的作用更为重要。大多数创业者认为，创业的过程是资源的获取与资源配置同时存在，且资源的获取更为重要的过程。资源的获取又被称为经营，包括获得各种资源的过程，如订单、资金、人才、政策、设备等。以往的创业经历，创业者只要保证源源不断的资源注入，创业项目的成功概率就会大大增加，以致创业者忽视了创业项目管理对于创业成功的重要性。

几十年前，创业是多数人的首选，很多企业也从创业走向了成功。这与当时国家的资源支持力度与经济形势密不可分。首先，几十年前，为带动内需、鼓励消费，国家以财政补贴等多种方式支持民营企业家创业，保证了创业项目的资源来源；其次，当时创业企业少，市场空白点比较多，因此一个创业项目失败了，可以继续进行第二个甚至第三个创业项目，直至成功。然而，就目前的经济形势而言，市场的蓝海越来越小，资源的争夺异常激烈，单靠资源的获取来保证创业项目成功的概率越来越小。除此之外，竞争的加剧也导致创业者不能承受创业项目失败的风险，因此从管理上寻找创业项目的红利越来越必要。

三、国际项目管理发展、知识体系、贡献与挑战

项目性的实践活动自古有之，对项目进行管理起源于工程建筑行业。发展到今天，现代项目管理已经发展成为一门独立的学科，具有完善的知识体系。

（一）国际项目管理的发展历史

项目管理的发展经历了三个主要阶段，即项目管理实践阶段、传统项目管理阶段和现代项目管理阶段，如图 3-1 所示。

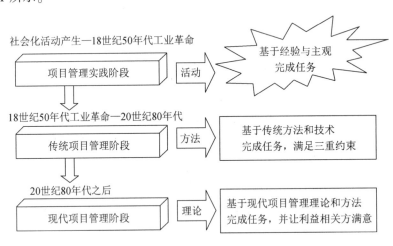

图 3-1　项目管理发展阶段

资料来源：白思俊. 现代项目管理 [M]. 北京：机械工业出版社，2010.

1. 项目管理实践阶段

传统的项目和项目管理，不仅可以追溯到我国的长城和埃及的金字塔等世界著名的古代工程项目，而且可以追溯到人类起初的各种有组织的社会活动。人类所有有组织的活动，最初都是以某种项目形式出现的，而且只有项目出现成果以后人们才将其投入运作。例如，人们只有先完成开垦荒地的项目，才能有每年耕种和收获的运作；人们只有先完成修建都江堰工程的项目，才能让它运行至今。我国古代的项目管理多数是建造皇宫、水利设施及防御外敌入侵的工程等，历朝历代都动用过大量的人力、物力和财力修建。将这些项目经验加以总结，最终形成了许多关于传统项目管理的宝贵知识和资料。这些宝贵的知识和资料，也形成了我国乃至世界的传统项目管理的思想和方法。

早在几千年前，人类就已经开始认识和掌握项目和项目管理的规律和方法。中华民族是人类对项目和项目管理认识最早，并且认识最有深度与广度的民族之一。例如，春秋战国时期的科学技术著作《考工记》中，就有以匠人一天修筑的进度为参照，再以一里工程所需的匠人数和天数预计整个工程施工管理和控制方法的文字记录。另外，北宋时期李诫所著的《营造法式》一书，全面汇集

了北宋以前建筑项目成本管理技术的精华，书中的"料例"和"功限"就是现在的"材料消耗定额"和"劳动消耗定额"。这是人类采用定额进行工程项目成本管理的最早方法和记载。当然，像古埃及的金字塔和古巴比伦的空中花园等，也都是人类在项目和项目管理上的伟大成就。

这一阶段我们称之为项目管理实践阶段或古代经验项目管理阶段。在这个阶段，项目实施的目标是完成任务，还没有形成行之有效的方法和计划，没有科学的管理手段和明确的操作技术规范。

2. 传统项目管理阶段

这一阶段可以追溯到工业革命之初，发展十分缓慢，直到 20 世纪初传统项目管理的方法和技术才得以不断发展和完善，如美国人享利·甘特发明的"横道图"（又称甘特图）、项目计划评审技术（PERT）等。由于项目管理的重要性不断提升，项目管理人员的职业化也获得了较快的发展。

之后，大型国防工业的发展给项目管理带来了巨大转折。项目管理为国防工业所重视，推动了项目管理的发展。第二次世界大战以来，美国研制原子弹的曼哈顿计划、北极星导弹计划与阿波罗登月计划等，都是推动现代项目管理学科产生、发展和形成的项目管理实践。

20 世纪 60 年代，由美国实施的有 42 万人参加、耗资 400 亿美元的载人登月项目"阿波罗计划"，在应用 CPMT 和 PERT 的基础上，基于"阿波罗计划"多部门、多专业、多单位参与的实际现状，提出了"矩阵组织"的管理技术，取得巨大成功。自此，项目管理有了科学的系统方法和系统工具。现在，甘特图计划、CPM 和 PERT 技术、矩阵组织技术已被认为是项目管理的核心技术和方法。

传统项目管理阶段，项目管理强调项目的管理技术，实现项目的成本、时间和质量三大目标。之前的管理实践阶段及传统的项目和项目管理知识，仅仅局限于狭小的领域，主要是工程领域。工程领域的大量实践活动，极大地推动了项目管理的发展。首先是传统的项目和项目管理的概念，主要起源于建筑行业。这是由于在传统的实践中，建筑项目相对于其他项目来说，组织实施过程表现得较为复杂。随着社会的进步和现代科技的发展，项目管理理论得以不断完善，项目管理的应用领域得以不断扩充。

3. 现代项目管理阶段

现代项目管理实际上是近 20 多年发展起来的管理学的一个分支。现代项目管理所涉及的理论和方法，与传统项目管理和运作管理的理论与方法都不同。现代项目管理的理论和方法，是有关现代社会活动中各种现代项目管理的理论和方法。它可以用于科学研究项目、科技开发项目、房地产开发项目、软件系统集成项目或各种各样的服务项目管理。因为它是在总结各种现代项目管理一般规律的基础上建立起来的，具有广泛的适用性。

20 世纪 70 年代，项目管理的应用从新产品开发领域中扩展到大中型企业。到了 20 世纪 70 年代后期和 80 年代初期，越来越多的中小企业开始引入项目管理，将其运用到企业管理的各项活动中。项目管理技术及方法在此过程中逐步发展和完善，项目管理学科体系逐渐形成。此时，项目管理已经被公认为是一种有生命力，并能实现复杂目标的良好方法。

20 世纪 90 年代以后，随着信息时代的来临和高新技术产业的飞速发展，项目的特点发生了巨大变化，管理人员发现许多制造业经济环境下的管理方法在信息经济环境下已经不再适用。在制造业经济环境下，强调的是预测能力和重复性活动，其管理的重点很大程度上在于制造过程的合理性和标准化。在信息经济环境中，事务的独特性取代了重复性过程，而且信息本身是动态的、不断变化的，所以灵活性成为新秩序的代名词。他们很快发现，进行项目管理恰恰是实现灵活性的关键手段。他们还发现，项目管理最大限度地利用了内外资源，从根本上提高了中层管理人员的工作效率，于是纷纷采用这一管理模式，并将其作为企业重要的管理手段。

经过长期的探索和总结，现代项目管理逐步发展成为独立的学科体系，成为现代管理学的重要分支。世界各地项目管理学术组织的纷纷成立，也使项目管理学科走向科学化和体系化。国际上最具代表性的项目管理组织，是国际项目管理协会（IPMA）和项目管理协会（PMI）。IPMA（International Project Management Association），创建于 1965 年，是国际上成立最早的项目管理专业组织。它成立的目的是促进国际间项目管理的交流，为国际项目领域的项目经理提供一个交流平台，包括项目管理论坛、《国际项目管理杂志》及 IPMP 国际项目经理资质认证等内容。另一权威的国际项目管理组织为 PMI（Project Management Institute），成立于 1969 年，是项目管理专业领域中由研究人员、学者、顾问和经理组成的全球性专业组织。PMI 一直致力于项目管理领域的研究工作，极大地推动了项目管理的发展。1976 年，PMI 提出了制定项目管理标准的设想。经过 10 多年的努力，PMI 于 1987 年推出了项目管理知识体系指南（Project Management Body of Knowledge），即 PMBOK。这是项目管理领域的又一个里程碑。因此，项目管理专家把 20 世纪 80 年代以前称为"传统的项目管理"阶段，把 20 世纪 80 年代以后称为"现代项目管理"阶段。

为了在迅猛变化、急剧竞争的市场中迎接经济全球化、一体化的挑战，项目管理更加注重人的因素，注重客户，注重柔性管理，力求在变革中生存和发展。在这个阶段，项目管理的应用领域进一步扩大，尤其在新兴产业，如通信、软件、信息、金融、医药等产业中得到了迅速的发展，项目管理的应用正不断上升为组织层次的需求。

（二）项目管理知识体系的发展现状

项目管理研究因管理实践而生，也因管理实践而不断发展。项目管理理论研究发展到现在，按照研究对象的发展趋势变化，主要形成了面向三个对象的研究成果：基于活动对象的研究知识成果、基于人员对象的研究知识成果、基于组织对象的研究知识成果。项目管理研究对象的演变以及主要成果如图 3-2 所示。

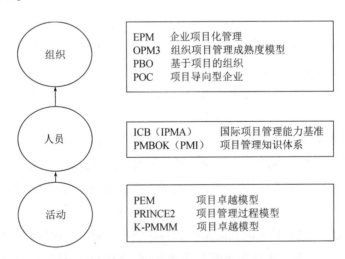

图 3-2　项目管理研究对象的演变以及主要成果

针对不同研究对象，项目管理理论研究形成了大量的知识成果。此处仅就核心成果进行简要介绍，见表 3-1。

表 3-1　代表性的项目管理理论研究成果

研究层次	代表性管理理论	研究重点	研究不足
基于活动层次	项目卓越模型（K-PMMM）	提出了项目管理成熟度的模型，指导企业逐步提高项目管理能力	侧重于活动管理能力的提升
	项目管理过程模型（PRINCE2）	提供覆盖整个项目生命周期的、基于过程的、结构化的项目管理方法	侧重于活动的管理过程
	项目卓越模型（PEM）	提供项目管理能力评价标准	侧重于项目管理能力的评价
基于人员层次	项目管理知识体系（PMBOK）	项目管理专业人士资格认证（PMP）的基础	侧重于关注人、项目管理能力的评价
	国际项目管理能力基准（ICB）	描述了基于项目管理过程的各种能力、知识、经验和个人态度，反映了IPMA组织内部普遍接受的项目管理专业资质评估原则	侧重于关注人、项目管理能力的评价
基于组织层次	项目导向型企业（POC）	提出了项目导向型企业四要素模型，并对组织结构及管理机制等进行了深入的研究	未对项目管理与职能式管理的融合问题进行探讨
	基于项目的组织（PBO）	提出了基于项目的组织特征，并对组织结构、管理机制、文化等因素进行了分析	未对项目管理与职能式管理的融合问题进行探讨，对这类组织的范围没有限定
	组织项目管理成熟度模型（O-PM3）	成熟度被引入组织项目管理，将项目管理的概念由战术层上升到战略层	未考虑项目管理与职能式管理的融合问题，同时缺少具体的操作方法
	按项目进行管理（MBP）	拓展项目管理应用范围，对企业中的活动按照项目进行管理	未能从企业整体角度出发，与企业管理的范围、属性和特点融合不足

由上述项目管理研究的主要成果可以看出，项目管理研究以及项目管理应用的发展脉络基本为：项目管理理论研究从对项目活动追求成功的研究开始，发展到对项目成功发挥关键作用的人员能力研究，继而发展到对项目所在组织这一内容更广泛的研究。

（三）项目管理的贡献与挑战

项目管理经过多年发展，对企业的发展起到了不可忽视的重要推动作用。然而随着市场竞争越来越激烈、国际化形势越来越明朗，项目管理在企业管理中的应用也受到越来越多的挑战。

1. 项目管理的贡献

项目管理经历了从实践阶段到传统阶段再到现代阶段的过程，以活动为主要研究对象，从三重约束的项目管理，深化到目前的项目管理知识体系，形成了以 PMBOK、ICB 为代表的项目管理代表作，为项目管理指导实践的具体应用做出了重要贡献，也为人们继续深化项目管理突破活动领域的研究奠定了重要的基础。

2. 项目管理的挑战

通过对项目管理理论研究成果内涵以及应用情况的调查不难发现：目前，对项目活动以及对项目人员的研究成果比较完善，对组织的研究还存在很大不足。项目管理对组织研究的不足，削弱了其对于企业管理变革的指导作用，单纯以项目管理理论作为指导甚至会误导企业管理的变革与发展。

（1）项目管理知识具有一次临时属性　自项目管理理论研究开始，到20世纪70年代两大国际性项目管理组织成立，再到20世纪90年代形成并发布规范的项目管理知识体系，项目管理的研究和理论成果就带有明显的时限性和特定适用性特征。这些研究以广泛意义上的项目（临时性、一次性的活动）为对象，以工程、建筑、国防、IT等行业为主要应用领域，最后形成了通用意义上的项目管理知识体系。

IPMA在国际项目管理能力基准（IPMA Competence Baseline，ICB）中，将项目管理能力描述为项目管理的知识、素质、技能，以及取得项目成功的相关经验的集合⊖。这里描述的项目管理能力，是以广泛意义上的通用项目为对象，以项目成功为目标，以临时性的项目组织为载体，因而是通用的项目管理能力。项目管理知识的通用性，还反映在项目管理的绩效是为临时性的项目组织服务的，其绩效反映的是临时性、一次性项目活动目标的实现程度⊜。

因此，项目组织不同于企业组织。企业组织内部的活动不仅存在项目，还存在运作活动；项目组织只是企业组织的一部分，虽然项目组织在很多情况下与企业职能组织存在交叉和重叠，但项目管理知识的运用只反映在项目组织中。项目组织是企业组织的一部分，现代项目管理集中关注临时性项目组织的管理，而忽视了对企业整体组织的协调和管理，结果导致项目组织目标与企业组织目标存在不同程度的冲突。换言之，项目管理知识与能力，是以具有生命周期属性的项目为对象、以临时性的项目组织为载体的。PMI在其项目管理知识体系PMBOK的引论中特别指出，PMBOK作为项目管理专业发展的基本参考资料，是一份指南。而企业是一个长期、稳定的组织，在推进项目管理的过程中，与PMBOK之间肯定会存在一些矛盾和冲突。在目前对项目导向型企业的研究中，对这二者之间存在的矛盾还没有进行深入的分析与研究。现代项目管理在组织层面的研究存在不足，对项目管理这种一次性的努力成果与企业这种长期性的组织在融合方面研究不足，亟待一种基于企业视角的管理理论予以解决。

（2）企业管理实践具有长期稳定特性　企业是一个长期性的稳定组织，既要应对变化、持续发展，又要固化经验、兼顾稳定。企业进行项目管理，其根本原因是企业受科学技术、客户需求、竞争压力等环境因素的影响和驱动，其主要工作是采用项目的形式，进行更加动态和具有创新性的管理，其根本目的是取得变革性跨越式的提升。也就是说，企业进行的项目管理，是企业以应对环境挑战的临时性、一次性、非重复性的项目任务为对象，以稳定性、长期性的企业组织为载体的活动。它只是企业的一种资源配置模式和组织管理模式，是企业管理的一种手段，而非目的。因此，不能从企业整体需求的角度进行布局，仅从项目的角度采取对策，缺乏对企业的战略思考，常导致企业执行的项目与战略目标不匹配⊜。

有一项对《财富》世界500强公司的项目管理研究认为，企业中的项目管理会遇到很多挑战，特别是在对职能部门的处理上，项目管理被认为是对已有工作团体和职能等级的威胁⊕。相关研究指出，以有生命周期特征的项目为研究对象的项目管理，与企业这种长期性组织之间，不可避免地

⊖　国际项目管理协会（IPMA）. 国际项目管理专业资质认证标准（IPMA Competence Baseline）3.0［M］. 北京：电子工业出版社，2006.

⊜　K KATZELL M E. Productivity：the measure and myth［M］. New York：Amaeom，1995.

⊜　OU L X，JIANG J J. Application of project management in marketing［C］. Project Management in 21st Century-Knowledge Economy and the Development of Western China，IPMF，2000.

⊕　TONEY F. Good results yield-resistance?［J］. PM Network，1996（10）：35-38.

会存在各种冲突[⊖]。因而，项目管理能力的研究和分析，不同于一般企业管理能力的研究和分析[⊜]。

（3）项目管理对企业整体管理支撑不足　项目导向型企业的研究者对项目导向型企业的特征、组织架构、管理模式、管理能力以及文化进行了研究，并提出了很多有价值的观点。但这些研究偏重于静态的自我分析，对项目导向型企业与非项目导向型企业的比较分析不足，对项目导向型企业核心能力的表现、构成和评判没有进行深入的研究和明确的说明，降低了对企业实践指导的价值。同时，项目导向型企业研究没有说明：非项目导向型企业是否都要转化为项目导向型企业；非项目导向型企业是否具有一些项目导向型企业的能力，这些能力在项目导向型企业中处于什么样的地位、发挥着什么样的作用；非项目导向型企业又如何转化成项目导向型企业。而这些问题无论是对于项目导向型企业的发展，还是对于当今众多企业的实践，都是非常重要的。

此外，针对项目活动研究的某些管理观念、方法，并不完全适用于整个企业。诸如在项目管理领域具有极大影响的评述："一切都是项目，一切都将成为项目（备注：美国项目管理专业资质认证委员会主席 Paul Grace 的评述）。"很多项目管理专家和实践者对这句话的理解是，用项目管理来管理企业的一切活动，可以提升企业的管理水平。但是，企业作为一个相对稳定的组织，内部一定存在着运作活动和项目活动两类活动。这两类活动的性质不一样，管理方法不一样，管理的成本和成效也不一样。相比较而言，按项目进行管理，管理成本更高。因而，对于运作特征明显的活动，应该运用运作管理的方法（如标准化管理、精细化管理等）；对于项目特征明确的活动，应该运用项目管理的方法，否则就会导致管理低效，甚而混乱、失败。

由此可以看出，不能将项目管理理论简单地应用于企业管理。也就是说，单纯地用运用项目管理理论知识指导当今的企业管理变革是行不通的。

上述两个方面的分析表明：现代企业为适应项目导向型社会发展趋势，就要提升应对环境挑战的能力。单纯地以传统企业管理理论为指导，或简单地将有特定应用对象的项目管理方法引入企业管理，都无法完全实现企业管理变革提升的任务目标。第一章中提到的开滦集团吕矿公司前两次管理变革正是源自于上述两个方面的问题。这就要求我们对企业应对环境挑战的管理思想、管理组织、管理模式、管理能力进行更深入的分析和研究。

第二节　创业项目管理能力与提升

一、创业项目管理能力解析

所谓创业项目管理能力，是指创业企业在开展创业项目或活动时，本身具有的达成活动目标的各类要素保障。

在市场环境的大背景下，创业项目管理能力具有以下四个主要特征：

（1）价值性　创业项目管理的能力，是对创业人员进行创业项目管理的规范性、有效性的评价，有助于提升创业项目管理能力，大大增加创业成功的概率，为创业的成功与发展提供助力。

⊖　邵婧婷，欧立雄．企业"按项目进行管理"的体系架构研究［J］．科技进步与对策，2008，25（12）：124-127.

⊜　边秀武，吴金希，张德．项目管理中人和组织因素研究现状综述［J］．清华大学学报（哲学社会科学版），2006（S1）：90-96.

（2）相对性　创业项目管理能力的高低是相对的，而不是绝对的。一个创业企业的项目管理能力一定要和所在的行业环境及其竞争对手相比较。即使一个创业企业的项目管理能力只比竞争对手高一点点，这多出来的一点点就有可能成为其拿到订单、完成订单的经营优势，从而促进经营业绩相对于竞争对手的比较性成长。这种业绩的累积和叠加，会进一步强化企业的竞争优势，最后成为制胜的关键法宝。因此，创业项目管理能力是动态的和相对的，符合市场经济条件下的竞争原则。

（3）客观性　创业项目管理能力是客观存在的现实。虽然从表面上可能看不出来创业企业的管理能力有多高，却可以从很多角度发现这种能力存在和高低的特点。例如，对项目团队成员能力的培养有没有规范化的做法；有多少人员已经通过国际项目管理的资质认证；对一些企业生存与发展的关键业务，有没有定制化的管理操作手册或者作业指导文件；有哪些工作已经实现了制度化建设；成功经验和失败教训有没有在公司内部被有效积累和广泛、快速分享。这说明项目管理能力不但有客观的标准，而且必须符合管理科学的基本原理和规则。

（4）协同性　创业项目管理能力应该是创业企业发展过程中的一项必备能力，但不是全部。这里一定要注意：项目管理能力和企业的其他能力，如资源获取能力、营销管理能力等要形成相互的支撑与合力，才具备有效性和一致性，通过发挥协同效应，达到使创业项目顺利进行的目的。

二、创业项目管理能力划分与提升途径

创业阶段的企业，所追求的无非是创业项目的成功，企业能够有一定的盈利，用以保证企业后续的发展壮大。然而万事开头难，很多企业走不出创业的窘境，淹没在创业大军之中。为了帮助创业企业更顺利、更成功地达成创业目标，将企业创业项目管理能力进行划分，并指明创业项目管理能力提升的途径，以提升创业成功率。

（一）创业项目管理能力等级划分

创业项目管理能力等级，与创业项目的成功率成正比关系。也就是说，创业项目管理能力越高，企业创业的成功率就越高，企业的收益也将越高。

笔者结合多年在项目管理领域的理论研究与实践操作经验，将创业企业的项目管理能力分为初、中、高三级，并对创业项目管理各等级能力进行描述，见表3-2。

表3-2　创业项目管理能力等级划分表

创业项目管理能力	初级	中级	高级
创业人员项目管理知识能力	初级项目管理能力（无项目管理知识，仅凭经验，关注的是活动本身，追求的是完成任务）	中级项目管理能力（传统项目管理指导，关注的是项目管理的方法，追求的是活动时间、质量、费用的三重约束）	高级项目管理能力（现代项目管理知识能力指导，关注的是相关方的利益均衡，以PM-BOK十大要素为管理重点）
创业工作项目管理流程规范	无流程	四阶段流程	十八步流程
创业项目成果	成功率低，效益低	成功率中，效益中	成功率高，效益高

如表3-2所示，创业项目管理能力为初级时，企业中基本没有工作流程，创业人员基本不具备项目管理的意识与知识，不讲求工作方法与思维，仅以完成任务为目标，而不对如何更便捷、更有

效地完成任务进行思考。此时，企业创业的成功率及所得的收益均较低。

当创业项目管理能力达到中级时，企业中的项目管理人员具备传统的项目管理能力，有一定的方法论，并能从项目的时间、质量与费用三维度进行思考，对创业项目进行管理。此阶段创业企业中的创业项目按照项目概念、项目规划、项目实施与项目收尾四阶段的工作流程较为顺利地进行，创业的成功率与效益均有所提升。

创业项目管理能力达到高级时，企业的创业管理人员具备现代项目管理知识，以达到利益相关方（包括项目当事人和项目相关方）的利益均衡为目标，按照项目范围、时间、费用、质量、人力资源、沟通、风险、采购和集成九大要素对项目进行管理，以项目管理十八步模型为工作流程的指导，创业的成功率大大提升，效益也较高。

（二）创业项目管理能力提升途径

企业是通过不同岗位职责的人进行不同的工作而运转的，创业企业也是如此。因此创业企业项目管理能力的提升可以通过提升创业人员的项目管理能力与制定规范的工作流程两方面来实现。

1. 创业人员项目管理知识能力的提升

创业人员的项目管理能力是创业项目管理能力提升的重要途径之一。创业人员在进行创业项目时，具备项目管理知识对创业成功率的提升异常重要。

创业人员提升项目管理能力的主要方式有主动学习和感悟。学习可以有多种形式：一是学历教育，如管理类的学士、硕士和博士课程；二是证书培训，如国家注册、国际注册的资质等级证书；三是参加各类的会议、论坛；四是阅读书籍、文献、论文。实践是提高能力最好的老师，但是这里所说的实践并不是简单地做事，而是在创业过程中不断地、主动地反思、改进和总结。

2. 创业工作项目管理流程的规范

工作流程是创业项目管理能力提升的另一重要途径。创业时期的工作较为繁杂，不确定性的工作较多，没有一定的工作流程，大量的时间、资金、人员等都被用来处理临时性的、突发性的事件，严重影响创业项目的进程。因此，创业企业可以与具有创业指导经验的第三方企业合作，将创业的工作与过程进行划分并做一定的规范，根据项目的大小与延伸性采用四阶段工作流程或十八步模型工作流程，提升企业的创业成功率。

利用专业的第三方服务机构构建创业项目管理能力，具有如下优势：

1）专业的服务机构是相对独立的资源，受到的负面干扰较小。

2）专业服务机构的专家技能和相应记录有较高的可信度（这也是很多企业选择外部咨询顾问首要的考虑因素）。

3）符合"外来的和尚会念经"的普遍心理，创业人员与外部咨询顾问共同探讨问题会更加放松、更加从容。

4）专业的服务机构对各创业企业项目管理指导所积累的经验，使其对创业企业实践更加了如指掌，创业项目管理能力提升工作的具体实施也更加顺畅。

5）专业的服务机构拥有强大的知识库和案例库，能够快捷地解决创业项目实施中出现的问题。

（三）创业项目人员的角色与能力

企业中的人员按照分工的不同可以划分为决策者、管理者与执行者。对于创业企业而言，创业项目人员的角色也可以分为创业项目的决策者、管理者与执行者。然而不同的是，在创业项目中，多数情况下决策者、管理者与执行者的界限并不明显。一般情况下，我们将创业发起人称为创业项目的决策者，在创业项目实际运行过程中，创业决策者很多时候同时承担着项目管理以及项目执行的角色。为了保证创业项目项目人力资源的合理分配，提升创业成功率，对创业人员角色的清晰认知与划分是至关重要的。创业项目人员的角色不同，其所具备的能力也就不同。对创业人员角色与能力的划分见表3-3。

表3-3 创业人员角色与能力的划分表

创业人员角色	职责	掌握信息	思维能力	职业价值
决策者	用人、定事	多	哲学思维能力	高
管理者	管人、理事	中	艺术思维能力	中
执行者	听人、干事	少	科学思维能力	低

如表3-3所示，创业项目的决策者要具备一定的哲学思维，用自己掌握的较多的市场信息与其他信息来用人、定事，有时并不需要向管理者、执行者解释原因。项目决策的好坏直接关系到创业企业的成败，因此其职业价值较高。

创业项目的管理者接受来自决策者的指派，并从决策者处接受任务的相关信息，其所掌握的信息较之决策者要少，需要同时具备做事的逻辑思维与管理的艺术思维理事、管人，职业价值处于中等。

创业项目的执行者是创业项目的具体操作人员，他们接受管理者的管理来执行项目。执行者需要具备做事的逻辑思维能力，也就是科学思维的能力，能够听从管理者的指挥，按部就班地完成管理者指派的任务。由于其可能仅负责项目某一项任务的操作，所得到的项目信息最少，职业价值也较低。

（四）创业项目工作流程与技能

创业项目管理能力中的工作流程是项目管理的四阶段，具备四阶段执行的项目管理能力，创业企业的成功率将有所提升。那么什么是项目管理的四阶段呢？每阶段又包含哪些过程呢？下面将一一进行解答。

1. 创业项目工作流程四阶段

按照生命周期划分，创业项目工作流程可分为四阶段，包含项目概念阶段、项目规划阶段、项目实施阶段、项目收尾阶段。

1）创业项目概念阶段是创业项目整个生命周期的起始阶段，即创业项目的选择与决策阶段，其工作目标是定义和确定创业项目的目标，其阶段可交付成果通常为创业项目章程。创业项目概念阶段包括项目研究和项目决策过程，是项目成败的先决条件。在概念阶段，通过项目可行性研究可以发现项目存在的重大风险和存在的市场机会。创业项目的概念阶段通常开始于创业者的某种想法，重点是做出是否进行创业项目规划的决策。

2）创业项目规划阶段包含明确项目总范围、定义和优化目标，以及为实现上述目标而制订行动方案的一组过程。规划过程组制订用于指导项目实施的项目管理计划和项目文件。由于项目管理的多维性，需要通过多次反馈来做进一步分析。随着收集和掌握的项目信息或特性不断增多，项目可能需要进一步规划。项目生命周期中发生的重大变更，可能会引发重新进行一个或多个规划过程甚至某些启动过程。这种项目管理计划的渐进明细，通常叫做"滚动式规划"，表明项目规划和文档编制是反复进行的持续性过程。作为规划过程组的输出，项目管理计划和项目文件将对项目范围、时间、成本、质量、沟通、风险和采购等各方面做出规定。在项目过程中，经批准的变更，可能从多方面对项目管理计划和项目文件产生显著影响。项目文件的更新，可使既定项目范围下的进度、成本和资源管理更加可靠。

在规划项目、制订项目管理计划和项目文件时，项目团队应当鼓励所有利益相关方参与。由于反馈和优化过程不能无止境地进行下去，组织应该制定程序规定初始规划过程何时结束。制定订这些程序时，要考虑项目的性质、既定的项目边界、所需的监控活动以及项目所处的环境等。

规划过程组内各过程之间的其他关系，取决于项目的性质。例如，对某些项目，只有在进行了相当程度的规划之后，才能识别出风险。这时候，项目团队可能意识到成本和进度目标过分乐观，因而风险就比原先估计的多得多。反复规划的结果应作为项目管理计划或项目文件的更新而记录下来。

3）创业项目实施阶段的主要工作虽然不多，但通常是创业项目生命周期中设计工作内容最多、时间最长、资源耗费最多的环节，其工作目标是完成项目的成果性目标，其阶段性交付成果是创业项目的最终交付成果。创业项目实施阶段的起点是项目计划获准实施，重点是项目的各项任务均已完成并取得预期的、可交付的项目成果。这一阶段的主要任务是以项目计划为依据，通过调配企业内外的各种资源，完成组成创业项目的各项活动，实现创业项目的成果性目标，并通过项目实施过程中的动态控制，实现项目在时间、费用、质量等方面的约束性目标。

4）创业项目收尾阶段是创业项目成果完成后进行交接并结束项目的过程，其工作目标是项目利益相关方检验和评估创业项目目标实现程度并处理好相互之间的关系，让利益相关方满意，同时为创业企业的后续项目提供指导与依据。该阶段的主要工作包括范围核实、合同收尾、行政收尾与项目评价。

2. 创业项目工作五大过程

创业项目工作可以划分为启动、计划、执行、控制与收尾五大过程，如图3-3所示。

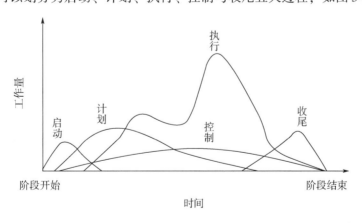

图3-3　创业项目工作五大过程

1）启动过程结束后进入计划过程。

2）计划过程结束后进入执行过程。

3）执行过程的同时是控制过程，所以控制过程和执行过程之间是相互影响的。

4）从控制过程出发，可以同时去向执行过程、计划过程和收尾过程。在项目执行过程中，项目管理者要对项目的执行情况进行监控，发现偏差后需要根据具体情况采取不同的措施：

①如果偏差可以在执行过程中得到纠正，不涉及其他因素，那么可以从控制过程直接转向执行过程。

②如果偏差导致需要对项目计划进行变更，如项目范围要发生变化，或者项目工期显著延长将超过规定的完成时间，或者需要追加项目预算等，一定要首先返回计划过程，调整项目计划后再重新进入执行过程，按照变更后的计划执行，以保证项目的执行过程是可跟踪的。这种情况下绝对不能从控制过程直接返回执行过程，不做计划变更而随意采取行动，否则项目执行中的实际进展情况将与原来的计划脱节，最终变得没有计划可依，使整个项目失控。

③确信项目任务执行完成，从控制过程可以进入收尾过程。

5）项目完成时，必须通过控制过程的确认，才能进入收尾过程，不能由执行过程直接进入收尾过程。实际上，项目是否完成必须经过检验和确认，不能由项目的执行者自己决定项目是否结束。

需要说明的是，创业项目的五大过程虽然有一定的顺序关系，但并不是绝对的串行顺序，而是在很大程度上有重叠。最先开始的是项目的启动过程，然后是计划过程，计划过程一直延续到接近收尾过程，这是由于在项目过程中需要根据项目的实际情况不断对项目计划做出修正甚至是计划变更。控制过程在计划过程开始后很快就开始了，一直延续到项目完全结束，保证项目目标的最终实现。项目的执行过程是完成项目任务的主要部分，通常工作量最大。项目收尾过程是在项目执行过程后期、主要工作完成之后就开始为项目的收尾做准备，而并非等到全部项目任务都结束后才开始做收尾工作。

从图3-3中还可以看出，创业项目中工作量最大的是执行过程，成本也最高，所以更要加强在前期启动过程和计划过程中的管理，以相对较低的代价及早发现和解决问题，降低创业项目的风险。

第三节　创业项目工作与十八步模型

我国传统的创业模式更强调创业人员的积极性以及决心，即使创业思路不清，但决心大，亦可进行创业。在过去的时代背景下，此种创业模式也确实使一些企业取得了成功。然而，当今时代下，创业仅依靠积极性与决心，而缺乏对创业流程的指导与规范，致使创业的成功率越来越低。可见，传统的创业模式已经不能适应现代竞争激烈的市场环境。为了突破以往传统创业模式对工作流程规范指导不足的瓶颈，帮助更多的创业企业提升创业成功率，笔者综合借鉴项目管理知识和经验，总结企业众多创业活动管理经验，开发了创业项目管理十八步模型，本节将进行详细阐述。

下面将对创业项目管理的核心方式、重难点与详细步骤进行阐述。

一、创业项目管理的核心方式

创业项目管理的核心方式分为目标管理和接口管理，二者紧密结合，如图3-4所示。

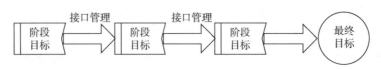

图3-4　创业项目管理的核心方式

目标管理，即以结果为导向的管理，是简单的、初级的，但很有实效。目标管理发挥的是局部优势，但由于目标本身存在着不确定性、过程具有不可控性，单纯的目标管理必然存在诸多问题。

接口管理，对于所有活动，特别是目标不好分解的活动至关重要。它是对资源的系统整合，能将活动的各种互动反馈付诸实施，发挥的是整体的优势。活动交叉部分，如部门与部门之间、阶段与阶段之间工作的管理，常被人忽视或责任不清。在这种情况下，接口往往是活动进展的里程碑，如果做不好接口管理工作，会大大影响工作的结果与效率。

在创业项目中，对关键价值链上的活动可以用目标管理，而对关键价值链上或各个活动之间的接口部分也要进行管理，以确保活动的成果能够被顺利转交、责任分配到人。因此，创业项目工作的方式，不仅是目标管理，还特别强调接口管理。简而言之，创业项目工作管理的核心方式表现为：目标管理是基础，接口管理是重点。

二、创业项目管理的重点与难点

按照实施的进程，创业项目通常被分为项目概念阶段、项目规划阶段、项目实施阶段与项目收尾阶段四阶段，每个阶段的资源投入量都不尽相同。在项目概念阶段，需要投入的资源较少；随着项目的进行，资源的投入量逐渐增多；到了项目实施阶段，资源的投入量达到最高值；到收尾阶段，资源的投入量又逐渐减少；到项目结束，不再需要资源投入。项目生命周期与资源投入量模型图如图 3-5 所示。

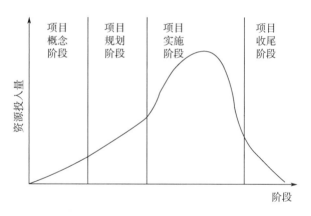

图 3-5　项目生命周期与资源投入量模型图

那么，创业项目进行到哪个阶段会遇到前所未有的困难？哪个阶段对于创业项目而言是比较重要的？这就是我们所说的创业项目管理的难点与重点。通常情况下，创业项目管理的重点是指需要项目管理人员投入更多的时间，为其分配更多的资源，以保证该阶段的顺利、正常运行。换言之，项目的重点所对应的是精力的分配，精力放在哪个阶段所产生的价值更大，哪里就是重点。而难点是指在创业项目进行过程中，即使将全部精力都放在某一阶段，仍然不能解决当前的困局，这与管理者的能力息息相关。也就是说，能力不能解决的问题，就是难点。

一般而言，在项目概念阶段、规划阶段和实施阶段发现问题造成的损失比为1∶2∶10，而如果在收尾阶段才发现本该在可行性研究过程中就该发现的问题，那么项目极有可能血本无归。由此可见，项目问题要尽早发现，最好在项目概念阶段就发现。在项目概念阶段，比较容易预见机遇和风险，评估项目未来的收益情况。规划阶段制订的项目计划，可以最大限度地保证项目之后的实施和收益的安全性。因此，创业项目概念阶段以及后面的规划阶段是非常重要的。而我国的创业项目在进行过程中常常忽视这两个阶段，是造成项目出现损失的主要原因之一。那么，项目概念阶段和项目规划阶段该投入多少资源呢？这要根据具体情况而定。如果项目所处的市场暂时是一片蓝海，基本投资进去就会挣钱，那么此时为了规避有可能出现的对手，就必须争分夺秒。在这种情况下，项目概念阶段和规划阶段就不是那么重要了，可以简单处理。而遇到其他情况，如市场竞争激烈，很可能造成亏损，在项目立项之前就必须进行充分的可行性分析和详细的项目规划，这样才能确保项目的收益和项目在约束条件下顺利完成。因此，创业项目管理的重点并不是一成不变的，而是与项目的复杂程度以及当前的项目环境密切相关的。一般而言，在创业项目不复杂、市场状况良好的情况下，项目管理的重点应该在实施阶段；而当压力增大的时候，创业项目管理的重点应该向前移动。

就创业项目而言，通常情况下，创业人员将创业想法进行落实，并在创业过程中做出一个个决策是最为困难的。这是因为，一旦做出决策，项目实施所出现的后果，无论是好的还是坏的，都与项目决策息息相关。一个正确的决策可以让创业企业在百万创业大军中脱颖而出，反之，则可能让企业石沉大海。因此，在创业项目管理四阶段中，阶段越靠前，其实施的难度越大。

三、创业项目管理十八步模型详解

创业项目管理十八步模型的工作流程，之所以可以标志创业项目管理的高级能力，是因为其比传统的四阶段、五过程细化了工作内容，明确了工作目标，提供了工作方法，解决了工作难题，具体流程步骤如图3-6所示。创业项目管理十八步模型，为创业企业更加有效地管理创业项目提供了通用性的参考，创业者可根据项目规模和复杂情况进行步骤的筛选或增加。

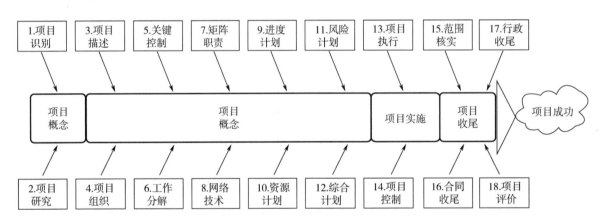

图3-6　创业项目管理十八步模型

项目概念阶段

项目概念阶段是指创业者从自身的需求出发，策划众多项目方案，经研究选择其中某一个最可行的方案作为自身创业的主要项目，主要包含项目识别与项目研究两个步骤。

步骤1：项目识别

项目识别包含需求分析与项目识别两项工作。

需求分析始于需求、问题或机会的产生，结束于需求建议书的发布。需求分析是项目启动的第一步。企业需求通常表现为，发展中遇到的问题和尚未得到满足的欲望。由于企业内外环境的变化，产生了各种已识别的或潜在的需求、问题或机会，需要企业通过不同程度的努力去挖掘和激发这些需求，并将这些需求转化为可实施的项目（产生项目），进而推进企业战略的实现。

项目识别是在需求分析、问题识别和机会研究的基础上，提出项目的方案。该方案非常粗略，但其策划水平直接影响项目未来的实施效果。因此，必须充分发挥项目管理者的创造力，通过科学的程序策划出高质量、高水平的项目方案。项目识别活动描述见表3-4。

表 3-4　创业项目第 1 步：项目识别

创业步骤名称	项目识别		
创业步骤序号	1	所属阶段	项目孵化阶段
输入条件	发展中的问题、新的项目目标		
工作内容	从企业和人员的需求出发，创新性地策划满足需求的多种项目方案		
工作要点	●需求分析 ●问题识别 ●机会研究 ●项目策划 ·项目功能与目标分析 ·总体方案设想 ·总体方案规划 ·方案各部分功能设计 ·对总体方案进行粗略选择		
输出成果	需求建议书、项目方案		

参考模板 *3-1*：项目需求建议书

项目需求建议书格式

一、标题

二、称谓

三、正文
　　工作陈述：概括说明客户要求承约商做的主要工作和任务范围
　　交付物：项目目标
　　关于交付物的规定：涉及交付物在数量、规格、质量等方面的物理参数和技术参数等的要求
　　客户所提供的条款：如客户的合同类型、收取项目建议书的时限、付款方式、要求的进度计划、投标方案的评审标准等

四、署名及时间

步骤 2：项目研究

当项目发起人取得了必要的支持，就可以启动项目。在项目正式启动前，应进行项目的可行性研究。项目可行性研究的详细程度，根据项目所面临的不同内外部环境而有所不同。面对不同的市场情况，可能需要做充分的可行性研究，也可能进行简化。对于一些复杂项目、重大投资项目，可行性研究应尽可能充分。对于简单项目、投资比较少的项目，可行性研究可以适当简化。项目研究活动描述见表3-5。

表3-5 创业项目第2步：项目研究

创业步骤名称	项目研究		
创业步骤序号	2	所属阶段	项目概念阶段
输入条件	需求建议书、项目方案		
工作内容	对项目进行可行性研究		
工作要点	• 初步可行性研究 • 详细可行性研究 　·社会可行性研究 　·财务可行性研究 　·技术可行性研究 • 项目评估优选		
输出成果	项目可行性研究报告、项目建议书、项目评估报告、项目章程、合同（项目许可证）		

参考模板 3-2：可行性研究报告

项目可行性研究报告

项目名称	

一、项目总论

二、项目背景和发展概况

三、市场分析与建设规模

四、建设条件与厂址选择

五、工厂技术方案

六、环境保护与劳动安全

七、企业组织和劳动定员

八、项目实施进度安排

九、投资估算与资金筹措

十、财务效益、经济与社会效益评价

十一、可行性研究结论与建议

项目规划阶段

项目规划阶段是指在项目概念决策之后，由项目决策者指定的项目核心负责人制订项目基准计划，经上级领导的审批同意后，为项目的实施奠定基础。本阶段共包含创业项目的项目描述、项目组织建立、项目关键控制、项目工作分解、项目职责矩阵、项目网络技术、项目进度计划、项目资源计划、项目风险计划、项目综合计划 10 项工作。

步骤 3：项目描述

项目描述是项目启动阶段之后、项目规划阶段正式开始之前，为已经立项的项目界定项目目标、明确项目范围的一步，具有承上启下的重要作用。

项目描述在项目管理生命周期中具有重要作用。项目描述是进行项目规划的基础和先决条件，也是利益相关方进行沟通的基础和平台。清晰的项目描述能够提高费用、时间、资源预算的准确性，有助于清楚地分配责任，也为执行状态测量和控制奠定了基准。项目描述具体内容见表3-6。

表 3-6　创业项目第 3 步：项目描述

创业步骤名称	项目描述		
创业步骤序号	3	所属阶段	项目规划阶段
输入条件	已经通过的设计方案、批准后的可行性报告、项目立项规划、合同、项目章程		
工作内容	界定项目目标，明确项目范围		
工作要点	● 定义项目目标 　·尽量定量描述，而不是定性描述 　·具体目标落实到每一个项目成员 　·目标具有可实现性，而不是理想化的 　·目标的描述尽量简化 　·目标必须被所有利益相关方所了解，取得认同 ● 定义项目范围 ● 编写项目描述表 　·项目名称：每个项目都需要有一个名称，要求简短而清晰 　·项目目标：包括成果性目标和约束性目标，即项目交付物、费用、时间和质量要求 　·交付物：项目的最终成果，即主要的、概括性的产品清单 　·交付物完成准则：交付物所应该满足的技术性能和质量标准 　·工作描述：为完成交付物所要做的主要工作，即项目范围 　·工作规范：项目范围中的工作所应遵循的工作标准和要求 　·所需资源估计：对项目所需要的资源种类、数量进行估计 　·重大里程碑：对完成项目交付物有重要意义的阶段性成果 　·项目主管审核意见：项目主管签字，表示认同；以及其他说明性意见		
输出成果	项目描述表		

步骤 4：项目组织

项目管理活动与一般管理活动相比具有特殊性，因此其组织形式与一般管理的组织形式也有所不同。在项目组织中，项目成员的角色和职责与一般组织不同，激励方式有所不同，组织结构不受职能结构的约束。项目组织以完成项目为目标，因为项目的存在而存在，也因为项目的结束而解散。因此，项目组织与职能组织不可相互替代。

一个项目在完成了项目描述之后，各利益相关方对项目应该取得的可交付成果和应该完成的工作达成一致意见，接下来就要构建项目管理团队，建立一个项目领导班子，以推动项目的进展。项目组织活动描述见表3-7。

表 3-7　创业项目第 4 步：项目组织

创业步骤名称	项目组织		
创业步骤序号	4	所属阶段	项目规划阶段
输入条件	项目章程、项目描述表、现有组织结构、可利用的人力资源		
工作内容	选择项目组织形式，组建项目团队		
工作要点	● 了解和定义完成项目各项工作都需要何种角色，这些角色都需要具备哪些技能，何时需要这些角色 ● 了解哪些人具备担任这些角色所必需的技能，哪些人有过类似的经验，哪些人有合适的时间能够担任这些角色 ● 进行角色分工，确定项目团队成员，编写项目团队任命通知书 ● 确定项目组织形式，画出项目部组织结构图		
输出成果	人员角色与职责、组织结构图、团队建设方案		

参考模板 3-3：项目团队任命通知书

项目团队任命通知书

为了按照＿＿＿＿＿＿＿＿＿＿的要求，完成＿＿＿＿＿＿＿＿项目的各项目标，特任命项目团队成员，名单如下。

项目名称			
项目经理			
项目角色	姓名	所在部门	职务/职称
总经理或人力资源部	（签字）	日期	

步骤 5：关键控制

由于创业项目的成果具有不可挽回性，为了防止创业项目的结果不理想导致创业项目失败，需要在创业项目实施过程中选取对创业项目产生重要影响的关键控制点。根据创业项目时间、质量、费用三大目标，关键控制共分为里程碑、质量门与成本点三项。关键控制活动描述见表 3-8。

表 3-8　创业项目第 5 步：关键控制

创业步骤名称	关键控制		
创业步骤序号	5	所属阶段	项目规划阶段
输入条件	项目设计方案、项目描述表、利益相关方		
工作内容	识别关键控制点，制订关键控制计划		
工作要点	● 识别关键控制点 ● 制订阶段门计划 ● 制订里程碑计划 ● 制订成本点监控计划 ● 制订质量门控制计划		
输出成果	里程碑计划、成本点计划、质量门计划、阶段门计划		

参考模板 *3-4*：项目里程碑计划

里程碑计划

里程碑事件	1 月	2 月	3 月	4 月	5 月	6 月	7 月	8 月
活动 1			▲					
活动 2				▲				
活动 3					▲			
...						▲		
任务完成								▲

参考模板 *3-5*：质量门计划

质量门计划

质量门	项目名称：机车用铸钢轮装制动盘项目　　项目编号：SRIZD15-T07
制动盘结构形式	
制动盘材质	
单片盘体不平衡值	
制动盘每侧磨耗限度	
制动盘的极限温度（允许的最高温度）	

参考模板 *3-6*：成本点计划

成本点计划

成本点控制	项目名称：　　　　　项目编号：
成本点	成本描述
人力资源费用	
紧固件采购费用	
试验及检测费用	
差旅费用	
不可预见费用	
项目总费用	
项目负责人签字	

步骤6：工作分解

复杂项目的管理往往使人们觉得无从下手，难以有效地进行估算、制订计划和控制。而如果将一个项目分解为若干个子项目，再将每个子项目分解为若干个工作包，每一个工作包再进一步分解为若干个更小的任务和活动，这样层层分解下来，分解到最后一个层次，就成为非常便于管理和控制的工作单元，可以很简单清晰地分配资源，管理者开展项目管理工作就会变得游刃有余。这个层层分解的过程，就叫做工作分解，所形成的结果叫做工作分解结构。

前面提到项目目标具有层次性和阶段性，根据项目目标阶段性的特征，可以制订里程碑计划；同样，根据项目目标层次性的特征，可以制定工作分解结构。工作分解可以准确说明项目的范围，便于划分和分派责任。在项目管理生命周期中，工作分解具有重要的作用：

1）进行职责分配的依据：为每一个工作单元分配责任人。

2）进度计划的依据：估计每一个工作单元的历时，制订进度计划。

3）资源计划的依据：估计每一个工作单元的人力、物力和资金消耗，制订资源计划。

4）质量计划的依据：为子项目、工作包、工作单元制定质量标准。

5）风险识别的依据：识别在每一个细节中可能存在的风险。

6）沟通计划的依据：使利益相关方特别是项目团队成员对项目形成统一的整体认识，增强责任感和信心，并产生激励作用。

7）变更控制的依据：当项目范围发生改变的时候，需要修改工作分解结构。

8）项目控制的依据：项目的执行既要关注结果，也要关注过程，对每一个工作单元进行监控，也就是对整个项目进行监控。

9）竣工和验收的依据：项目验收时，需要核实项目范围，工作分解结构中的每一项工作都完成了，整个项目才算完成。

工作分解活动描述见表3-9。

表3-9　创业项目第6步：工作分解

创业步骤名称	工作分解		
创业步骤序号	6	所属阶段	项目规划阶段
输入条件	项目设计方案、项目章程、项目描述表、关键点计划（包括里程碑、阶段门、成本点、质量门）		
工作内容	对项目进行工作分解，形成工作分解结构（WBS）		
工作要点	1. 基于可交付成果或基于工作过程划分 （1）基于可交付成果划分 1）上层一般以可交付成果为导向 2）下层一般为可交付成果的工作内容 （2）基于工作过程划分 1）上层按照工作的流程分解 2）下层按照工作的内容分解 2. 编码 3. 形成项目工作分解结构表 4. 对每一个活动和工作单元进行活动定义，形成活动描述表		
输出成果	活动清单、活动描述书、工作分解结构图		

参考模板 *3-7*：工作分解结构图

工作分解结构图

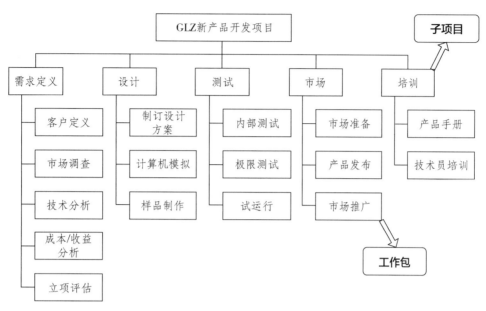

参考模板 *3-8*：项目工作分解结构表

项目工作分解结构表

项目名称：	项目负责人：
单位名称：	制表日期：

工作分解结构

任务编码	任务名称	主要活动描述	负责人
1000			
1100			
1200			
1×00 1×10 1×11 1×12			

项目负责人审核意见：

签名： 日期：

参考模板 *3-9*：项目活动描述表

项目活动描述表

活动代码	通过工作的唯一标识符，可看出工作之间的"父子"关系
活动名称	该工作的名称
输出	完成该工作后应输出的信息（包括产品、图样、技术文件、工装及有关决策信息），以及对输出信息的规范和内容定义

（续）

输入	完成该工作所要求的前提条件（包括设计文档、技术文件、资料等）
内容	定义该工作要完成的具体内容和工作流程（包括应用文件、支撑环境、控制条件、工作流程）
负责单位	该工作的负责单位或部门
协作单位	该工作的协作单位或部门
子工作	WBS 树型结构中与该工作直接相连的下属工作

步骤7：职责矩阵

步骤4确定了项目团队的组织结构和人员角色，步骤6确定了项目的工作分解结构，接下来要为工作分解结构中的每一项活动分配具体负责单位或个人，明确各个单位、个人在项目工作中的关系、责任和地位。通过将活动的职责信息写入项目职责矩阵，为后来项目的执行和控制提供基础。工作分解活动描述见表3-10。

表3-10 创业项目第7步：职责矩阵

创业步骤名称	职责矩阵		
创业步骤序号	7	所属阶段	项目规划阶段
输入条件	人员角色与职责、组织结构图、团队建设方案、活动清单、活动描述、工作分解结构图		
工作内容	确定项目各人员的职责		
工作要点	● 活动责任分配 　·责任分配要覆盖所有的项目活动，包括子项目、工作包、工作单元等，不能出现无人负责的活动 　·同一项活动的可能涉及多个单位和个人，有的单位主要负责执行，有的单位负责审批，有的单位要给予辅助等，分工要明确，责任要到位 　·有的活动需要全员参与，因此可以将全体人员作为一个角色进行责任分配 ● 绘制职责矩阵		
输出成果	职责矩阵		

参考模板 3-10：项目责任矩阵

项目责任矩阵

	项目经理	项目成员	主管部门	项目管理部门
活动1	▲	●	△	
活动2		▲		
活动3	▲	●		
活动4				▲
…				

注：▲—负责；●—辅助；△—审批。

步骤8：网络技术

网络计划技术是现代项目管理中重要的管理方法和工具，它将整个项目作为一个系统加以处理，将项目中各项任务的各阶段和先后顺序通过网络计划形式对整个系统进行统筹规划，并区分轻重缓急，对资源（人力、物力、财力等）进行合理安排，有效地加以利用，以最少的时间和资源消耗完成整个系统的预期目标、已取得良好的经济效益。本步骤的主要任务是采用网络计划技术，对项目里程碑和工作分解结构进行网络化处理，以便制订进度计划、资源计划。网络技术活动描述见表3-11。

表3-11 创业项目第8步：网络技术

创业步骤名称	网络技术		
创业步骤序号	8	所属阶段	项目规划阶段
输入条件	里程碑计划、工作分解结构		
工作内容	确定各项工作的延续时间		
工作要点	● 活动排序 　· 逻辑关系：由客观规律所决定的必然的、固有的关系，前一项工作一般是进行后一项工作的必要前提条件 　· 组织关系：人为安排的工作关系 ● 活动网络图 　· 单代号网络图 　· 双代号网络图 ● 活动历时估计		
输出成果	单代号网络图、初步的项目网络计划		

步骤9：进度计划

项目进度计划是表达项目中各项工作、工序的开展顺序、开始和完成时间以及相互衔接关系的计划。通过进度计划的编制，使项目实施形成一个有机整体。进度计划是项目进度控制的依据。

项目进度计划的编制通常是在项目经理的主持下，由各职能部门、技术人员、项目管理专家及参与项目工作的其他人员等共同参与完成。在进度计划的编制工作中，要充分运用现代科学管理的方法，提高计划的科学性和可靠性，保证项目进展的均衡性和连续性，使进度计划与费用目标、质量目标相协调。进度计划活动描述见表3-12。

表3-12 创业项目第9步：进度计划

创业步骤名称	进度计划		
创业步骤序号	9	所属阶段	项目规划阶段
输入条件	里程碑计划、初步的项目网络计划		
工作内容	确定项目的进度计划		
工作要点	● 计算时间参数 ● 制订详细的进度计划 ● 识别关键路径 ● 绘制甘特图		
输出成果	活动时间参数、关键路径、甘特图		

参考模板 *3-11*：项目进度管理计划

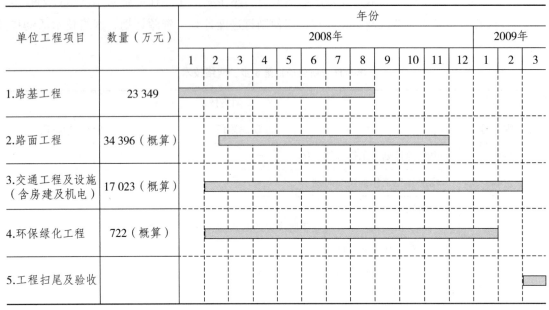

单位工程施工计划横道图

单位工程项目	数量（万元）	年份														
		2008年												2009年		
		1	2	3	4	5	6	7	8	9	10	11	12	1	2	3
1.路基工程	23 349															
2.路面工程	34 396（概算）															
3.交通工程及设施（含房建及机电）	17 023（概算）															
4.环保绿化工程	722（概算）															
5.工程扫尾及验收																

步骤10：资源计划

项目资源包括项目实施中需要的人力、设备、材料、能源及各种设施。项目资源计划涉及决定在项目的每一项工作中使用哪些资源以及使用资源的数量，因此必然与费用紧密联系。对项目资源的管理，也可以说是对项目费用的管理。项目资源计划活动描述见表3-13。

表3-13 创业项目第10步：资源计划

创业步骤名称	资源计划		
创业步骤序号	10	所属阶段	项目规划阶段
输入条件	工作分解结构、项目进度计划、可利用的资源		
工作内容	确定项目的资源计划		

工作要点	● 资源估计和费用估算
	  · 确定每一项活动需要的资源种类
	  · 确定每一项活动需要的资源数量
	  · 确定每一项活动需要的资源时间
	● 资源分配和费用预算
	● 工期/费用优化
	  · 工期优化
	   * 强制缩短法
	   * 调整工作关系
	   * 关键路径转移
	  · 资源优化
	   * 资源有限、工期最短
	   * 工期固定、资源均衡
	  · 费用优化		

输出成果	资源需求计划矩阵、资源甘特图、资源负荷图、资源累计负荷图		

步骤 11：风险计划

项目风险是指可能给项目带来损失的不确定性因素，这些因素的出现会对至少一个项目目标，如进度、成本、质量等产生不利影响。这种不确定性来源于项目的一次性和独特性，每一个项目的进行都要面临某些特殊的新情况，不存在常规的流程和措施予以遵循。这种不确定性体现在：

1）风险事件是否发生不确定。

2）风险事件发生的概率大小不确定。

3）风险事件发生的时间和频率不确定。

4）风险事件发生的后果不确定。

通过深入的研究和对环境的了解，可以使决策更有把握，更符合项目的方针和目标，从总体上使项目减少风险，保证项目目标的实现。

可以推动项目执行组织和管理团队积累有关风险的资料和数据，以便改进将来的项目管理。项目风险计划活动描述见表 3-14。

表 3-14　创业项目第 11 步：风险计划

创业步骤名称	风险计划		
创业步骤序号	11	所属阶段	项目规划阶段
输入条件	里程碑计划、进度计划、工作职责矩阵、资源计划、质量计划		
工作内容	确定项目的风险计划		
工作要点	● 风险识别 　· 综合考察 　· 量力而行 　· 系统化、制度化、经常化 　· 由粗及细，由细及粗 　· 严格界定风险内涵并考虑风险因素之间的相关性 　· 先怀疑，后排除，排除与确认并重 ● 风险评估 　· 确定每一项风险发生的概率 　· 确定每一项风险发生的后果 　· 综合风险概率和风险影响程度，为风险排序，形成风险序列表 ● 风险应对 　· 风险减轻 　· 风险预防 　· 风险转移 　· 风险回避 　· 风险自留 　· 后备措施 ● 制订风险应对计划		
输出成果	风险管理计划		

参考模板 *3-12*：项目风险管理计划

项目风险管理计划

项目名称			
项目负责人		日期	

一、风险管理方法论

二、角色与职责

三、预算

四、风险类别

五、风险概率和影响的定义

六、概率影响矩阵

七、修订的利益相关方承受力

八、跟踪

说明：项目的风险管理计划，可以是正式的，也可以是非正式的；可以是非常详细的，也可以是高度概括的。其风格与详细程度，取决于项目的具体需要。

步骤12：综合计划

在项目的规划阶段，需要形成该项目完整的基准计划，包括项目范围计划、项目进度计划、项目费用计划、项目质量计划、项目组织人力资源计划、项目采购计划、项目沟通计划和项目风险计划。其中，项目范围计划对应项目描述、里程碑和工作分解结构，项目进度计划对应里程碑计划、项目网络计划和进度计划，项目组织人力资源计划对应职责矩阵和项目组织，项目费用计划对应项目资源计划。而项目质量计划、项目沟通计划和项目采购计划是综合计划的主要内容。

项目质量管理计划说明项目管理团队将如何执行组织的质量政策。质量管理计划为整体项目管理计划提供输入，包括项目的质量控制、质量保证和持续过程改进方法。质量管理计划可以是正式的，也可以是非正式的；可以是非常详细的，也可以是高度概括的。其风格与详细程度，取决于项目的具体需要。企业应该在项目早期就对质量管理计划进行评审，以确保决策是基于准确信息的。这样能够减少因返工而造成的成本超支和进度延误。

沟通规划需要分析项目各利益相关方的信息要求。项目资源应用来保证有利于项目成功的信息顺利沟通，如果缺乏沟通会造成项目的失败。项目利益相关方之间传递信息的技术和方法有多种：从简短的谈话到长时间的会议；从简单的书面文件到可以即刻查询的电脑进度表和数据库。

采购规划指确定哪些项目需求以从实施组织之外采购产品或服务为好的过程。该项过程应在范围定义期间完成。它涉及考虑是否需要采购、如何采购、采购什么、采购多少、何时采购。

项目综合计划活动描述见表3-15。

表 3-15　创业项目第 12 步：综合计划

创业步骤名称	综合计划		
创业步骤序号	12	所属阶段	项目规划阶段
输入条件	项目描述书、里程碑计划、职责矩阵、工作分解结构、进度计划、资源计划、风险计划		
工作内容	制订项目的综合计划，包括质量计划、沟通计划和采购计划		
工作要点	● 制订质量规划 　·质量控制 　·质量保证 　·持续过程改进方案 ● 制订沟通规划 ● 制订采购规划 　·采取何种类型合同 　　＊固定总价或总包合同 　　＊成本加酬金合同 　　＊时间与材料合同（T＆M合同） 　·估算人员与估算时间的确定 　·采购人员的确定 　·采购标准文件的获取 　·供应商的选择 　·采购计划与项目的协调		
输出成果	质量计划、沟通计划、采购计划		

参考模板 3-13：项目质量管理计划

项目质量管理计划

项目名称			
项目负责人		日期	

一、项目的质量目标

二、文件和资料控制

三、物资管理

四、分包管理

五、标识和可追溯性

六、过程质量控制

七、项目的质量保证

八、持续过程改进方法

参考模板 3-14：项目沟通管理计划

项目沟通管理计划

项目名称			
项目负责人		日期	

一、利益相关方的沟通需求

二、需要沟通的信息，包括语言、格式、内容、详细程度要求

三、发布相关信息的原因

四、发布相关信息的时限和频率

五、负责沟通相关信息的人员

六、有权发布机密信息的人员

七、将要接收信息的个人或小组

八、传递信息的技术或方法，如备忘录、电子邮件或新闻稿等

九、为沟通活动分配的资源，包括时间和预算

说明：项目的沟通管理计划，可以是正式的，也可以是非正式的；可以是非常详细的，也可以是高度概括的。其风格与详细程度，取决于项目的具体需要。

参考模板 3-15：项目采购管理计划

项目采购管理计划

项目名称			
项目负责人		日期	

一、拟采用的合同类型

二、风险管理事项

三、是否需要编制独立估算，是否应把独立估算作为评价标准

四、标准化的采购文件（如需要）

五、供应商管理

六、采购工作与项目其他工作的协调

七、可能影响采购工作的制约因素和假设条件

说明：项目的采购管理计划，可以是正式的，也可以是非正式的；可以是非常详细的，也可以是高度概括的。其风格与详细程度，取决于项目的具体需要。

项目实施阶段

项目实施阶段是指在项目规划之后，项目管理人员按照项目规划进行项目的执行与管控的过程，共包含项目执行与项目控制两项工作。

步骤13：项目执行

项目执行是指为实现项目目标而执行项目管理计划中所确定的工作的过程。项目执行活动描述见表3-16。

表3-16　创业项目第13步：项目执行

创业步骤名称	综合计划		
创业步骤序号	13	所属阶段	项目实施阶段
输入条件	项目综合计划		
工作内容	将项目规划阶段的所有项目计划加以执行和落实		
工作要点	• 项目实施准备 　·项目计划核实 　·项目计划签署 　·实施动员 • 质量保证 　·内部质量保证 　·外部质量保证 • 询价和供应商选择 • 信息发布 　·项目记录 　·项目报告 　·项目介绍演示 • 状态报告 　·定期项目进度报告 　·关键点检查报告 　·工作单元完成报告 　·重大突发事件报告 　·项目变更申请报告		
输出成果	沟通记录、采购合同、进展状态报告、变更申请		

参考模板 3-16：项目进展报告

项目进展报告

项目名称			
项目负责人		日期	
项目进展简介	1. 项目进度情况 2. 项目费用控制情况 3. 项目重大偏差及原因分析		

（续）

项目名称			
项目近期趋势	1. 项目进度趋势 2. 项目费用趋势 3. 项目质量趋势		
项目质量运行情况	1. 质量分析报告 2. 项目事故调查分析		
困难与危机	1. 项目实施过程中可能出现的困难 2. 项目可能需要面对的危机		
人事表扬	优秀人员及事迹表扬		

参考模板 *3-17*：项目变更申请

项目变更申请报告

项目名称			
项目负责人		日期	
申请变更的"项目实施计划"	输入版本、完成日期等信息		
变更的内容及其理由			
计划变更将对项目造成的影响评估			
审批建议和结论			
审批人	（签字）	日期	

步骤14：项目控制

项目控制是指跟踪、审查和调整项目进展，以实现项目管理计划中确定的绩效目标的过程。项目执行过程中的控制主要是对项目变更的控制，包括整体控制、范围控制、进度控制、费用控制、风险控制、质量控制、沟通控制、采购控制和人力资源控制等方面。项目控制活动描述见表3-17。

表3-17　创业项目第14步：项目控制

创业步骤名称	项目控制		
创业步骤序号	14	所属阶段	项目实施阶段
输入条件	项目描述书、项目综合计划、项目执行状态报告、项目变更报告		
工作内容	进行项目控制		

（续）

创业步骤名称	项目控制
工作要点	● 接收项目变更申请报告 ● 审核项目变更申请报告，需要回答以下问题 　· 该项目实际情况与预计是否有重要内容的偏差 　· 该项目进度和费用影响估计是否合理 　· 变更的内容是否符合项目要求 ● 拟订项目变更申请报告审批建议和结论。审批建议和结论应包含 　· 重大偏差评价 　· 进度、费用影响评估评价 　· 变更内容评价 ● 对项目计划进行修改与修正 ● 更新项目控制记录 ● 总结项目经验与教训
输出成果	项目计划修改与更正、项目变更申请报告审批文件、项目控制记录、项目经验与教训

参考模板 *3-18*：项目控制记录

项目控制记录

项目名称				
项目负责人		日期		
序号	变更日期	变更事项	变更申请人	变更审批人

参考模板 *3-19*：项目经验与教训

项目经验与教训

项目名称			
项目负责人		日期	
项目经验与教训			

参考模板 *3-20*：项目变更申请报告审批文件

项目变更申请报告审批文件

项目名称			
项目负责人		日期	
审批建议和结论			
审批人	（签字）	日期	

项目收尾阶段

项目收尾是在项目实施结束后，结束项目的阶段。项目收尾阶段包括成果验收、合同收尾、行政收尾和项目总结与评价。

步骤15：范围核实

范围核实，也称成果验收，是指项目结束或者项目阶段性结束时，项目团队将其成果交付给使用者之前，项目接收方与项目团队、项目监理等有关方面共同对项目的工作成果进行审查，以确认项目计划规定范围内的各项工作或活动是否已经完成、应交付的成果是否令人满意。若检查合格，将项目成果交由项目接收方及时接收，实现项目投资转入生产或使用，即进行项目的移交。本步骤包含质量验收与文件验收两项工作，贯穿于创业项目生命周期的四个阶段。

1. 质量验收

（1）项目概念阶段　概念阶段的主要目的是确定项目的可行性，对项目所涉及的领域、总投资、投资效益、技术可行性、环境情况、融资措施、社会效益等进行全方位的评估，从而明确项目在技术上、经济上的可行性和项目的投资价值。这个阶段的主要工作包括需求分析、机会研究、项目识别、方案策划、可行性研究和项目方案评估等。

对项目概念阶段的质量验收，是整个项目质量验收的开端，是对项目是否具有可行性的把关。这一阶段的质量验收，主要是检查项目进行需求分析、机会研究和可行性研究时，是否收集到了丰富的、准确的信息，使用的方法是否合理，项目评估是否科学，评估内容是否全面，对客户的需求是否有科学、可行、量化的描述，是否考虑了质量、成本、时间三者的制约关系，是否对项目的质量目标和要求做出了整体性的、原则性的规定和决策。

（2）项目规划阶段　项目的规划阶段是项目实施的前期准备阶段，要对项目的实施过程进行全面、系统的描述和安排。这一阶段的主要工作包括项目描述、项目组织规划、项目里程碑计划、工作分解、工作排序、工作历时估计、网络计划、进度计划、资源计划、风险计划和质量计划等。

对项目规划阶段的质量验收，主要是检验项目规划文件的质量。一方面，对这一阶段的工作逐项进行检验；另一方面，检验项目的全部质量标准和验收依据是否制定完成。项目规划阶段必须指明项目收尾阶段验收时的质量验收评定范围、标准和依据，以及质量事故处理程序和奖惩措施。

（3）项目实施阶段　项目的实施阶段是项目质量管理、质量控制的具体执行阶段，占据项目生命周期的大部分时间，涉及的工作内容最多、耗时最长，是项目能否取得成功的关键所在。项目实施阶段的主要工作包括项目实施准备、项目进展报告、进度控制、费用控制、质量控制、风险监控、变更控制和合同履行等。

对项目实施阶段的质量验收，要根据项目描述、工作分解和质量计划对每一道工序进行单个评定和验收，并对验收结果进行汇总统计，形成对每道工序的质量验收结果，以检验项目的质量等级，最终形成项目整体的质量验收结果。

（4）项目收尾阶段　项目的收尾阶段是项目整个生命周期的最后阶段，是对项目质量的最后把关，关系到项目能否顺利移交和交付成果能否正常使用。这一阶段的项目质量验收，一方面，是对项目实施阶段中每个工序的质量验收结果进行汇总统计，得出项目最终的、整体的质量验收结果；另一方面，依据质量验收标准，采用性能测试、试生产和试运行等方式对项目质量进行彻底检验，以保证项目的质量。

2. 文件验收

（1）项目概念阶段　对项目需求分析报告、机会研究报告、初步可行性研究报告、详细可行性研究报告、项目方案及论证报告、项目评估和决策报告进行验收。

（2）项目规划阶段　对项目描述、项目工作分解结构图、项目进度计划、项目质量计划、项目风险计划、项目费用计划及其他计划资料进行验收。

（3）项目实施阶段　对完整的合同文件、实施计划、进度报告、进度控制文件、质量控制文件、风险控制文件、费用控制文件、变更控制文件、会议记录、各类通知、备忘录和现场环境报告等文件进行验收。

（4）项目收尾阶段　对项目竣工报告、质量验收报告和项目审计报告进行验收。

成果验收活动描述见表3-18。

表3-18　创业项目第15步：范围核实

创业步骤名称	项目控制		
创业步骤序号	15	所属阶段	项目收尾阶段
输入条件	合同、项目章程、项目文档、项目交付成果		
工作内容	项目质量验收，项目文件验收，项目移交		
工作要点	● 项目质量验收 　· 项目概念阶段的质量验收 　· 项目规划阶段的质量验收 　· 项目实施阶段的质量验收 　· 项目收尾阶段的质量验收 ● 项目文件验收 　· 项目概念阶段的文件验收 　· 项目规划阶段的文件验收 　· 项目实施阶段的文件验收 　· 项目收尾阶段的文件验收 ● 项目移交 　· 项目交付成果的移交 　· 项目文件的移交		
输出成果	项目质量验收评定报告、项目技术资料、项目文件验收评定报告、项目文件档案、项目档案资料移交清单		

参考模板 3-21：项目质量验收评定报告

项目质量验收评定报告

项目名称			
项目负责人		日期	
项目各组成部分质量等级评定			
项目不同时期的质量检验结果			
项目质量最终评价			
质量问题及再验收规定 （适用于验收不合格项目）			
验收部门	（签字）	日期	

参考模板 *3-22*：项目档案资料移交清单

项目档案资料移交清单

编号	专业	档案资料内容	人员数	备注
（项目团队）盖章： 经办人：			（接收单位）盖章： 接收人：	

说明：

步骤16：合同收尾

项目验收合格并得到发起人和客户签字承认后，甲乙双方已经按照合同约定履行完各自的义务，此时就可以开始合同收尾的工作。合同收尾是把项目中的每个合同都结束，包括工作完成、产品验收和移交、价款结算和争议解决等。合同收尾活动描述见表3-19。

表3-19 创业项目第16步：合同收尾

创业步骤名称	合同收尾		
创业步骤序号	16	所属阶段	项目收尾阶段
输入条件	项目执行状态报告与合同文件，包括合同本身及所有有关的表格或清单等、经过批准的合同变更、由承包商提出的技术文件、承包商的进度报告、单据和付款记录等财务文件，以及所有与合同有关的检查结果		
工作内容	审查合同履行情况，注意违约责任，合同变更、转让、解除和终止，解决纠纷，编制合同记录档案		
工作要点	●审查合同履行情况 项目实施方在履行合同之后，需要就项目完成情况进行核查，以确认其是否与合同要求一致。核查是对合同约定的标的、数量、质量、价款、履行期限、履行地点和履行方式等进行审查，以便向客户或业主交付项目成果 ●注意违约责任 违约责任制度是保证当事人履行合同义务的重要措施，有利于促进合同的全面履行。当事人一方不履行合同义务或者没有完全履行合同义务时，应承担如下责任 ·继续履行合同 ·采取补救措施 ·支付违约金 ·赔偿损失 合同在规定违约责任的同时，也规定责任免除条款 ●合同变更、转让、解除和终止 ●解决纠纷		
输出成果	完整的合同记录档案		

步骤17：行政收尾

行政收尾是指对项目工作进行全面、系统和深入的回顾，进行完工后评价，考查"如果有机会重新做该项目可以如何改进",把有关经验、教训提炼出来并形成文档,使它成为"组织过程资产"的一部分。行政收尾活动描述见表3-20。

表3-20 创业项目第17步:行政收尾

创业步骤名称	行政收尾		
创业步骤序号	17	所属阶段	项目收尾阶段
输入条件	项目计划文件、项目执行和控制文件		
工作内容	项目组织重新安置,项目费用决算,项目文件归档		
工作要点	● 项目组织重新安置 ● 项目费用决算 　· 费用决算的结果是形成费用决算书,包括文字说明和费用决算报表 　· 文字说明部分主要包括:项目概况、预算、实施计划和执行情况、各项技术经济指标的完成情况、成本和投资收益分析,以及项目实施过程中的主要经验、存在的问题、解决意见等。决算报表分为大中型项目和小型项目决算报表两种。大中型项目的决算报表包括:竣工项目概况表、财务决算表、交付使用财产总表、交付使用财产明细表 　· 费用决算书经过参与项目的各方代表签字后,成为项目验收的重要文件 ● 项目文件归档		
输出成果	费用决算书、项目文件档案		

参考模板 3-23:项目费用决算书

项目费用决算书

项目名称			
项目负责人		日期	

一、项目概况

二、设计概算

三、实施计划和执行情况

四、各项技术经济指标的完成情况

五、项目的成本和投资效益分析

六、项目实施过程中的主要经验

七、存在的问题

八、解决意见

九、其他

步骤18:项目评价

项目总结与评价是指对已经完成的项目或规划的目的、执行过程、效益、作用和影响所进行的系统的、客观的分析。该活动通过对项目活动实践的检查总结,确定项目预期的目标是否达到,项目或规划是否合理、有效,项目的主要效益指标是否完成,通过分析、评价找出成败的原因,并通过及时、有效的信息反馈，为未来项目的决策和提高投资决策管理水平提出建议，同时也对被评项目实施运作中出现的问题提出改进建议。也就是说，项目总结与评价通过对项目全面的总结、评价，汲取经验、教训，提高项目决策水平，从而达到提高投资效益的目的。项目评价活动描述见表3-21。

表3-21　创业项目第18步：项目评价

创业步骤名称	项目评价		
创业步骤序号	18	所属阶段	项目收尾阶段
输入条件	项目成果、项目文档		
工作内容	编写项目总结报告		
工作要点	●项目管理工作评价与总结 　项目管理工作评价与总结，包括对项目生命周期管理工作和对各要素管理工作的评价 ●撰写项目总结与评价报告		
输出成果	项目评价报告		

参考模板 3-24：项目总结与评价报告

项目总结与评价报告

项目名称			
项目负责人		日期	

一、项目概述
（一）项目情况简述
（二）项目目标描述
（三）项目组成员介绍
项目经理：××，负责项目的总体规划与协调、方案设计
结构工程师：××
电子工程师：××
安装工程师：××
（四）项目实施进度
（主要的工期节点）
（五）项目总投资
（六）项目资金来源及到位情况

二、项目生命周期管理的总结与评价
（一）项目前期决策总结与评价
（二）项目实施准备工作总结与评价
（三）项目建设总结与评价
（四）项目竣工总结与评价
（五）阶段评审

三、项目要素管理的总结与评价
（一）进度管理
（二）质量管理
（三）成本管理
（四）沟通与利益相关方管理
（五）人力资源管理
（六）技术创新管理
　　…

四、评价结论及主要存在的问题

五、主要经验及教训

六、对策建议

以上针对创业项目管理工作流程开发的十八步模型，包含每一步骤的工作目标、工作内容、工作描述与相关参考模板，创业者可根据创业项目规模的大小与复杂程度进行增减。

需要明确的是，创业项目在实施过程中，资源的枯竭、管理的失误等问题可能导致创业过程中止，此时需要对创业项目进行清算，总结创业的经验与教训，为下一次的创业活动奠定实践基础。

创业项目一旦成功，企业即进入创业发展时期。为了进一步发展壮大，企业应向持续发展努力。而如何才能达到持续发展层次，将在持续发展层次篇进行详细阐述。

持续发展层次篇：系统打造、持续有望

项目突破，运作转化；

持续稳定，健康发展。

以战略为主导，

以项目为核心，

以运作为积淀，

以组织人员为保障，

以财务成效为支撑。

五项修炼，领域拓展，定当优秀。

整体发展战略化，

创新工作项目化，

项目成果运作化，

组织建设专业化，

人员素质职业化。

系统运行，做强做大，持续有望。

持续发展	1→N	做强、做大	法治	后台	面
创业发展	0→1	做对、做成	人治	前台	点
创新发展阶段	发展本质	核心难点	运转规则	领导位置	管理范畴

读者感言：_____
_____
_____
_____

阅 读 导 图

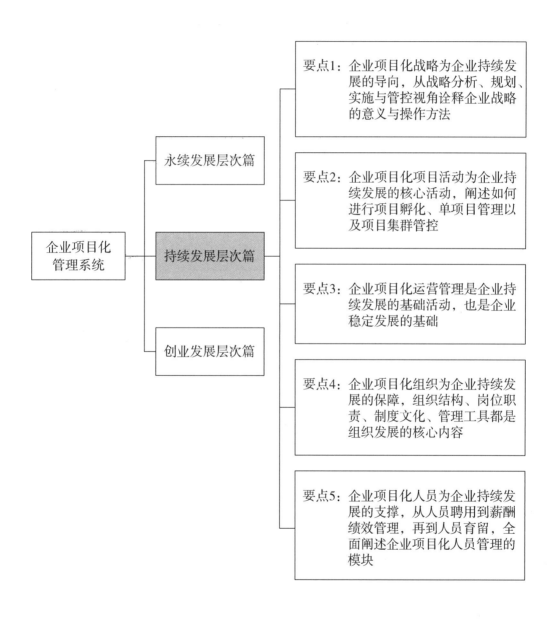

企业项目化管理系统 —— 永续发展层次篇

持续发展层次篇

创业发展层次篇

要点1：企业项目化战略为企业持续发展的导向，从战略分析、规划、实施与管控视角诠释企业战略的意义与操作方法

要点2：企业项目化项目活动为企业持续发展的核心活动，阐述如何进行项目孵化、单项目管理以及项目集群管控

要点3：企业项目化运营管理是企业持续发展的基础活动，也是企业稳定发展的基础

要点4：企业项目化组织为企业持续发展的保障，组织结构、岗位职责、制度文化、管理工具都是组织发展的核心内容

要点5：企业项目化人员为企业持续发展的支撑，从人员聘用到薪酬绩效管理，再到人员育留，全面阐述企业项目化人员管理的模块

企业要实现持续发展，就必须跳出创新发展的思维定式，进行管理领域的拓展，将创新项目管理工作拓展到一个有机联系的五大领域，以解决企业持续发展中的两大难题：做强，做大。

围绕企业项目化管理系统的构建，企业可从企业项目化管理战略、项目、运作、组织和人员五大领域，深入研讨企业项目化管理在操作层面的管理范围、目标、内容、方法和工具，以及各领域之间的相互关系，最终建立起以企业项目化战略管理为导向、以项目管理为核心、以运作管理为基础、以组织管理为保障、以人员管理为支撑的企业项目化管理操作系统，形成可外在显现的有利于创造卓越成效的企业管理操作能力。企业项目化管理领域拓展如下图所示。

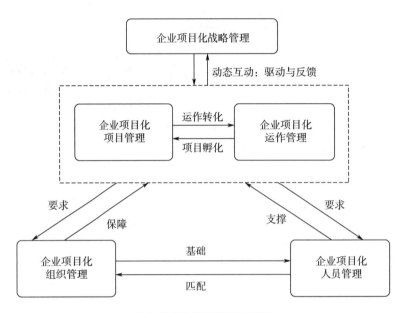

企业项目化管理领域拓展图

第四章

企业项目化战略管理领域

　　企业管理，从明确企业未来发展的战略目标开始。企业项目化管理系统的构建，首先是研究企业项目化战略、制定企业基本发展战略、明确企业战略发展目标，然后是分解行业项目化战略任务、制定实效的企业项目化战略管控措施，从而实现企业以项目化的战略管理为主导的规划发展。

第一节　企业项目化战略管理综述

　　战略管理领域，是对把企业管成什么样的描述，是企业整体管理谋划的重要领域。战略管理领域的建设，对企业发展起主导作用。

　　《孙子兵法·计篇》曰："夫未战而庙算胜者，得算多也；未战而庙算不胜者，得算少也。"其中，"庙算"指的是在庙堂之上做出战略决策，"庙算胜"是说在战前就要做出胜人一筹的决策，充分体现了战略管理的重要性和价值性。企业战略和战略管理等这些词汇对企业管理者来说并不陌生，但对于什么是企业项目化战略管理、企业项目化战略管理与之前的战略管理有什么不同、企业项目化战略管理有什么样的目标、战略管控工作如何开展这些问题就可能不甚清晰了。而这些正是进行企业项目化战略管理必须探讨的问题。

一、企业项目化战略管理概念与理解

　　企业战略，是企业在对当前发展条件和未来发展环境进行分析和判断的基础上，对企业中长期发展整体目标和核心策略的统筹谋划。

　　战略管理，是企业基于其确定的使命，根据组织外部环境和内部条件设定企业的战略目标，为保证目标的正确落实和实现进行谋划，依靠企业内部能力将这种谋划和决策付诸实施，并在实施过程中进行控制的管理过程。

　　企业项目化战略管理，是基于企业项目化的发展视角，在发展环境日益动荡、竞争日益加剧的

条件下，为实现企业持续、稳定和健康发展的目标，对企业中长期发展目标进行整体谋划，进而有效进行战略分解和实施战略管控的过程。企业项目化战略管理，以企业总体发展的战略规划为基础，以企业实际发展与战略规划的动态互动管理为核心。

> **企业项目化战略管理**
>
> 基于企业项目化的发展视角，在发展环境日益动荡、竞争日益加剧的条件下，为实现企业持续、稳定和健康发展的目标，对企业中长期发展目标进行整体谋划，进而有效进行战略分解和实施战略管控的过程。

引用南开大学战略管理专家王迎军教授的一句话："战略就是赢的逻辑。"这句话深刻地揭示了战略的本质：目标性和动态响应性，企业项目化战略管理的精髓正与之相吻合。企业项目化战略管理是企业项目化管理操作修炼的第一步，为企业项目化管理指出了努力的方向，提供了校准的依据。没有正确的企业项目化战略管理，任何其他方面的管理工作都是盲目的和无秩序的。那么，企业项目化战略管理到底有何作用与特点？都包含哪些内容？下面将对以上疑问进行解答。

二、企业项目化战略管理的作用与特点

企业项目化战略管理作为企业发展方向的指南针，有其独特的作用与特点。

（一）企业项目化战略管理的作用

作为企业整体管理系统的第一个层次，企业项目化战略管理对于其他领域而言具有主导作用，主要体现在以下三个方面：

1）企业活动以战略为依据进行任务分解。企业项目化战略，是企业发展方向的指引，企业中的一切活动都是为支撑战略目标的实现而进行的。

2）组织形式以战略为基础进行组织建设。企业采用何种组织架构、配备何种岗位职责、制定何种组织制度与文化、使用何种组织工具，都需要以企业项目化战略为基础。

3）企业人员以战略为导向进行人员管理。企业人员的招聘、培训、育留等都是为支撑以企业项目化战略为依据的企业活动的进程而进行的，因此企业人员管理应以企业项目化战略为导向。

（二）企业项目化战略管理的特点

企业项目化战略管理，是基于企业项目化视角的战略管理，与企业传统的战略管理有着基本相同的目标、特点。同时，企业项目化战略管理，在战略目标制定、战略分解和战略管控等方面存在着不同的工作流程和方法论，因此企业项目化战略管理又有着更为鲜明的特点和实效的功能。

1. 全局规划性

企业项目化战略管理具有全局性，其视野不仅关注整个企业，还关注企业发展的"生态环境"（宏观环境和微观环境）；不仅关注企业内部利益各方的需求，还关注企业利益相关方群体的需求；不仅关注企业近期的发展规划，还关注企业中长期的发展规划；不仅关注作为企业个体的发展，还关注作为企业公民的发展。战略规划的全局性，保证了企业发展的方向，影响着企业各项活动的决策，帮助企业更加清晰地理解自身所处的位置和企业未来发展的轨迹。因此，战略规划是战略管理的首要任务，也是企业管理的首要任务。

2. 战略驱动性

制定战略的目的是驱动企业发展的车轮，指导企业各项活动的决策与实施，从而使企业发展得以持续。没有目标的生存是难以长久的，其发展的盲目性是令人不安的，甚至是可怕的。任何追求卓越的企业，都会选择以阶段性的战略作为长远发展的里程碑，致力于实现持续、稳定和健康发展的使命。企业项目化战略不仅是从企业自身现有条件出发，适应未来环境的发展，在目标制定方面甚至会适度超越自身能力并较之竞争对手更能掌控未来发展，因而对企业发展具有驱动性。

3. 系统整合性

跳出战略看战略，战略其实很简单。它是企业运行过程中为解决企业基本问题而形成的思考，不是孤立的存在，而是一套系统。企业项目化战略管理在系统整合性方面有着更为突出的表现。战略对活动、组织和人员具有系统整合性，四者之间形成了密切的互动，以谋求系统优势为目标。企业项目化管理最终要建立起以企业项目化战略管理为导向、以活动管理为核心、以人员管理为基础、以组织管理为保障的管理体系，打造卓越的企业管理能力。企业项目化战略管理以活动管理为核心，战略管理对活动管理具有指导性和驱动性，同时活动管理又对战略管理提供反馈，二者之间形成动态互动，进而组织管理和人员管理又对活动管理提供充足的支持和保障，形成真正以战略为导向的管理体系。

4. 持续稳定性

企业项目化战略管理具有持续稳定性。其战略的目标、方向、重点与其他战略管理一样都不可朝令夕改，必须保持相对稳定。企业项目化战略管理不仅强调中长期战略目标的实现，还关注将战略任务一次性的努力转化为长期的成功，使企业的发展能够持续和稳定。

5. 环境响应性

企业项目化战略管理具有环境响应性。环境适应性是战略管理共有的特点，但环境响应性是企业项目化战略管理的特色。具体体现在：对外部环境和内部环境的系统评价和前瞻性的预测，应对变化的管理机制，战略活动导向的柔性组织管理，学习性组织的建立，对利益相关方的战略绑定，作为社会公民的影响力的构建等。企业项目化战略管理能够主动地应对外部环境的变化，对外部环境施以积极的影响，甚至加以引领。

6. 动态互动性

企业项目化战略管理具有动态互动性。战略管理是一个持续不断的过程，需要根据战略实施情况进行适时调整。战略管理所规划的战略及目标体系，采取逐层分解的方法，使战略、项目集与单一项目等活动之间形成一个动态互动的系统。这是企业项目化战略管理与以往的战略管理的根本区别，使战略实施过程更具有实效性，可操作，可监控，可实行动态调整。

可以说，企业项目化战略管理将系统的思想和权变的思想切实融入企业的战略管理工作，突破了理论层面的探讨，对企业管理实践具有很强的指导性和实操性。

三、企业项目化战略管理的内容与框架

（一）企业项目化战略管理的内容

一般的战略管理研究，其核心目标为制订包括中长期战略目标在内的企业战略规划，并确保中长期战略的实施。基于此，战略管理的内容可以分为战略研究、战略规划、战略实施与战略监控等

几大模块。这一分析思路，是基于战略管理全过程的，虽具有全面、系统等特点，但对企业不同主体在战略管理中的管理角色、职责和内容的描述较为抽象和笼统，不便于战略管理的实践操作和落实。

企业项目化战略管理，基于便于企业操作、落实的考虑，其目标和内容的研讨是以企业战略管理的责任主体——高层管理者为对象的。企业项目化战略管理的核心目标是：企业高层决策者基于对企业发展现状和未来发展趋势的判断，制定、实施并监控企业中长期发展战略，实现企业跨越式、提升性的中长期规划性发展。基于此，企业项目化战略管理的内容主要包括以下四项核心工作：

1）进行企业项目化战略分析，确定企业项目化战略目标的实现环境。企业项目化战略分析通常被划分为宏观环境分析、行业环境分析与企业内部环境分析三个层次。

2）制订企业项目化战略规划，明确企业项目化战略发展目标与实现路径。

3）实施企业项目化战略，确保企业项目化战略的落地。

4）进行企业项目化战略管控，实现企业实际发展与战略规划的互动管理。

企业项目化战略管理的各项工作会产生众多的成果。在企业项目化战略管理的前期阶段，这些成果主要体现为"企业项目化战略规划报告"。该报告是以实现企业项目化战略管理目标为目的，依据对企业现实情况的分析和对未来发展趋势的判断，通过各种战略管理工具的支撑，对企业中长期发展战略目标、规划、任务和监控手段等的总体说明。

（二）企业项目化战略管理的框架

企业项目化战略管理按照企业战略的制定和执行过程可以分为战略分析、战略规划、战略实施和战略管控四个管理模块如图4-1所示。

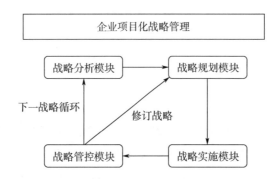

图4-1 企业项目化战略管理的四个管理模块

企业项目化战略管理起始于战略分析模块，与战略规划模块、战略实施模块、战略管控模块共同构成战略闭环，其中战略管控可通过对战略实施状况的管理与反馈对战略实施进行实时调整，当战略调整不能实现战略目标或目前的战略与企业整体目标有严重偏差时，需要重新制定战略，即重新进入战略分析至战略管控的闭环系统。

以下将对企业项目化战略管理的四个模块进行详细阐述。

第二节　企业项目化战略分析模块

　　企业项目化战略分析，是对企业的内外环境进行综合分析，判断企业宏观和行业发展趋势以及对企业发展的影响情况，了解企业所面临的发展机会和挑战，评价企业在各方面的能力以及对企业发展的支撑作用，确定企业的能力优势和劣势，继而通过对企业内部发展能力和外部发展环境的有机组合分析，确定企业的核心发展方向和基本发展策略，为制定企业战略目标和发展规划提供科学、合理、明确的参考依据。

　　企业项目化战略分析，是企业项目化战略管理的第一步，是战略管理能力得以发挥的基础。战略分析的全面性、准确性和合理性，在很大程度上影响了战略管理对企业的主导作用。该项工作既具有科学性的一面，也具有哲学性的一面，是科学性与哲学性的有机统一。

　　综上所述，企业项目化的定义如下：

　　企业项目化战略分析（EP Strategic Analysis，EP-SA），是企业项目化战略管理的前提，是指企业对所处社会宏观环境、行业中观环境以及企业微观环境进行客观分析和趋势判断，结合对企业自身发展能力的客观评价，利用战略分析工具，进行企业发展战略定位和初步规划的战略管理内容和过程。企业项目化战略分析是战略规划、实施与管控的前提，对确定企业定位、未来发展方向乃至目标策略具有至关重要的作用和影响。

　　从上述定义可知，企业进行项目化战略分析，需要从宏观环境、中观环境以及微观环境入手，通过一定的工具与方法，进而得出企业整体的战略分析，以便为企业进行有利的战略规划提供依据。企业项目化战略分析的全过程如图4-2所示。

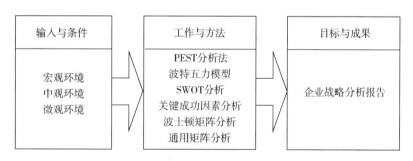

图4-2　企业项目化战略分析模块导图

　　下面从企业项目化战略分析定义出发，对企业所处的社会宏观环境、行业中观环境和企业微观环境逐一进行阐述。

一、社会宏观环境分析

　　宏观环境分析是指对影响行业和企业的各种宏观力量和宏观环境因素进行分析。根据自身特点和经营需要，不同行业和企业分析的具体内容有一定差异，但一般都会对政治（Politics）、经济（Economy）、社会（Society）和技术（Technology）这四大类影响企业的主要外部环境因素做分析，称为PEST分析法。企业必须对这些宏观环境因素变化带给企业战略管理的挑战与机会做出正确的分析评估，从而制定相应的战略决策。社会宏观环境PEST分析模型如图4-3所示。

图 4-3 社会宏观环境 PEST 分析模型

1. 政治因素

政治环境是指对组织经营活动具有实际与潜在影响的政治力量和有关的法律、法规等。当政治制度与体制、政府对组织所经营业务的态度发生变化时，当政府发布了对企业经营具有约束力的法律、法规时，企业的经营战略必须随之做出调整。法律环境主要包括政府制定的对企业经营具有约束力的法律、法规，如反不正当竞争法、税法、环境保护法以及外贸法规等。

2. 经济因素

经济因素是指一个国家的经济制度、经济结构、产业布局、资源状况、经济发展水平以及未来的经济走势等。构成经济环境的关键要素包括 GDP 的变化发展趋势、利率水平、通货膨胀程度及趋势、失业率、居民可支配收入水平、汇率水平、能源供给成本、市场机制的完善程度、市场需求状况等。由于企业是处于宏观大环境中的微观个体，经济环境决定和影响其自身战略的制定，经济全球化还带来了国家之间经济上的相互依赖性，企业在各种战略的决策过程中还需要关注、搜索、监测、预测和评估本国以外国家和地区的经济状况。

3. 社会因素

社会因素是指组织所在社会中成员的民族特征、文化传统、价值观念、宗教信仰、教育水平以及风俗习惯等因素。构成社会环境的要素包括人口规模、年龄结构、种族结构、收入分布、消费结构和水平、人口流动性等。其中，人口规模直接影响一个国家或地区的市场容量，年龄结构则决定消费品的种类及推广方式。

4. 技术因素

技术因素不仅包括引起革命性变化的发明，还包括与企业生产有关的新技术、新工艺、新材料的出现和发展趋势以及应用前景。

二、行业中观环境分析

行业中观环境分析是指对企业所处的行业进行分析，从而准确分析企业所处的形势。行业中观环境分析一般采用波特五力模型，主要用于分析行业的企业竞争格局以及本行业与其他行业之间的关系。根据波特的观点，一个行业中的竞争，不是在原有竞争对手中进行，而是存在五种基本的竞争力量，简称"五力"。这五种基本的竞争力量包括潜在的行业新进入者、替代品的竞争、买方讨价还价的能力、供应商讨价还价的能力以及行业内竞争者现在的竞争能力。这五种基本竞争力量的状况及综合强度决定行业的竞争激烈程度，从而决定行业中最终的获利潜力以及资本向本行业的流向程度，这一切最终决定企业保持高收益的能力。

一种可行战略的提出首先应该确认并评价这五种力量，不同力量的特性和重要性因行业和企业的不同而变化，波特五力模型的意义在于，五种竞争力量的抗争中蕴含着三类成功的战略思想，即总成本领先战略、差异化战略、专一化战略。波特五力模型如图4-4所示。

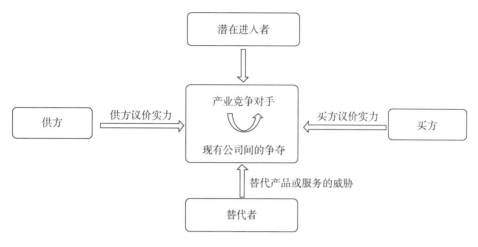

图4-4 波特五力模型图

三、企业微观环境分析

微观环境是企业生存与发展的具体环境。与宏观、中观环境相比,微观环境因素能够更直接地为企业提供更有用的信息,同时也更容易被企业识别。企业微观环境分析是对企业自身环境因素进行分析。

关键因素法(Key Success Factors,KSF)是1970年由哈佛大学教授William Zani提出的,是应用于企业微观环境分析的重要方法。关键成功因素是在探讨产业特性与企业战略之间关系时常使用的观念,指的是对企业成功起关键作用的因素。关键成功因素法就是通过分析找出使企业成功的关键因素,然后围绕这些关键因素确定系统的需求并进行规划。关键成功因素的重要性置于企业其他目标、策略和目的之上,寻求管理决策阶层所需的信息层级,并指出管理者应特别注意的范围。关键成功因素一般有5~9个,分析、掌握关键成功因素能使企业确保相当的竞争力。企业要想持续成长,就必须对这些关键领域加以管理,否则将无法达到预期的目标。

企业战略的宏观、中观与微观分析,除了应用以上三种主要方法,还有其他几种常用方法可以对企业的战略背景进行分析。但不可否认的是,任何战略分析方法都有其特定的应用条件和环境,既有优势也有劣势,不能解决战略分析的所有问题。企业项目化战略分析的过程,就是综合运用各种管理方法的过程。常用战略分析方法评析见表4-1,供企业高层决策者参考。

表4-1 常用战略分析方法评析

名称	应用要点	适用范围	优点	缺点
PEST分析法	1. 是战略外部环境分析的基本工具 2. 能从总体上把握宏观环境 3. 评价宏观环境对战略目标的影响	宏观环境分析	1. 相对简单的分析模型 2. 全面系统地分析企业的外部环境 3. 比较周全地考虑目标管理的各个方面	1. 信息收集是长期的、艰苦的 2. 外部环境变化迅速,需要时常关注外部市场的变化

（续）

名称	应用要点	适用范围	优点	缺点
波特五力模型分析法	1. 反映的是行业竞争环境，不要把这种分析结果当作个别企业的具体竞争环境 2. 分析的顺序：一般要从行业内现有企业的竞争分析入手	行业环境分析	1. 将大量不同的因素汇集在一个简便的模型中，能够有效反映一个行业的基本竞争态势 2. 模型的竞争分析扩展了企业竞争环境	1. 以竞争为导向，较少考虑各种竞争力量的合作 2. 以现存产业为研究对象，具有局限性 3. 没有有效反映各竞争力之间的动态关系
关键成功因素分析法	1. 关键成功因素是一项能力和资源，一个关键成功因素就是一层因果关系，能够说明优势和产生优势的原因之间的联系 2. 关键成功因素可以提高企业的竞争地位，具有明确的市场特征 3. 关键成功因素数量不多，不同企业对关键成功因素的认识不同，关键成功因素不是一成不变的	企业微观环境分析	1. 识别关键性成功要素的过程可以提醒管理层那些需要控制的事项，并显示次要事项 2. 能够保证管理层定期收到有关企业的关键信息，以指导信息系统的发展 3. 能够用于将组织的业绩进行内部对比或者与竞争对手对比	1. 数据的汇总过程和数据分析比较随意，缺乏一种专门、严格的方法将众多个人的关键成功因素汇总成一个明确的组织决定性成功因素 2. 由于个人和企业的成功因素往往并不一致，二者之间的界限容易被混淆，从而容易使企业的成功因素具有个人倾向性
SWOT分析法	1. 做好行业环境基础分析 2. 关键因素不宜选择过多 3. 在自身能力方面做多方面的比较分析	企业微观环境分析	1. 分析直观、使用简单 2. 方法受限制少 3. 抓住了战略分析的实质内容	1. 分析不够精确 2. 比较适合单项业务的分析 3. 方向单一
波士顿矩阵分析法	1. 分析所依据的数据范围需要根据实际情况修改 2. 以动态的观点观察矩阵的业务状态 3. 应用矩阵时，不能局限于矩阵的基本分类	企业微观环境分析	1. 能够分析一个企业的投资业务组合是否合理 2. 有助于企业动态地观察业务组合的变化 3. 能够为企业战略管理提供有效帮助	1. 方法的两个假设条件存在缺陷 2. 在实践中确定矩阵需要的数据比较困难 3. 为保证指标设置的有效性需要有严格的条件
通用矩阵分析法	1. 内外部因素的选择应视企业所处行业特点和自身情况而有所不同 2. 评分标准要明确比较对象 3. 有些因素对不同企业影响不同，对这些因素应给予较高权重	企业微观环境分析	1. 有针对性地解决了波士顿矩阵两个前提假设条件存在的缺陷 2. 更切合企业实际和产业特性，有助于比较全面地对业务组合进行规划分析	1. 主观判断较多 2. 所选择的内外部因素没有直接体现未来发展趋势的特征

　　企业项目化战略分析，是制定企业战略目标前的重要步骤，选对方法进行企业战略分析是企业

战略成功的关键基础。

进行企业项目化战略分析时，应遵循以下思路：

1）扫描现状，监测趋势；运用规律，预测利害。

2）宏观分析判断行业走势；判断影响企业的关键外部因素，收集有关信息（如房地产企业的土地获取等）。

3）预测企业关键外部因素的变化；对行业进行分析，判断行业的获利空间（如国家土地政策）。

4）对关键成功因素分析识别竞争对手；应用外部环境分析模型测定战略环境变化的性质，是机会，还是威胁。

第三节 企业项目化战略规划模块

战略规划是确定企业宗旨、战略目标，以及实现战略目标的方法、步骤的一系列重要经营活动。一个完整的战略规划必须是可执行的，包括两项基本内容：企业发展方向和企业资源配置策略。

战略规划一项十分重要的工作是将企业的战略进行分解，识别出支撑战略目标的核心活动，也就是识别企业战略任务，这成为企业战略目标是否能有效落实的关键。从根本上来说，企业战略规划的实效性，其关键点在于企业项目化战略分解的实效性。

综上所述，企业项目化战略规划的定义为：企业项目化战略规划（EP Strategic Planning，EP-SP），是基于企业项目化战略分析结果，进行企业发展的战略定位，制定企业项目化的总体战略目标，并对企业中长期发展策略进行谋划，包括企业的近期、中期和长期的战略目标以及对其实施路径和战略任务的描述。企业项目化战略规划的制订是建立在企业项目化战略环境分析的基础之上，是企业项目化战略实施的前提，也是企业项目化管理的精要所在。

换言之，企业项目化战略规划是根据战略分析结果，使用一定的工具与方法，形成企业战略规划报告的过程。企业项目化战略规划流程可分为四部分：第一部分是战略定位；第二部分是在既定愿景和使命的基础上确立战略目标；第三部分是战略任务分解，确定达成战略目标的任务、措施和方法；第四部分是将战略规划形成报告文本，以备评估、审批。企业项目化战略规划模块如图4-5所示。

图4-5 企业项目化战略规划模块导图

一、战略定位

根据波特的战略管理理论，战略竞争可以被视作发现新定位的过程。战略定位（Strategic Positioning）意味着进行不同于竞争对手的运作活动，或者以不同方式进行和竞争对手相似的运作活动。

战略定位的实质就是选择与竞争对手不同的运作活动。定位选择不仅决定企业将开展哪些运作活动、如何配置各项活动，还决定各项活动之间如何关联。运作效益涉及如何在单项活动或单项职能中实现卓越，而战略是关于如何将所有活动整合在一起。

需要明确的是，战略定位并不是要求企业在资源有限、竞争激烈的战略红海寻找能够击败竞争对手的方法与位置，而是鼓励企业抛开红海，探索新领域、新业务模式的蓝海，并优先进入蓝海，建立竞争优势与竞争壁垒，奠定自身的经营与管理基础。

如果企业战略偏离了定位，就要纠正，让它保持正确的方向。定位意味着企业必须有所为、有所不为，要懂得取舍。为了维护战略定位，企业要放弃一些眼前利益，不要被眼前短期的利益所诱惑，贪大求全意味着对企业资源的分散和浪费。

二、战略目标制定

企业项目化战略目标，是指企业经过整体思考和系统规划，所形成的对企业中长期（一般为3~5年）发展结果的总体描述。这一描述往往包括对企业在组织规模、财务收益、市场研发等各方面的整体说明。也就是说，企业项目化战略目标往往表现为一个目标体系。企业项目化战略目标，是在企业发展使命、愿景和原则的引导下，在企业发展经验知识的指导下制定的。企业项目化战略目标的制定，既受企业发展使命和愿景的影响、制约，同时又是企业发展使命和愿景在企业中长期实践的表现。

企业项目化战略目标，既具有一般企业战略目标的共同特点，又具有自身的独有特点。

（一）企业项目化战略目标与一般战略目标的共同点

企业项目化战略目标与一般战略目标相通，具有如下共同特点。

1. 整体性

企业项目化战略目标，是对企业在某一发展时期发展成果的整体描述，包括对企业行业地位、组织规模、财务收益、市场研发等各个方面的描述，而不是单纯对某一方面的描述。企业项目化战略目标，是对企业在相对较长时期内发展成果的总体描述，包括1年、2年、3年、4年、5年等在不同发展阶段有相互联系和传承的总体描述，而不是仅对某一阶段的描述。

2. 系统性

企业项目化战略目标，是指按照系统的原则，对企业中长期发展成果的系统规划，而不是对各个领域和阶段的简单相加。这种系统性，既表现在结构方面，是对企业各个方面目标的系统整合，实现整体效益最大化；还表现在过程方面，后阶段的战略目标，既是建立在前期目标基础之上，又是在前期目标实现基础上的系统提升。系统性的特点，决定了企业项目化战略目标的整体性和集成性，不能片面认知和解读。

3. 长期性

企业项目化战略目标，之所以冠以战略称谓，就因为它不是对一短期成果的描述，而是从社会、行业角度对企业在相对长期内的总体谋划。长期性的特点，决定了企业项目化战略目标的重要性和稳定性。

（二）企业项目化战略目标的独有特点

与一般企业战略目标相比，企业项目化战略目标往往具有如下独有特点。

1. 竞争性

企业项目化战略目标的竞争性，表现在企业有效响应当今社会、行业、企业竞争日益激烈的现状和趋势，以参与行业竞争并获取最佳竞争地位和成果为导向。竞争性的特点，决定了企业项目化战略目标在制定过程中，要主动、充分地考量现实和潜在的竞争对企业中长期发展的影响，并将这种影响反映到战略目标和相关措施中。

2. 提升性

企业项目化战略目标的提升性，表现在企业积极反映包括企业投资人、经营管理层在内的众多利益相关方的跨越式发展的提升愿望，以实现利益相关方提升性的愿望为导向。提升性的特点，决定了企业项目化战略目标在制定过程中，要有效地充分考量企业利益相关方当前以及未来的提升愿望，并将这种愿望反映到战略目标和相关措施中。

（三）企业项目化战略目标制定的工作流程

为保证企业项目化战略管理的科学性、合理性和可操作性，确保战略目标的实现，应明确企业战略目标制定的流程。从操作角度而言，战略目标的制定过程可以分为 8 个步骤，如图 4-6 所示。

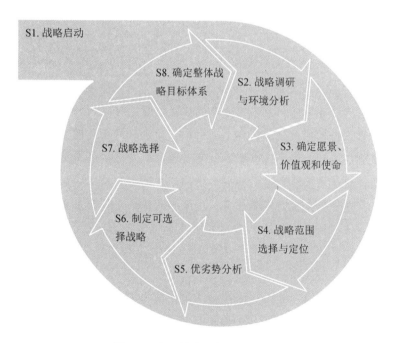

图 4-6　企业战略目标的制定过程

企业项目化战略目标的制定过程非常复杂。它既是一项科学性的工作，又是一项艺术性的工作；既需要有客观逻辑性的科学洞察能力，又需要有主观非逻辑性的创新思维能力，以及迎接挑战的决心和勇气。企业项目化战略目标的制定，决定着企业未来的发展方向和提升程度，也决定着企业当今和未来经营与管理的思路和谋略。企业项目化战略目标的制定，虽然有一定的艺术性，但也并非"拍脑门决策"。遵循一定的战略目标制定工作流程，可以进一步提升战略目标制定的科学性。

企业战略目标制定的工作流程，凡事预则立，调研要深入，谋划要周全，也就是要细，而后的实施才能追求高效、灵活。战略制定工作不是一个拍脑袋的过程，而是一个充分分析和决策的过程。因此，战略制定工作既有科学性也有艺术性，只有尽可能地充分了解企业生态环境现实，才能制定精准的战略。

三、战略任务分解

企业项目化战略目标制定之后，如何确保战略目标被正确理解和落实实施，成为企业项目化战略管理的第二个重点和难点。企业战略目标实现的基础是企业的各项经营管理活动，也就是企业的若干个大大小小的"战役"。将企业的项目化战略进行分解，识别出支撑战略目标的核心活动，也就是识别企业战略任务，成为企业项目化战略目标是否能够有效落实的关键。从根本上来说，企业项目化战略管理的实效性，其关键点就在于企业项目化战略分解的实效性。

（一）对企业项目化战略分解工作的理解

企业整体战略是一个目标体系，决定着企业的发展方向和发展程度，是对企业在大环境中的生存和发展的统筹定位。企业项目化战略分解有其独特之处——实效性。有了系统的战略，没有正确的方法，那一切都是空想。建立企业战略任务分解结构 ETS 的重要价值，可以通过下面一个案例得到启示。

企业管理修炼案例

案例回放

TS 集团公司外聘知名咨询机构助阵，历经数月，制定了未来 5 年的战略目标体系。这是一个非常系统的目标体系，包括财务目标、业务组合与战略定位等。但在实际战略分解过程中，该公司仅将战略目标体系中的财务指标体系分解到各个部门中，而且只将总体营业收入作为指标下发，没有细化分解新产品拓展业务指标。由于已有产品的营业收入对业绩的提升效率比较高，而新产品的市场开发周期相对较长，业绩提升非常慢，需要各个部门的通力配合才能实现，区域销售部门会加大对老产品的推广力度，选择性忽视新产品业务。结果导致该公司新产品业务停滞不前，竞争对手迎头赶上，垄断了很大一部分新产品领域。通过各事业单位的努力，该公司的财务目标虽基本完成，但市场的后发优势被削弱。

案例分析

以往的战略管理常常被分解成职能战略管理，强调的多是财务指标，而往往一些需要整体协调的战略目标，如交货及时率、新产品业绩、顾客满意度等不能量化和分解。职能战略分解的方法，强化职能部门利益最大化，对于职能部门绩效实现具有一定的作用，但职能部门之间可能存在争夺资源、资源冗余、资源使用效率低下等情况，从而影响公司整体绩效。因此，即使战略目标已制定，战略分解工作也不容忽视，必须有一种科学的方法论作指导。企业项目化战略分解以系统和权变的思想为指导，开发出一套科学的、具有实效性的战略分解方法。这也是企业项目化战略管理优越性的体现之一。企业项目化战略分解，以活动为核心，组织及人员是战略导向活动的重要支撑和保障，实现了活动与战略的有效互动。

企业项目化战略分解是战略规划工作的一部分，是基于企业项目化战略要求，从企业战略目标出发，以企业现实条件为基础，通过发展策略的研讨和选择，将企业战略分解成企业级别的具体任务，特别是识别出支撑企业发展战略的核心任务（大的"战役"）。企业项目化战略分解工作的交付成果，表现为企业战略任务分解结构（Enterprise Task Structure，ETS），属于企业项目化战略管理的第二项重要工作。

> **企业项目化战略分解**
>
> 企业项目化战略分解，就是基于企业项目化战略目标实现的要求，以企业现实条件为基础，通过发展策略的研讨和选择，识别出能够支撑企业项目化战略目标实现的关键性的、企业级的核心任务，也就是企业项目化的战略任务。

企业项目化战略分解具有以下特点。

1. 以战略目标为导向

企业项目化战略分解，以整合战略为导向，包含战略目标体系中的所有目标，不以职能部门为分解对象，而以可实现整体战略的活动为对象。企业作为一种长期性的组织，有其长远的战略目标。这是企业面对激烈竞争与严峻挑战的环境，为求得长期的生存和发展而进行的总体计划。企业要根据组织使命中的价值观理念，建立实现组织使命的长期目标和短期目标，并将组织使命细化为一个个具体的方向或目标，然后通过一个个不同的一次性的企业战略任务来实现。

2. 以战略任务为核心

任何企业的战略最终都要转化为重大的战略任务加以实现，这也意味着企业战略任务已经成为战略目标实现的主要载体。完成企业战略任务，是规划和执行企业战略的组成部分。识别出若干个企业任务是战略分解的关键，并要对企业任务做具体的描述，确保战略的可实施性。组织和人员都要为战略而服务，所以称以项目为核心、以运作为基础，也就是战略分解要以识别出几大支撑性的企业任务为核心。

3. 以实现系统整合和动态互动为目标

以实现系统整合和动态互动为目标，这是企业项目化战略分解方法论隐含的目标。整体战略作为企业的一个目标，需要不同的组织（职能部门和项目部门）和人员来完成，因此要避免单纯以职能部门为基础分配目标。企业项目化战略分解应充分考虑系统整合的重要性，以项目为核心，以运作为基础，以组织和人员为保证来实现系统的整合。整体战略最终表现为一套目标体系。目标具有导向性，但不一定非常精准，需要动态互动，需要在执行企业任务过程中做必要的调整。这个过程体现为指导与反馈的动态互动。

（二）企业项目化战略分解的方法

企业项目化战略分解工作的最终表现载体为企业战略任务分解结构（ETS）。它不是企业战略任务的简单组合，而是运筹帷幄、精心设计的战略布局。ETS成果的展现也许很简单，但其内在的谋划思路只有构建者及其团队才能深刻理解。同时，建立ETS是企业项目化战略管理的一项重要工作，需要大量工作及支持，甚至是专家团队的投入。

企业战略任务分解结构（ETS），是在现实条件下对企业战略任务的识别与策划。依据企业当前条件及对未来的预测所形成的ETS，一般以年为单位，根据战略目标的要求和项目执行情况，在年终进行结构的修订和增减。有的战略目标体系体现为1年、3年和5年的战略体系等。企业要参考具体战略目标阶段建立 ETS。

建立 ETS 需要坚持一定的原则，把握一定的方法、基本要求、关键因素及检验标准，从而确保 ETS 的有效性和系统性。

1. 建立 ETS 的原则

在 ETS 中，以活动为基础对战略进行分解，同时各项活动的完成能够确保战略目标的达成。这是项目化分解工作的根本原则。

（1）组织规模化和协同化达到最优　在 ETS 分解过程中，要综合考虑企业战略任务的技术特征和规模、时间跨度、战略优先级等因素，考虑如何使组织的规模化和协同化达到最优。企业可以根据管理方式、规模、资源共享形式、时间跨度、战略优先级、技术复杂程度和管理复杂程度等特征，对 ETS 进有效的布局。

（2）企业任务的具象性和可执行性　企业任务描述是确定企业任务的最重要方式。企业任务描述要符合 SMART 原则中非常重要的两条：可识别的，可被理解的和可执行的。

（3）在设置 ETS 时，需要考虑 ETS 的权限分配　ETS 的权限分配反映的是高层次结点与 ETS 及各分支结点的对应，以便于各级组织所对应权限的责任分配，保证企业项目中的每项活动事事有人管理、计划发生偏差时有人负责。

建立 ETS 的原则应根据企业实际情况进行适当调整。

2. ETS 分解方法

根据企业规模和业务差异等因素确定 ETS 分解方法。ETS 的分解可以采用多种方式进行，包括：

1）按产品或服务分解，如图 4-7 所示。

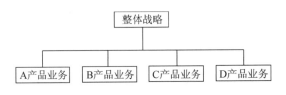

图 4-7　按产品分解的 ETS

2）按过程分解，如图 4-8 所示。

图 4-8　按过程分解的 ETS

3）以上二者综合，如图 4-9 所示。

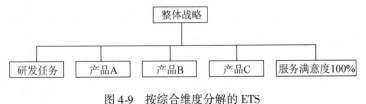

图 4-9　按综合维度分解的 ETS

3. 创建 ETS 的基本要求

创建 ETS 时，需要满足以下几点基本要求：

1）某项任务应该在 ETS 中的一个地方，且只应该在 ETS 中的一个地方出现。

2）ETS 中所有任务完成的总和能够完成整体的战略。

3）一个 ETS 项只能由一个人负责，其他人只能是参与者。

4）ETS 必须与实际工作中的执行方式一致。

5）应让团队关键成员积极参与创建 ETS，以确保 ETS 的一致性。

6）每个 ETS 项都必须文档化，以确保准确理解已包括和未包括的工作范围。

7）ETS 必须在根据范围说明书正常地维护企业任务工作内容的同时，也能适应无法避免的变更。

8）对 ETS 生命周期的考虑，需要考虑在战略的不同阶段进行修正和调整。

9）应考虑资源计划和风险管理的需要。

10）应考虑绩效报告、整体变更控制、范围管理的需要。

4. 检验 ETS 的标准

检验 ETS 是否定义完全、企业战略的所有任务是否都被完全分解，可以参考以下标准：

1）每个任务的状态和完成情况是可以量化的。

2）明确定义了每个任务的开始和结束。

3）每个任务都有一个可交付成果。

4）工期易于估算且在可接受期限内。

5）容易估算成本。

6）各项任务是独立的。

综上所述，企业要从制订卓越企业战略规划出发，把战略分解成支撑企业发展战略的 ETS，然后通过 ETS 进一步细化分解，在每一个具体项目、运作或项目集上体现，通过调整企业的组织结构和优化各种资源配置，舍弃或弱化与企业战略关联不大的活动，把更多的资源投入实现组织战略的重要项目中。

（三）企业项目化战略分解工作的交付成果

企业项目化战略规划，是对企业中长期的谋划，包括近期、中期和长期的战略与对其实施路径的描述。战略分解工作最终要形成企业战略任务分解结构图及企业任务工作描述两大部分。

1. 企业项目化战略任务分解结构表现形式

企业项目化战略分解工作的交付成果 ETS 共有两种表现形式：

（1）树型结构图 树型结构图即从企业项目化战略目标出发，将企业的所有活动按项目与运作分类进行结构化分解后所形成的一种树状结构图。

ETS 企业任务有两个基本来源：为了增量增长的获取和利益的产生，维持企业经营活动；识别新的、可以提供额外利益、能够实现战略或战略转变的项目活动。ETS 可以根据企业的需要进行中长期整体分解，也可以根据具体的阶段进行分解或调整。某设计院 ETS 如图 4-10 所示。

（2）企业战略任务分解列表 企业战略任务分解结构 ETS 的另一表现形式是支撑企业战略目标实现的所有战略任务的列表，见表 4-2。

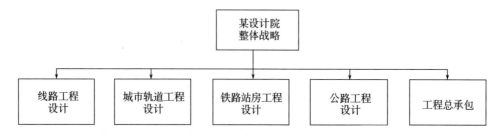

图 4-10　某设计院 ETS

表 4-2　企业战略任务分解列表

战略目标	任务组合	任务编码
整体战略	任务 A	
	任务 B	
	任务 C	
	任务 D	
	任务 E	

2. 企业战略任务描述

企业战略任务描述即对分解后的战略任务进行描述。企业战略任务描述包括任务范围、目标、主要内容、责任部门等若干项，以指导后续战略实施工作的开展。

战略任务要符合企业发展使命，以将战略任务目标及收益与组织的长期目标相结合。一旦战略任务的目标及收益被定义，就要设计和选择结构性的多项目活动计划去执行。

四、战略规划报告

有了战略目标，并且将战略目标做了分解，就可以制订企业的战略规划了。战略规划的最后一个阶段是将战略规划形成文本，以备评估、审批。

战略规划的内容处处体现了平衡与折衷，都要在平衡折衷的基础上考虑回答以下四个问题：

- 我们想要做什么？——确定目标
- 我们可以做什么？——确定方向
- 我们能做什么？——找到环境和机会与组织资源之间的平衡
- 我们应当做什么？——做出计划

在战略规划过程中，企业经常使用一些战略工具，特别是在战略目标制定和战略目标分解阶段，战略工具的使用可以使战略规划的制订更加科学、准确、有效。企业项目化战略规划方法见表 4-3。

表 4-3　企业项目化战略规划方法列表

规划内容	方法名称	注意事项
1. 集中力量，不断地冲击同一个中心问题 2. 重强避弱，发挥优势，不过多关注弱点 3. 以目标客户为导向，目标越少，竞争力越强	产品特性、制作方法、成为第一、做到最新、低价定位、市场领导、市场传统、市场专长、情感定位	战略定位

（续）

规划内容	方法名称	注意事项
SMART 原则：目标明确（Specific）、可衡量（Measureable）、能达到（Attainable）、有关联（Relevant）和有时限（Time-bounded）	时间序列分析法、相关分析法、盈亏平衡分析法、决策矩阵法、决策树法、博弈论法、模拟模型法	战略目标制定
1. 组织规模化和协同化达到最优 2. 企业任务的具象性和可执行性 3. 确定 ETS 权限分配	ETS（企业战略任务分解结构）	战略目标分解

第四节　企业项目化战略实施模块

战略实施是企业对战略规划的执行。企业在明晰了战略目标后，就必须专注于如何将其落实转化为实际的行为活动并确保实现。

战略实施就是要将战略落到实处，将战略付诸行动，把公司总体战略、业务单元战略和职能战略中所确定的事项从总体上做出安排。

综上所述，企业项目化战略实施的定义为：

企业项目化战略实施（EP Strategy Implementation，EP-SI），是在进行企业项目化战略规划后，为实现企业战略目标而对战略规划的实施与执行。企业项目化战略实施是战略管理的行动阶段，也是战略管理的核心内容。

简言之，企业项目化战略的实施，是在战略分析的基础之上，制订战略规划之后，按照战略规划的路径，通过一定的方法与工具，实现战略目标的过程。具体过程如图 4-11 所示。

图 4-11　企业项目化战略实施模块导图

一、战略实施的主要阶段与任务

（一）战略实施的主要阶段

战略的实施是战略管理过程的行动阶段，与战略制定同等重要。在战略规划转化为战略活动的过程中，有四个相互关联阶段，分别是战略发动阶段、战略规划保证阶段、战略执行阶段、战略评估与改进阶段。

战略发动阶段主要是指利用培训、口号等行为调动大多数员工实现新战略的积极性和主动性；

战略规划保证阶段主要为制定相应的各个阶段的政策措施、部门策略以及相应的方针等；战略执行阶段主要是战略的具体操作实施过程，需要考虑责任锁定、计划执行、业绩跟踪、结果考核等因素；战略评估与改进阶段是为了保证战略行动沿着正确的轨道运行。

（二）战略实施的主要任务

战略实施是战略管理中最复杂、最耗时也是最艰巨的工作。在性质上与战略制定不同，战略实施完全是以行动为导向的，就是要让事情正确地发生。它包含管理的所有内容，必须从公司内外的各个层次和各个职能入手。

总的来讲，战略实施的主要工作内容包括：

· 建设公司文化

· 完善公司规则和制度

· 制定策略方针

· 拟定各种预算

· 组织必要的资源

· 实施控制与激励

· 提高公司的战略能力与组织能力

这些都是战略实施所包含的工作内容。如果没有高效地执行，战略制定得再完美，也只能是一纸空文，不可能使公司走向成功。只有卓越的战略加上有效的执行，才有可能造就卓越的管理，成就卓越的公司。

二、战略实施的方法

企业项目化战略实施是战略分析与战略规划的表现形式。在此过程中，企业可根据自身的实际情况使用不同的方法实施战略。企业项目化战略实施方法见表4-4。

表4-4　企业项目化战略实施方法列表

名称	应用要点	适用范围	优点	缺点
麦肯锡7S模型分析法	1. 通过分析战略实施过程中的7个要素从而对战略实施过程进行实时分析的模型方法 2. 需要综合考虑硬件、软件要素的影响	战略实施分析	在通常只考虑硬件因素的战略实施中加入软件因素，使战略实施的分析更加全面	停留在理论指导层面的内容较多，相对于实际操作层面的指导有限
PDCA分析法	1. 又称戴明环，是一种动态监控与调整战略实施的方法 2. 有严格的应用顺序，一般不可跳跃	战略实施监控	1. 可以应用于总体战略，也可应用于分解目标，形成大环套小环的状态，互相促进与监督 2. 在前进的同时也会上升，每进行一周期，都将使战略的实施水平上升到一个新高度	PDCA的前提假设是原有的战略实施已存在并且按照趋势发展

（续）

名称	应用要点	适用范围	优点	缺点
差距分析法	1. 是比较企业最终目标与期望业绩之间的差距并确定填补差距的方法 2. 当出现差距时，首先应考虑是否修改公司策略	战略实施评估	可以有效衡量期望值与实际值之间的差距，根据差距的大小进行策略选择	基于产品、需求按预期发展，业务、战略维持不变的假设，一旦出现变化，将失去意义

三、战略实施的难点分析

虽然企业的管理者都知道战略实施的重要性，然而现实中还是有很多战略不能顺利实施，到底是什么原因呢？笔者根据多年企业工作经验以及对多家企业的研究，认为企业战略实施困难的原因主要体现在以下几个方面。

（一）贯彻落实力度缺乏

企业项目化战略，一般由企业的高层人员通过对企业发展环境进行分析，从而确定企业的发展方向与目标，进而制订企业整体发展战略规划。在战略分析、规划过程中，中低层员工很少有机会参与，然而战略的实施执行需要企业的全员参与，很多中低层员工并没有准确理解企业的发展战略，战略的执行程度主要取决于个人对战略的理解程度。战略制定与执行之间的矛盾，是造成战略实施困难的主要原因之一，因此自上而下全面、深入的贯彻战略思想与内容就显得极其重要。

然而，很多企业的高层管理者在向员工传播企业战略的时候，往往过分强调其自上而下的主观性而忽视了员工是否真正理解总体战略的实际意义并且将这种正确的理解付诸日常为企业创造价值的活动。这种主观性最终导致：全体员工不能深入理解战略对企业的深远影响，而仅仅简单地将公司战略作为企业未来几年内的目标机械地加以完成。如果员工并不理解企业的战略，而只是一味被动地围绕战略进行日常活动，为了实施战略而实施战略，那么企业的战略实施必将陷入难以推进的尴尬境地。因此，缺乏贯彻落实的力度，是企业项目化战略难以实施的重要原因之一。

（二）部门配合程度不足

企业项目化战略贯彻落实，企业中的员工对战略规划的目标与内容都有所了解，并明确地知道自己部门与自身的工作任务，那么企业的战略就能顺利实施了吗？其实也不尽然。

企业项目化的战略，虽然终极目标是实现企业的跨越式发展，间接为企业员工带来长远的利益，但是对于企业的员工而言，实现战略目标的过程可能十分遥远甚至会暂时损害自身利益，因而易出现部门之间战略任务的推诿、对战略实施不配合的情况。

（三）绩效激励深度有限

企业战略的实施结果不理想，还与企业的绩效激励有很大的关系。企业战略的实施，尤其是需要进行重大调整才能顺利实施的企业战略，就如同对企业进行变革，虽然规划的结果很美好，然而在短期内是不易表现出来的。企业如果想要顺利推行新的战略，需要制定相应的激励制度与办法，推动已经习惯自身工作方式的员工完成各自的战略任务，从而实现整体的战略目标。

第五节　企业项目化战略管控模块

企业项目化战略管控，是企业实现战略目标导向管理的重要保障。所谓管控，简单理解就是管理和监控。企业项目化战略管控（EP Strategic Control，EP-SC），是指在企业项目化战略实施过程中，检查企业为达到战略目标所进行的各项战略任务的执行情况，评价实施企业战略执行后的绩效，并与既定的战略目标与绩效标准相比较，发现战略差距，分析产生偏差的原因，纠正偏差，使企业战略的实施更好地与企业当前所处的内外环境、企业战略目标协调一致，使企业持续、稳定、健康的发展战略得以实现。企业项目化战略管控注重对战略实施过程的管理和监控，将管控系统的规划工作前置，从而真正体现战略管理的实效性。

企业项目化战略管控关注对战略实施过程的管理和监控，将管控系统的规划工作做在前面，是真正体现战略管理实效性的一项工作。企业整体战略制定以及战略分解工作完成之后，为确保战略实施的过程及结果可控，必然需要企业项目化管控。企业项目化管控是一种战略管控方式，是指企业制定有效的管控手段、形成有效的管控机制，实现企业战略任务实施过程及交付成果与企业战略规划之间的动态互动，促进企业持续、稳定和健康发展。企业项目化战略管控整体过程如图4-12所示。

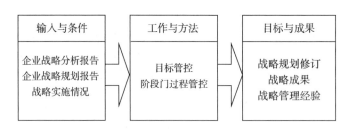

图4-12　企业项目化战略管控模块导图

一、企业项目化战略管控过程框架

企业项目化战略管控过程框架如图4-13所示。

企业项目化战略管控的主要目标，是保证支撑企业发展战略的各战略任务在实施过程中，根据企业发展环境变化和战略任务的具体实施情况，实现企业发展战略目标与企业具体发展，特别是与各战略任务具体发展情况之间的有效、良性互动，从而提升企业整体发展成效。

企业管理决策者通过项目化管控系统，可以及时发现项目中的问题，感知市场的变化和趋势，从而对企业战略方向和项目优先级等做出适当的调整。如调整战略规划，放弃一些执行效果不好的项目，开拓新的、收益率更高的项目等；加强执行力，明确各岗位职责，提升关键岗位员工的技能水平等；完善制度体系，改进或再造管理流程等。

在对战略任务的管控过程中，企业要不断反馈执行结果，进而把握市场变化和客户需求发展趋势，从而回到企业战略层面，对战略做进一步调整以适应市场的变化、把握新的商机。企业项目化战略管理包括战略规划和战略实施两部分，本章仅就战略规划阶段的企业项目化管控系统规划进行详细的论述。

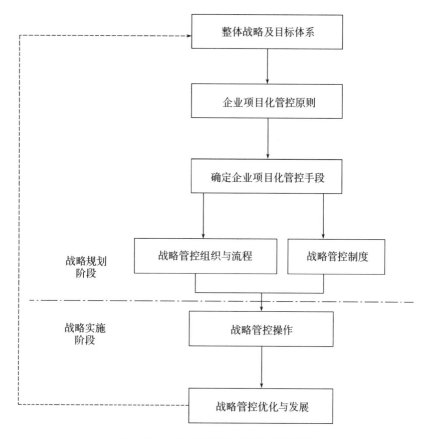

图 4-13　企业项目化战略管控过程框架

二、确定企业项目化战略管控原则

企业项目化战略管控需要遵循一定的原则。一方面，管控原则具有共性，要考虑对战略目标的支持性和企业发展的持续性；另一方面，企业项目化战略管控有一定的个体差异性，表现为具体业务发展方面的管控原则。现将共性管控原则描述如下：

1）保证 ETS 及其下的活动与战略目标的一致性。ETS 中的每一个战略任务，都应支持企业发展战略目标或其中的一部分，每一个战略任务描述书都应描述清楚企业战略任务对战略目标的支持。

2）资源配置更为优化。ETS 中每一个战略任务的优先级，决定了可获得资源支持的优先程度。每一个实施了整合策划的 ETS，都需要分配资源。

3）对支持战略目标的多个战略任务进行有效的计划、控制和协调。

4）对多个战略任务之间的关系进行管理，有效利用公用资源。

5）识别多个战略任务所交付收益的相互依赖性，实现超出各战略任务累计之和的收益。

6）监控与动态反馈的上下互动，确保及时、有效的过程管理。

三、制定企业项目化战略管控手段

（一）管控手段规划

战略管控要以企业战略任务以及战略任务的执行为管控对象，实现企业具体工作执行情况与企业战略的一致性，因此管控手段要围绕 ETS 及其细化分解的任务进行整体规划。管控手段规划，就是要在战略实施前，事先明确管控手段，以提升管控成效。战略管控的手段主要包括目标管控和过程管控两个方面。

1. 目标管控

目标管控，是战略管控的核心手段，具有目标明确、责任清晰、便于考核的特点。目标管控通常是对部门或人的目标管控，多从绩效角度展开。目标管控有以下两种表现形式：

（1）任务目标管控　任务目标管控也就是从企业的战略目标开始，明确战略目标、项目集（多项目）、项目目标以及各层级活动的目标，形成一个完整的活动目标管控体系。

（2）层级目标管控　企业是一个长期、稳定的组织，除了企业战略规划的任务，还有一些常规性的工作，所以目标管控可以延伸到上级部门对下级部门的层级目标管控，除明确下级部门承担的战略任务目标，还包括由该部门负责的一些常规工作目标。

2. 过程管控

过程管控，是战略管控的辅助手段，往往是针对某些大型、复杂、时间跨度长、受内外环境因素影响大的任务，为避免目标管控在实施过程中的不足，在任务执行过程中应加强管控的力度。过程管控通常是对过程的管控，是对计划和风险的管控，主要是通过阶段门进行过程管控。

项目阶段门（EP Project Decision Point，EP-PDP），也叫项目决策点，是指在项目执行过程中，将项目中的任务分成几个大的阶段，在任务阶段之间（也就是阶段门）的执行结果可能会改变任务目标和范围，需要由总经理或副总经理等决策人员加以控制。需要明确的是，阶段门的控制主体是任务的决策人员。不同于其他项目管理概念，阶段门是根据中国特有环境衍生而成的管理方法，通过阶段门方法管理，必须合理设计每一阶段中的并行活动，收集足够的信息（如技术、市场、财务、运作等方面的信息），以如期推进计划并降低技术和业务风险。

（二）过程管控手段界定

阶段门方法是一张活动开展路线图，指导一个任务从开始到完成的全过程。它将任务过程划分为一系列阶段，每个阶段都包含一系列预先设定的、并行的跨部门活动。在获得批准进入下一个阶段之前，负责该阶段的团队必须成功完成该阶段内预定的所有相关活动。每个阶段都包含许多跨企业职能部门的活动，没有一个阶段是某个部门单独完成的。在具体应用中，阶段门是项目的目标与范围可能发生变化时，需要总经理或副总经理决策控制的点。某产品开发以阶段门管控示例如图 4-14 所示。

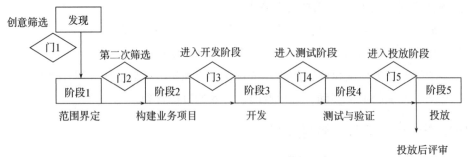

图 4-14　某产品开发以阶段门管控示例

1. 阶段门方法的基本要素——阶段

阶段是各项活动发生的地方。在每个阶段，项目团队通过完成关键任务搜集必要的信息，推动项目进入下一决策点（门）。每个阶段都是跨职能部门的，每一阶段的一系列活动均在项目领导者的带领下由各部门员工一起完成。

通过阶段门方法管理，必须合理设计每一阶段中的并行活动，收集足够的信息（如技术、市场、财务、运作等方面的信息），以如期推进计划并降低技术和业务风险。

如图4-13所示，各阶段可以描述为：

阶段1：范围界定。快速调研与项目概述。

阶段2：构建业务项目。通过预先调查，构建业务项目，包括一个定义好的产品、一份业务的合理性证明，以及下一阶段工作的详细计划。

阶段3：开发。开发是指新产品的设计与开发，包括制造（或实施）过程的确定，以及市场投放及运作计划、下一阶段测试计划的制订。

阶段4：测试与验证。新产品的检验，包括新产品的市场情况与生产情况。

阶段5：投放。产品的完全商业化——开始全面生产、商业化投放及销售。

2. 阶段门方法的基本要素——门

在每个阶段之前，关于项目继续/终止的决策点就是门，而有效的决策点是新产品流程成功的关键。

1）门是一个质量控制点，项目是否按质实施？

2）门是一个继续/终止以及优先次序的决策点。

3）门是进入下一个阶段的必经之路，是自愿分配的地方。来自不同部门的高层领导举行门会议决定项目团队必需的资源如何分配，他们被称为"守门员"。

关于门的描述至关重要，事关活动重大进展程度的范围描述，需要高层领导把控。在企业项目化管控中，每一道门都有规范的描述形式，力求明晰、准确。

1）应交付成果。这是门评审过程的输入——项目领导和团队交付给评审会议的东西。它们是前一阶段活动的成果，按照每一个阶段应交付成果的标准列表准备。

2）标准。为做出继续或终止决策和优先次序决策，在进行项目评审时所问的问题和衡量标准。

3）输出。门评审的结果——一个决策（继续/终止/重新开始）。

参考模板4-1为初步框架，需要企业根据具体情况，梳理企业战略任务及关键任务的全过程，定义各个门、建立各个门的评审标准。各个阶段及门的相关责任人、评审人以及门的评审时间要求，都要根据个体情况来确定。

参考模板 4-1　某企业事业部产品阶段门管控模板

阶段输入	前一阶段的交付成果（成果列表） 成果1 成果2 成果3 …
活动	评审会议
依据	门的评审标准
阶段输出	产品是否进入下一阶段的决策

四、企业项目化战略管控的交付成果

企业项目化战略管控的交付成果，主要包含以下三个部分：

1）战略规划修订。如果战略的执行与战略的规划出现偏差，或者内外部环境发生变化，战略管控就需要根据现实情况对战略规划进行修订，以保证战略目标得以实现。

2）战略成果。战略管控的第二大目的是保证战略规划的目标得以顺利实现，这最终体现为成功的战略成果。

3）战略管理经验。战略管控的另一目的就是在战略执行过程中积累战略经验，以便为企业后期制定新的战略提供依据。

第五章

企业项目化项目管理领域

通过企业项目化战略管理，形成了支撑企业战略发展的众多层级和类型的任务。对这些任务进行管理，并取得任务的成功，成为企业发展战略得以实现的核心和关键。企业中的任务活动按性质可以分为项目活动与运作活动，本章将以企业战略任务为导向，以项目活动为核心，从企业特定需求出发，探讨如何将支撑企业战略任务的项目活动，从孵化到管理，同时通过对项目工作特点的分析，给出实效性的项目管理模型，以提升企业项目化活动的管理能力。

第一节　企业项目化项目管理综述

项目管理领域作为企业项目化管理任务中的核心，在企业发展中具有重要作用，主要包含项目孵化、单项目管理与项目集群管控三个模块的内容。那么企业项目管理有何作用与价值？主要包含哪些内容？本节将对以上问题进行详细阐述。

一、企业项目管理的概念与理解

企业项目活动，是指活动环境不确定、工作内容模糊，企业未曾经历过，即使经历过，此次活动与原有活动相比也有很大的影响性变化的一次性、特殊性的活动，如市场拓展、产品研发、工艺改造等。项目活动的目标以及过程管理比运作活动要复杂得多。对于项目活动，必须采用区别于运作活动的管理方法，也就是采用项目管理方式，充分发挥项目团队的主观能动性和创造性，并以项目的柔性组织保证项目活动的进行。

（一）企业项目管理的概念

企业项目管理，是对企业战略任务分解工作的管理。企业项目活动管理，是为实现企业项目发展战略，对战略分解后的各项工作，根据战略分解的要求，进行工作的细化识别、决策、计划、实施、收尾、转化等管理，以实现工作目标，促进企业战略任务实现的管理活动组合。

根据以上对企业项目管理的理解，将企业项目管理定义如下：

企业项目管理

企业项目管理，是企业升级发展的重要保障，指站在企业整体角度，集中对企业中所有项目进行管理的过程与方法。企业项目管理，是指按照项目活动的特征要求，对项目活动进行管理，是一次性的、动态性的，必须采用以目标为导向的过程管理，采用专业化分工基础上的整合管理，追求项目活动的成功性和效益性。

（二）企业项目管理的理解

企业战略任务是企业层级的任务。要确保企业战略任务能够完成，就必须把它融入企业的生产经营活动，因此产生了将企业战略任务分解结构（ETS）进一步分解的要求。不论按业务单位划分（如按经营产品划分），还是按职能划分（如按生产、财务和人力资源部门等划分），都可以将企业战略任务划分成不同的活动层级。而支持这些企业战略任务并达到目标的就是企业的活动。同时，企业能够通过一个项目使企业形成生产某种产品或提供某种服务的能力，并在此基础上重复经营运作。经过一段时间的经营运作后，由于环境的变化，企业需要新的项目来形成新的竞争能力，这样企业的经营运作便上升到一个新的平台。如此螺旋上升，推动企业不断发展。ETS可以根据企业战略任务完成的需要，细化分解为不同层次的活动，以提升管理的便捷性和实效性，如图5-1所示。

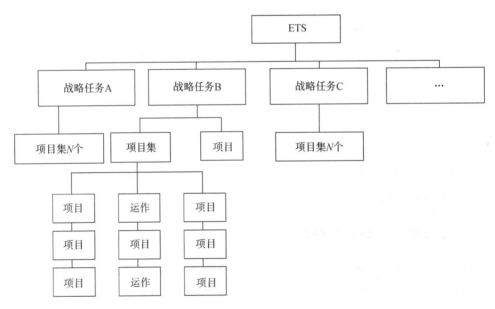

图 5-1　企业战略任务的细化分解

根据活动的性质，企业战略任务细化分解后的各项活动可以分为项目活动和运作活动。项目活动和运作活动的性质不同，管理的方法也不同。鉴于项目活动对企业发展的影响程度大、环境不确定性大、成果不可挽回、管理内容不确定等特点，对项目活动的管理成为企业活动管理的重点和难点。

在企业项目活动与运作活动之间，项目孵化与运作转化搭起了二者之间的桥梁，将企业项目化管理的核心与关键进行连接，共同奠定了企业发展的基础，如图5-2所示。

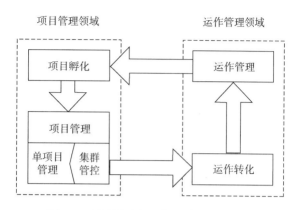

图 5-2　项目活动与运作活动转化关系图

有关运作管理以及运作转化的相关内容，将在第六章进行详细阐述，本章将重点对项目管理活动中的项目孵化与项目管理进行详细剖析。

二、企业项目管理的作用与价值

项目作为企业的主要活动之一，对其进行有效的管理，可以帮助企业顺利完成企业的战略目标，并保证企业持续发展。企业项目管理的作用与价值主要体现在以下两个方面。

1. 战略任务得以实现的支撑

企业的发展离不开战略的主导作用，通过对战略目标的分解，形成一个个战略任务，并通过实现每个战略任务，从而支撑战略的执行与最终目标。而通过企业发展战略分解而来的任务，多为企业项目活动，这与我们一直强调的"项目反映的是企业未来的发展状况，运作反映的是企业过去的稳定状态"是相符的。可见，项目是企业发展的基础，运作是企业稳定的保障。

项目活动作为企业战略发展分解的重要活动，其管理的好坏反映了企业战略任务实现的程度。企业项目管理的主要任务就是为项目进行有效的资源分配，从而保证项目的成果，因而企业项目管理是战略任务得以实现的支撑。

2. 企业长期持续发展的载体

企业的长期持续发展，离不开不断的创新与突破。在企业的活动中，运作活动解决的是企业稳定的问题，项目活动解决的是企业发展的问题，二者之间的转化与平衡解决的是企业健康的问题，因此企业项目管理是企业长期持续发展的载体。

三、企业项目管理特征

面对当今社会激烈竞争的市场环境，以及迅速变化且多样化、个性化的消费者需求，传统的企业运作活动因为其内在的刚性，难以适应环境和需求的变化。项目活动管理是企业战略任务所要求的，其管理目标是工作目标的实现以及企业项目活动与企业战略任务之间的有机联系和互动，确保通过企业的项目活动实现企业的项目战略。企业项目管理的特征包括以下三项。

1. 目标导向的过程管理

传统的目标管理会给企业中易于分解和量化的目标带来良好的绩效，有助于形成清晰的分工，对员工形成激励，有效地提高士气；但是也有明显的不足，由于只看重结果而忽略了过程，过程中存在的很多绩效改善机会和潜在风险都会被忽略，从而很容易失去进一步改善流程的机会。单纯的过程管理由于目标不突出，很难鼓舞士气，而且责任分工不够明确。企业项目活动管理是以目标为导向的过程管理，以每个活动所要求的成果为目标导向，在活动管理中重视过程管理和过程改进。在项目活动管理中，可以针对活动的具体表现情况以及过程测量指标，经过改善分析，提出绩效改进目标和项目过程改进计划，用于指导过程改进的活动。

2. 分工之上的整合管理

企业项目管理不同于职能管理各专业明确分工、职责明确界定的管理方式，是针对达成一次性的、临时性的项目目标进行团队组合，为了完成项目的最终结果而进行的管理。在这种管理方式之下，团队内的成员根据项目目标的分解进行分工，不同于企业以长期运转为目标进行的分工，项目团队的工作除了完成各自本职工作，还需要随时准备完成随着项目的实施而出现的各种不确定风险所带来的临时性工作。因此，企业项目管理既需要分工，又需要在分工之上进行整合，以确保项目目标的实现，主要体现在以下两个方面：

1）项目目标是项目团队所有人共同、唯一的终极任务，因此在分工的基础上，还需要以完成项目目标为最终目的，平衡质量、成本、费用等变化所带来的影响。

2）项目目标实现过程不同于运作活动的运行，其过程所受的影响因素更多，发生不确定风险的概率更大，因此企业项目管理在对项目团队内的成员各自工作进行管理的同时，还需要随时注意分配、调整、整合各资源，应对突发状况的产生。

3. 跨越部门的协作管理

不论企业采取何种组织架构，企业中的项目活动都不单单是项目团队自身的任务，难免需要财务、人力、技术等部门的支持与配合，因此企业项目管理需要进行跨部门的协作管理。

企业中的项目是从企业升级发展的战略目标中分解而来，其实现成果的好坏在一定程度上决定了企业升级发展的速度与能力。越大的项目，对企业的影响越大，需要的资源投入越多，需要的支持与配合的部门也越多。因此，企业项目活动能否顺利完成，除了项目团队人员的工作能力，还取决于企业各部门之间的协作程度。

四、中外项目管理模式的分析与升华

企业项目管理起源于西方发达国家，尤其以美国为代表的 PMI 以及国际的 IPMA 所开发的 PM-BOK 与 ICB 最具代表性，因此本部分内容所进行的中外项目管理管理模式的比较主要是对中国与以欧美企业为代表的西方发达国家之间的比较分析。

根据研究，中外企业项目活动管理的特点有很大的不同，见表5-1。

表5-1　中外企业项目活动管理特点分析

比较项 企业分类	系统平台 依赖度（%）	人员能力 依赖度（%）	突出观念	核心优势	变革趋势	变革难度
中国企业	20	80	先管后理	做成	加强流程管理	中
西方企业	80	20	先理后管	做好	加强人文管理	高
卓越企业 （参考）	50	50	管理并重	做成 做好	动态均衡	—

企业项目管理按照管理依托对象的不同，分为系统平台和人员能力两个方面。中国企业和西方

企业对于项目的这两个方面侧重各有不同，中国企业更注重人员能力方面，而西方企业更注重系统平台方面。卓越企业应该是人员能力和系统平台共重，最好各占50%。

1. 发达国家项目活动管理的特点

发达国家项目活动管理更依赖于平台。一般情况下，西方发达国家的项目活动管理对系统平台的依赖程度为80%，而对人员能力的依赖程度为20%。其突出的观念为先理后管，即以流程化、标准化的管理为主，而人的影响非常小。这种方式的优点是可以把事情做得很好，因为项目活动的一切都是按照标准化流程进行，不管是过程还是质量都能按照手册达到指标。但是由于不能很好地发挥人的主观能动性，所以这种项目活动管理的方式能把事情做好，但不一定能把事情做成。

2. 中国项目活动管理的特点

中国项目活动管理更依赖于人的影响。一般情况下，中国项目活动管理对人员能力的依赖程度为80%，而对系统平台的依赖程度仅仅为20%。其突出的观念为先管后理，即以人的影响为主，突出项目中人的作用，而平台的影响非常小。这种方式的优点是可以把事情做成，项目经理和项目团队可以发挥主观能动性，提出目标克服困难把项目做成。但是由于缺少流程方面的管理和约束，项目团队能够达成目标，却易忽略其他方面的问题，所以这种项目活动管理的方式不容易把事情做好。

3. 卓越企业的项目活动管理变革

卓越企业的项目活动管理是什么样的呢？笔者及笔者的咨询团队多年来一直从事企业咨询研究，并提出了卓越企业项目活动管理偏重模型。卓越企业项目活动管理对流程的依赖，应略微重于对人员的依赖，即流程依赖度:人员依赖度=56:44。其突出的观念为：管理并重，既要发挥人的主观能动性，又要遵守和完善平台建设，这样才能既把项目做成又把项目做好。系统平台对活动的影响和人员能力对活动的影响，始终处于一种动态均衡的状态。

对于西方发达国家而言，打造卓越企业的项目活动管理，其变更趋势为加强人文管理，突出人员在项目中的担当和主观能动性。对于中国的项目管理而言，打造卓越的企业项目活动管理，则需要在发挥个人主观能动性的基础上，加大系统平台建设的比重，强化项目经理及其团队的系统平台建设管理观念，打造、遵守和不断改进项目活动的系统平台。这些通过培训、学习和思想重视就可以做到，变革的难度适中。

五、企业项目分类分级与管理

企业中的项目非常多，根据项目的类型与重要程度等对项目进行分类分级，有助于企业更有效地进行项目管理。

（一）企业项目的分类

企业根据项目的类型不同，将项目进行归类划分，以便对同一类项目进行相似的资源配备与管理，以期更高效、集约地进行项目管理。企业中的项目一般可以分为投资项目、研发项目、工程项目与运作管理提升项目等。

1. 投资项目

投资项目是指在规定期限内完成某项开发目标（或一组目标）而规划的投资、政策以及机构方面等其他活动的综合体。对投资项目进行的管理是指对在规定期限内完成某项开发目标（或一组目标）而规划的投资、政策以及机构方面等其他活动的综合体在人力、财力、物力等方面进行资源配置的过程。

2. 研发项目

研究与发展（Research and Develop，R & D），通常被简称为研发。研发项目是指所有以科研与技术发展工作为主的项目。对研发项目进行管理是指以产品开发流程（IPD 流程）为基础的集成，利用项目管理方法工具对研发项目进行组织、计划、领导、控制等综合管理，从而提升研发绩效，实现研发活动成功的过程。

3. 工程项目

工程项目是以工程建设为载体的项目，是作为被管理对象的一次性工程建设任务。它以建筑物或构筑物为目标产出物，需要支付一定的费用、按照一定的程序、在一定的时间内完成，并应符合质量要求。对工程项目进行管理是指从事工程项目管理的企业受业主委托，按照合同约定，代表业主对工程项目的组织实施进行全过程或若干阶段的管理和服务。

4. 运作管理提升项目

运作管理提升项目是指在企业的日常运作过程中产生的，能够提升企业标准化运作工作的效率或节省资源等的项目。对运作提升项目进行管理是指提高企业的运作管理水平，并通过项目形式予以实现的过程管理。

企业中的项目种类多种多样，以上所列举的项目类型可能不在同一个企业中出现，也可能某个企业的项目不止以上所列的类型，企业需要根据实际情况对项目进行分类。

（二）企业项目的分级

根据项目工作涉及的参与部门和影响范围，企业项目可以分为三个等级，即企业级项目、部门级项目和小组级项目。企业项目的级别不同，涉及的范围、参与部门和人员数量、复杂程度也就不同。

1. 企业级项目

工作范围涉及企业全体或多个部门，需要打破原有部门之间界限，实现跨部门合作的项目，称之为企业级项目。

比如企业对外投资，需要企业的业务部门、财务部门、人力资源部门等多个部门参与；再比如企业薪酬制度变革，虽然由人力资源部门牵头，但涉及企业全体部门，特别是财务部门要进行周密测算，最后还要企业总经理甚至董事会审核。以上这些工作都属于企业级项目。

2. 部门级项目

工作范围涉及某一部门或部门内多个小组，需要打破原有部门内各小组之间界限，实现跨越小组之间合作的项目，称之为部门级项目。

企业各职能部门根据本部门工作的需要，将涉及部门内多个小组、有明确目标的一次性工作申请立项并确认为部门级项目，如新产品研发、工艺改进、技术创新、质量改善等都是部门级项目的具体体现。

3. 小组级项目

工作范围涉及某一小组内的多个人员，需要打破原有小组内部个人与个人之间的工作界限，实现跨岗位之间合作的项目，称之为小组级项目。

在企业管理中，经常会有一些以小组为单位进行的活动和任务，比如小组范围的培训学习、质量控制比赛等。

企业各级项目的特点比较见表5-2。

表5-2   企业各级项目特点比较表

比较项 企业分类	规模与资源投入	影响程度	复杂程度	管理要求
企业级项目	规模大、资源多	范围广、程度深	较复杂	很高的管理水平
部门级项目	适中	中等	一般	较高的管理水平
小组级项目	较小	较弱	简单	基础的管理能力

因企业的规模、组织层级划分不同，以上三级项目的范围划分是相对的。某些大公司的部门级项目，可能相当于中小企业的企业级项目。反之，某些中小型企业的部门级项目，可能只相当于大型企业的小组级项目。

（三）企业项目管理领域的内容框架

企业项目管理领域主要包括项目孵化、单项目管理、项目集群管控（包括项目组合与项目集）三个模块，如图5-3所示。

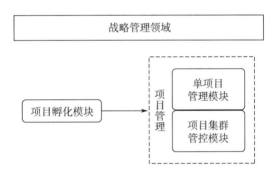

图 5-3   企业项目管理模块

以下对项目孵化、单项目管理、项目集群管控进行详细阐述。

第二节   企业项目化项目孵化模块

EPM 中的项目孵化模块，是企业升级发展的重要途径，也是企业不断突破创新的标志。项目孵化，简言之，就是企业创造条件促进项目发起并将项目列入企业正式工作程序的一个过程。然而，鉴于企业长期性、稳定性的组织特征，企业的项目不会自动产生。为满足特定的企业需求，企业必须通过主动地策划和发起项目，项目才会孵化产生。

企业项目孵化（EP Project Incubation，EP-PI），是企业升级发展的重要前提，是指企业创造条件促进项目发起并将项目列入企业正式工作程序的一个过程，其最大特点是这一工作往往体现为非常规的企业工作，孵化人员的各种努力并不一定为企业所认可。

由定义可知，企业项目孵化一般来源于非常规的企业工作，通过一系列的工作与方法，使这种非常规的工作列入企业正式工作程序，成为企业中的项目。企业项目孵化过程如图 5-4 所示。

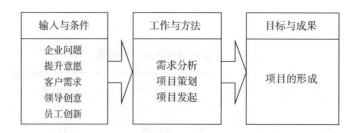

图 5-4　企业项目孵化过程

那么企业为什么要进行项目孵化？在项目孵化的过程中会遇到何种阻碍？如何进行项目孵化？

一、项目孵化的价值与阻碍

项目孵化对企业的升级发展具有重要意义，然而在进行项目孵化的过程中也会遇到各种各样的阻碍。以下将对项目孵化的价值与阻碍进行阐述。

（一）项目孵化的价值

项目孵化的价值主要体现在以下四个方面。

1. 促进社会进步

企业作为社会进步的重要推动力之一，为整个社会的发展提供了不可忽视的助力。社会的进步离不开经济与技术的推动作用，项目孵化作为打破常规工作模式、形成新格局的主要方式，为经济与技术的发展奠定了良好的基础，从而对社会的进步发展起到了不可忽视的促进作用。

2. 稳固战略支撑

企业长期的发展方向与目标是由企业的战略决定的。企业中的项目来源，一部分是在战略规划中明确提出，从而进行组织、规划、实施，保证项目的完成对于战略的支撑作用。然而再完美的战略，也会因受到内外环境的影响而做出调整。在这种状况下，随着环境的变化，一些对于战略目标达成有利的项目就慢慢产生了，弥补了战略制定过程中对未来预测不准确的不足，对战略的支撑作用明显。

3. 增加组织活力

项目孵化是企业全体人员参与的活动。就项目孵化的过程而言，企业中的任何部门与个人，上至领导层，下至基层员工，都可能是项目孵化的推动者。当项目孵化成功后，新项目的产生必然需要组建项目团队，建立项目运转模式，这对于企业中有提升愿望与能力的人员而言是一个难得的机会，将充分调动组织的积极性，增加组织的活力。

4. 提升人员动力

项目孵化的过程，最重要的是项目的契机来源。很多企业中的人员，在工作岗位上的时间很长，对于现有的工作越来越了解，慢慢趋向于适应现有的工作环境，而缺乏寻找突破的契机与动力。项目孵化的过程是调动企业进行全员创新的过程，可以激发全员参与管理的热情，从而提升人员动力。

（二）企业项目孵化的阻碍

企业项目孵化是新项目产生的过程，也是创新能力体现的过程。创新往往伴随着一定程度的变革，虽然可能为组织的发展与个人的成长带来机会，但也会不可避免地损害某些团体或个人的利益，因此会遇到各种各样的阻碍，主要表现在以下三个方面。

1. 环境制约

企业项目孵化需要一个契机或时机，就像灵感能够产生巨大的影响一样，这个孵化的契机往往决定着项目的成败。然而，很多情况下，企业没有产生新项目，是因为没有合适的契机。对企业来说，项目孵化的契机往往来自对工作环境从接触到适应再到改变的过程，同时也受到周围环境的影响。因此，环境的制约对项目孵化具有极大的阻碍，主要体现在以下两个方面：

1）个人工作环境的满足。新项目的产生很大程度上来源于对现状的不满，包括对现有工作环境的不满，期望通过改变环境来改变自身的境遇。如果对于自身目前的工作环境极其满足，则项目孵化的契机就很难出现。

2）企业整体环境的制约。新项目不能产生的另一大环境制约来源于企业对项目孵化的鼓励程度不足。鼓励创新的企业，往往能够通过绩效奖励、名誉奖励等方式调动员工的积极性。这样的企业，员工充满创新的热情，新项目产生的概率相比于其他不鼓励创新的企业高很多。

2. 组织惰性

组织惰性是阻碍企业项目孵化的另一重要原因。项目孵化是一个从无到有的过程，在此过程中，组织的推动作用异常重要。然而，不可否认的是，组织惰性普遍存在于各类组织之中，克服组织惰性是组织得以存续的基本前提。组织惰性通常有两种表现形式：消极型组织惰性与积极型组织惰性。消极型组织惰性行为表现为组织活力下降，组织成员缺乏动力，整个组织士气低下；积极型组织惰性行为则以组织的进取心下降、保守型增强为主要特征，表现在组织成员习惯于现有模式的运行，厌恶变革与变化，对旧有的组织规范、运行方式、工作习惯怀有明显的偏好并竭力维护。

不论是积极型还是消极型的组织惰性，由于其厌恶变化、习惯于现有工作节奏与方式的特性，都在一定程度上阻碍了新项目的产生，减缓了项目孵化的步伐。

3. 安于现状

项目孵化的阻碍还来源个人对于变化的愿望不足，安于现状。企业不断产生新项目，是企业活力的展现，也是企业创新能力的体现。企业的发展，离不开打破固有的思维模式，不断提出新的理念，有选择地尝试新模式，需要企业中的人员尤其是高层管理人员保持改变的愿望与魄力。领导的自我满足，安于现状，是企业项目孵化的阻碍之一。

二、企业项目孵化的类别

项目不会凭空而存在，然而项目产生的原因是复杂的。笔者将能够推动企业产生新项目的因素进行了划分，形成以下两大企业项目孵化的类别。

（一）按孵化时机划分

就时机而言，项目的产生往往来源于对需求的渴望，而这种需求又可以分为两类：一类是有问题需要解决；另一类是有机会需要抓住。在问题出现时，企业不得不做出变化以解决问题，需要用营销的手段去发掘，这就是被动的项目孵化；机会的创造产生于对未来的展望，是企业主动进行项目孵化的契机，需要用投资的眼光去研究，这就是主动的项目孵化。

在对需求有了清晰的认识之后，通过项目识别提出各种可以用来满足需求的项目方案，而项目正是在对这些项目方案进行了充分的论证和选择之后，而确定下来的对项目方案之一加以落实的一种用以满足需求的活动。

因此，企业并非是在刻意地进行项目管理。当需求被发现，解决方案被提出来的时候，项目就自然而然地产生了，此时我们才不得不运用全面项目管理来保障项目的成功，从而保障需求的满足，解决问题或者抓住机会，实现企业和组织的发展。

1. 被动孵化

企业在发展过程中往往会遇到各种各样的问题，困扰着企业管理人员，成为前进路上的绊脚石。通常这些问题的解决都需要企业家和经理人依靠自己的智慧，有的时候甚至是"摸着石头过河"。

思考

当您遇到下面的问题时，会怎么办？

·某制造商发现订单源源不断地飞来，可是现有厂房和设备的生产能力还不够全部订单的40%，即使全天24小时开工，也只能满足60%的客户要求。

·某地区山楂今年大丰收，产量比往年多出几倍。山楂一旦出现丰收情况，将持续丰收好多年，可能出现存储、处理等问题。

·办公大楼破旧，严重影响企业形象。

·过去几年，公司一直注重发展当地客户，但最近发现当地市场已经趋于饱和，要想再增加销售额，所需要的营销成本将大幅度上升，而且利润率在下降。而在外地，还没有建立任何办事机构或者分公司。

2. 主动孵化

人类社会不断前进发展的根本动因在于人类会不断产生创新性的、前所未有的期望和目标，然后采取行动追求目标的实现，以满足自己的期望。重复的期望和目标不会产生项目，只能产生运作，如想要做一顿晚饭。只有新的欲望和目标才能催生项目，如想要摆一场婚宴。

值得一提的是，现实中欲望和问题经常并存，交织在一起难解难分，因此主动孵化与被动孵化的界限有时并不十分明显。例如，有时候是因为对未来有渴望，所以对现状不满，感觉有问题；有时候是因为感觉有问题，对现状不满，所以产生了期望。但无论是哪种情况，都需要人们想办法，用一种一次性的、独特的活动去解决它，这就是项目。

（二）按孵化来源划分

除了按照项目产生的时机来区分项目孵化的动因，还可以从项目产生的来源对项目孵化进行解析。按照来源不同，项目孵化可以分为客户引导孵化、上级领导孵化与员工创新孵化。

1. 客户引导孵化

企业中有一部分项目来源于客户所提出的创新性要求与建议。在当下以客户为导向的企业经营管理理念中，积极、快速地响应客户的需求已经成为企业生存发展的重要手段。因此，通过一定的途径将客户的需求进行收集、整理与分析后，形成提升企业发展水平、满足客户要求的新项目的产生过程被称为客户引导孵化。

2. 上级领导孵化

企业中还有一部分项目来源于企业领导对于企业发展的强烈愿望或对现实状况的强烈不满。这样的项目产生，一般是由企业领导牵头，领导下属进行相关的研究分析，进而形成进行新项目的决策，这样的新项目产生的过程被称为上级领导孵化。

3. 员工创新孵化

对于现代企业而言，让员工成为企业主人的理念已经逐渐被越来越多的企业所接受。无论员工是站在企业的立场考虑对企业发展有利的行为，还是站在自身的角度改善工作环境的同时为企业带来利益，这两种行为所推动的新项目的产生，都被称为员工创新孵化。

三、项目孵化工作与内容

项目孵化主要包括企业需求识别、项目策划、项目发起三项工作。

1. 企业需求识别

企业需求识别是项目孵化的第一步。需求识别的过程是客户通过对环境和自身情况进行分析和研究，进而明确自身目标的过程。企业的真正需要是什么，企业的战略发展思路是什么，在这一点上，不同的企业有不同的考虑。上文【思考】中的第一个小例子中，也许该公司的总经理会想，我们就是要坚持做一家制造型企业，由我们自己对生产过程进行管控，赚取生产环节的利润；我们要提高专业化程度，就做特定的有限几种专业化的高技术含量的产品，不需要生产的柔性，也不需要通用设备。又或许该公司的总经理会有另外的想法，为了公司长久发展，降低业务单一的风险，不能将资本全部投入生产制造环节，可以集中精力搞新产品、新技术的研发，掌握先进的核心技术，同时注重产品营销，提高企业形象和知名度，扩大业务范围，而把中间的利润率最低的生产环节交给外部的其他企业去做。

也就是说，企业的战略不同，对问题解决方案的要求也不一样。运用项目管理，决不能武断地在没有考察清楚之时就断论应该怎样行动。"三思而后行"，即便是在这个生活节奏越来越快的时代，也仍然是一句至理名言。因此，笔者总结了在发现问题之后、提出解决方案之前，需要考虑清楚以下问题：

● 企业发展战略：企业想要变成什么样？

● 外部环境：包括社会环境、政策环境、法律环境，以及竞争对手的情况，有哪些对本企业有利的机会？

● 可以利用的资源：企业发展需要哪些资源，目前拥有哪些，还需要哪些，可以通过什么途径获得？

需求识别首先是发现自身问题，进而提出需要和要求的过程。正确的需求识别是项目管理成功的基石。在以往失败的项目中，80％是由于对需求的分析不明确、不彻底而造成的。建立在错误的需求分析基础上的项目，在进入项目中期以后，问题就会接踵而来。这个时候再对需求进行纠正，一方面，会造成"前功尽弃"，成本大大提高；另一方面，项目重新从头开始，造成工期的延误。

2. 项目策划

在进行企业需求识别后，已经对企业目前多个急需解决的问题进行了详细思考，如何将解决方案落到实处，从而解决企业实际面临的困境，就需要进行项目孵化的第二阶段：项目策划。

项目策划是项目发掘、论证、包装、推介、开发、运作全过程的一揽子计划。而项目的实施成功与否，除其他条件外，首要的一点就是所策划的项目是否具有足够吸引力引入资本。

项目策划阶段的主要活动包括：确定项目目标和范围；定义项目阶段、里程碑；估算项目规模、成本、时间、资源；建立项目组织结构；项目工作结构分解；识别项目风险；制订项目综合计划。项目计划是提供执行及控制项目活动的基础，以完成对项目客户的承诺。项目策划一般是在需求明确后制定的，项目策划是对项目进行全面的策划，它的输出就是"项目综合计划"。

笔者在主持或者参与很多项目时发现一个规律，掌握项目计划的项目经理管理比较到位，而不掌握项目计划或者对项目计划掌握不到位的项目经理往往是越管越乱。项目计划能够帮助项目经理理清项目的过程和各组织活动之间的关系，只有搞清楚这些，项目才能被管理起来，否则不能谈项目管理，只能说项目经理在管项目，但是还没有理清楚，结果是什么也没有管到位。

3. 项目发起

当完成项目策划后，项目的进度计划等已经完成，接下来需要组建项目团队，开始着手启动项目，这也是项目孵化的第三阶段，即项目发起。

项目发起是指从提出项目到签订合同这期间的一系列活动，包括建立技术引进项目的临时性组织——项目组；确立能对项目全过程负责的项目领导人；制订详细的技术引进项目的计划方案；明确项目进度的时间概念及主要任务事项；确定技术引进项目所需的总体资金预算和项目运行本身的预算费用等。

项目发起是促使与项目有关联的各方承认项目的必要性，并投入人力、物力和财力等。让支持者明白项目的必要性和可能性的书面材料叫做项目发起文件，如项目建议书。

当项目发起完成后，项目孵化的工作已经完成，一个新的项目即将启动，也将进入项目管理模块。

第三节　企业项目化单项目管理模块

当项目孵化完成之后，就进入项目管理的工作范畴。EPM 项目管理领域中另一重要的模块即单项目管理模块。项目是推动企业持续发展的助力，一个个单项目的成功是企业发展的不竭动力。

企业单项目管理输入的是单项目活动，经过四个不同的阶段，通过一定的工具与方法，形成项目成果的过程。企业单项目管理过程如图 5-5 所示。

图 5-5　企业单项目管理过程

下面将对单项目管理进行详细阐述。

一、从创业项目管理到企业单项目管理

本书第三章内容已经对创业项目管理的概念、特征、方法、能力水平等进行了详细阐述，那么创业项目与企业单项目之间有何联系，又有何不同呢？

首先，就二者的联系而言，创业项目与企业单项目同处于单项目管理领域的范畴，创业项目是企业单项目中的特殊情况，创业项目成功之后，企业才能进行各种各样其他的单项目。

其次，二者之间又有着明显的区别，主要表现在以下三个方面：

1）所处层次不同。创业项目处于企业创业发展层次，项目的成败通常决定企业的生存与灭亡；企业中的单项目是在企业已经存在的前提之下，处于企业持续发展层次。这个时期单项目的成败虽然也会对企业的生存与发展带来一定的影响，但不如创业时期的项目对企业生死存亡的影响大。

2）管理方式不同。受创业时期的资源基础、环境条件、经验积累等因素影响，创业项目的管理方式不甚成熟，甚至是在不断探索的过程进行工作方式的确定；企业的单项目是在企业积累了项目管理经验、具备资源支撑的基础上进行的管理，相对于创业项目而言更加成熟，管理方式更加标准与有效。

3）评价标准不同。创业项目成功率的高不确定性以及不稳定，决定了创业项目的管理能力评价标准与成熟的企业单项目管理标准不同。创业项目的管理能力等级，处于企业单项目管理能力最低层次，创业项目管理能力的积累是企业当项目管理能力提升的基础。

二、企业单项目管理的概念

经过多年的研究与发展，已经有多所机构、多位学者与企业家从不同的角度对企业项目管理进行了各种各样的定义。笔者在对企业单项目进行研究的基础之上，为了区别企业单项目与项目集群的概念，将企业单项目管理定义为：企业单项目管理（EP Project Activity，EP-PA），是企业针对单一项目活动，通过项目概念、项目规划、项目实施、项目收尾中的一系列管理，实现单项目活动的成功，并对企业一次性的项目成果进行总结，以便为企业后续类似的项目活动提供经验指导的过程。

三、企业单项目管理能力的提升途径与水平

企业单项目管理能力，是指企业对单一项目的管理成熟度，表达的是一个组织（通常是一个企业）具有的按照预定目标和条件成功地、可靠地实施项目的能力。

（一）单项目管理能力提升的两条途径

企业单项目离不开人与组织系统的共同作用，因此企业单项目管理能力的提升一般通过提升人员的项目管理能力与组织的项目管理能力两方面进行。

人员的项目管理能力，指的是企业中以董事长、总经理等为代表的决策层，以项目经理为代表的管理层以及以项目团队成员为代表的执行层的项目管理能力。

组织的项目管理能力，也称为系统的项目管理能力，主要通过规范企业项目管理流程、制度标准、人员职责、工作模板等实现。

企业单项目管理能力提升路径如图5-6所示。企业单项目管理能力提升途径中，人员项目管理能力的提升主要通过角色认知（清晰地界定自己属于决策者、管理者还是执行者）、角色观念（满足项目的单约束、三重约束还是九重约束）、角色过程管理能力（全团队、全过程、全要素管理模型）以及角色要素能力四个方面实现；组织项目管理系统主要通过统一术语（形成管理手册）、统一过程（制定管理工作词典）、单一方法（制定制度办法）、基准比较（树立标杆）、持续改进（不断的自我完善）五个方面实现。

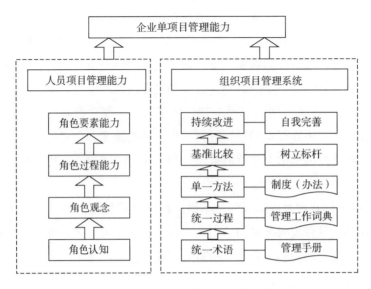

图 5-6　企业单项目管理能力提升路径

（二）单项目管理能力的水平

企业单项目管理能力的水平，是在企业人员项目管理能力水平与组织项目管理系统能力共同提升之后，所形成的企业单项目管理能力水平的表现。需要指出的是，即使创业项目管理能力水平达到了高级，仍然处于企业单项目管理能力水平的最低层级，这是由创业项目本身成功率低、风险性高等一系列特征所决定的。

结合企业人员项目管理能力提升与组织项目管理系统提升的努力途径与项目成功率的外在表现，对企业单项目管理能力水平进行等级划分，将企业单项目管理能力划分为简单级协调型、规范级指导型、标准级管控型三个水平层次，如图 5-7 所示。

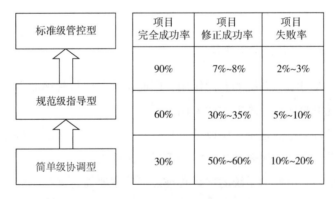

图 5-7　企业单项目管理能力水平

如图 5-7 所示，当企业单项目管理水平处于简单级协调型时，企业的项目完全成功率为 30%，修正成功率为 50% ~60%，失败率为 10% ~20%；当人员的项目管理能力与组织项目管理系统能力提升之后，企业的单项目管理能力进入规范级指导型时，单项目完全成功率上升为 60%，修正成功率为 30% ~35%，失败率降为 5% ~10%；当企业的单项目管理水平上升为标准级管控型时，企业的项目完全成功率可以达到 90%，修正成功率为 7% ~8%，而失败率降为 2% ~3%。

四、单项目管理系统与模型

项目管理研究的客体是项目工作，项目管理的主体是以项目经理为代表的项目团队，项目管理研究的内容是与项目成功相关的理念、组织、方法和工具。对于一个具体的项目而言，一般认为只要管好了，最终交付成果就可以交差。其实远不止这样简单。项目的核心目的之一是满足项目利益相关方的需求，因此就要给项目加上很多约束和限制。例如，领导安排你买了一张某天 15:35 分起飞的航班机票，这意味着不光要买到这张机票，还要充分考虑买票的费用支出、拿到机票的时间，以及这张机票能不能退票、改签。因此，项目目标一定是一个多目标的集合体。传统的项目管理关注的是目标的进度、费用和质量，现代项目管理可能还要把利益相关方的满意程度、技术与管理创新等内容作为项目的重要目标进行考量。为了实现项目多目标管理的特点，笔者根据多年项目管理的实践经验，结合现代项目管理理论与现代项目的特点，构建了符合现代项目管理要求的单项目管理一般模型，如图 5-8 所示。

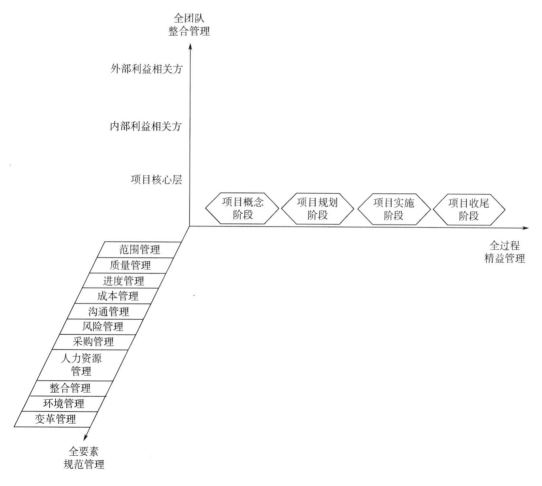

图 5-8　单项目管理一般模型

以上项目管理的一般模型从全过程精益、全团队整合与全要素规范三个方面对项目进行分析，通过三方面的管理，保证项目目标的实现。

1. 全过程精益管理

一个完整的项目通常被分为项目概念、项目规划、项目实施、项目收尾阶段，这些阶段构成了项目的全生命周期。在项目的不同阶段通常由不同的项目参与方来完成。在项目实施工程中，不同的参与方进行过程分割管理，由于专业限制、跨越时段不同、各自利益等诸多因素影响，上游阶段的决策往往不能充分考虑下游阶段的需求，而下游阶段的反馈又不能及时传达给上游阶段，上下游之间的信息交换存在严重障碍。这种阶段分离的管理，会导致管理的不连续性，从而降低项目管理的效果。因此，在项目管理过程中，必须对项目的全过程进行集成管理，旨在形成项目阶段的一体化，协调上下游阶段之间的有效衔接。通过消除各种界面损失，以通畅的信息传递和共享实现各参与方的协同工作。建设项目全过程精益管理示意图如图 5-9 所示。

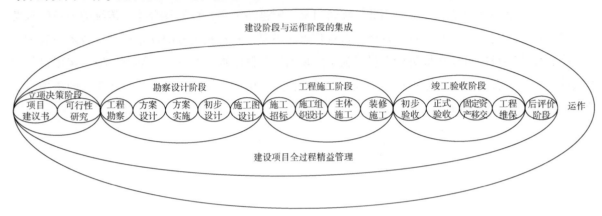

图 5-9　建设项目全过程精益管理示意图

2. 全团队整合管理

全团队整合管理实际上是为了实现项目利益相关方满意这个目标的组织保障。在项目实施过程中，我们可以把大部分利益相关方看作团队组织的一个有机组成部分。也就是说在项目实施过程中，存在不同层次的项目团队，项目经理和项目部是核心的项目团队，因此首先须做好项目管理机构内部的团队管理，将项目团队的范围继续扩大，所有内部利益相关方构成了第二层次的项目团队，这些利益相关方之间有严格的合同或行政上的关系，对项目的全过程都很关注，他们的有效协调是项目成功的关键影响因素。从更广的角度来看，项目的所有利益相关方构成了最广义项目团队，如何协调全团队的利益冲突也是项目能否获得广泛认可的重要因素。图 5-10 是一个政府投资项目全团队管理的示意图。

3. 全要素规范管理

项目全要素规范管理就是以项目整体利益最大化为目标，综合协调和整合各个管理要素，充分利用信息集成平台将各个要素的信息共享化和透明化。

国际项目管理协会（PMI）发布的 PMBOK®第 5 版中，将影响项目进程与目标的要素定义为范围、时间、费用、质量、人力资源、沟通、风险、采购和集成九大要素，通过九大角度对项目管理活动进行有效划分，从而保证在要素管理上实现全覆盖。然而，项目要素的管理，还需要根据项目的特点以及项目所处的环境进行删减、增加或修改。例如对于工程项目，除了考虑九大要素，还要将安全、职业健康和环境保护作为重要的因素予以考虑。鉴于我国国情与环境因素，笔者认为我国的项目管理，除了对以上九大因素进行管理，还需要对项目变革以及项目环境进行重点管理。也就是说，在现有国际项目全要素九大要素管理的基础上，还要增加两大要素管理，从而形成十一大要素管理的一般管理模型，如图 5-11 所示。

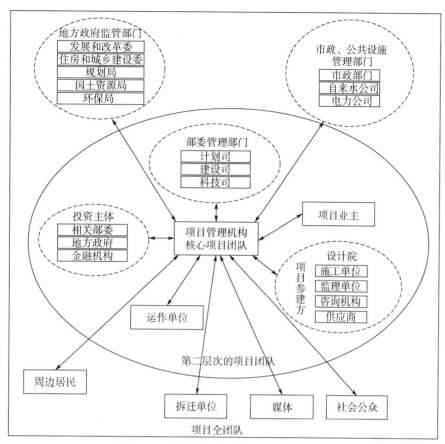

图 5-10 政府投资项目全团队管理示意图

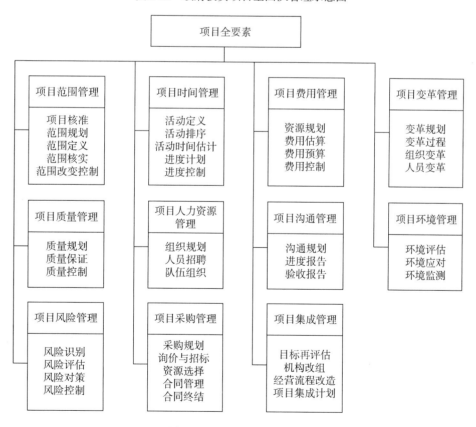

图 5-11 项目全要素示意图

第四节　企业项目化项目集群管控模块

企业中有多个相互关联的单项目，通过一定的联系方式形成了支撑组织发展的项目集群。企业项目化项目集群管控是持续发展的企业中常见的管理活动，包括项目组合与项目集两大项目集合，通过一定的管理工具与方法，以产生的结果来支撑组织的发展。企业项目化项目集群的管控过程如图 5-12 所示。

图 5-12　企业项目化项目集群的管控过程

一、企业多项目活动管理综述

在企业系统打造阶段，企业项目化项目管理进行的是项目集群的管理，即在同一时间内可能会有很多项目需要完成。如何经济、有效地同时管理好众多的项目，是企业项目化管理的核心问题。它关注的是企业多项目目标的实现。无论是企业项目选择、项目资源获得、项目执行过程，还是项目结束后评价，始终是围绕企业战略这个根本点和出发点来进行的。企业战略是企业项目化项目管理的基础。

企业项目集群管控主要包括项目组合管理与项目集管理。

企业组合管理（EP Project Portfolio Management，EP-PPM），是指为了实现特定的组织目标，对集中放在一起以便于进行有效管理的一组项目、项目集和其他工作进行的统一管理。这些不同的组成部分在一起有利于提高该工作的管理效率，以实现战略性商业目标，但项目组合中的项目或项目集可能不具有依赖性关系或直接关系。

企业项目集管理（EP Program Management，EP-PGM），是指对具有相同或相似性质、目的等的同一类别项目进行的管理，其中项目集是指经过协调管理以便获取单独管理这些项目时无法取得的收益和控制的一组相关联的项目。整体而言，企业项目化项目集管理是指对一个项目集采取集中式的协调管理，以实现这个项目集的战略目标和收益，它包括把多个项目进行整合，以实现项目集目标，并使得成本、进度与工作可以被优化或集成。

项目集管理与项目组合管理虽然都是对企业多项目进行的管理，但二者之间有明显的区别。

项目组合（Portfolio）是指为了实现战略业务目标，而集中放在一起以便进行有效管理的一组项目、项目集和其他工作；项目集（Program）是一组相互关联且被协调管理的项目。项目集管理和项目组合管理最大的区别在于构成项目集管理的项目之间是否是相互联系的。

区分项目集与项目组合的管理有助于将项目进行准确分级，以便对项目进行更准确的资源分配。

无论是项目集管理，还是项目组合管理，这些企业中的多项目管理是对企业多项目的宏观管理，不必过于关注某一项目的具体细节（这些是单项目经理及其团队的事情），而应对各个项目整体进行管理。

项目集群管控是指对企业的多个项目进行统一协调管理，以实现公司项目战略目标和利益。项目集群管控中，要对项目进行系统整合，从而实现 1 + 1 > 2 的整体效果。

项目集群管控重点关注项目间的依赖关系，并有助于找到管理这些依赖关系的最佳方法。具体管理措施包括：

1）解决系统中影响多个项目的资源制约问题和/或冲突。

2）调整对项目和项目集的目的与目标有影响的组织方向或战略方向。

3）处理同一个治理结构内的相关问题和变更管理。

二、企业项目集群管控系统模型

企业项目集群是由多个具有相互关联的单项目组成，其管控较之单项目管理更为复杂，笔者以企业项目集群组织实施现状以及出现的管理问题为出发点，从项目集群更加关注综合效益的特征入手，广泛借鉴现代项目管理等先进管理理念与方法，对项目集群的管控进行系统研究，总结、提炼集群项目管理经验，创新性提出"企业项目集群管控系统模型"，从项目集群管理的目标、组织、规则、过程、要素、信息管理六个维度，对企业项目集群管控模型进行全面解析，以期更好地指导企业进行项目集群管控。项目集群管控模型如图 5-13 所示。

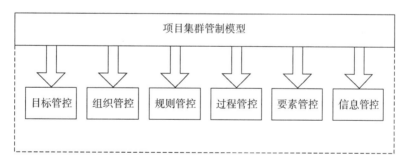

图 5-13　项目集群管控模型

1. 集群目标管控

企业项目集群管控的目标是首要问题。企业项目集群承载着企业发展升级的重要任务，要充分体现企业战略目标。结合企业项目集群的内涵、企业整体的战略规划与战略目标，项目集群管控的目标管控维度主要从以下两个方面进行：

1）确定企业项目集群的总分原则。

2）建立企业项目集群的目标分解体系。

2. 集群组织管控

企业的项目集群的组织分为项目管理办公室（PMO）与项目管理部（PMD）（PMO 与 PMD 的职责将在企业项目化组织领域进行详细介绍），分别对项目集群以及根据项目集群分解而来的单项目进行管控与管理。

3. 集群规则管控

企业项目集群管控规则包括建设保证企业的项目集群顺利进行的管理制度、管理标准，为项目绩效评价与考核提供依据。

4. 集群过程管控

企业项目集群的过程管控维度，主要是对项目集群从最初的概念规划到实施，再到所有单一项目收尾完成，进行项目集群整体效益评价以及提炼与总结管理经验的全过程进行管控。

5. 集群要素管控

企业的项目集群与单项目的要素管理有相同的部分，也有不同的部分。这是由于项目集群的目标不再以其中某一个项目的完成作为项目集群的结束，而更加关注集群中所有项目之间的相互影响关系，以完成集群的目标而为每个单项目分配相关资源，其管理要素主要包括集群收益管理、利益相关方管理等不同于单项目管理的要素。然而企业所处的行业不同、项目集群本身的特性不同等原因，要素管控的重点也不尽相同。

6. 集群信息管控

企业的项目集群，是一种组织范围内的自上至下的多层次管理活动，离不开与项目集群相关的大量信息的处理、传递和掌握。传统的项目管理软件多是针对单一项目的进度计划、控制等问题，不具备项目集总体信息管理的功能。项目集群管控需要一个信息管理系统，固化组织的项目管理法则和管理逻辑，增强制度落实的力度和管理规范性。信息管理系统可为企业收集、传递、处理和分析大量复杂的项目信息，提高决策的科学性和项目可控性。

三、企业项目集群管控流程

企业项目集群管控流程如图5-14所示，包括4个阶段、14项关键活动。其中，决策立项阶段的活动包括项目立项管理、项目优先级管理；目标定义阶段的活动包括界定项目目标、确定项目组织形式、配置项目团队、资源瓶颈管理、制定多项目管控规则、制定单项目管理手册；过程控制阶段的活动包括项目启动管理、项目过程监控、项目绩效考核、项目收尾管理；项目收尾阶段的活动包括整体评价与奖惩、经验挖掘与制度改进。企业项目集群管控是实现企业战略目标的重要方式，是连接企业战略与单项目活动的桥梁。

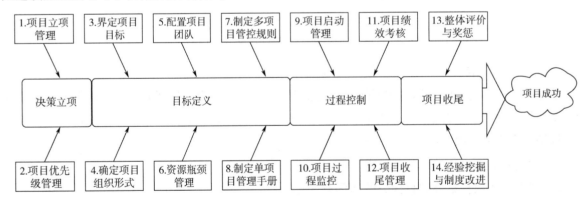

图5-14　企业项目集群管控流程

（一）决策立项阶段

集群管控的决策立项阶段，是指对项目是否进行以及如何在多个项目中确定重点管理项目的过程，主要包括项目立项管理、项目优先级管理两个步骤。

步骤1：项目立项管理

项目立项是项目集群管控的一项重要工作，通过立项的形式可以实现人、财、物的归口管理，同时实现责权利的有形统一。项目立项管理活动描述见表5-3。

表5-3　集群管控第1步：项目立项管理

创业步骤名称	项目立项管理		
创业步骤序号	1	所属阶段	决策立项阶段
输入条件	立项报告书、立项需要的支持文件		
工作要点	1. 要求立项人填写立项报告书（见参考模板1），准备立项需要的支持文件 2. 提交立项报告书给部门经理 3. 部门经理审核立项报告书及其参考模板，签署意见后提交给技术实施负责人 4. 技术实施负责人会同PMC相关人员，在报告提交一周内组织对立项报告进行审核 5. 将审核通过后的立项报告签署意见，提交立项报告给技术副总（技术总监） 6. 技术副总（技术总监）批准后，正式立项，PMC下发"立项通知单" 说明： 立项报告书正文需要打印一式五份，分别由财务部、质量控制部、PMC、技术实施负责人和技术副总保存。立项报告书参考模板需要打印三份，分别由质量控制部、PMC和技术实施负责人保存；同时，需要将电子文档发送到PMC负责人、质量控制部、技术实施负责人和技术副总		
输出成果	立项通知单		

步骤2：项目优先级管理

优先级管理即企业为了在选择项目与分配多项目资源时，体现企业业务战略规划的意图，而制定项目优先级判别标准。项目优先级管理活动描述见表5-4。

表5-4　集群管控第2步：项目优先级管理

创业步骤名称	项目优先级管理		
创业步骤序号	2	所属阶段	决策立项阶段
输入条件	公司战略发展方向、项目相关数据、优先级评价方法		
工作内容	编制企业项目优先级列表		
工作要点	• 企业相关人员计算某项目的优先级指标综合得分；判断该项目的优先级 • 编制企业项目优先级列表		
输出成果	企业项目优先级列表		

（二）目标定义阶段

集群管控的目标定义阶段，是在确定项目优先级之后，对项目的整体进行定义与规划的过程，主要包括界定项目目标、确定项目组织形式、配置项目团队、管理瓶颈资源、制定多项目管控规则、制定单项目管理手册6个步骤。

步骤3：界定项目目标

界定项目目标活动由PMC负责发布，由项目经理团队确认。界定项目目标活动明确说明公司对项目应实现目标的原则要求和具体指标，是公司对项目部进行管理、控制、考核与奖惩的主要依据。界定项目目标活动描述见表5-5。

表 5-5　集群管控第 3 步：界定项目目标

创业步骤名称	界定项目目标		
创业步骤序号	3	所属阶段	目标定义阶段
输入条件	关于企业多项目发展战略的展示报告、项目优先级判断		
工作内容	公司界定项目目标，并向项目经理清楚交底		
工作要点	• 公司根据企业发展战略、项目优先级、项目合同等相关信息，编制项目目标责任书 • 公司向项目经理交底，项目经理签字确认后，该责任书正式成为项目章程		
输出成果	项目目标责任书		

步骤 4：确定项目组织形式

确定项目组织形式，即根据项目的优先级和具体特点，规划设计不同级别的项目组织模式的基本形式、公司与项目部的管理边界等内容，以供 PMC 参照执行。确定项目组织形式活动描述见表 5-6。

表 5-6　集群管控第 4 步：确定项目组织形式

创业步骤名称	确定项目组织形式		
创业步骤序号	4	所属阶段	目标定义阶段
输入条件	项目团队核心成员审批表、项目人力资源配置计划、项目合同		
工作内容	针对一个具体项目，根据项目的目标和性质、项目的重要程度、项目的复杂性、投标策划、专业特点、人员素质和地域范围等因素的不同，进行分析、比较和选择，采用最合适的项目组织结构形式		
工作要点	• 确定项目部组织结构，绘制项目部组织结构图，参考模板 1 是一个典型的工程项目部组织结构图 • 确定项目组织形式，绘制公司和项目经理对项目中层管理者的管控关系图。项目组织可选择矩阵式、职能式和项目式，推荐使用矩阵式 • 明确公司各部门对项目的管控活动		
输出成果	项目组织结构图，公司和项目经理对项目中层管理者的管控关系图，公司各部门对项目的监控、支持活动列表		

步骤 5：配置项目团队

配置项目团队要求针对项目的中高层管理者，确定基于项目要求的人员选拔标准和选拔程序，为项目提供人力资源保障。配置项目团队活动描述见表 5-7。

表 5-7　集群管控第 5 步：配置项目团队

创业步骤名称	配置项目团队		
创业步骤序号	5	所属阶段	目标定义阶段
输入条件	项目团队核心成员选拔标准、公司项目人员动态统计台账、项目人员动态调整程序		
工作内容	按照项目人员配置的标准和程序，根据项目合同和业主要求，为项目配备具有资格的合适人员		

（续）

工作要点	● 根据"项目团队核心成员选拔标准"，确定该项目对团队核心成员的要求 ● 在"公司项目人力资源动态统计台账"中查找符合级别、经验、时间、是否可兼职、是否可转移等要求的团队核心成员。项目团队核心成员包括项目经理、项目总工、商务经理、项目部各部门经理 ● 编制"项目团队核心成员审批表" ● 根据项目合同和业主要求，编制"项目人力资源需求计划" ● 根据项目优先级为项目配备人力资源，并制订"项目人力资源配置计划"
输出成果	项目团队核心成员审批表、项目人力资源需求计划、项目人力资源配置计划

步骤6：资源瓶颈管理

资源瓶颈管理的主要目的是识别公司核心资源，提供识别的基本方法，并根据公司核心资源的特点，提出核心资源有效利用的具体措施。资源瓶颈管理活动描述见表5-8。

表5-8 集群管控第6步：资源瓶颈管理

创业步骤名称	资源瓶颈管理		
创业步骤序号	6	所属阶段	目标定义阶段
输入条件	企业资源现状		
工作内容	识别企业的核心资源，并制定解决核心资源瓶颈的具体措施		
工作要点	● 列出企业可能的核心资源名单 ● 对企业可能的核心资源进行价值优越性、稀缺性、不可模仿性、不可替代性4个方面的评价，判断每项资源是否属于企业的核心资源 ● 分析并确定解决核心资源瓶颈的方法和措施，制定"瓶颈资源管理办法"，减少核心资源对项目的约束		
输出成果	核心资源识别表、解决核心资源瓶颈的方法和措施选择表		

步骤7：制定多项目管控规则

制定多项目管控规则的主要目的是确定对多项目的绩效考核要求。制定多项目管控规则活动描述见表5-9。

表5-9 集群管控第7步：制定多项目管控规则

创业步骤名称	制定多项目管控规则		
创业步骤序号	7	所属阶段	目标定义阶段
输入条件	企业管理制度		
工作内容	确定在项目各个阶段，公司对项目部的绩效考核指标和相应的奖惩措施		
工作要点	● 从企业管理制度中查找项目所属优先级别的项目管控规则 ● 如果找到项目所属优先级别的项目管控规则，则该活动结束；如果没有项目所属优先级别的项目管理手册，则起草该优先级别项目的绩效考核指标体系 ● 绩效考核指标体系审核通过后，根据项目实施情况与考核结果，按照项目奖金计算规则，确定项目奖金总额		
输出成果	项目绩效考核指标体系、项目奖金计算规则		

步骤8：制定单一项目管理手册

制定单一项目管理手册活动的主要目的是：提出单一项目管理手册应具备的基本内容和编制责任，规范项目管理工作，确保项目目标实现，为项目管理工作提供指导，使每个项目在实施过程中有据可依。制定单一项目管理手册活动描述见表5-10。

表5-10　集群管控第9步：制定单一项目管理手册

创业步骤名称	制定单一项目管理手册		
创业步骤序号	8	所属阶段	目标定义阶段
输入条件	国家相关法律法规、标准规范、业主管理规范、项目合同、企业已有管理制度		
工作内容	形成项目实施过程的指导手册和管理依据，优化项目管理过程		
工作要点	• 从企业管理制度中查找项目所属类别的项目管理手册 • 如果找到项目所属类别的项目管理手册，则该活动结束；如果没有项目所属类别的项目管理手册，则起草该类项目管理手册的提纲 • 项目管理手册提纲审核通过后，展开编制项目管理手册 • 送相关部门征求意见并会签 • 按各相关部门的意见调整后，报总经理批准		
输出成果	单一类别项目管理手册		

（三）过程控制阶段

项目集群管控的过程控制阶段，是在对项目集群的整体目标进行定义以及任务规划之后，启动集群项目的管理，并在项目的实施过程中进行控制的阶段，主要包括项目启动管理、项目过程监控、项目绩效考核、项目收尾管理4个步骤。

步骤9：项目启动管理

项目启动管理的目的，是让项目的利益相关方理解项目的重要性，明确相应的责权利，形成一个良好的沟通体系。项目启动管理活动描述见表5-11。

表5-11　集群管控第9步：项目启动管理

创业步骤名称	项目启动管理		
创业步骤序号	9	所属阶段	过程控制阶段
输入条件	项目立项报告书及审批意见、项目组织、项目团队、单一项目管理手册		
工作内容	项目启动准备、召开项目启动会议		
工作要点	• 项目启动准备 　启动会准备工作包括建立项目管理制度、整理启动会资料等。其中，建立项目管理制度是非常关键且容易被忽略的一项工作。需要建立的项目管理制度主要包括： 　·项目考核管理制度 　·项目费用管理制度 　·项目例会管理制度 　·项目通报制度 　·项目计划管理制度：明确各级项目计划，如整体计划、阶段计划、周计划以及检查流程		

（续）

工作要点	·项目文件管理流程：明确各种文件，如汇报模板、例会日志模板、问题列表等名称的管理和标准模板 ● 召开项目启动会议 　启动会议是项目开工的正式宣告，参加人应该包括项目组织机构中的关键角色，如管理层领导、项目经理、供应商代表、客户代表、项目监理、技术人员代表等。项目启动会的任务包括： ·阐述项目背景、价值、目标 ·项目交付物介绍 ·项目组织机构及主要成员职责介绍 ·项目初步计划与风险分析 ·项目管理制度 ·项目将采用的工作方式
输出成果	项目启动会议

步骤 10：项目过程监控

项目过程监控活动主要包括：对多项目的范围、进度、资源、利益相关方、风险进行管控，确保多项目整体目标实现。项目过程监控活动描述见表5-12。

表 5-12　集群管控第 10 步：项目过程监控

创业步骤名称	项目过程监控		
创业步骤序号	10	所属阶段	过程控制阶段
输入条件	1. 项目合同、项目范围说明书 2. 多项目优先级、项目合同 3. 项目优先级、多项目资源计划 4. 多项目外部环境、项目相关利益方分析 5. 项目风险管理计划、项目外部环境		
工作内容	多项目范围管理、进度管理、资源管理、利益相关方管理、风险管理		
工作要点	● 多项目范围管理 ·根据项目合同及项目范围说明书，将各个项目的工作分解备案 ·定期检查与听取各个项目阶段性重要的交付成果的汇报 ·审批项目管理人员提出的重大变更 ·做好重大变更处理记录 ·及时发布重大变更信息 ·归纳统计多项目变更情况 ● 多项目进度管理 ·根据项目优先级、合同要求制定多项目里程碑进度计划 ·审查项目进度计划，主要目的是审查各项目进度计划是否符合多项目里程碑进度计划要求 ·按照多项目里程碑进度计划对各项目实施偏差进行分析 ·指导各项目的进度管理，处理影响项目进度的共性问题		

（续）

工作要点	● 多项目资源管理 　·定期进行多项目的资源（人员、机器、资金、材料、分包）需求分析，了解资源本月（季度）消耗数量和预计下个月（季度）的消耗数量 　·定期进行多项目资源拥有数量的汇总和需求差数分析，建立资源汇总台账 　·根据资源需求差数和项目优先级，进行资源的调配 　资源调配包括如下措施： 　　＊提高资源的利用时间 　　＊提高工作效率 　　＊增加资源的采购数量 ● 多项目利益相关方管理 　·建立多项目利益相关方台账，即汇总项目关键利益相关方的基本信息 　·定期检查项目关键利益相关方的管理活动，即了解关键利益相关方管理所取得的业绩，并根据项目经理提交的关键利益相关方管理的问题记录单，处理关键利益相关方管理中的问题，还要完善利益相关方沟通问题记录单 　·在公司层面建立与项目关键利益相关方的沟通渠道，核实关键利益相关方的满意程度 　·督促和指导项目关键利益相关方的管理活动 　·进行关键利益相关方满意度调查统计 ● 多项目风险管理 　·审核项目风险管理计划 　·监控项目风险动态管理，发现潜在风险时，向项目管理人员下发风险预警，并形成多项目风险监控记录表 　·处理项目重大风险，完善多项目风险监控记录表
输出成果	1. 各项目工作分解备案、项目阶段性重要交付成果检查表、重大变更处理记录 2. 多项目进度里程碑计划表、进度奖惩措施表、项目进度共性问题处理表 3. 多项目资源需求计划表、资源汇总台账、资源调配记录表 4. 关键利益相关方登记表、关键利益相关方沟通问题记录单、关键利益相关方满意度统计表 5. 多项目风险监控记录表

步骤 11：项目绩效考核

实施项目绩效考核的目的是：提高项目实施效率，降低项目实施成本，同时为员工岗位绩效、职位调整、奖惩等提供客观、可靠的依据。项目绩效考核活动描述见表 5-13。

表 5-13　集群管控第 11 步：项目绩效考核

创业步骤名称	项目绩效考核		
创业步骤序号	11	所属阶段	过程控制阶段
输入条件	项目主计划、项目辅计划		
工作内容	启动项目绩效考核，收集项目考核业绩数据，实施项目考评，实施奖励		
工作要点	● 确定项目绩效考核管理机构，包括项目绩效考核小组、项目管理办公室、质量管理部、人力资源管理部等相关部门 ● 明确项目绩效考核管理机构的相关职责		

（续）

工作要点	●项目启动考核，下发项目正式启动考核通知单给项目经理和相关部门 ●项目经理提交项目主计划和项目辅计划，作为考核的基础 ●根据项目绩效考核指标体系，进行项目考核业绩数据积累，即项目经理按时提交项目周报，形成项目绩效数据汇总表 ●项目正式结项时，项目经理完成该项目各项实际费用、成本的财务报销工作后，提交项目总结报告 ●实施项目考评，根据项目奖金计算规则确定项目奖励资格和奖金，提交项目奖金审批表，交由总经理审批 ●项目经理根据项目奖金审批表提交项目奖金分配方案审批表，交由相关部门审批 ●项目结束考核，下发项目结项通知单给相关部门
输出成果	项目绩效数据汇总表、项目奖金审批表

步骤12：项目收尾管理

项目收尾管理的目的是：重视项目收尾工作，在公司层面实现对收尾项目的统一管理，确保各个项目顺利收尾。项目收尾管理活动描述见表5-14。

表5-14　集群管控第12步：项目收尾管理

创业步骤名称	项目收尾管理		
创业步骤序号	12	所属阶段	过程控制阶段
输入条件	项目进度监控记录、项目收尾报告		
工作内容	制定收尾项目管理办法、项目收尾监控、收尾工作总结、收尾项目运作管理部署		
工作要点	●制定收尾项目管理办法，界定项目收尾的条件，明确收尾项目管理机构及负责人的责权利等 ●根据收尾项目管理办法及项目进度监控记录，统计某阶段进入收尾阶段的项目，形成收尾项目统计表 ●监控各个项目收尾的执行情况，主要包括监控收尾项目的合同收尾执行情况和资料整体上报情况，形成项目收尾监控记录表，并在公司层面集中处理收尾问题 ●组织各个收尾项目负责人进行项目收尾工作总结，各个收尾项目负责人负责提交项目收尾报告 ●建立和完善项目收尾工作规范 ●开展收尾项目运作管理部署		
输出成果	收尾项目管理办法、收尾项目统计表、收尾监控记录表		

（四）项目收尾阶段

集群管控的项目收尾阶段是在每个单项目全部收尾之后，对项目集群的目标进行评价验证、经验积累等的过程，主要包括整体评价与奖惩、经验挖掘与制度改进两个步骤。

步骤13：整体评价与奖惩

整体评价与奖惩的目的是：了解公司整体的项目绩效，核实项目奖金分配情况。整体评价与奖惩活动描述见表5-15。

表 5-15　集群管控第 13 步：整体评价与奖惩

创业步骤名称	整体评价与奖惩		
创业步骤序号	13	所属阶段	项目收尾阶段
输入条件	项目绩效考核指标体系、项目奖金计算规则、单一项目绩效数据表、项目奖金审批表		
工作内容	根据项目绩效考核指标体系和项目奖金计算规则，从公司角度评价多项目绩效，核对项目奖金分配数额，汇总项目奖金分配信息		
工作要点	● 查找项目绩效考核指标体系和项目奖金计算规则 ● 归类、整理单一项目绩效信息 ● 评价公司整体项目绩效，形成公司项目绩效考核汇总表 ● 核对项目奖金分配数量 ● 汇总项目奖金分配信息		
输出成果	公司项目绩效评价表、项目奖金汇总表		

步骤 14：经验挖掘与制度改进

经验挖掘与制度改进的目的是：将项目经验总结、提升，促进人力资本转化为组织的资产，实现组织的知识积累和制度改进。经验挖掘与制度改进活动描述见表 5-16。

表 5-16　集群管控第 14 步：经验挖掘与制度改进

创业步骤名称	经验挖掘与制度改进		
创业步骤序号	14	所属阶段	项目收尾阶段
输入条件	项目经理工作总结、单一项目绩效评价表、企业项目管理制度与规范		
工作内容	建立经验挖掘流程，使项目经理的经验有序化、规范化，形成经验积累制度，并通过对经验的筛选、评审与验收，对企业现有组织制度进行改进		
工作要点	● 项目经理提交项目工作总结 ● 梳理项目经验 ● 向项目经理发放项目经验分类表 ● 项目经理提交项目经验表 ● 对项目经验进行筛选 ● 总结多项目的共性经验 ● 分析和研讨多项目的共性经验 ● 评审、验收优秀项目经验，建立项目经验总结台账 ● 收集制度评审意见，确定制度改进方案 ● 根据制度改进方案对项目程序、制度进行修改 ● 审核修改后的制度 ● 发布制度改进通知		
输出成果	项目经验分类表、单项目经验总结台账、制度改进评审意见表		

需要明确的是，项目集群管控的十四步流程并不是唯一的。企业可结合自身的实际情况以及项目本身的特点，进行管控流程的增减。当项目管理水平达到标准程度后，企业的项目活动可以进行运作转化，进而进行运作管理。关于运作管理的详细内容，将在下一章进行阐述。

第六章

企业项目化运作管理领域

当企业中的某项活动按照项目进行管理之后，随着项目管理程度的不断深入，管理越来越得心应手。当企业的外部环境较为稳定、内部管理的成熟度也较高的时候，项目活动将逐渐向运作活动转化，其资源配置方式、管理方式等都将从项目管理开始向运作管理转变。当项目活动完全转变为运作活动之后，企业按照运作管理的方式为活动配置相关资源，管理成本将大幅度下降，而管理效率将有明显提升。因此，运作管理已经成为企业稳定、成熟的重要标志。

本章将从企业项目化管理的视角，阐述企业中运作活动的管理经验与方法。

第一节 企业项目化运作管理综述

企业中的所有活动，按照唯一性与重复性，可分为项目活动与运作活动。对项目活动的管理是近几十年来社会发展的大趋势所决定的，而对运作活动的管理则一直是企业的管理重点。虽然项目管理在未来越来越重要，然而作为管理成本小、管理效率高的运作管理，在企业稳定发展的过程中也扮演着重要的角色。

一、从项目管理到运作管理

将临时性的、变化性的活动的管理称为项目管理，这类管理需要企业整体统一协调进行资源配置，以保证活动的成功完成。企业的项目管理水平决定了企业能否做成事，是企业不断发展进步的重要基础。当企业具备发展能力之后，就需要固化这种能力，确保企业稳定。企业要想长期稳定的发展，需要不断提升对这种临时性、变化性活动的管理水平，将这种活动进行固化，变为企业常规的管理活动，降低管理的成本，提升管理的效率。将项目活动转化为运作活动是企业对活动管理能力进一步提升的标志；从项目管理到运作管理的过程，是企业在持续发展阶段做强的体现。

二、运作管理的概念与特征

（一）运作管理的概念与理解

企业项目化运作管理领域（EP Operation Management Field，EP-OMF），是企业项目化管理操作层级五大领域之一，是企业针对运作活动的管理。对于运作活动的管理，追求的是做对、做精，也就是追求工作效率的提升，其管理方法是标准化管理、流程化管理、精益化管理，其责任主体可以选择原有的组织部门和架构形式。成熟的企业中，其价值链中有很多活动，是以运作的方式来进行管理的。运作管理领域，说明一个企业对某类活动的管理达到了成熟的层级，是企业项目化管理的核心基础，其本质反映了对重复性活动资源优化配置的能力，其核心管理要点是专业化的职能管理和结果导向的目标管理。运作管理领域主要包括运作转化和运作管理两个模块。

要清晰了解企业项目化管理运作管理的内容，需要对 EPM 运作管理的管理对象、管理范围进行剖析。

1. 管理对象

企业项目化运作管理，是对企业中周而复始的、相对成熟的运作活动进行的管理。企业中的运作活动多种多样，根据专业化的分工与活动的成熟性，企业中的运作活动更多地体现为以下几项：日常采购活动、标准生产活动、市场营销互动与财务会计活动等。

2. 管理范围

现代运作管理涵盖的范围越来越大，已从传统的制造业企业扩大到非制造业，其研究内容也已不局限于生产过程的计划、组织与控制，而是扩大到包括运作战略制定、运作系统设计以及运作系统运行等多个层次。把运作战略、新产品开发、产品设计、采购供应、生产制造、产品配送直至售后服务看作一个完整的"价值链"，对其进行集成管理。

就企业项目化运作管理的范围而言，包括两个层面：

1）横向范围：横跨各行各业。无论处于何种行业中，企业中都存在运作活动，类似于上述现代运作管理理论所涵盖的行业范围越来越广泛，企业项目化运作管理的范围也涵盖各行各业。

2）纵向范围：遵循流程，关注结果。就运作活动本身而言，企业项目化运作管理是在遵循运作活动标准化流程的基础上，更加关注活动所产生的结果。

（二）运作管理的特征

企业的运作管理，是对企业中具有明确流程、标准等的活动进行的管理，其特征与项目管理有明显的差别，主要体现在以下六个方面。

1. 目标静态化

企业中的运作活动，是企业经过多次反复进行，形成标准化作业流程的活动，其最主要的目标就是完成计划，实现成果。运作管理的风险性很小，只关注活动管理的结果，而对于过程并不十分关注，其目标基本不需要跟随环境的变化而进行不断调整，具有静态化的特点。

2. 内容明确化

对于企业中运作活动的管理，职能部门的人员根据以往的经验可以完全自主进行，其工作内容非常明确，几乎不需要加以特别说明。

3. 流程规范化

由于运作管理是对企业中重复性的、日常活动的管理，其工作流程在长期的重复过程中不断进行修正与完善，实现了规范化。这种规范化企业建立了一种柔性的业务流程，使得整个企业像一条生产线一样，能够迅速适应用户的需求，使整个企业生产运作过程机动、灵活，能够根据企业市场战略的调整而迅速改变，能够及时应对突发事件，能够以最大效率、最小成本完成企业各项活动。

4. 行为标准化

对企业中运作活动的管理，在引进吸收外部成熟的管理经验以及自身不断的完善实践后，已经形成较为规范的管理标准，对行为的约束较为明确，企业中的人员需要严格遵守。运作管理的行为标准化特征主要体现在以下几个方面：

1）企业中的运作活动，必须有制度化的标准限制，以保证每个管理人员在实施管理的过程中有法可依、有章可循。

2）企业中的运作活动，以制度的形式明确实施管理的具体行为标准，并有完整、全面贯彻执行的检查控制措施。凡是在实施管理过程中所需要选择的行为，包括愿景设计、沟通交流、授权支持、跟踪考核和酬赏兑现，都应做出详细而明确的界定，避免留下可能在管理者和被管理者之间发生矛盾和对立的真空地带。

3）企业运作活动标准的制定，应根据每个企业的实际做出界定，既不能一刀切，也不允许过分强调某个单位、部门的特殊性，而选择一些违背行为科学基本原理的方式、方法。

5. 组织专业化

企业运作管理是以专业化的职能分工为基础进行的部门建立与管理。换言之，运作管理的组织，不同于项目组织围绕项目目标建立的综合各专业人员的项目团队，而是按照专业进行划分，以稳定经营为目标，因此运作管理具有组织专业化的特征。组织的专业化，有利于采用高效专用设备进行大批量生产；便于运用新技术、新工艺，提高工作人员的技术熟练程度和管理水平；能够充分发挥现有企业尤其是中小企业的作用，达到生产效率高、产品质量好、成本低、利润多的效果。

6. 工具信息化

运作管理由于具有管理内容明确、工作流程规范、活动行为标准等特征，更容易引入信息化工具对运作活动加以管理。事实上，目前很多企业已经采用信息化工具进行企业运作活动的管理，如OA办公系统、ERP软件、CRM软件等，都对提升企业运作活动的管理效果起到了促进作用。

三、运作管理的作用与价值

在企业的经营发展过程中，运作管理作为企业较为经济的管理方式，对企业的稳定具有重要的作用与价值，主要体现在以下两个方面。

1. 提升管理效率

在企业经营活动中，活动本身并不是孤立存在的。运作管理除了对活动本身进行管理，还需要对活动的过程进行管理。就运作活动本身而言，其过程被分成不同的阶段，各阶段由各专业化人员进行分工，以阶段目标为任务，各阶段的成果共同形成了运作活动的最终成果。在这一过程中，运作活动的专业化分工，能够加强各专业人员对于提升工作效率、改进工作绩效的专业化研讨，改进现有的工作流程，使活动更高效，进一步提升了管理的效率。

2. 加强组织稳定

不同的企业，运作过程不同，其管理的方法手段均不相同。同行业中的不同企业，由于其资源配置、人力资源、管理等不同，普遍存在差异，这种运作过程上的差异，是造成竞争各方盈利能力差异的重要原因。20世纪80年代，日本企业向西方企业发起挑战，其核心就是运作效益方面的差异。当时日本企业在运作效益上远远领先于竞争对手，他们提供的产品不仅价格更低，而且品质更高，这样就促使组织更加稳定，实现了企业的持续发展。

四、企业运作管理领域的内容框架

运作管理作为企业项目化管理任务中的基础领域，与项目管理领域相辅相成，共同成为企业项目管理活动中的两大方面。企业项目化管理运作管理领域主要包含运作转化与运作管理两大模块内容，具体关系如图6-1所示。

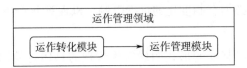

图6-1 企业项目化管理运作管理领域三管理模块关系

运作转化模块是企业中项目活动与运作活动连接的枢纽，将企业中项目管理成熟的活动进行转化，使之成为管理标准化、效率高、成本低的运作活动，随后按照运作活动的特性进行管理，是企业项目活动成熟的一大特征。

第二节 企业项目化运作转化模块

运作转化是企业项目化运作管理中的重要内容，与项目孵化、项目管理、运作管理共同构成企业活动管理的闭环系统。运作转化是指将企业中已经管理成熟的项目成功地转化为企业长期性的成果。运作转化的目标就是标准化。那么什么是运作转化呢？

运作转化（Operation Translation，OP），是指企业将企业中的项目活动，通过管理能力提升将其转化为运作活动进行管理，从而降低管理成本、提升管理绩效的过程。企业通过项目管理的一系列努力，获得了项目活动的成功，并不能作为企业长期追求的成功。作为长期稳定性的组织，企业还需将项目这种一次性的努力转化为企业长期性的收益，也就是把项目活动转化为运作活动，这有赖于活动外部环境的稳定和内部管理水平的提升两个条件。这个过程，我们称之为运作转化。运作转化工作主要包括活动转化、组织转化、人员转化等。对于勘察、设计等典型项目活动，往往很难将其转化为运作活动，这也需要引起注意。

由上述定义可知，运作转化是将项目活动，通过一定的管理方法与工具，转变为运作活动的过程。企业项目化运作转化模块导图如图6-2所示。

图6-2 企业项目化运作转化模块导图

那么运作转化是在何种条件下进行的？又是如何进行运作转化的呢？本节将进行详细阐述。

一、运作转化的条件与基础

运作转化，是一个动态过程，是项目管理水平达到一定成熟度后进行的降低管理成本、提高管理效率、规范管理流程、严格管理标准等活动管理类型的转化。项目活动转变为运作活动之后，其管理的复杂程度也随之降低了。而运作转化作为项目管理与运作管理之间的转化地带，具有阶段性与临时性的特点。那么项目管理水平达到何种程度后，可以进行运作转化呢？我们认为至少应具备两个条件：一是人类社会对该活动的管理已经成熟，也就是任务活动的外部环境相对稳定；二是企业自身已经掌握对该活动的管理，即任务活动的内部管理能力相对成熟。

1. 任务活动外部环境的相对稳定性

企业中的项目活动进行运作转化的条件之一是该项任务活动所处的宏观环境、行业环境、竞争环境以及市场需求都相对稳定。企业中的项目活动，对于自身企业而言，是一次性的、临时性的活动；然而就整个宏观环境而言，对其他企业可能已经成为运作活动，无论是市场还是竞争者都已经认可这种活动所产生的价值，进行转化的外部经验已经具备。

2. 任务活动内部管理的相对成熟性

企业中任务活动的内部管理能力成熟度主要体现在两个方面：项目管理人员的管理水平与项目组织系统平台的完善程度。当企业中的项目活动在以上两个方面都具备项目管理能力最高级别——标准级管控型的能力时，企业中的项目活动就具备了向运作活动转化的条件。

二、运作转化的工作与内容

运作转化是指将项目成果转化为能够重复运作的活动，涉及的主要内容包括：技术转化、组织转化和人员转化。运作转化在单一项目管理中，又可称为项目成果转化，包括项目成果的技术成果的转化，与工作相关的规章制度和新的基准的确立。无论是运作转化，还是项目成果转化、技术转化能力、组织转化能力、人员转化能力，对项目转化的影响程度都较大。也就是说，这三个评估指标可以较好地反映企业运作转化阶段的项目管理能力。

1. 技术转化

技术转化，也称技术成果转化，是指在运作转化中，对所涉及的技术问题进行识别、分析、研究、解决、消化与吸收，最终将技术创新转化为业务创新，即实现技术创新的标准化与规模化应用。技术成果转化活动描述见表6-1。

表6-1　技术成果转化活动描述

活动名称	技术成果转化
输入条件	项目交付成果、项目总结报告
工作内容	技术成果转化，确立项目运作的流程与制度
工作要点	● 技术成果转化的几种主要形式 · 知识和技术的贸易运用 · 知识和技术的服务性运用 · 原单位或个人科技成果的直接商品化 · 在模仿和消化国外技术基础上的二次开发 · 自有科技成果的生产或转让
输出成果	技术创新的标准化与规模化应用

2. 组织转化

组织转化，是指在运作转化中，对原进行项目的组织进行解散与重置的过程。项目一旦转变成运作，原有的项目团队需要进行相应的变换，使之适应运作管理的方式。而重新进行运作组织架构的制定，使运作活动管理更加高效、顺利，就是组织转化。组织转化活动描述见表6-2。

表6-2 组织转化活动描述

活动名称	组织转化
输入条件	项目交付成果、项目总结报告
工作内容	组织转化，确立项目运作的匹配组织
工作要点	● 确定项目转变成运作后所在的部门 ● 制定相应的组织架构与岗位职责 ● 确立项目运作的流程与制度
输出成果	运作组织架构、项目运作的流程与制度

3. 人员转化

人员转化，是指在运作转化中，对原项目团队的成员按照现有运作组织架构进行重新分配的过程。运作管理过程中，原有项目团队已经解散，如何将原有项目团队的成员进行安置，使之重新或进入项目的运作管理之中，或使之回归到原岗位，都是运作转化过程中人员转化的工作内容。人员转化活动描述见表6-3。

表6-3 人员转化活动描述

活动名称	人员转化
输入条件	项目交付成果、项目总结报告、项目运作的组织架构
工作内容	人员转化，确立项目运作的匹配人员
工作要点	● 根据项目运作的组织架构选拔合适人员 ● 制定人员绩效考核标准 ● 定期进行人员考核
输出成果	项目运作的人员绩效、考核标准

三、运作转化的价值与难点

运作转化对于企业发展具有重要的价值与意义，其转化也有一定的方法与步骤可循，然而在运作转化的过程中也会遇到各种各样的难点。掌握运作转化的价值与难点，可以帮助企业更加坚定与顺利地进行运作转化。

（一）运作转化的价值

企业中的项目活动，由于其一次性与临时性的特点，工作的过程与成果很难形成企业长期的财富。将这种活动通过运作转化，使之成为运作活动后，就可以把一次性的努力转化为长期的成效，将做对、做成转化为做精、做细，在提升工作效率的同时，形成标准化、流程化、精细化的管理方法，节省企业的管理成本。事实上，成熟的企业其价值链中有很多活动都可以采用运作的方式进行管理，实现对产品和服务质量和数量的保障。

（二）运作转化的难点

企业进行运作转化过程中，可能会遇到以下难点。

1. 价值认知不足

很多企业在进行项目管理的过程中投入了大量的人力、财力、物力等资源，当项目取得成功后，无论是企业还是个人，都因为项目的成功而获得了一定的成长与发展。正是由于这种项目所带来的收益，使企业认为继续按照项目进行此项任务与活动的管理会继续带来巨大的收益。然而，项目活动这种管理方式，是在打破原有的职能分工方式之后进行的，对项目人员的考核也不同于职能人员，投入的资源较之运作活动更多，在项目上获得收益的人员希望一直保持项目的管理方式，获得永续的收益，而不愿回归到职能部门或进行风险性更高的新项目。运作转化的过程对企业的稳定与集约而言是非常重要的，这种个人价值认知与组织价值认知之间的差距，成为阻碍运作转化的主要难点之一。

2. 工作安排不足

很多企业认识到了将成熟的项目活动进行运作转化的重要性，也做了一些准备工作，辅助项目活动向运作转化。然而，由于缺乏经验或遇到阻力等，导致工作安排与准备不足，这成为阻碍运作转化的另一重大难点。

3. 绩效体现不足

运作转化的过程，对企业中的活动而言，就是简单的从项目到运作的过程，然而对于从项目到运作所产生的组织结构变化、岗位人员调整等而言却相当复杂，并且项目越大，难度越高。这是由于在运作转化的过程中，原有的项目管理方式也要随之转变，实现从人员整合再到分工的过程。管理方式的转变，使得项目岗位上的人员或需要回到原有的职能部门，或担任新的岗位，或离开企业，导致项目管理人员会在心理以及行动上排斥运作转化的过程。考虑到这种因素的影响，企业应给予在运作转化过程中做出贡献的人员有激励性的绩效奖励，以促进这种行为的产生。然而在现实操作过程中，很多企业却忽视了这种绩效激励的作用，这成为阻碍运作转化的又一大难点。

第三节　企业项目化运作管理模块

运作管理模块是运作转化阶段完成之后，对所转化的运作活动进行管理的过程。在企业项目化管理的过程中，企业的运作管理不是单独出现的，而是与项目管理相辅相成。运作管理的定义如下：

运作管理（Operation Management，OM），是指企业对运作活动的管理。企业的运作活动，是指活动环境稳定、工作内容清晰，企业曾经发生过，且本次活动与此前活动相比是重复的、没有影响性变化的活动。如企业流水线的生产、物料入库、财务报销、例行安全检查等活动。对活动进行运作管理说明，一方面，企业对该活动的管理已经成熟；另一方面，企业自身已经掌握对该活动的管理。运作管理具有"目标静态化、内容明确化、流程规范化、行为标准化、组织专业化、工具信息化"等特点。

简言之，企业项目化运作管理就是对运作过程的计划、组织、实施和控制，是与产品生产和服务创造密切相关的各项管理工作的总称。从另一个角度来讲，运作管理也可以指对公司主要产品和服务系统进行设计、运行、评价和改进。运作管理过程如图6-3所示。

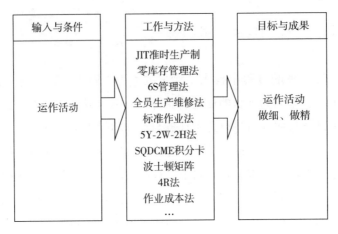

图6-3　企业运作管理过程

以下将对运作管理模块进行详细阐述。

一、运作活动标志与认定

企业中什么样的活动是运作活动？根据对企业运作活动的定义，运作活动的标志是企业中重复发生的，没有明显变化的，具有目标静态化、内容明确化、流程规范化、行为标准化、组织专业化、信息工具化等特点的活动。就以上特点而言，对企业中的活动进行一一甄别来区分运作活动与项目活动无疑较为繁杂。就一般情况而言，企业中的活动无特殊约定，即为运作活动。随着企业的逐步发展，为了进一步规范企业的活动管理，以合理的方法进行管理，企业中的活动类型以及管理方式将由企业项目化管理中心（PMC）予以认定。

二、运作管理目标与手段

对运作活动进行认定后，需要按照运作活动的目标与运作管理的手段对活动进行管理。

（一）运作管理的目标

企业运作管理要控制的主要目标是质量、成本、时间和柔性（灵活性、弹性、敏捷性），它们是企业竞争力的根本源泉。对于企业运作活动的管理，追求的是做细、做精，也就是追求工作效率的提升，因此，运作管理在企业经营中具有重要的作用。特别是近二三十年来，现代企业的生产经营规模不断扩大，产品本身的技术和知识密集程度不断提高，产品的生产和服务过程日趋复杂，市场需求日益多样化、多变化，世界范围内的竞争日益激烈，这些因素使运作管理本身也在不断发生变化。尤其是近十几年来，信息技术突飞猛进的发展为运作增添了新的有力手段，也使运作管理的研究进入了一个新阶段，使其内容更加丰富、范围更加扩大、体系更加完整。

（二）运作管理的手段

运作管理的手段，随不同的运作活动有所不同，但离不开其管理的手段原则，即专业分工的职能管理、追求效率的目标管理。运作管理的主要方法是标准化管理、流程化管理、精益化管理，其责任主体可以选择原有的组织部门和架构形式。

三、运作作业计划与管理

运作管理的前提是根据运作活动制订相应的运作作业计划，按照运作作业计划的要求，遵循一定的方法，对运作活动进行管理。

企业中的运作活动，在具体进行之前，需要制订一定的作业计划，以保证运作活动的最终结果是准确、高效、及时、集约的预期结果。运作作业计划应根据以往工作的相关经验对完成工作的时间、质量、成本等在每个具体时期内的生产任务做出详细规定，主要包括运作作业准备的检查、运作活动检验标准的制定、运作成本的细致核算与平衡。

四、企业基本运作管理内容与特征

企业的类型不同，其运作管理的内容也不尽相同。企业的运作活动主要包括采购供应管理、精益生产管理、市场营销管理、财务会计管理。

（一）采购供应管理

企业项目化采购供应管理，是指在企业项目化战略整体目标的基础上，相应职能部门为了达成生产或销售计划，在确保质量的前提下，在适当的时间，以适当的价格，购入适当数量的商品，经济、及时地供应生产经营所需要的各种物品，对采购、储存、供料等一系列供应过程进行计划、组织、协调和控制，以保证企业经营目标实现的一系列管理活动。

采购供应管理是企业正常生产运作的基础支撑程序，处于企业正常运转的前端，主要工作内容有采购需求分析、采购实施、供应商管理与采购绩效评估。

企业采购供应管理最理想的状态是零库存、零积压，却又能保证企业正常的运转。这既是理想的状态，也是很多企业追逐的目标。保证零库存，最常采用的方法就是即时制（Just In Time，JIT）与零库存管理。

1. JIT

JIT 的目标是减少直至完全消除库存，实现中间产品积压最小化，降低成本，具体表现为企业流动资金的持续下降。

JIT 是一种生产方式，但其核心是消减库存，直至实现零库存，同时又能使生产顺利进行。这种观念本身就是物流功能的一种反应，而 JIT 应用于物流领域，是指要将正确的商品以正确的数量在正确的时间送到正确地点，这里的"正确"就是"Just"的意思，既不多也不少，既不早也不晚，刚好按需要送货。这当然是一种理想化的状况，在多品种、小批量、多批次、短周期的消费需求的压力下，生产者、供应商及物流配送中心、零售商者要调整自己的生产、供应、流通流程，按下游的需求时间、数量、结构及其他要求组织好均衡生产、供应和流通，在这些作业内部采用看板管理中的一系列手段缩减库存，合理规划物流作业。

在此过程中，无论是生产者、供应商还是物流配送中心或零售商，均应对各自的下游消费需求做精确预测，否则就用不好 JIT，因为 JIT 的作业基础是假定下游需求是固定的，即使实际上是变化的，但通过准确的统计预测，也能把握下游需求的变化。

2. 零库存管理

零库存是一种特殊的库存概念，零库存并不是等于不要储备和没有储备。所谓的零库存，是指物料（包括原材料、半成品和产成品等）在采购、生产、销售、配送等一个或几个经营环节中，不以仓库存储的形式存在，而均处于周转的状态。所以，零库存管理的内涵是以仓库储存形式的某些种物品数量为"零"，即不保存经常性库存，它是在物资有充分社会储备保证的前提下，所采取的一种特殊供给方式。

运用零库存管理的方法对企业的采购供应进行管理，可以减少社会劳动占用量（主要表现为减少资金占用量）、提高物流运动的经济效益。虽然零库存已在很多国家和地区被普遍推广，但它充满了诱惑也充满了风险。零库存能否真正实现取决于各方面的具体条件和情况，包括供应商、技术、产品、客户和企业自身决策层的支持，因此零库存在我国的实现还需多方努力。

（二）精益生产管理

企业项目化精益生产管理，是基于企业项目化战略，以客户需求为拉动，以消灭浪费和不断改善为核心，使企业以最少的投入获取成本和运作效益显著改善的一种全新的生产管理模式。它的特点是强调客户对时间和价值的要求，以科学合理的制造体系组织为客户带来增值的生产活动，缩短生产周期，从而显著提高企业适应万变市场的能力。

企业项目化精益生产管理主要涉及分析企业活动类型、分析价值流向、推行精益管理三个部分的工作，通常采用的方法有以下几种。

1. 6S 法

6S 法作为精益生产管理的一种方法，来源于日本企业的生产经验总结，是 5S 管理方法的升级。6S 即整理（Seiri）、整顿（Seiton）、清扫（Seiso）、清洁（Seiketsu）、素养（Shitsuke）、安全（Security）。

整理（Seiri）——将工作场所的任何物品区分为有必要的和没有必要的，除了有必要的留下来，其他的都消除掉。目的：腾出空间，空间活用，防止误用，塑造清爽的工作场所。

整顿（Seiton）——把留下来的有必要的物品依规定位置摆放，并放置整齐加以标识。目的：工作场所一目了然，缩短寻找物品的时间，创造整整齐齐的工作环境，消除过多的积压物品。

清扫（Seiso）——将工作场所内看得见与看不见的地方清扫干净，保持工作场所干净、亮丽的环境。目的：稳定品质，减少工业伤害。

清洁（Seiketu）——将整理、整顿、清扫进行到底并制度化，经常保持环境处在美观的状态。目的：创造明朗现场，维持上述 3S 成果。

素养（Shitsuke）——每位成员养成良好的习惯，并遵守规则做事，培养积极主动的精神（也称习惯性）。目的：培养有好习惯、遵守规则的员工，营造团队精神。

安全（Security）——重视成员安全教育，每时每刻都有安全第一观念，防患于未然。目的：建立安全生产的环境，所有的工作应建立在安全的前提下。

2. 全员生产维修法（Total Productive Maintenance，TPM）

精益生产管理方法中的维修法经历了事后维修、预防维修、生产维修三个阶段，每种维修法均在当时阶段起到了一定的节约成本的作用。随着工业企业的发展，每种方式又出现了一定的问题，因此基于前三阶段的新的维修方法出现了，即全员生产维修法。全员生产维修法的基本思路在于通过改善人和设备的素质来改善企业的素质，从而最大限度地提高设备的综合效率，实现企业的最佳经济效益。

3. 标准作业法

标准作业法，是在对作业系统进行调查分析的基础上，将现行作业方法的每一套操作程序和每一个动作进行分解，以科学技术、规章制度和实践经验为依据，以安全、质量效益为目标，对作业过程进行改善，从而形成一种优化作业程序，逐步达到安全、准确、高效、省力的作业效果。

标准作业法主要包括三个方面的内容：标准周期时间、标准作业程序以及标准手头存货量。

1）标准周期时间。标准周期时间是指完成一个工序所需的必要的全部时间。提前或延迟完成工作都会对企业资源造成浪费，因此任何工作都需要制定标准的作业时间，在标准时间之内将工作保质、保量地完成。

2）标准作业程序。标准作业程序，又称 SOP（Standard Operation Procedure），是将某一事件的标准操作步骤和要求以统一的格式描述出来，用来指导和规范日常工作。合理的作业顺序是作业者没有返回步行且空步行走最短的循环作业。

3）标准手头存货量。标准手头存货量是指维持正常工作进行的必要的库存量，其中包括即将消化的库存。所有事情的发生不会绝对按人们的计划来发生，而是充满了可变性和不可预见性。为了预防这种情况的发生而给工作造成的不便与紧张，我们必须备有适当的、可以随时调用的资源。这一步，是保证前两步实现的基础，是保证所有工作进行的前提，因此无论什么时候都必须有标准手头存货量。

4. 5Y-2W-2H 法

5Y-2W-2H 法，又称为 5Y 法，是一种寻找最根本原因的方法。5Y（Why）就是连续问 5 个为什么；2W（When，Where）指问题"什么时候"在"什么地点"发生；2H（How，How much）指对策和所需资源。虽然这种方法被称为 5Y 法，实际上所问的为什么可以少于或多于 5 个，其原则是直至找到可能的根本原因。

5. SQDCME 积分卡（精益指标管理作业指导书）

SQDCME 为精益生产的管理标准，即 Safety（安全）、Quality（质量）、Delivery（交货时间）、Cost（成本）、Morale（员工士气）、Environment（环境）。SQDCME 积分卡即以此 6 个指标为要素进行列表，从而对每个指标进行监控的方法。

（三）市场营销管理

企业项目化市场营销管理，是指以企业项目化管理战略为指导，在对市场需求及营销环境进行周密分析的基础上，计划、组织、领导、控制营销方案，以便在共赢的基础上与目标市场建立和维持交换，以满足市场需求和实现组织与个人目标的一系列活动的总称。它是关于产品（产品体、服务和创意）的观念、定价、促销、分销，以创造能符合个人和组织目标的交换的整个过程。

市场营销管理是一个过程，包括分析、规划、执行和控制，其管理的对象包含理念、产品和服务。市场营销管理的基础是交换，目的是满足各方需要。

市场营销管理常用的工具为波士顿矩阵、4R 理论。

1. 波士顿矩阵

波士顿矩阵是用来分析企业业务组合，以便制定企业的业务组合战略以及寻找新业务机会。波士顿矩阵认为，一般决定产品结构的基本因素有两个：市场引力与企业实力。市场引力包括企业销售量（额）增长率、目标市场容量、竞争对手强弱及利润高低等，其中最主要的是反映市场引力的综合指标——销售增长率，这是决定企业产品结构是否合理的外在因素。

2. 4R 理论

4R 理论的形成经历了从 4P 到 4C 再到 4R 的过程，主要是用来进行营销市场的细分与目标市场的选定。4P 即产品（Product）、价格（Price）、渠道（Place）、促销（Promotion），4P 理论的出发点为企业，但是随着市场竞争趋于激烈化，以企业为主导的理论受到了越来越多的挑战，因此，以顾客需求为指导的 4C 理论就应运而生了。4C 指顾客（Customer）、成本（Cost）、便利（Convenience）与沟通（Communication）。然而，以顾客需求为指引的营销理论使得很多企业出现了盲目的开发以满足日益增长的顾客需求进而导致自身资金或人员难以负荷的情况，因此融合企业与顾客利益的 4R 理论就出现了。4R 即指关联（Relevance）、反应（Reaction）、关系（Relationship）与报酬（Reward）。以 4R 理论为指导，从而对企业的营销活动进行管理，将会达到双赢的目的。

（四）财务会计管理

企业项目化财务会计管理，即在企业项目化管理战略的基础上，通过对企业已经完成的资金运动全面系统的核算与监督，以为外部与企业有经济利害关系的投资人、债权人和政府有关部门提供企业的财务状况与盈利能力等经济信息为主要目标而进行的经济管理活动。财务会计是现代企业的一项重要的基础性工作，通过一系列会计程序，提供决策有用的信息，并积极参与经营管理决策，提高企业经济效益，服务于市场经济的健康有序发展。

企业项目化财务会计管理工作，旨在为企业降低资金风险，主要包括资金管控、风险评估、会计核算与资料管理四项工作，通常采用的方法为作业成本法。

作业成本法又称 ABC（Activity-Based Costing）法，是一种以作业为基础，通过对所有作业活动进行动态追踪，根据各项作业费用的消耗情况将成本进行合理分配的一种成本计算方法，是对传统成本计算方法的创新。

作业成本法的理论基础是认为生产过程应该被描述为：生产导致作业发生，产品耗用作业，作业耗用资源，从而导致成本发生。这与传统的制造成本法中产品耗用成本的理念是不同的。这样，作业成本法就以作业成本的核算追踪了产品形成和成本积累的过程，对成本形成的"前因后果"进行追本溯源：从"前因"上讲，由于成本由作业引起，对成本的分析应该是对价值链的分析，而价值链贯穿于企业经营的所有环节，所以成本分析首先从市场需求和产品设计环节开始；从"后果"上讲，要搞清作业的完成实际耗费了多少资源，这些资源是如何实现价值转移的，最终向客户（市场）转移了多少价值、收取了多少价值，成本分析才算结束。作业是成本计算的核心和基本对象，产品成本或服务成本是全部作业的成本总和，是实际耗用企业资源成本的终结。

第七章

企业项目化组织人员管理领域

企业组织管理，是对企业部门和人员结构划分的核心描述，是对企业权力和资源配置的基本反映。企业项目化组织管理，作为企业项目化管理系统的重要组成部分，以企业项目化的战略管理为主导，以运作管理为基础，以项目管理为核心，为企业战略实施和活动成功提供了有力的组织保障。

人，是企业组织中最具能动性的第一资源，是企业项目化各项任务乃至战略实施管理的主体。企业项目化的人员管理，是企业项目化管理系统中最具挑战性的一个领域，就是从企业整体战略和各项任务出发，根据企业组织管理的要求，招聘、任用、培养各种人才，为企业持续、稳定、健康发展提供坚实的人员基础。

第一节　企业项目化组织人员管理综述

一、企业项目化组织人员管理的概念与内涵

（一）企业组织与人员管理的概念与理解

企业组织人员管理，具体地说就是为了有效地配置企业内部的有限资源，为了实现一定的共同目标，而按照一定的规则和程序构成的一种责权结构安排和人事安排，通过对员工的培训开发、薪酬激励，确保以最高的效率和人员绩效实现组织目标。

（二）企业项目化组织人员的内涵

企业项目化组织人员管理，就是以企业项目化战略为引导，以企业项目化活动管理的需要为核心，结合现有企业组织人员条件和需求，进行企业项目化管理组织、部门和岗位的设计，明确各组

织、部门、岗位的职责、权限和相互协作机制，建立企业项目化组织管理制度和文化，开展企业项目化人力资源规划、配置、培养、激励和职业发展规划等方面的管理工作，配备管理工具，提升企业项目化组织能力，为企业项目化战略和活动管理提供坚实的组织保障。

企业项目化组织人员管理的一大特点在于不是固定组织架构或者人力资源规划与配置，而是以企业使命和战略为导向，与支撑企业项目化活动的完成相匹配，不是孤立存在的。

二、企业组织管理的价值与特征

（一）企业组织管理的价值

企业组织管理的价值主要体现在如何有效配置企业内部的有限资源以实现组织目标，体现了企业项目化管理的组织能力建设水平。企业组织能力建设主要表现为企业项目化组织架构设计能力和项目化的组织运作机制建设能力。企业在组织架构设计时，不仅要考虑专业化的职能部门和临时性的项目部门，还要考虑综合性的项目化部门（企业项目化管理中心、项目管理办公室等）；不仅要培养专业化的职能管理人才，还要培养复合型的项目管理人才、创新性的项目孵化人才以及变革性的项目转化人才。企业在完善运作机制的过程中，在划分部门职责的时候，不仅要强调各部门的工作目标，还要强调各部门之间的接口；在制订薪酬方案时，不仅要重视对职能部门及其人员的激励，还要强调对项目部门及其人员的激励，同时还要结合项目化工作挑战性大、风险性高等特点，制订适宜创新人才和变革人才发展的配套方案。另外，企业还要在组织内部强化危机意识、团队及创新意识等。

案例分析

中国大唐集团新能源股份有限公司（以下简称"大唐新能源公司"）作为典型的新能源发电企业，其业务具有项目数量多、地域分布散、覆盖功能广等特点。在公司规模高速扩张的背景下，提升企业管理能力成为支撑企业发展的关键点。大唐新能源公司认为企业中的项目或带有项目特点的活动，可以按照项目的方式进行管理，按其重要性和紧急性的不同组合，确定处理的先后顺序，寻找项目所要完成的工作在时间和空间上的最优化排序，以便最大限度地提升管理活动的效率和效益，因而大唐新能源公司摒弃了过去传统的职能型管理模式，在公司整体范围内，从公司本部、下属企业到基层项目部进行了广泛而全面的项目化管理实践，极大地提升了企业绩效和人员的工作效率，为企业的快速发展提供了有力保障。从2009年到2011年，公司风电装机容量由2620MW增加到5259MW，增幅达100.73%；公司利润由366.9百万元增加到970.3百万元，增幅达164.46%。

大唐新能源公司积极引入项目化管理理念，对公司员工进行了系统的项目化管理培训，在公司上下形成了项目化管理的共识，同时与研究机构、高等院校合作，对企业的各项业务以及管理活动按照项目化进行管理，在公司范围内分地域、分层次地在各分公司逐步推进项目化管理体系的应用，经过几年的大胆实践和持续改进，成功地进行了项目化管理创新，建立了一套项目化管理运作体系。其项目化管理的主要内容包括两点：第一，聚焦项目。认准目标找准问题，把目标、问题转化为项目，对项目进行界定，围绕界定的项目进行项目谋划和评价。第二，强化管理。大力整合公司内外的各种资源，按照项目实施的专业化流程、方法和机制进行科学管理，采用了包括目标型管理理念、战斗型管理机制、闭环型管控方式、团队型管理文化的"四型管理"。大唐新能源公司项目化管理体系如图7-1所示。

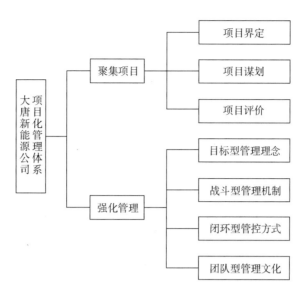

图7-1　大唐新能源公司项目化管理体系

聚焦项目是大唐新能源公司实践项目化管理的第一步。聚焦项目，就要认准公司发展目标，找准公司发展中存在的问题，把目标和问题转化为项目，从而开展项目谋划和项目评价，把每一个项目都打造成精品工程、效益工程。聚焦项目具体分为项目界定、谋划和评价三个阶段。大唐新能源公司聚焦的项目，以符合国家产业规划和公司发展战略为标准，以实现打造国际一流新能源企业为目的，不仅把具有目标、期限、预算和资源约束并且是一次性的带有项目特点的工作任务转化成各种项目进行管理，而且对于常规性的管理工作也积极进行探索，按照项目化管理方式进行运作。大唐新能源公司要实现做强做优，建设国际一流新能源企业的关键是提升可持续发展能力、盈利能力、管控能力和创新能力，因而大唐新能源公司把聚焦的项目按照发展类、盈利类、管理类和科技类四类项目进行界定。

在确定谋划的项目之前，还需要对项目进行评价。大唐新能源公司在对谋划的项目进行评价时，采用了星级评价方法。公司充分借鉴了安全生产星级考评的管理模式，把谋划的所有硬项目、软项目从需求分析、方案设计、项目实施到项目验收进行全生命周期管理。大唐新能源公司进行项目评价的具体流程为：首先，制定项目评价管理办法，量化评价标准，综合考虑所谋划项目的利润贡献度、集成整合度、科技创新水平、自主知识产权以及所产生的社会效益等因素，对项目进行排序；其次，按项目排序择优推进，明确分管领导，并在资金安排、人才配置、薪酬分配等政策上予以倾斜；再次，定期进行动态评价，在项目推进的全过程坚持持续评价、实时监测、过程控制、定期总结分析，及时调整运作策略，形成有规划、有布置、有落实、有检查、有反馈、有改进的闭环管理，切实保障谋划项目效果。

"工欲善其事，必先利其器。"聚焦项目是基础，强化管理是关键，没有强有力的管理，项目将无法为企业创造良好的效益。在聚焦项目后，就需要强化项目的运作管理。在大唐新能源公司的项目化管理实践中，强化项目管理的核心思想为"四型管理"，即目标型管理理念、战斗型管理机制、闭环型管控方式、团队型管理文化，这是大唐新能源公司取得成功的关键。

通过项目化管理，大唐新能源公司打造了一大批精品项目，产生了良好的经济效益，取得了巨大的企业成就，整体实力得到了超常规、跨越式的提升，又快又好地实现了集团公司提出的"出精品、出人才、出效益"的三大目标。

（二）企业组织管理的特征

企业组织管理对企业的稳定发展具有非常重要的作用与价值，如何进行有效的组织管理也是众多企业界与学术界研究者们研究的重点。对组织管理的特征进行描述，有助于企业更有效地进行组织资源配置。企业组织管理具有如下特征。

1. 组织价值保障性

企业组织管理是对组织中的人力等资源进行配置的过程，是对组织价值的一种间接保障。

2. 组织形式扁平化

现有的组织结构中，扁平化的组织结构在应对激烈的市场竞争时，能够充分发挥其应对变化的作用，因此组织管理的另一特征是使组织更加扁平化，以应对多变的市场环境与客户需求。

3. 组织形态一体化

组织是一个静态与动态相结合的整体，组织管理可以将组织的静态稳定性和动态调整性进行完美结合。

4. 组织表现柔性化

组织管理的另一特征是展现组织的柔性，在应对复杂的市场环境的同时，为组织的长远发展与提升奠定组织基础。

（三）企业人员管理的价值

人员管理重要性的突显是市场竞争加剧的结果。随着社会经济的快速发展，人员管理在企业管理中的作用日益重要。一个企业能否健康发展，在很大程度上取决于员工素质的高低，取决于人员管理在企业管理中的受重视程度。推进企业项目化管理的进程亦是如此，企业项目化人员管理在其中发挥着不可忽视的作用与价值。

1. 企业项目化人员管理能够提升管理人员能力

企业项目化人员管理将人作为一种重要资源加以开发、利用和管理，重点是开发人的潜能、激发人的活力，使员工能积极主动、创造性地开展工作。对于企业管理人员来说，管理人员应在工作中充分发挥承上启下、上通下达的纽带作用，帮助企业处理和协调各种关系。一是合理地处理好人与事的关系，确保人事匹配；二是恰当地解决员工之间的关系，使其和睦相处；三是充分调动员工的积极性、创造性，使员工为企业努力工作；四是对员工进行充分的培训，以提高员工的综合素质，保证企业的最好效益。这些都对企业管理人员提出了新的要求，同时也提升了管理人员的能力。

2. 企业项目化人员管理能够提高员工工作效率

根据企业目标和员工个人状况，企业运用 EP 人员管理创造理想的组织气氛，为员工做好职业生涯设计，通过不断培训，进行横向纵向岗位或职位调整，量才使用，人尽其才，发挥个人特长，体现个人价值，促使员工将企业的成功当成自己的目标，鼓励其创造性，营造和谐向上的工作氛围，培养员工积极向上的作风，转变员工的思想，改进员工队伍的素质，使员工变被动为主动，自觉维护并完善企业的产品和服务，从而提高员工个人和企业整体的业绩。在具体运转中实行员工岗位轮换制，通过轮换发现员工最适应的工作种类，确保企业组织结构和工作分工的合理性及灵活性，从而全面提高企业工作效率。

3. 企业项目化人员管理能够适应企业发展需要

人是企业生存和发展的最根本要素。这是因为企业管理目标是由企业管理者制定、实施和控制的，但在工作过程中，管理者是通过员工的努力来实现工作目标的，这就要求员工必须具备良好的能力素质，掌握市场规律，圆满贯彻管理者意图。只有恰当地选用员工，才能圆满地实现企业预定的目标。企业项目化人员管理能够创造灵活的组织体系，为员工充分发挥潜力提供必要的支持，让员工各尽其能，共同为企业服务，从而确保企业反应的灵敏性和强有力的适应性，协助企业实现竞争环境下的具体目标。

4. 企业项目化人员管理是提高企业竞争力的核心要素

人是企业拥有的重要资源，也是企业的核心竞争力所在。随着企业对人员的利用和开发，企业决策越来越多地受到人员管理的约束。企业项目化人员管理是企业发展战略的有力支撑，成为企业谋求发展壮大的核心因素，也是企业在市场竞争中立于不败的至关重要的因素。

三、企业组织与人员管理特点分析

企业组织惰性，是对企业构建的组织模式的一种静态的描述，指的是企业在适应环境的基础上构建的组织模式，在一段时间内会为企业发展提供动力，但企业可能会完全依赖该模式，不能察觉到其所处的环境中已经发生的、尚未变得明显和普遍的变化，从而使企业失去适应这种变化的能力。外部环境具有动态性，在环境发生变化的情况下，受各种因素的影响，企业家不能感知环境的变化或不能随着环境的变化及时调整或改变现有组织模式，即具有企业组织惰性，将会给企业带来严重的管理危机。随着组织建设环境的变化，企业组织发展已经呈现出新的趋势，秉承"以静制动，动静结合"的原则，企业组织的发展不再是一成不变，而是动静结合，其特点表现为重心两极化、外形扁平化、运作柔性化和结构动态化，将动静有效地结合在一起。而现代管理学的发展源于西方一二百年工业经济的发展，关注职能管理。随着信息化时代的到来，职能管理人才仍然需要，但这远远不够。

企业项目化组织人员管理正是由于企业在新环境、新要求下的发展需求而产生的。

鉴于当今企业市场需求多变、技术更新加快等特点，企业项目化组织人员管理呈现出常态化的发展趋势，且已经成为企业的一种组织人力资本。这就要求企业重视企业项目化组织的建设完善和相对准确的人员规划，制订企业人员的供需计划，并予以有效配置和开发。然而，企业项目化人员规划是一项非常复杂的工作，需要对企业项目化人员管理的特点进行重点分析，以便更好地进行人员管理。EPM 人员管理的特点主要表现在以下几个方面。

1. 获取难度大

企业项目化管理是一种适应时代发展的管理模式，需要不同于标准化管理的管理方式，对人员能力的需求也不一样。

2. 胜任要求高

一方面，企业内项目比例增加；另一方面，由于项目的独特性和一次性，没有充足的经验可借鉴，因此对项目化管理人员的胜任力要求高。

3. 培养难度大

企业项目化人员需要储备大量综合知识，提升综合素质，同时还要具有一定的工作经验，因此培养难度较大。

4. 动态变化大

项目化管理人员的工作不固定，一切以团队的成功为导向。一个项目完成，相关人员的使命就终结，需投身新的工作或项目。这种动态性给人员的规划工作增加了难度。

四、企业组织人员管理的内容与结构

EP组织人员管理领域作为企业项目化战略管理领域的保障，在企业项目化操作层级中通过建立组织结构，规定职务或职位，明确责权关系，制定制度与标准，实现人员的选、用、育、留等，以有效实现组织目标。企业项目化组织人员管理领域包含组织架构与职责、人员聘用与育留、组织薪酬管理、制度与标准四个模块，共同构成了企业项目化组织人员管理的主要内容，具体关系如图7-2所示。

组织架构与职责模块是企业整体组织形式的体现，也是组织薪酬管理、人员聘用与育留和制度与标准建立的依据。各模块之间相互联系，相互影响。清晰的组织架构与职责提供了明确的人力资源需求，人员聘用与育留模块从企业发展角度对人才的来源进行严格把控，对招聘环节进行管理。当人员进入企业后，薪酬管理将成为主要内容与手段。除了人员的招聘与管理，企业中人员的稳定性也是人员管理的重要内容之一。保证人员稳定性的工作内容即为人员的育留。所有的管理过程都需要制度与标准的支撑，同时制度与标准模块也是组织中内部软实力修炼的主要体现。

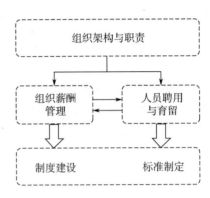

图7-2 企业项目化组织人员管理领域
四个管理模块的关系

第二节 企业项目化组织架构与职责模块

企业项目化组织架构与职责（EP Organizational Structure & Responsibility Description，EP-OSRD），是以企业项目化战略管理为主导，以保障企业运作和项目活动成功实施的组织架构，是针对企业活动需求而构建的组织架构及权责分配的基本描述。企业项目化组织架构是基于新趋势的企业组织形式，有其鲜明的特征。企业项目化的组织架构设计，要充分考虑发展的趋势和要求。为有效支撑企业战略任务的实施，企业项目化组织架构应从项目组织架构和企业组织架构两个层次进行规划和设计。企业项目化职责描述是对企业组织架构中岗位所需要完成的工作内容以及应当承担的责任范围进行详细的定义。企业项目化管理组织职责，是职务与责任的统一，由授权范围和相应的责任两部分组成，有助于任职者清楚自己的主要产出领域及结果；也有助于管理者明确所需人员素质要求。企业项目化管理组织职责描述是保证企业组织架构稳定的重要途径。企业组织架构设计导图如图7-3所示。

图7-3 企业组织架构设计导图

企业项目化管理的组织架构设计，既包括重点设计项目组织的架构，也包括系统规划好企业整体组织架构设计。随着组织建设环境的变化，企业组织发展已经呈现新的趋势，其特点表现为重心两极化、外形扁平化、运作柔性化和结构动态化，具体见表7-1。

表7-1　企业组织发展新趋势

特征项	特征	描述
重心	两极化	一改以往金字塔式层级组织及机制，以基层团队管理工作为重心，弱化了中间层级
外形	扁平化	横向型的组织结构，弱化了纵向的层级，打破了刻板的部门边界，注重横向的合作与协调。管理者更多地是授权给较低层级的员工，重视员工的自我管理
整体	柔性化	打破企业内部和外部边界：打破企业内部边界，主要是在企业内部形成多功能团队，代替传统上割裂开来的职能部门；打破企业外部边界，则是与外部的供应商、客户包括竞争对手进行战略合作，建立合作联盟
结构	动态化	组织结构是围绕工作而不是围绕部门职能建立起来的，传统的部门界限被打破，使得组织结构动态化

企业组织职责描述是依据现行组织架构、企业人员情况、企业基本情况，通过问卷法、访谈法、工作实践法、观察法、工作日志分析法、材料分析法及专家讨论法，最终得出部门描述表及岗位说明书等目标成果。具体的组织职责运行过程如图7-4所示。

一、项目组织架构设计

（一）项目组织架构类型与理解

1. 职能型组织架构

职能型组织架构是一种层次型的组织架构，按专业化的原则设置一系列职能部门。职能型组织在实施项目时，项目的组织是按照职能部门组成的，将项目按职能分为不同的子项目。如当进行新产品开发项目时，项目前期论证工作作为"论证项目"由计划部门负责，产品设计工作作为"设计项目"由设计或技术部门完成，生产产品工作作为"生产项目"由生产部门完成，销售产品工作作为"销售项目"由销售部门完成。职能型组织架构如图7-5所示。

2. 矩阵型组织架构

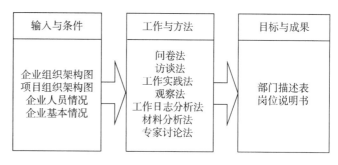

图7-4　组织职责运行过程

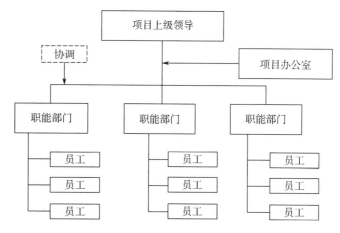

图7-5　职能型组织架构

在矩阵型组织中，项目组织与职能部门同时存在，既可以发挥职能部门的纵向优势，又可以发挥项目组织的横向优势。专业职能部门是永久性的，而项目组织是临时性的。职能部门负责人对参与项目组织的人员，有组织调配和业务指导的责任。项目经理将参与项目组织的职能人员，在横向上有效地组织在一起。项目经理对项目结果负责，而职能经理则负责为项目的成功提供所需资源。矩阵型组织可分为强矩阵型组织、弱矩阵型组织和平衡矩阵型组织三种，视项目经理与职能经理的权责大小而定。矩阵型组织架构如图7-6所示。

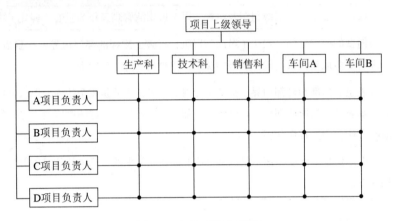

图7-6　矩阵型组织架构

3. 项目型组织架构

在项目型组织中，企业所有人都是按项目划分，几乎不存在职能部门。在项目型组织里，每个项目就如同一个微型公司那样运作，完成每个项目目标所需的所有资源完全分配给这个项目、专门为这个项目服务，专职的项目经理对项目组拥有完全的项目权力和行政权力。项目型组织架构如图7-7所示。

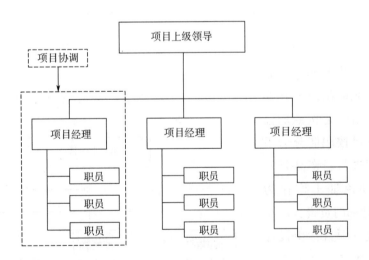

图7-7　项目型组织架构

4. 混合型组织架构

过于复杂的项目，其组织架构往往是以上两种或三种项目组织架构的组合，称之为混合型组织架构。

某公司某项目的组织内部结构如图7-8所示。

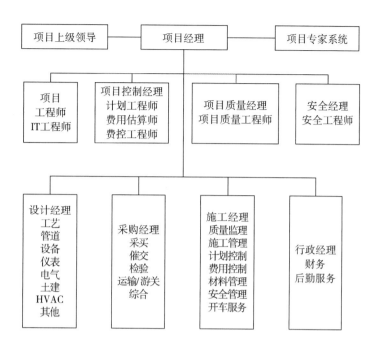

图7-8　某公司某项目的组织内部结构

（二）项目组织架构类型特点与优劣势分析

对于企业实施项目化，各种组织架构的优缺点及适用范围见表7-2。

表7-2　各种组织架构的优缺点及适用范围

组织架构	优点	缺点	适用范围
职能型	（1）人事关系容易协调 （2）从接受任务到组织运转，启动时间短 （3）职能专一，关系简单	对于周期长、涉及人员多的大型项目，各部门协调困难	适用于项目规模小、专业面窄、以技术为重点的企业
矩阵型	（1）将职能与任务很好地结合在一起，既可满足对专业技术的要求，又可满足对每一项目任务快速反应的要求 （2）充分利用人及物力资源 （3）促进学习、交流知识	（1）项目组成员受职能管理者与项目经理双重领导，不易管理 （2）各项目间、项目与职能部门间容易发生矛盾	适用于项目数量多，且项目内容差别较大、技术复杂、要求利用多个职能部门资源的企业
项目型	能迅速、有效地对项目目标和客户的需要做出反应	资源不能共享，成本高，项目组织之间缺乏信息交流	适用于同时进行多个类似的、大型的、重要的、复杂的项目的企业，尤其是项目交付成果是非标准产品的企业，如建筑业、航空航天业企业等
混合型	—	—	项目庞大、复杂的企业

（三）项目组织架构设计与选择

1. 选择单一项目组织架构应考虑的因素

项目组织是项目执行过程的机构载体。组织架构选择，往往需依据组织战略、项目性质、项目阶段、项目复杂程度等进行，也可以依据企业中项目的数量和项目的难度和复杂性两个维度确定，如图7-9所示。

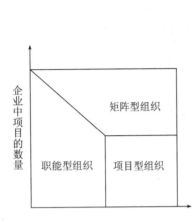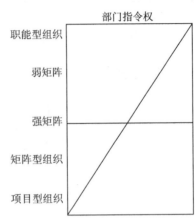

图7-9　项目组织架构选择

实际上，企业在选择组织架构时还应充分考虑其他实际情况。

1）组织规模。组织规模较小时，项目管理组织相对简单；组织规模较大时，项目管理组织相对复杂。企业不同类型的项目，可能需要选择不同的项目组织架构。

2）企业不同发展阶段与项目特点。不同的发展阶段与项目特点，企业需要采用不同的组织架构形式。组织架构形式要契合企业当时的业务战略与项目特点。例如：IBM在1990年以前，以生产分散而且独立的产品为主，组织架构以传统职能型组织架构为主。20世纪90年代，IBM为客户提供整合的产品和服务，采用矩阵型组织架构。现在，IBM致力于全球范围内的资源整合利用，根据需要灵活采用组织架构形式：对于维护服务项目，以职能型组织形式为主；对于非运作与维护服务项目，以矩阵型组织形式为主；对于战略外包类项目，以项目型组织形式为主。

3）平衡项目与母体组织需要的组织架构。无论选择什么样的组织架构，首先应考虑能够平衡项目与母体组织需要，避免引发母体组织与项目团队成员之间的矛盾，阻碍项目成员返回母公司后的融合，要最终使权威性、资源分配及项目成果能与主流运作业务完全融合。

4）大型复杂企业往往不会只采用一种组织形式，很可能是多种组织形式并存，不同的业务模式可以采用不同的组织形式。这种混合型组织架构，使企业在建立项目组织时具有较大的灵活性，但也有一定的风险。同一企业的若干项目若采取不同的组织形式，由于利益分配上的不一致性，容易产生矛盾。

5）组织架构形式本身的优劣势。项目组织架构有多种形式，每种组织架构形式有不同的优劣势，会对组织的运作效率产生较大的影响。

6）职责与权力。在规划和设计组织架构时，要充分考虑如何划分职责和权力、如何有效授权与控制等。

7）工作效率。在规划和设计组织架构时，要界定好工作关系，充分考虑组织整体工作的效率。

8）决策响应速度。规划和设计的项目组织架构，不能有太多的层次和汇报关系，要考虑到组织需要具有一定的决策速度，以适应快速多变的组织外部环境。

9）组织纵向层级关系与横向层级关系。从组织纵向层级关系来看，规划和设计组织架构，要考虑组织的层级数量、人员管理幅度、相互之间的汇报关系、"组织—部门—个人"的组成与隶属关系等；从组织横向层级关系来看，要考虑如何系统地保证跨部门的有效沟通、合作与整合，如何有效地鼓励人员在必要的时候提供横向信息、进行横向沟通等。

2. 选择程序

1）由项目负责人根据项目特征提出架构设计初步方案，上报项目决策层。

2）项目决策层根据项目以及优先等级等因素，在综合平衡企业组织资源的情况下，确定项目组织架构方案，并批复传达。

3）项目负责人根据批复项目组织架构，进一步明确和细化，形成正式的项目组织架构，并备案执行。

选择程序如图7-10所示。

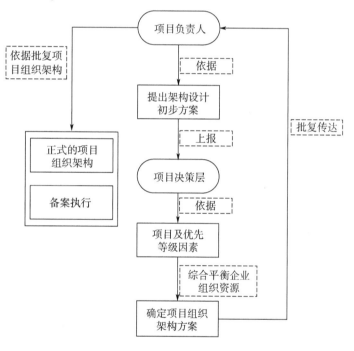

图 7-10　选择程序

二、企业组织架构设计

（一）企业类型与整体组织架构设计

1. 企业类型划分

在企业项目化趋势越来越明显的当下，企业的组织形式也根据企业运作管理活动与项目管理活动的比重，分为基于运作的企业、运作导向型企业、项目运作平衡型企业、项目导向型企业以及基于项目的企业五大类型。

（1）基于运作的企业（EP Operation Based Firm，EP-OBF）　是指企业内的活动类型基本为运作活动，项目活动的数量非常有限。基于运作的企业一般以具有相同或相似分工的职能部门为组织单位，以日常重复性的运作为企业主要活动类型，以劳动工作效率为主要工作目标，企业较为稳定。比较典型的基于运作的企业代表为卷烟厂、印钞厂等。

（2）运作导向型企业（EP Operation Oriented Firm，EP-OOF） 是与项目导向型企业相对应的一个专业术语，不同于项目导向型企业，运作导向型企业是指以日常重复进行的运作活动为主要推动力，按照标准化职能分工的思想，实现企业的稳定发展。运作导向型企业的特点是企业多以大型流水线式生产或制造类的运作活动为主，以生产线的改造与提升等项目活动为辅，印刷厂、汽车厂等制造型企业多为运作导向型企业的典型代表。

（3）项目运作平衡型企业（EP Project Operation Blanace Firm，EP-POBF） 是指企业中项目活动与运作活动同时存在，且较为均衡，企业通过项目活动提升竞争力的同时通过运作活动增强组织的稳定性。项目运作平衡型企业多以矩阵式的组织架构为基础，酒店、旅馆等大多属于典型的项目运作平衡型企业。

（4）项目导向型企业（EP Project Oriented Firm，EP-POF） 是指将项目作为企业活动的主导方向，运作活动数量非常有限，企业通过项目导向不断提升自己的竞争能力和实现生存与发展的组织。项目导向型企业中，项目活动与运作活动同时具备，但以项目活动为主，或者项目活动的数量占据企业管理活动的主要部分。随着项目导向型社会概念的提出与普及，项目导向型企业已经成为企业组织形态发展的大趋势。房地产、飞机制造等都属于比较典型的项目导向型企业。

（5）基于项目的企业（EP Project Based Firm，EP-PBF） 是指因独有而唯一的项目而成立，因该项目的结束而解散的企业。基于项目的企业，是在传统的组织模式的基础上，将组织结构和管理流程朝着利于对企业中独有而唯一项目进行有效管理的方向改进的企业。目前，最具代表性的基于项目的企业为奥组委、电视与电影剧组等。

2. 企业整体组织架构设计

企业组织架构的选择基本结果由职能型组织架构、项目型组织架构及项目职能平衡型组织架构构成。对于运作导向型企业（项目比例10%~40%）和项目导向型企业（项目比例60%~90%），也可以看作项目运作平衡型企业的变体，在项目职能平衡型组织架构的基础上进行增减。基于运作的企业对应职能型组织架构，运作导向型企业对应职能导向型组织架构，项目运作平衡型企业对应项目职能平衡型组织架构，项目导向型企业对应项目导向型组织架构，基于项目的企业对应项目型组织架构。基于项目活动比例，不同类别企业所适用的组织架构类型总结见表7-3。

表7-3 不同类别企业所适用的组织架构类型

企业类型	项目活动比重	企业举例	组织架构类型
基于运作的企业	10%以下	卷烟厂、印钞厂等	职能型组织架构
运作导向型企业	10%~40%	汽车厂、印刷厂等	职能导向型组织架构
项目运作平衡型企业	40%~60%	饭店、旅馆等	项目职能平衡型组织架构
项目导向型企业	60%~90%	房地产、飞机制造等	项目导向型组织架构
基于项目的企业	90%以上	电影与电视剧组、奥组委等	项目型组织架构

由表7-3可知，五种不同类型的企业，分别对应五种不同的组织架构。就职能导向型组织架构与项目导向型组织架构而言，其组织架构的设计方案需要根据运作与项目所占的比重在职能型组织架构、项目职能平衡型组织架构以及项目型组织架构之间进行侧重偏移。换言之，职能型组织架

构、项目职能平衡型组织架构与项目型组织架构可以解决五种类型的企业组织设计难题，但需要根据企业中项目与运作数量的比例进行不同程度的调整。因此，本书将对职能型组织架构、项目型组织架构和项目职能平衡型组织架构进行详细阐述。

（1）职能型组织架构　职能型组织架构是一种横向的部门化组织架构表现形式，按专业化的原则设置一系列职能部门的组合，如图7-11所示。

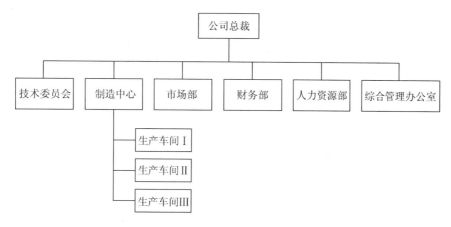

图7-11　整体组织架构范式——职能型组织架构

职能型组织架构适用于基于运作的企业，项目性活动比例在10%以内，不需要设置企业项目化专有组织，少量的项目活动仅需企业高层或部门负责人即可实现有效的管理。

（2）项目型组织架构　项目型组织架构是一种纵向的项目化组织架构表现形式，按项目的类别设置一系列项目集合（项目集或多项目），每个项目集实行项目集或多项目管理，设置相应的项目化管理组织，如图7-12所示。

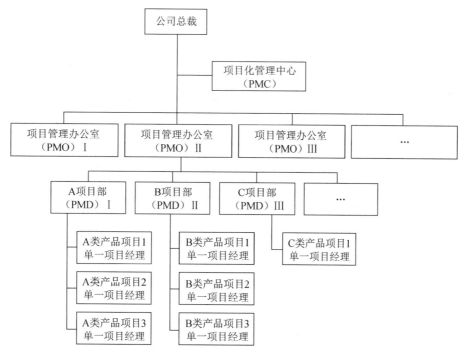

图7-12　整体组织架构范式——项目型组织架构

163

项目型组织架构适用于基于项目的企业，项目性活动比例在90%以上，需要设置企业项目化专有组织才能实现有效的管理。在项目型组织架构中，企业几乎不存在职能部门。在项目型组织里，每个项目集或多项目组织就如同一个微型公司那样运作，完成每个项目集目标所需的所有资源完全分配给这个项目集、专门为这个项目集服务，专职的项目集经理对项目组拥有完全的业务权力和行政权力。由于项目数量和种类很多，企业项目化专有组织一般要设置三个层次：项目化管理中心（Projectification Management Center，PMC）、项目管理办公室（Project Management Office，PMO）、项目部（Project Management Department，PMD）。

（3）项目职能平衡型组织架构　项目职能平衡型组织架构，是一种职能和项目部门相对平衡的组织架构表现形式，如图7-13所示。

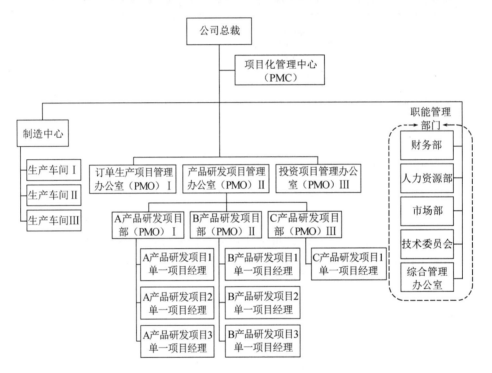

图7-13　整体组织架构范式——项目职能平衡型组织架构

这种组织架构适用于项目运作平衡式企业，项目比例在40%～60%，项目和运作的数量相对平衡。因此，这类企业的组织架构中既有职能式组织部分，又有项目式组织部分。这类企业的活动类型复杂，不仅需要设置企业项目化专有组织，而且要加大管理力度，区别对待不同性质的活动：项目活动和运作活动。由于项目与运作有时不容易区分，需要根据不同目的去定义活动性质，实行不同的管理方式，确定不同的组织方式；由于项目与运作活动可以动态转化，组织架构应随企业项目化战略的校正或调整而调整。

（二）企业整体组织架构设计参考因素

企业项目化管理组织架构形式多样，在设计组织架构以支撑企业项目化活动管理时，需要充分考虑以下因素：

1）组织规模。需要考虑管理的幅度或者说跨度。管理幅度过大，会使管理者难以应付；管理幅度过小，会造成资源浪费。

2）战略定位。战略定位决定着组织规模、灵活度等。如领先型战略，需要企业具备更灵活的组织应变能力，因此项目化专有组织的设立必须加强，以配合项目活动的挑战。

3）活动形式。企业的活动按性质分为运作活动和项目活动。项目比例的大小，决定着企业项目化的程度。企业项目化程度不同，企业项目化组织中专有组织设置应有所不同。

4）活动数量。活动数量的多少，决定着管理的层次和幅度。横向层次活动增加，则需要横向组织有所增加；战略任务活动进一步细化分解的活动层次较多，或者战略任务比较复杂和庞大，则需要适当增加组织层次和加强管控机制。

（三）企业整体组织架构设计原则与流程

1. 企业整体组织架构设计原则

甚于企业的具体特点，在设计企业项目化组织架构、设计及检验组织架构的有效性时，应遵循以下原则：

1）战略支撑性原则。企业项目化组织架构的设计及有效性的检验，要遵循一定的战略原则，并以企业的战略发展目标为支撑。

2）任务保障性原则。企业项目化组织架构的设计及有效性的检验是在遵循一定的原则并保障组织任务完成的情况下实现的。

3）资源优化配置原则。优化配置组织资源，遵循最优化原则，合理设计企业项目化组织架构，并检验其有效性。

4）组织动态调整与静态稳定兼顾性原则。在企业项目化组织架构的设计及有效性的检验的过程中，随着活动的变化，企业的组织架构要做动态调整，在静态中使组织架构保持稳定，即动态调整与静态稳定兼顾性原则。

2. 企业整体组织架构设计流程

1）企业战略的组织要求分析。项目管理不单单在项目内部实施，而逐步演化成为公司整体管理的重要组成部分。企业正逐渐意识到项目成败与企业生存发展之间的联系，在进行企业组织架构设计时越来越重视将项目开发与公司的战略紧密结合。

2）企业任务的组织要求分析。在进行企业组织架构设计时，将项目实施作为企业战略实现的重要手段和方法，将项目管理作为企业员工的工作模式和思维方式，建立适用于项目的组织结构和管理流程，从项目管理出发实施企业管理。

3）企业级工作的专业（职能）划分与企业级职能（专业）部门设计。在进行企业组织架构设计时，对企业职能及职能部门的划分是十分关键的，要创建为项目服务的部门和流程，设置专门的部门或组织单元处理绝大多数项目需要共同面对的事项和项目管理过程中的关键环节，而不只是职能部门向项目部安排人员。

4）企业级项目部门设计与企业级组织架构完善。从项目出发，在传统的组织模式的基础上，将组织结构和管理流程朝着利于对项目进行有效管理的方向改进，使企业级项目部门设计与企业级组织架构逐步完善。

5）企业再下一级的组织架构设计，直至达到组织设计要求。为了提高项目管理的效率，基于项目的管理组织结构设立企业再下一级的组织架构，强调建立一条纵向的项目管理链条，直至达到组织要求。

6）企业整体组织架构完善与规范描述。通过选择组织架构的基础模式、分析确定完成各子系统目标的工作量、确定职能部门、平衡工作量、确定下级对口单位、部门或岗位的设置及绘制组织架构图等流程，逐步完善企业组织架构与规范性描述。将项目管理作为企业员工的工作模式和思维方式，建立适于项目的组织结构和管理流程，从项目管理出发实施企业管理。

3. 企业组织架构设计交付成果

组织架构设计是企业项目化组织管理的一项重要工作，是基于企业发展使命和发展战略排兵布阵的一种表现形式，是战略实施和战略管控的骨架，具有系统观和全局观。同时，企业组织要为活动服务。因此，随着活动的变化，企业的组织架构要做动态调整。

三、企业部门职责描述

部门职责描述是组织管理的基础性文件，是将本部门在公司中所承担的主要职责和权限用规范的语言界定并形成文本。部门职责的明晰度反映了企业运转是否高效，可作为内部效能是否充分发挥的重要衡量标准。

部门职责描述包含六大要素，即基本信息、部门职责、部门关键绩效指标、部门权限、部门资源和工作关系。各要素的主要内容如下。

1. 基本信息

该部门的名称、编号、版本、部门负责人、直接上级等、岗位数量、编制人数等基本信息。

2. 部门职责

该部门的关键责任和产出成果。

3. 部门关键绩效指标

公司用什么指标衡量该部门相应工作权限。

4. 部门权限

根据该部门应负的责任，所赋予的相应工作权限。

5. 部门资源

通常指该部门完成主要职责需要的设备、资产和相关工作环境要求。

6. 工作关系

该部门在组织架构中的位置，通常用图表形式表现。

部门职责示例

A厂标准

部门工作标准

人力资源科（临时）

1 范围

本标准规定了人力资源科的管理职能、管理范围和工作内容与要求。

本标准适用于人力资源科的日常工作及其检查与考核。

2 主要职能

在主管厂长领导下，负责干部人事、劳动合同、工资、职工培训、劳动工资的统计及职工保险、住房公积金等工作的管理；负责人力资源的配置和培训，负责离退休人员的管理。

并承担上述工作的计划、调控、组织、实施、指导、检查和考核的职能。

3　工作内容与要求

3.1　人事管理

3.1.1　负责定期对各部门管理岗位的考察和考核工作。

3.1.2　做好企业双定（定员定编）工作。

3.1.3　负责编制人员需求计划；根据批准的计划，进行人员的招聘。

3.1.4　负责中层及以下管理人员的培养、考核，提出职务任免建议。

3.1.5　负责后备干部的选拔、培养和考察工作。

3.1.6　负责本厂岗位人事资料管理和人事信息管理，并根据要求上报集团备案。

3.1.7　按（集团）公司规定，协助集团进行笨厂人员因公出国出境政审工作。

3.1.8　按（集团）公司规定，负责上报相关岗位人事报表、中层及以下管理人员考核结果、管理人员培养计划、管理岗位人员的任聘事项等。

3.2　职称和技术等级评定

3.2.1　按照上级的有关政策和规定，结合本企业的现实需求，负责专业技术人员的职称评定和考核，晋升工作，并上报集团备案。

3.2.2　按（集团）公司规定，协助完成本厂工程政工系列中级及以上专业技术资格申报工作。

3.2.3　按（集团）公司规定，协助完成本厂中级及以上技术等级评定申报工作。

3.3　劳资管理

3.3.1　负责全厂职工的劳动工资管理，包括建立新型用工制度、推行全员合同制、劳动用工管理、工资分配管理。

3.3.2　负责职工保险及住房公积金的管理工作。

3.3.3　负责技术工人需求计划编制，并根据批准的人员需求计划进行人员招聘。

3.3.4　负责企业各类劳动工资统计报表编制与上报，收集日常劳动工资资料。

3.3.5　负责企业劳动纪律管理工作，包括考勤工作、劳动纪律管理工作、休假审批工作。

3.3.6　推行社会保障制度、新型的劳动福利。

3.4　培训管理

3.4.1　负责编制职工培训年度计划并组织实施。

3.4.2　负责职工培训教育的管理，建立规范的企业教育培训规范，开展不同层次的教育培训工作。

3.4.3　按照（集团）公司要求，负责对技术工人进行岗位技能培训。

3.4.4　根据管理现代化和生产发展对职工素质的要求，研究、探索职工培训的新模式。

3.4.5　负责对培训有效性进行评价。

3.5　离退休人员管理

3.5.1　负责离休人员的管理工作。

3.5.2　负责厂处级退休人员的管理工作。

3.5.3　负责离退休人员待遇调整上报，负责离休人员待遇发放工作。

4　计量体系管理职责

4.1　贯彻企业计量方针和计量目标，实施计量管理体系文件，保证本科室全体职工正确理解和认真执行。

4.2 负责确定从事计量工作的人员所必要的能力。

4.3 按照从事计量工作的人员所必要的能力需求，对企业从事计量工作的各类人员进行培训。

5 其他

5.1 负责质量管理体系在本部门内正常运行。

5.2 完成领导交办的其他任务。

四、企业岗位职责描述

企业项目化组织岗位职责描述工作要在企业项目化组织设计的基础上，对岗位的工作名称、工作职责、任职条件、工作所要求的技能、工作对个性的要求进行说明，主要分为岗位职责和任职要求。

岗位职责指一个岗位所需要去完成的工作内容以及应承担的责任范围。岗位，是组织为完成某项任务而确立的，由工种、职务、职称和等级内容组成。职责，是职务与责任的统一，由授权范围和相应的责任两部分组成。岗位职责的描述需要根据岗位工种确定岗位职务范围；根据工作任务的需要确立工作岗位名称及其数量；根据工种性质确定岗位使用的设备、工具、工作质量和效率；明确岗位环境和确定岗位任职资格；确定各个岗位之间的相互关系；根据岗位的性质明确实现岗位的目标的责任。岗位职责说明书并不是面面俱到，而是对岗位职责进行合理有效的分工，促使有关人员明确自己的岗位职责，认真履行岗位职责，出色完成岗位职责任务。

任职要求指完成该职位工作内容所要求的最低任职资格及在此基础上应具备的理想条件。它由两部分组成：行为能力与素质要求。行为能力包括知识、技能和经验等；素质要求包括任职人员的个性、兴趣偏好、价值观、人生观等。

对于实施企业项目化管理的组织而言，主要包括三级专有组织：项目化管理中心、项目管理办公室和项目部。企业项目化专有组织的三个层级分别执行不同的管理工作。

岗位说明书示例

岗位说明书

岗位基本信息	岗位名称	××班组长		隶属部门	××项目组	编码	
	岗位关系	直接上级	直接下级	岗位工作联系部门或岗位			
		车间主任	操作工	无			

岗位职责概述

岗位概述	在车间主任的领导下，严格执行标准的生产作业方法，带领本班组生产人员完成当班生产操作任务。

主要职责

一、工作职责

1. 纪律：按照公司和本事业部的《员工手册》，自觉遵守劳动纪律和工艺纪律，自觉遵守公司和事业部各项规章制度，并对当班员工各项纪律情况予以监督检查。

2. 操作工艺：严格按照《××作业指导书》安排监督生产操作，执行项目组业务主管的过程管控指令，认真核定投料量及原料的批号、质量指标，认真检查半成品、中间体的毛量及质量指标。

（续）

3. 异常处理：对每一步生产状况了解清楚，重点部位，重点关注。及时处理生产中出现的异常现象，当班不能解决的问题要及时报告车间主任。

4. 安全：按照公司和本事业部的《安全手册》，组织班员安全生产培训。

5. 交接班：认真进行交接班，做好当班人员分工，保质保量完成当班生产任务，主持开好班前会和班后会。接班前认真检查岗位的生产设备和安全设施是否齐全完好、生产工段运行是否正常，做好上岗前的交接班工作。

6. 设备：按照《事业部设备保养规定》及设备使用说明书，组织员工认真维护保养好分管的设备和作业现场的清洁卫生，及时消除跑、冒、滴、漏等异常现象，保持现场整洁、干净。

7. 现场管理：按照《事业部6S管理手册》组织文明生产，原材料、半成品做好标识按指定区域安全放置。

8. 成本控制：加强生产成本的控制与管理，节约原材料和水、电、气的耗用。

9. 培训及提高：组织员工参加项目组及事业部各项活动、技能培训、安全培训。

10. 员工培养：有计划地培养1~2名合格的代班长。

11. 临时任务：服从领导安排，认真完成领导安排的其他任务。

二、工作权限

1. 具有对当班人员进行分工的权力。

2. 具有管理本班员工的权力，包括批评、表扬、举荐等。

任职资格要求

教育水平	高中	专业要求	无
资质要求	化工操作从业证书	培训经历	××生产岗位工作一年或以上
相关经验	三年或以上化工从业经验		
岗位技能	熟练掌握加热回流、蒸馏等化工单元操作和设备操作		
思想素质	服从管理、认真负责、团队精神		

其他

工作地点	经济技术开发区
工作场所	生产三车间南线
时间特性	每天三班倒，每班8小时

五、企业项目化专业部门描述

企业组织是由企业CEO领导下的财务中心、事业部、研发中心及营销中心等部门构成。企业实施项目化管理，有其独有的项目化专有组织机构，包括项目化管理中心、项目管理办公室以及项目管理部。企业项目化专有组织结构如图7-14所示。

EP组织结构是由对项目化管理中心负责项目管理办公室，由其指导下的项目部进行具体的项目实施。

（一）项目部（PMD）

项目部对某一层级类别的项目或对单一项目进行管理。通常某一层级类别的项目，同质化程度更高，协同效应更大。项目部上级领导为项目总监，而项目部经理是项目群/单一项目的直接管理者，负责项目的组织、计划及实施全过程，以保证项目目标的实现。成功的项目管理，无一不反映

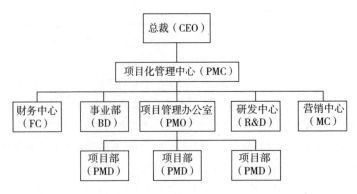

图 7-14 企业项目化专有组织结构

了项目管理者的卓越管理才能。

PMD 部门职能主要包括：制订部门项目管理规划，细化部门所管辖项目的管理体系，监督项目的运行，直接管理个别重大项目，为项目提供各类管理支持。具体来讲，PMD 部门职能包括部门工作职责和部门主要绩效考核指标两个方面。

1. 部门工作职责

PMD 部门工作职责包括项目计划管理、项目组织与人员管理、项目过程管控、向上级汇报四个模块。每个模块的职责说明如下所述：

（1）项目计划管理

1）确定项目总体目标与阶段控制目标。

2）制订总体控制计划。

3）监督计划的执行，定期调整项目计划。

（2）项目组织与人员管理

1）组织项目团队。

2）在项目实施过程中管理人力资源，并对项目人员进行培养、绩效考核。

（3）项目过程管控

1）在实施过程中及时决策，包括资源调配、计划安排、项目变更等。

2）监督项目的运行，保证项目的进展与项目目标、计划及主要利益相关方的要求相一致。

（4）向上级汇报

1）定期向项目总监汇报项目进展情况，如项目进度、项目当前成本、项目资源使用状况、项目可能或已经面临的风险等。

2）遇到项目经理无法决策的重大事项，及时向上级汇报。

2. 部门主要要求

PMD 部门主要有两个要求，分别为：

1）在质量、成本、进度等方面，项目目标是否实现。

2）是否做到了 PMO 要求的过程规范管理。

（二）项目管理办公室（PMO）

各业务领域成立 PMO，目的是负责项目集的计划、组织和协调，对项目运营复合性工作和纯项目式工作进行项目集成管理。

对于不同类型的项目，其所具备的项目特点、涉及的管理部门、应用的管理模式会存在一定的差异。因此在项目化系统下，PMO 主要负责成组项目，即同类型项目的管理。而同类型多项目的管理，必然需要项目管理人员投入一定的精力进行跨部门的协调与组织。

PMO 上级领导为 PMC 主任，部门负责人为项目总监，职能主要是制订部门项目管理规划，细化部门所管辖项目类型的管理体系，监督项目的运行，直接管理个别重大项目，为项目提供各类管理支持。具体的部门职能可以通过编制部门职能说明书体现。PMO 部门职能说明书包括部门工作职责和部门主要绩效考核指标两个部分。

1. 部门工作职责

PMO 部门工作职责主要包括部门管理规划、细化某类型项目的管理体系、对某类型项目的管理以及对某类型项目的管理服务四个模块。每个模块的职责说明如下：

（1）部门管理规划

根据 PMC 制订的企业项目化实施规划，制订部门管理规划，确定管理目标。

（2）细化某类型项目的管理体系

1）制定部门管理制度。

2）根据 PMC 建立的企业项目化管理体系，结合本类型项目特点，细化本类型项目的管理体系。

3）根据部门管理规划，细化项目各级管理人员的考核原则。

（3）对某类型项目的管理

1）监控某类型项目群与项目的计划、状态。

2）定期向 PMC 汇报 PMO 所辖项目的整体运行状况

3）考核项目群、项目的目标完成情况，考核项目群经理与项目经理。

（4）对某类型项目的管理服务

1）提供针对某类型项目的职能服务支持，如统一采购某些类型材料。

2）为各类项目提供统一的技术培训与指导支持。

2. 部门主要要求

PMO 部门主要要求共四项，如下：

1）部门规划反映企业项目化实施规划的主旨。

2）PMO 当年项目已完成合同金额达到 PMC 的要求。

3）PMO 多项目的过程管理规范，符合该 PMO 制定的管理制度与体系要求。

4）PMO 的项目管理人才培养达到部门规划的要求。

（三）项目化管理中心（PMC）

企业项目化管理是组织级的行为。建立 PMC 的意义在于推动企业管理系统变革的有效执行。PMC 是企业项目化的直接管理部门，追求组织中所有活动的战略协同作用，应确保组织战略目标的实现，使组织有限的资源发挥最大的价值，提高组织的项目化管理能力。

PMC 负责对项目的整体管理，是企业总裁的智囊和执行机构。PMC 的职能主要是在全公司层面搭平台、建体系，负责开发、推广和监控企业项目化管理系统，确定项目管理范围、提炼项目管理思想、总结项目管理知识、完善项目管理实操，实行项目分类、分级和多项目集约化管理，实施企业项目化管控等工作。PMC 向企业总裁负责，部门负责人为 CPO（Chief Projectification Officer）。

1. 部门工作职责

部门工作职责包括企业项目化战略管理、企业项目化管理体系与方法开发、企业项目化管控、企业项目化管理服务四个模块。每个模块的职责说明如下：

（1）企业项目化战略管理

1）协助公司总裁制定企业业务发展战略与企业项目化实施规划。

2）将战略规划落实到本部门的目标制定中。

（2）企业项目化管理体系与方法开发

1）建立、完善 PMC 的项目化管理制度、项目化管理工作方法。

2）界定并逐步统一企业项目化的各管理阶段的主要工作内容和主要交付物，统一工作模式、工作流程和文档模板，最终形成组织统一的项目化管理方法论。

3）根据企业项目化规划，结合组织内项目管理人员的实际情况，建立 PMO 主任、项目群经理、项目经理的素质能力模型、分级体系、考核体系与职业发展规划，确定各级项目管理人员的考核原则。

（3）企业项目化管控

1）根据 PMC 制定的管理制度与方法，监控各个 PMO 项目管理的计划与状态。

2）考核各个 PMO。

（4）企业项目化管理服务

1）为 PMO 提供统一的职能服务支持，如统一采购某些类型材料。

2）为 PMO 提供统一的管理培训、咨询、管理指导支持。

2. 部门主要要求

PMC 部门主要要求共四项，分别为：

1）PMC 的项目化实施规划，反映了企业业务战略的主旨。

2）企业当年项目已完成合同金额，实现了企业业务战略布局。

3）企业多项目的过程管理规范，达到了部门提出的管理要求。

4）企业的项目管理人才培养，达到了企业项目化规划的要求。

第三节　企业项目化人员聘用与育留模块

人员的聘用，是企业人员管理的重要环节。企业项目化的实践在各企业广泛展开，但对企业项目化人员还缺乏职业化的管理，而这对企业项目管理变革及能力的持续提升至关重要。企业项目化人才的可持续发展，是企业项目化管理能力持续提升直至卓越的助力器，也是企业项目化管理的一大特点。它克服了项目管理中人才的不稳定性这一缺点，将企业项目化人才培养和职业发展放在重要的战略地位，这种行为也称为项目化人员育留。

项目化人员聘用与育留管理（EP Personnel Employment & Personnel Trainning Management，EP-PE & PTM），包括项目化人员的聘用、培养和留用三个部分。企业项目化战略目标的实现、相关项目和运作工作的实施，都需要根据组织管理的相关规定，以各部门、各岗位人员的识别、选拔和任用工作作为支撑。同时为了使员工获得或改进与工作有关的知识、技能、动机、态度和行为，提高员工的绩效以及员工对项目目标的贡献，组织需要有计划、有系统地开展员工培训与开发工作。项目化人才的留用，要根据企业发展的需要，对符合企业要求并能支撑企业发展的各层级人员，采用薪酬留人、绩效留人、职业留人和事业留人等各种手段予以长期留用，从而促进企业和人员的协同发展。

综上所述，企业项目化人员聘用与育留模块导图如图 7-15 所示。

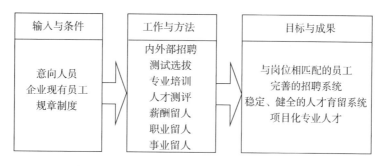

图 7-15　企业项目化人员聘用与育留模块导图

以下将对企业项目化人员聘用与育留管理进行详细解析。

一、企业项目化管理主要角色与职责

企业项目活动由企业项目化战略任务分解而来。企业项目活动分为运作性活动和项目性活动。由于活动性质不同，需要的管理方式也不同，人的管理能力也需要有不同的侧重点。因此，在企业项目化人员管理中，人员大体分为三大类：职能管理人员、项目管理人员和项目化管理人员。企业项目化管理中的关键角色及其相互关系如图 7-16 所示。

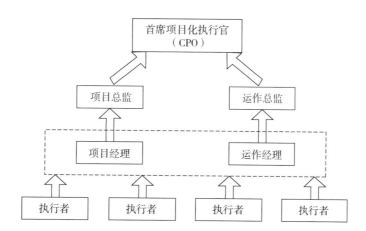

图 7-16　企业项目化管理关键角色及其相互关系

注：本图只是基本的层级关系图，且并未指出具体人员数量，各企业需要根据活动的需求进行人员数量的规划和层级的增减。

（一）首席项目化执行官（CPO）

首席项目化执行官类似于企业的总经理或总经理的智囊，担当企业的决策者或总执行官角色，属于企业项目化管理人员。他们需要为企业确定清晰的发展目标和市场定位，对企业的主要产品和服务的行业特点有着清晰的认识，能够理解项目化对于企业管理的重要作用，而且对于项目管理的一些基本原则，特别是项目化的要求应有一定的了解，以支持其在企业组织架构、资源配备等方面做出正确决策。

CPO 的职责不仅包括项目化是否在企业推行的决策，还包括项目立项决策。立项决策需在对项目进行技术可行性分析与经济可行性分析后，结合企业的整体业务战略布局，决策是否立项。

（二）项目总监

项目总监是企业多项目项目化管理者，属于项目集群管控人员。其职责是：对多项目进行宏观管理，对每个项目的投资回报、价值、风险和其他属性进行评审，监控、协调多项目的运行，保证所管辖范围内多项目总体目标的达成，实现管理单一项目无法取得的收益。项目总监还负责监督综合绩效和价值指标。

（三）运作总监

运作总监是在核心业务领域（如研发、设计、制造、供应、测试或维护等）承担管理角色的个人。不同于职能经理，运作总监直接管理供销售的产品或服务的生产和维护。基于项目的类型，在项目完成时，需要把项目的技术文件和其他永久性记录正式移交给相关的运作管理人员。然后，运作管理人员把所接收的项目相关资料纳入日常运作中，并为之提供长期支持。

（四）项目经理

项目经理是项目管理者和总负责人。项目经理是执行组织委派其实现项目目标任务的个人。这是一个富有挑战性且备受瞩目的角色。基于组织架构，项目经理可能要向职能经理报告。在某些情况下，项目经理可能要与其他项目经理一起向项目部经理或项目总监报告。在这类组织架构中，项目经理应与上级密切合作，以实现项目目标，并确保项目计划符合所在项目集的整体计划。项目经理必须能理解项目的细节，同时又能从项目全局的角度进行管理。

（五）职能经理

职能经理是在企业的行政或职能领域（如人力资源、财务、会计或采购等）承担管理角色的重要人物，会为他们配置固定员工，以开展持续性工作。他们全权管理所辖职能领域中的所有任务，可为项目提供相关领域的专业技术或服务。在职能式、弱矩阵式的项目中，职能经理代替项目经理，直接管理职能部门委派到项目中的专业人员。

一般而言，职能经理专注于监管某个行政领域，而运作经理负责某个核心业务。基于组织架构，项目经理可能要向职能经理报告。

（六）执行者

执行者即团队成员。这里所说的执行者，既包括项目执行者，也包括运作执行者。很多情况下，执行者并不区分项目与运作，这是由于执行者的大多数工作是执行上级的命令，区分项目与运作的意义不大。执行者在团队活动中担当多种角色：有的给予技术支持和指导，有的负责活动的执行，有的负责项目的内外沟通，有的负责文件的编写和管理。在很多团队活动中，同一个执行者可以兼顾不同的职责。

企业项目化管理关键角色及其职责见表7-4。

表7-4 企业项目化管理关键角色及其职责

角色	职责	所在部门	胜任力要求
首席项目化执行官（CPO）	负责企业总体管理	PMC	高
项目总监	负责项目集群管控	PMO（项目事业部）	高
项目经理	单项目管理	PMD	中
运作总监	负责运作群体管控	运作事业部	中
职能经理	负责职能管理工作	职能部门	中
执行者	执行活动	PMD 或职能部门	低

二、企业项目化人员规划

基于对企业项目化管理关键角色及其职责的分析，可以进行企业项目化人员规划，并予以有效配置和开发。企业项目化人员规划工作是一项非常复杂的工作，进行规划时可根据以下工作思路进行。

1. 确定对人员的需求

根据第六章企业项目化组织管理中的交付成果、组织架构、部门及岗位说明书，梳理现有人员匹配度，确定未满足的需求。

2. 确定如何满足需求

企业项目化人员的需求以企业使命和战略为导向，供给以活动的开展为导向，既要关注人员与活动的匹配，又要关注人员的开发与储备，既要关注组织的持续性，又要关注人员管理的动态性。

比如制订一份人力资源规划方案，包括岗位需求及各岗位需求人数、何时供给、获取渠道（内生或外聘）、培养方案、储备计划等。

企业项目化人员规划非常必要，它为后续的项目化人员配置及人才的可持续发展工作提供参考依据，详见图7-17。

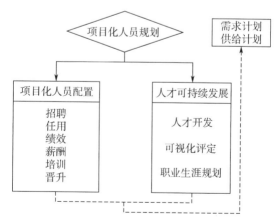

图7-17 企业项目化人员管理工作内在联系

三、企业项目化人员招聘与渠道分析

员工招聘是指根据企业战略任务的需要，为实际或潜在的职位空缺确定合适的候选人。企业可采取多种招聘方式，见表7-5。

表7-5 人员招聘方式比较

招聘方式	内部招聘	外部招聘
渠道	查询组织档案 主管推荐 工作张榜 其他	员工推荐 员工自荐 招聘广告 校园招聘 就业代理机构 猎头公司
优点	雇主很清楚内部候选人的资格 内部招聘花费较少 内部招聘能更快地填补工作空缺 内部候选人更熟悉组织的政策和实践，因此仅需要较少的培训	外部人员可以给组织带来新的理念和创新
缺点	当一个职位空缺时，很多员工都会考虑补充那个职位，当然大部分人会被否决，一些被否决的候选人可能会产生负面情绪 这些人必须在他们过去的同事面前扮演一个新的角色，并且在过去的朋友成为下属的情况下，扮演角色的难度更大	存在不同程度的招聘成本 周期长 风险大 能力可视化程度低

为了满足项目的职位空缺，需要考虑两个问题：

1）用核心人员还是用应急人员填补。

2）如果是核心人员，是从内部选拔还是从外部招聘。

企业项目化人员招聘方式的选择，可视企业项目化管理能力的高低及企业项目管理能力提升需求的迫切性等而定。如果企业项目化管理能力比较低，这方面的经验比较少，还处于摸索阶段，则需要适当考虑通过外部招聘来促进企业项目化能力的提升；如果企业项目化管理有一定基础、有一定经验，内部的选拔更有效。

一方面，企业可对急需的人才按小、中、大型或专业型、特殊型等类别进行引进，可以公开招聘或通过猎头公司招纳各方面人才；另一方面，项目化人员选拔应重在内部挖掘。企业尤其应建立具有相关专业知识人员的业绩档案，对其在每一个岗位上的德、能、勤、绩、廉进行综合评定，以此作为后备队伍资源库；同时对大学毕业生进行有针对性的培养，并让其在多个工种、多个岗位摔打磨炼，不断提高其专业技能和综合素质。

四、企业项目化人员选拔任用

人才选拔是一个精细、烦琐的过程，要选择出能"为我所用"的人才，必须做好前期的调研摸底和总体规划，选拔依据要专业。在本章第一节中曾提到，企业所要求的项目化管理人员应具备的能力有着特殊的构成，因此随着企业项目化管理的变革，除了企业高层的认识要改变，人力资源管理人员的项目化管理意识也要改变，要加深对企业项目化人才需求的了解。企业可借助国际、国内专业的项目管理认证提高人员能力的可视化程度，辅助人员的聘用和选拔工作。企业项目化人才的甄选方式，通常是以下几种方式中部分或全部的综合。

（一）资历的初步评价

对项目化管理人才在知识、经验和综合素质方面的要求都非常高，因此对其工作经历，特别是项目经验的考察非常重要；同时对其专业知识及项目管理理论知识的学习或培训经历也要全面了解，确定其是否通过相关专业及项目管理方面的认证等。外部受聘人员如果已通过国际或者国内一些专业项目管理认证，有资格证书，这样就提高了项目化人才能力的可视化程度，可以弥补企业在项目化人才选拔工作经验上的不足。

（二）面试

对其过往资历的真实性进行验证，对其项目管理经验和知识掌握程度进行深入探查，通过结构化及非结构化的面试了解其综合素质。

（三）测试

测试包括项目管理及任职岗位相关专业知识考查、素质测评等，可采用问卷式测试、情景测试等方法。

（四）第三方测评

近年来，企业项目化的趋势越来越明显，企业项目化人才需求骤然加大，很多企业对职能化管理人才的选拔流程非常完善，但对项目化管理人才的选拔工作还存在着困惑甚至误区。专业的第三方人才测评外包服务，提供了一种人才甄选方式。这种服务可以完成简历初筛、面试初筛、测评等工作，最后出具专业的复试候选人员项目管理能力报告，供企业参考。这种方式有特定的适用范围，适用于企业需要甄选大量人员或关键岗位人才选拔等情况。

企业项目化人才的选拔与任用，需要遵循以下原则，以保证招聘的人员能够发挥其最大的能动性。

1）给有想法的人以工作机会。企业应该鼓励创新性的思维与想法，为具有创新性改革思维的人员提供实现创新想法的机会，并尽企业所能予以支持。

2）给有能力的人以工作平台。企业应该善于发掘具有较强工作能力的人员，并给这些人员更多的机会，使其有机会参与或主持更多项目，以更好地发挥自身能力。

3）给干成工作的人以企业职位。企业应根据员工的工作成果对其进行奖惩，对于那些完成工作任务且成果良好的人员给予更高的职位，以便其更好地为企业服务。

五、项目化人才培养

项目化人才培养，主要是指员工培训和开发，是指为了使员工获得或改进与工作有关的知识、技能、动机、态度和行为，以利于提高员工的绩效以及员工对项目目标的贡献，组织所做的有计划、有系统的各种努力。

（一）项目化人才分类与剖析

企业中的人才可分为项目型与运作型，而企业的稳定发展离不开项目型人才与运作型人才的共同努力与付出。项目型人才是企业发展的开拓者，能够推动企业不断前进的步伐；运作型人才是企业的守护者，能够保证企业的稳定。项目型人才与运作型人才的比较见表7-6。

表7-6 项目型人才与运作型人才的比较

比较项目	项目型人才	运作型人才
工作目标	"打天下"	"守江山"
扮演角色	"帅"：为工作找到适当的人去完成	"将"：直接指导他人完成工作
工作知识	通才：具有丰富经验和广博知识	专才：某一技术专业领域专家
工作方式	过程管理＋整合管理	目标管理＋分工管理
工作方法	系统的方法	分析的方法
工作手段	个人实力/责大权小	职位实力/权责对等

（二）项目化人才能力与构成

项目化人才是整个企业项目化变革以及后续发展的基石。在企业项目化变革过程中，不但要得到这些人的支持，还要提升这些人的管理能力。只有这样，才能适应企业变革后的新环境。

项目化人才的管理能力分为两个层次：一是运作的管理能力；二是项目化管理的能力，需要重点提升，包括企业中高层的项目化管理能力和具体的项目管理能力。

企业项目化人才能力如图7-18所示。其中，知识包括应用领域的专业知识和项目化管理知识；经验需要一段时间相关工作经验的积累；素质主要体现为个人特征以及工作方法、态度等。

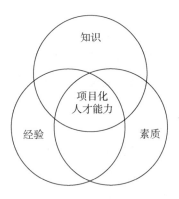

图7-18 企业项目化人员能力

1. 知识

（1）应用领域的专业知识　应用领域的专业知识即项目所在专业领域的知识，如工业、农业、建筑业方面的专业知识。一些大型、复杂的项目，其工艺、技术、设备的专业性要求很高，对项目经理的要求也很高。不难想象，作为项目实施最高决策人的项目经理，如果不懂技术，就无法决策、无法按照项目的工艺流程阶段组织实施，更难以鉴别项目计划、工具设备及技术方案的优劣，以致对项目实施中的重大决策问题没有自己的见解、没有发言权。不懂专业技术，往往是项目经理失败的主要原因之一。如果项目经理自身缺少基本的专业知识，要对大量错综复杂的专业性任务进行计划、组织和协调将十分困难。另外，因为项目会涉及大量的相关专业知识和术语，如果项目经理不具备一定的专业知识，沟通、交流是很困难的。作为项目经理，知识的全面性是必需的。

（2）企业项目化管理知识　企业项目化是企业从长期性、稳定性的组织特性出发，对项目管理的延伸和拓展。其知识范畴主要包括三个方面：企业管理知识、项目管理知识，以及在企业项目化过程中总结和沉淀下来的企业项目化专有知识。企业项目化专有知识，是以项目管理知识体系为基础的，是项目管理知识体系的拓展与延伸，是企业培育和提升项目化能力所需要的。企业项目化专有知识包括：企业项目化及其能力等概念，企业项目化任务过程，企业项目化管理组织、方法、工具等企业项目化所独有的知识。

2. 经验和素质

项目经理的经验来自工作中一段时间的总结和积累。项目经理的素质体现在沟通能力、激励能力、联系能力、解决冲突能力、解决问题能力、自我控制能力、价值鉴赏能力、首创精神、开放性、灵敏程度、乐意负责任、乐于助人、务实、热情、忠诚、坚强、公正、诚实以及领导艺术等方面。

没有知识的经验仅仅是朴素的经验，没有知识指导的个人能力不过是简单的能力；没有经验的能力是空洞的能力，脱离实践的经验积累无异于纸上谈兵；没有素质的能力是僵化的能力。因此说，企业项目化人员的能力是知识、经验和素质的有机组合。

企业项目化人员能力的提升，是企业项目化管理能力提升的基础。企业所有人员能力的集成，构成了所谓的企业智商。因此，企业项目化管理能力提升必须从人员入手，仅靠某几个专家或高层具备项目化管理能力是远远不够的。企业的项目化管理需要全员参与，需要做好系统的人力资源规划和管理。

（三）项目人才能力提升与培训课程

1. 项目人才能力提升

项目人才的能力虽然是由知识、经验与素质共同决定的，但根据角色不同，可以分为决策者、管理者与执行者，不同角色的能力提升方法也不尽相同，如图7-19所示。

企业管理人员	管理知识		经验	素质
	创新发展阶段	科学发展阶段		
决策层	项目决策与管控	企业项目化管理总裁训练营	多年项目决策或企业管理经验	哲学思维 IQ+EQ+AQ
管理层	从技术到管理项目管理	企业项目化管理范式精解	5~7年项目或部门管理经验	艺术思维 IQ+EQ
执行层	职业素养与技能		3~5年项目或运作执行经验	科学思维 IQ

图7-19　项目人才能力提升方法

2. 项目人才能力培训

在企业项目化大趋势下，企业对企业项目化管理的认识和重视程度加深，企业项目化人才培育被不断地提上日程。项目化人才的主要培养形式有正规院校教育、专业培训、自我学习和实践等。

目前全国多家大专院校开设了项目管理专业的学历教育，对项目管理知识、一般的管理知识进行教授，但对企业项目化管理体系及操作等方面知识的教授尚属空白。专业培训是专业培训机构立足于企业项目化管理实践，为满足企业的不同需求，而提供的多层次的、具有针对性的培训服务。专业培训更侧重实际和问题点，学习时间相对较短。

企业实施项目化管理，几乎涉及企业的全体，不同角色的管理者会对项目化推行产生不同的影响。此时，针对不同角色的要求，使他们理解项目化、项目管理，最基本、见效最快的方法就是来自外部机构的专业培训。笔者多年致力于企业项目化管理的咨询服务与培训体系建设，已形成一套系统的培训体系，并帮助多家企业进行了项目能力的提升，如图7-20所示。

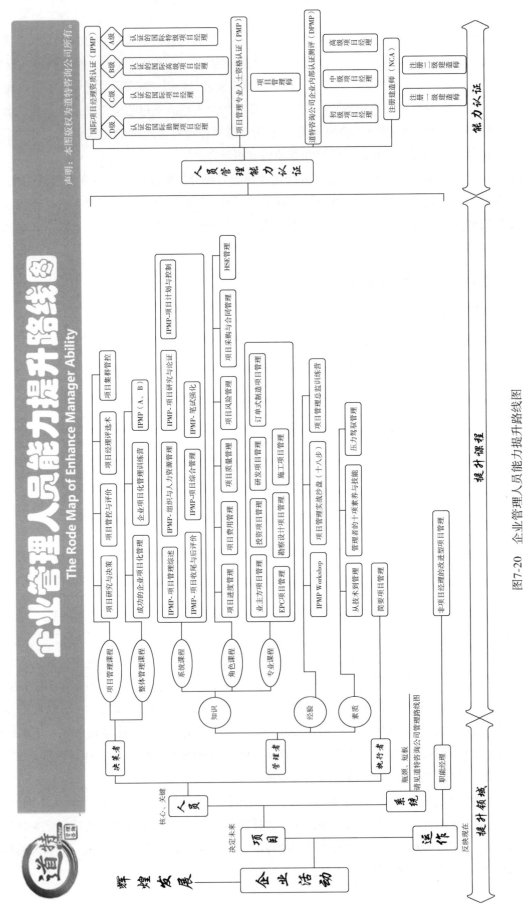

图7-20　企业管理人员能力提升路线图

180

企业项目化管理能力培训课程列表见表7-7。

表7-7 企业项目化管理能力培训课程列表

序号	培训对象	课程编号	课程名称
1	决策者	DT01-D11	项目研究与决策
2		DT02-D12	项目管控与评价
3		DTO3-D13	项目经理评选术
4		DT04-D14	项目集群管控
5		DT05-D21	成功的企业项目化管理
6		DT06-D22	企业项目化管理训练营
7		DT07-D23	IPMP（A、B）
8	管理者	DT08-M111	IPMP-项目管理综述
9		DT09-M112	IPMP-组织与人力资源管理
10		DT10-M113	IPMP-项目识别与决策
11		DT11-M114	IPMP-项目计划与控制
12		DT12-M115	IPMP-项目收尾与后评价
13		DT13-M116	IPMP-项目综合管理
14		DT14-M117	IPMP 笔试强化
15		DT15-M121	项目进度管理
16		DT16-M122	项目费用管理
17		DT17-M123	项目质量管理
18		DT18-M124	项目风险管理
19		DT19-M125	项目采购与合同管理
20		DT20-M126	HSE 管理
21		DT21-M131	业主方项目管理
22		DT22-M132	投资项目管理
23		DT23-M133	研发项目管理
24		DT24-M134	订单式制造项目管理
25		DT25-M135	EPC 项目管理
26		DT26-M136	勘察设计项目管理
27		DT27-M137	施工项目管理
28		DT28-M21	IPMP Workshop
29		DT29-M22	项目管理实战沙盘（十八步）
30		DT30-M23	项目管理总监训练营
31		DT31-M31	从技术到管理
32		DT32-M32	管理者的十项素养与技能
33		DT33-M33	压力驾驭管理
34	执行者	DT34-P1	简要项目管理
35	职能经理	DT35-O1	非项目经理的改进型项目管理

（四）培训需求分析与应对策略

人力资源的培训与开发，是指为提高员工技能和知识水平，增进员工工作能力，从而提升员工现在和未来工作业绩所做的努力。人力资源的培训与开发，在整个人力资源管理过程中具有重要作用。其中，培训集中于现在的工作，而开发则是针对员工对未来工作的准备。对当前岗位的培训，通常包括岗前培训、在职培训和工作指导培训等。

在人员培训工作开展过程中，需要确定不同培训需求，制订匹配的培训规划。培训需求来源于组织、工作和个人，企业可根据不同的来源选择培训策略，实现预期的培训目的。

1. 来源于组织的培训需求与应对策略

（1）组织需求　组织需求分析始于对组织短期和长期目标的考察，以及对影响这些目标的趋势的分析。

（2）应对策略　制订适宜组织发展的培训规划。在知识经济时代，企业尤其要加强对项目经理的有针对性的培训，全面提升其职业技能和职业素质。制订切实可行、全面完整的培训规划，既要着眼于企业核心竞争力，又要围绕企业未来发展战略与项目化发展趋势，还要注重全局性、先导性。另外，培训规划要贴近现实、立足长远，分类、分步骤地实施，并向综合素质好、有培养潜能、德才兼备的中青年项目化人才倾斜。

2. 来源于工作的培训需求

（1）工作需求　工作需求提供每一项工作的任务信息、完成任务必需的技能和最低限度的可接受水平。这三种信息既可来源于一般员工、人力资源管理人员和上司，也可通过组织不同部门代表组成的小组收集。

（2）应对策略　优化培训模式，重在实际效用。企业要突破经费缺乏、工作学习矛盾等难题，创造条件，多形式、多层次地培养人才。企业可采取送培、代培、自培等形式或借助高等院校和专业的项目化管理培训机构，对企业项目化管理人员进行分批、分层次培训和继续教育。针对项目经理的培训，应着眼于学习项目综合管理理论，使其掌握的理论能够更好地指导实践。企业可组织项目部经理及以上人员参加高级研修班，或参加国际交流、合作，到国外进修、深造。

3. 来源于个人的培训需求

（1）个人需求　个人需求分析可通过两种不同的方式：通过实际工作表现和最低可接受表现标准的比较，或者通过对员工的效率估计和每种技能应有效率水平的比较，区分员工工作表现的差异。

（2）应对策略　实现人员能力可视化，进行针对性培训。企业可以通过采用成熟的项目化人才能力胜任模型，对企业项目化人员进行全面测评，制订更有针对性的培训规划，实现项目化人员能力的可视化管理。员工可以通过能力评估报告看到自己在具体能力要素上的差距，针对这些差距制订自己的学习和提高行动计划，并与自己的主管达成一致意见。

随着我国经济的发展，各企业面临的市场竞争日益激烈，发展逐步加快。这就需要员工拓宽知识结构，扩展知识层次。这样，培训工作越来越成为人力资源管理的常态性工作。各企业既要培养员工的专业业务能力，又要加强企业项目化管理的培训。同时，要按项目不同类型和项目不同层次的要求，对项目化人员进行分类分层次培训，不断充实新技术、新知识、新信息，以适应项目管理对复合型人才的需求。

六、项目化人才测评

（一）人才测评简析

项目化人员经开发后是否能够胜任目标岗位呢？人的能力更多地体现在软技能，直观上可以感知，但是难以做出量化评价。在现实管理实践中，企业及项目管理人员往往面临以下三个问题：

1）企业项目管理能力无法深入提升，人员管理工作薄弱。

2）仅仅以项目成果论英雄，缺乏对项目人员管理能力的全面认知。

3）对人员不能系统化管理，项目人员能力的差别无法明确化。

基于上述问题，企业项目化人员能力的测评工作，成为企业项目化人才开发工作中非常重要的部分。企业项目化人员管理能力的测评，可分为高层管理者能力测评、中层项目管理者能力测评以及低层项目管理能力测评三个部分。然而，对于高层管理者而言，由于其不仅管理项目，还对企业的整体进行管理，测评难度极大；就基层管理者而言，其活动与行为多受命于上级领导，测评价值较低，因此本部分主要介绍中层项目管理者的测评。

中层项目管理者能力的测评，主要是对其进行能力资质与认证。

项目化人员管理能力资质与认证（EP Qualification and Certification of Human-Resource Management Ability，EP-QCHRMA），是指对企业的各层级管理人员对应角色所应该具备管理能力和水平的描述和评价。企业管理的角色不同，资质与认证的层次也不相同，就目前而言，对项目经理的管理能力资质与认证的研究以及实施比较成熟。按认证的组织不同，国际认证主要有 IPMP（国际项目管理协会 IPMA 推出的 4 级认证）和 PMP（项目管理协会 PMI 推出的一级认证）。对企业人员管理能力进行资质分析和水平认证，既有利于促进管理水平高的人才的职业生涯发展，也有利于企业整体管理水平的提高，是企业整体管理能力提升的一种核心手段。

（二）国际项目经理测评

国际项目经理测评，是对项目经理能力进行认定的主要途径。根据进行测评的主办单位不同，目前国内外对项目经理进行测评最具权威性的为国际项目管理协会的项目经理测评（IPMP）与项目管理协会的项目经理测评（PMP）。

1. 国际项目管理协会的项目经理测评（IPMP）

国际项目经理资质认证（International Project Manager Professional，IPMP）是国际项目管理协会（International Project Management Association，IPMA）在全球推行的四级项目管理专业资质认证体系（IPMA Four Level Certification）的总称，具有广泛的国际认可度和专业权威性，代表当今项目管理资格认证的最高国际水平。IPMP 是对项目管理人员知识、经验和能力水平的综合评估证明，根据 IPMP 认证等级划分获得 IPMP 各级项目管理认证的人员，将分别具有负责大型国际项目、大型复杂项目、一般复杂项目或具有从事项目管理专业工作的能力。IPMA 依据国际项目管理专业资质标准（IPMA Competence Baseline，ICB），针对项目管理人员专业水平的不同将项目管理专业人员资质认证划分为四级，见表 7-8。

表 7-8　IPMA 全球四级证书体系（IPMP）

等级	能力	认证程序			有效期
		阶段 1	阶段 2	阶段 3	
认证的国际特级项目经理 Certified Projects Director（IPMA Level A）	能力 = 知识 + 经验 + 个人素质	A 申请履历自我评估证明材料项目清单	项目群管理报告	面试	5 年
认证的国际高级项目经理 Certified Senior Project Manager（IPMA Level B）		B	项目管理报告（无 C 级证书将附加笔试）		
认证的国际项目经理 Certified Project Manager（IPMA Level C）		C	1. 笔试 2. 案例研讨		
认证的国际助理项目经理 Certified Project Management Associate（IPMA Level D）	知识	D 申请履历自我评估	笔试		无时间限制

A 级（IPMA Level A）证书是国际特级项目经理（Certified Projects Director）。获得这一级认证的项目管理专业人员有能力指导一个公司（或一个分支机构）的包括诸多项目的复杂规划，有能力管理该组织的所有项目，或者管理一项国际合作的复杂项目。

B 级（IPMA Level B）证书是国际高级项目经理（Certified Senior Project Manager）。获得这一级认证的项目管理专业人员可以管理大型复杂项目，或者管理一项国际合作项目。

C 级（IPMA Level C）证书是国际项目经理（Certified Project Manager）。获得这一级认证的项目管理专业人员既能够管理一般复杂项目，也可以在所在项目中辅助高级项目经理进行管理。

D 级（IPMA Level D）证书是国际助理项目经理（Certified Project Management Associate）。获得这一级认证的项目管理人员具有项目管理从业的基本知识，并可以将它们应用于某些领域。

由于各国项目管理发展情况不同，各有各的特点，IPMA 允许各成员国的项目管理专业组织结合本国特点，参照 ICB 制定在本国认证国际项目管理专业资质的国家标准（National Competence Baseline，NCB），这一工作授权于代表本国加入 IPMA 的项目管理专业组织完成。中国项目管理研究委员会（PMRC）是 IPMA 的成员国组织，是我国唯一的跨行业跨地区的项目管理专业组织，PMRC 代表中国加入 IPMA 成为 IPMA 的会员国组织，IPMA 已授权 PMRC 在中国进行 IPMP 的认证工作。PMRC 已经根据 IPMA 的要求建立了"中国项目管理知识体系（C-PMBOK）"及"国际项目管理专业资质认证中国标准（C-NCB）"，这些均已得到 IPMA 的支持和认可。PMRC 作为 IPMA 在中国的授权机构于 2001 年 7 月开始全面在中国推行国际项目管理专业资质的认证工作。

2. 项目管理协会的项目经理测评（PMP）

PMP 是英文 Project Management Professional 的缩写，中文意思就是项目管理专业人员资格认证，是由 PMI 发起的、严格评估项目管理人员知识技能是否具有高品质的资格认证考试。其目的是为项目管理人员提供统一的行业标准。

自从 1984 年以来，PMI 一直致力于全面发展，并保持一种严格的、以考试为依据的专家资质认证项目，以便推进项目管理行业和确认个人在项目管理方面所取得的成就。我国自1999年开始推行PMP认证，由PMI授权国家外国专家局培训中心负责在国内进行PMP认证的报名和考试组织。

参加认证的大部分人群，主要是项目型企业或企业中的项目管理者、技术骨干及项目组成员，涉及的行业遍布IT、电子、通信、工程、金融、房产、石化、数据管理、军工、航天等，几乎涵盖所有领域。

在我国，PMP考试一年开展4次，由国家外国专家局培训中心负责组织实施。PMP认证的官方教材为PMBOK®，每4年更新一次，考试内容主要包括项目管理的五个过程：

启动：确立一个项目或一个项目阶段。

规划：为完成项目，制订和维护一个可操作的计划。

执行：协调人力和其他资源以执行计划。

监控：通过监控和进度测量及必要时采取纠正措施，以确保项目目标的实现。

收尾：正式验收项目或项目阶段，并使其有条不紊地圆满结束。

PMP的考试形式为笔试，采用客观选择题的形式，共计200题，其中25题不计成绩。答题时间为9:00—13:00，共计4个小时。

（三）中国项目经理测评

我国近年来对项目管理的关注也上升到了新高度，因此对项目经理的考核与测评也陆续出台。中国建筑业协会项目经理测评主要是对建筑设计人员进行的注册建造师考评。

注册建筑师是依法取得注册建筑师资格证书，在一个建筑设计单位内执行注册建筑师业务的人员。国家对从事人类生活与生产服务的各种民用与工业房屋及群体的综合设计、室内外环境设计、建筑装饰装修设计，建筑修复、建筑雕塑、有特殊建筑要求的构筑物的设计，建筑设计技术咨询，建筑物调查与鉴定，对本人主持设计的项目进行施工指导和监督等专业技术工作的人员，实施注册建筑师执业资格制度。

注册建造师执业资格考试分为两个级别：一级建造师和二级建造师，英文分别译为：Constructor，Associate Constructor。

一级建造师执业资格实行统一大纲、统一命题、统一组织的考试制度，原则上每年举行一次考试。考试内容分为综合知识与能力和专业知识与能力两部分。报考人员要符合有关文件规定的相应条件。一级、二级建造师执业资格考试合格人员，分别获得"中华人民共和国一级建造师执业资格证书""中华人民共和国二级建造师执业资格证书"。

二级建造师是建筑类的一种职业资格，是担任项目经理的前提条件。凡遵纪守法、具备工程类或工程经济类中等专科以上学历并从事建设工程项目施工管理工作满2年，可报名参加二级建造师执业资格考试。二级建造师执业资格考试合格者，由省、自治区、直辖市人事部门颁发"中华人民共和国二级建造师执业资格证书"。取得建造师执业资格证书经过注册登记后，即获得二级建造师注册证书，注册后的建造师方可受聘执业。自2009年起二级建造师实行地方管理和地方命题制度。二级建造师考试科目有三门。二级建造师执业资格实行全国统一大纲，各省、自治区、直辖市命题并组织考试的制度。考生也可选择参加二级建造师执业资格全国统一考试，全国统一考试由国家统一组织命题和考试。

七、项目化人才发展

（一）项目化人员职业生涯发展规划

职业生涯规划是指组织或者个人把个人发展与组织发展相结合，对决定个人职业生涯的个人因素、组织因素和社会因素等进行分析，制订个人事业发展的战略设想与计划安排。以人为本、实行员工关系管理、切实提高人力资源管理的有效性，已经成为现代企业管理的必然选择，职业生涯规划的作用日益显著。

因企业项目化工作的变革性和风险性，一般而言，项目人员比职能人员面临更大的职业挑战。随着市场竞争的进一步加剧，企业对项目化能力的需求将进一步加大。而帮助项目人员进行职业生涯规划、进行企业项目化的人才队伍建设，有助于企业项目化能力的提高。

项目人员愿意通过项目管理实践逐步提升为企业项目化管理人员，在项目化管理专业领域有所提升的，可以走一条由项目执行人员、项目主管、大/中/小项目经理、项目总监，直至 CPO 和（或）总经理的发展路径，如图 7-21 所示。

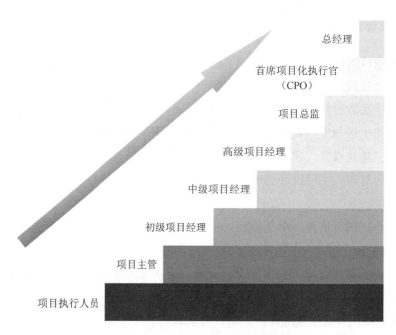

图 7-21　企业项目人员职业发展通道

当前，越来越多的企业认识到项目人员职业发展的重要性，同时为项目管理人员的职业晋升提供了明确的方向指导。图 7-22 为某大型国有企业项目人员的职业发展通道。

企业项目化的发展，使得人们在企业中的职业发展有了更多的选择余地和发展空间。员工可以从参与项目或者负责一个小小的项目开始，慢慢成长到能负责一个中等规模甚至是影响企业未来发展的大项目。更多企业员工追求的职位不再是有限的职能经理，而是追求更有广阔发展前景的、具有较大成长空间的企业项目化管理者。

（二）人才留用与发展

只有凝聚人才、用好人才，才能留住人才。企业要有爱才之心、用才之法、留才之情，还要有

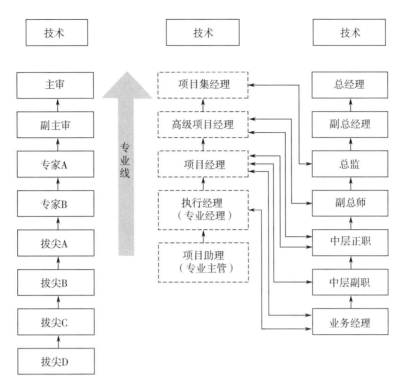

图 7-22　某大型国有企业项目人员的职业发展通道

良好的环境、氛围和机制，才能保证人才的留用与发展。通常情况下，企业留用人才的方法有如下几种。

1. 高薪待遇留人

企业要坚持看资历而不唯资历，看年龄而不唯年龄，看实力而不唯关系，看水平而不唯文凭的用人原则，拓宽任用项目化人员的思路，创新用人机制；要根据项目化人员知识积累、实践经验的深度及广度，用其所长，用其所强，使位宜于人、人合于事、才尽其用，使项目化人员处于最佳的工作状态。同时，应注重合理、公平、具有激励性的薪资分配原则，以同行业较高的薪资水平留住企业项目化管理型人才。

2. 职业晋升留人

企业应对项目经理进行情感投资，可以在政治上多关心、思想上多倾心、生活上多爱心，使其免除后顾之忧，能大胆、放心、创造性地工作，为企业创造更多的精品成果、更好的经济效益。企业特别应从精神上给予更多鼓励，可在项目间展开"明星项目经理""优秀项目经理""全能型项目经理"的评比活动，对评出的先进者予以表彰、通报，并载入个人业绩档案，作为晋升的依据之一；可以开展"学优秀、创先进"的演讲比赛和报告团活动，把优秀项目经理的先进事迹在企业范围内流动宣传；可以让优秀项目经理优先参与全国、省、市级"优秀项目经理"的评选活动，以此作为对其业绩的嘉奖和肯定。上述措施都可以让项目经理与企业产生共鸣，激发其对企业的认同感、归属感和荣誉感。

企业管理修炼案例

案例回放

近年来市场竞争激烈，JW 公司的市场由原来的国家配额改为自由竞争。为此，公司进行了项目化管理改革，并且集团人力资源部制定了一项新政策：为配合企业的发展战略，鼓励公司所有人员参加国际项目管理专业资质认证（IPMP），通过认证者公司报销全部费用，工资等级加一级，同时为其提供一定的实践平台，对其进行有计划的培养。尽管刚开始参加认证的人员不是很多，但在参加人员的带动下，公司掀起了一股学习热潮，在一定程度上推进了项目化变革的进程。

案例分析

企业在内部一方面要适应社会的新要求，为企业专业人员获得相关资格提供条件和鼓励政策；另一方面要对已取得资格的人员提供任职平台，通过公开竞聘、民主测评、业绩档案调查、组织考核等多种手段，选拔业务精、素质高、能力强的人才，让其在项目化各级岗位上锻炼成长。

3. 事业拓展留人

企业要勾画具有共同价值理念的同心圆，建立完善、规范、科学的激励机制。这样才能使项目化人才在项目上恪尽职守、开拓创新地精耕细作，从而推进企业项目化管理的变革和持续提升。而企业一旦发展与强大，将会给项目化人员提供更多的空间与机会，这样的方式称为事业拓展留人。

4. 文化感召留人

先进的企业文化，不仅能为人才成长提供宽松的环境、良好的氛围，还能为人才创造性的工作提供空间。对项目经理而言，就是要让其感受到企业的尊重和关怀，让其充满成就感、自豪感、归宿感。

（1）构建先进的用人文化　企业要不断为项目经理提供广阔的施展才华的舞台，信任并在工作中充分授权，发挥项目经理的主动性、创造性，使其在富有挑战性的工作中感到自豪。

（2）构建良好的成才文化　企业要通过公平、公正、合理的选拔方法，把业务精、素质好、开拓能力强、创新意识好的项目经理选拔出来。企业不仅要培育尊重人才、尊重知识的浓厚氛围，还要培育你追我赶的竞争环境。同时，企业要营造项目经理能上能下、能进能出、能者上庸者让的氛围，要对项目经理采取准入制和淘汰制，要按原则、程序和制度办事，为项目经理提供良好的成长环境。不仅如此，企业还应为其提供良好的晋升和发展机会，让其向企业更高层次、更高职务发展。

（3）构建良好的企业发展文化　企业要想留住人才，光明的发展前景是非常重要的。因此，企业应不断强化机遇意识、发展意识、人才意识、品牌意识、质量意识、诚信意识，进行体制创新、机制创新、技术创新、观念创新，以先进的管理手段、美好的发展前景、优秀的企业文化、较好的经济效益吸引项目经理，让其充满信心、充满斗志。

企业项目化人员配置，往往关注对战略目标实现的支持。企业作为一个相对稳定的组织，需要项目化人才的可持续发展，以支持企业项目化管理能力的持续提升，直至卓越。重点维护好具有企业项目化能力的关键人才，对这些关键人才加强管理和控制，培育他们对企业的忠诚度，这对于提升企业的项目化能力至关重要。

第四节 企业项目化组织薪酬管理模块

在企业项目化组织人员管理章节中，作为奖惩激励手段，对员工行为起到约束与激励作用的还有组织薪酬管理。组织薪酬管理，作为企业项目化组织人员管理的四个模块之一，对企业的稳定发展起着不可忽视作用。

企业项目化组织薪酬管理（EP Organization Salary Management），是指一个组织为了达到组织的战略和任务目标，根据组织管理相关规定和人员素质水平等情况，由企业管理者主导推动，确定各级员工报酬总额、结构和形式的管理过程。从本质上讲，是通过对优良行为的奖励、固化和对不良行为的处罚、警戒，达到改善企业员工行为、提升企业发展成就目的的组织措施。

由以上定义可知，企业项目化组织薪酬管理是通过一定的管理方法，对企业中的人员进行激励，以改善员工行为、达到企业发展目的的过程，其模块导图如图7-23所示。

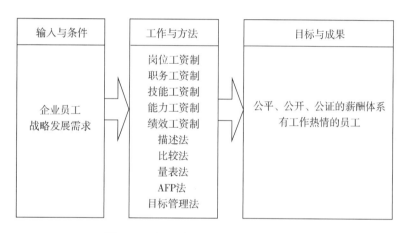

图7-23 企业项目化组织薪酬模块导图

一、企业项目化人员工作激励

国内外对于激励理论的研究已经有多年的历史，形成了较为成熟的理论。企业管理人员充分了解激励理论的本质，有助于更有效地对企业人员进行管理。以下列举了三种最常见也是最具权威性的激励理论。

1. 佛罗姆的期望理论

期望理论又称"效价-手段-期望理论"，属于管理心理学与行为科学的一种理论。该理论可以用公式表示为：激动力量＝期望值×效价。激励理论由北美著名心理学家和行为科学家维克托·弗鲁姆（Victor H. Vroom）于1964年在《工作与激励》中提出。

在这个公式中，激动力量指调动个人积极性，激发人内部潜力的强度；期望值是根据个人的经验判断达到目标的把握程度；效价则是所能达到的目标对满足个人需要的价值。这个理论公式说明，人的积极性被调动的程度取决于期望值与效价的乘积。也就是说，一个人对目标的把握越大，估计达到目标的概率越高，激发起的动力越强烈，积极性也就越大。在领导与管理工作中，运用期望理论调动下属的积极性是有一定意义的。

期望理论是以三个因素反映需要与目标之间的关系，要激励员工，就必须让员工明确：

1）工作能提供给他们真正需要的东西。

2）他们欲求的东西是和绩效联系在一起的。

3）只要努力工作就能提高他们的绩效。

2. 赫茨伯格的双因素理论

双因素理论，又称"激励保健理论（hygiene-motivational factors）"，是激励理论的代表之一，由美国心理学家赫茨伯格于1959年提出。

该理论认为引起人们工作动机的因素主要有两个：一是激励因素，二是保健因素。只有激励因素才能给人们带来满意感，而保健因素只能消除人们的不满，但不会带来满意感。

保健因素是指造成员工不满的因素。保健因素不能得到满足，则易使员工产生不满情绪、消极怠工，甚至引起罢工等对抗行为；但在保健因素得到一定程度的改善以后，无论再如何进行改善往往也很难使员工感到满意，因此也就难以再由此激发员工的工作积极性。就保健因素来说："不满意"的对立面应该是"没有不满意"。

激励因素是指能造成员工感到满意的因素。因激励因素的改善而使员工感到满意的结果，能够极大地激发员工工作的热情，提高劳动生产效率；但激励因素即使管理层不给予其满意满足，往往也不会因此使员工感到不满意。所以，就激励因素来说："满意"的对立面应该是"没有满意"。

3. 马斯洛的需求层次理论

马斯洛的需求层次理论是行为科学的理论之一，由美国心理学家亚伯拉罕·马斯洛于1943年在《人类激励理论》论文中提出。该理论将人类需求像阶梯一样从低到高按层次分为五种，分别是：生理需求、安全需求、社交需求、尊重需求和自我实现需求，如图7-24所示。

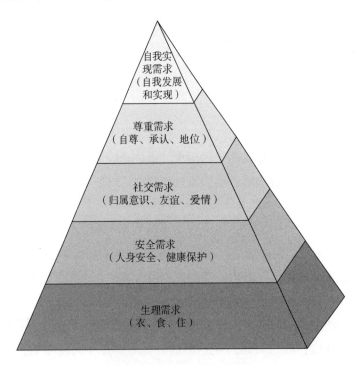

图 7-24　马斯洛需求层次理论

假如一个人同时缺乏食物、安全、爱和尊重，通常对食物的需求是最强烈的，其他需要则显得不那么重要。此时人的意识几乎全被饥饿所占据，所有能量都被用来获取食物。只有当人从生理需求的控制下解放出来时，才可能出现更高级的、社会化程度更高的需求，如安全需求。

二、企业项目化组织薪酬管理

薪酬管理对任何一个组织来说都是一个比较棘手的问题，主要是因为企业的薪酬管理系统一般要同时达到公平性、有效性和合法性三大目标，企业经营对薪酬管理的要求越来越高，但薪酬管理受到的限制因素越来越多，除了基本的企业经济承受能力、政府法律法规，还涉及企业不同时期的战略、内部人才定位、外部人才市场以及行业竞争者的薪酬策略等。

以下将对企业项目化组织薪酬管理的相关概念、重要作用以及制定原则进行详细阐述。

（一）薪酬管理概念解析

薪酬是指员工向其所在单位提供劳动后而获得的各种形式的补偿，是单位支付给员工的劳动报酬。薪酬包括经济性薪酬和非经济性薪酬两大类，经济性薪酬分为直接经济性薪酬和间接经济性薪酬。

薪酬管理，是指一个组织针对所有员工所提供的劳动来确定他们应当得到的报酬总额以及报酬结构和报酬形式的一个过程。在这个过程中，企业就薪酬水平、薪酬体系、薪酬结构、薪酬构成以及特殊员工群体的薪酬做出决策。同时，作为一种持续的组织过程，企业还要持续不断地制订薪酬计划，拟定薪酬预算，就薪酬管理问题与员工进行沟通，同时对薪酬系统的有效性做出评价后不断予以完善。

企业项目化组织薪酬管理要为实现薪酬管理目标服务，薪酬管理目标是基于人力资源战略设立的，而人力资源战略服从于企业发展战略。

薪酬管理包括薪酬体系设计、薪酬日常管理两方面的工作。

1. 薪酬体系设计

薪酬体系设计主要是薪酬水平设计、薪酬结构设计和薪酬构成设计。薪酬设计是薪酬管理最基础的工作，如果薪酬水平、薪酬结构、薪酬构成等方面有问题，企业薪酬管理不可能取得预定目标。

2. 薪酬日常管理

薪酬日常管理是由薪酬预算、薪酬支付、薪酬调整组成的循环，这个循环可以称为薪酬成本管理循环。薪酬体系建立起来后，应密切关注薪酬日常管理中存在的问题，及时调整公司薪酬策略，调整薪酬水平、薪酬结构以及薪酬构成，以实现效率、公平、合法的薪酬目标，从而保证公司发展战略的实现。

（二）薪酬管理作用价值

薪酬管理在企业中的作用是通过调整薪酬结构、薪酬水平而实现的。

薪酬结构是体现经营者管理思想的基础。经营者可根据企业在不同发展时期对人才的需求情况，拟定不同的薪酬结构。当企业处于高速成长阶段，经营者可选择较高的浮动工资比例，以激发员工的工作热情、调动员工的工作积极性；当企业处于成熟阶段，产品市场占有率、客户资源稳定，经营者可降低浮动工资比例，以保证加强对薪酬成本的控制。若企业需要引进高学历人才，以改善人才结构，可以增加学历补贴，以增强对高学历人才的吸引力；若企业希望员工更长久地为企业服务，可增加员工补贴，以提高老员工对企业的忠诚度。

薪酬水平是企业吸引人才、留住人才的保障。企业的薪酬水平设计包括外部公平、内部公平和个人公平三个层面。通过与同行业类似岗位的薪酬进行比较，保证薪酬的外部公平性和竞争性，避免出现某些岗位薪酬水平严重偏离市场水平从而造成不稳定的因素。通过企业内部各岗位的薪酬与岗位价值相匹配，保证薪酬的内部公平，避免因此造成的员工流失。同时，相同岗位设计不同薪级和薪档，与员工的能力和业绩相匹配，充分体现员工的能力价值，发挥薪酬的激励性。

薪酬调整机制是联系员工与企业共同发展的纽带。企业的薪酬调整机制包括宏观调整（以企业为主体）和微观调整（以员工为主体）两个方面。在宏观层面，企业需要在每年年末进行新一年度的薪酬预算前，应对上一年度的薪酬状况进行分析和评估，根据企业发展状况确定总薪酬调节幅度。在微观层面，企业要根据员工的个体表现，对其在过去一年中的表现给予充分肯定和认可，发挥薪酬激励作用的同时，让员工感受到与企业的共同成长。

（三）薪酬管理目标

薪酬管理是企业分配原则的表现形式，也是企业文化的体现。企业项目化薪酬管理的目标有以下几点。

1. 薪酬管理要体现管理的人本思想

薪酬是劳动者提供劳动的回报，是对劳动者各种劳动消耗的补偿，因此薪酬水平既是对劳动者劳动力价值的肯定，也直接影响劳动者的生活水平。所谓以人为本的管理思想就是要尊重人力资本所有者的需要，解除其后顾之忧，很难想象一个组织提倡以人为本，其薪酬制度却不能保证员工基本生活水平。在我国物质生活水平日益提高的今天，管理者不仅要保证其员工的基本生活，更要适应社会和个人的全方位发展需求，为其提供更全面的生活保障，建立适应国民经济发展水平的薪酬制度。

2. 薪酬战略要体现组织的基本战略

一个组织有许多子战略，如市场战略、技术战略、人才战略等，其中的薪酬战略是人才战略最重要的组成部分，也是一个组织的基本战略之一。一个优秀的薪酬战略应对组织起到四种作用：

1）吸引优秀的人才加盟。

2）保留核心骨干员工。

3）突出组织的重点业务与重点岗位。

4）保证组织总体战略的实现。

3. 薪酬管理要与组织赢利能力相匹配

薪酬对于劳动者来说是报酬，对于组织来讲则意味着成本。虽然现代的人力资源管理理念不能简单地以成本角度来看待薪酬，但保持先进的劳动生产率、有效地控制人工成本、发挥既定薪酬的最大作用，对于增加组织利润、增强组织赢利能力进而提高竞争力的作用无疑是直接的。

（四）薪酬管理法则

既然企业的薪酬管理对企业有如此重要的作用，那么应该按照何种原则制定企业的薪酬体系，才能为企业带来更好的效益呢？一个优秀的薪酬设计方案，应至少遵守以下几项原则：

1）补偿性原则：要求补偿员工恢复工作精力所必要的衣、食、住、行费用，以及补偿员工为获得工作能力以及身体发育所先行付出的费用。

2）公平性原则：要求薪酬分配全面考虑员工的绩效、能力及劳动强度、责任等因素，考虑外部竞争性、内部一致性要求，达到薪酬的内部公平、外部公平和个人公平。

3）透明性原则：薪酬方案公开。

4）激励性原则：要求薪酬与员工的贡献挂钩。

5）竞争性原则：要求薪酬有利于吸引和留住人才。

6）经济性原则：要求比较投入与产出效益。

7）合法性原则：要求薪酬制度不违反国家法律法规。

8）方便性原则：要求内容结构简明、计算方法简单和管理手续简便。

（五）薪酬管理的方法

在企业薪酬管理实践中，根据薪酬支付依据的不同，有岗位工资、职务工资、技能工资、能力工资、绩效工资等薪酬构成元素。通常企业会选择其中一种或两种为主要形式，其他为辅助形式。选择并确定工资制度形式是很关键的，这体现着公司的价值导向。

1. 岗位工资制

岗位工资制是依据任职者在组织中的岗位确定工资等级和工资标准的一种工资制度。岗位工资制基于这样的假设：岗位任职要求刚好与任职者能力素质相匹配。如果员工能力超过岗位要求，意味着人才的浪费；如果员工能力不能完全满足岗位要求，意味着任职者不能胜任岗位工作，无法及时、保质保量地完成岗位工作。岗位工资制的理念是：不同的岗位创造不同的价值，因此将给予不同的岗位不同的工资报酬；企业应该将合适的人放在合适的岗位上，使人的能力素质与岗位要求相匹配，对于超过岗位任职要求的能力不给与额外报酬；岗位工资制鼓励员工通过岗位晋升来获得更多的报酬。

2. 职务工资制

职务工资制是简化了的岗位工资制。职务和岗位的区别在于：岗位不仅表达出层级，还表达出工作性质，如人力资源主管、财务部部长等就是岗位；而职务仅仅表达出来层级，如主管、经理，以及科长、处长等。职务工资制在国有企业、事业单位以及政府机构得到广泛的应用。职务工资制只区分等级，事实上和岗位工资具有本质的不同：岗位工资体现不同岗位的差别，岗位价值综合反映岗位层级、岗位工作性质等多方面因素，是市场导向的工资制度；职务工资仅仅体现层级，是典型的等级制工资制度。

相对于岗位工资制，职务工资制最大的特点是：根据职务级别定酬，某些人可能没有从事什么岗位工作，但只要到了那个级别就可以享受相应的工资待遇，这是对内部公平的最大挑战。

3. 技能工资制

技能工资制是根据员工所具备的技能而向员工支付工资，技能等级不同，薪酬支付标准不同。技能工资制和能力工资制与岗位工资制、职务工资制不同，技能工资制和能力工资制是基于员工的能力，不是根据岗位价值的大小来确定员工的报酬，而是根据员工具备的与工作有关的技能和能力的高低来确定其报酬水平。技能通常包括三类：深度技能、广度技能和垂直技能。深度技能指与从事岗位工作有关的知识和技能，表现在能力的纵向结构上，强调员工在某项能力上不断提高，鼓励员工成为专家；广度技能指与从事相关岗位工作有关的知识和技能，表现在能力的横向结构上，提倡员工掌握更多的技能，鼓励员工成为通才；垂直技能指的是员工进行自我管理，掌握与工作有关

193

的计划、领导、团队合作等技能，鼓励员工成为更高层次的管理者。

4. 能力工资制

能力工资制根据员工所具备的能力向员工支付工资，员工能力不同，薪酬支付标准不同。在人力资源开发与管理中，能力多指一种胜任力和胜任特征，是员工具备的能够达成某种特定绩效或者是表现出某种有利于绩效达成的行为能力。

技能工资制和能力工资制的理念是："你有多大能力，就有多大的舞台"。技能工资制和能力工资制能够真正体现"以人为本"的理念，给予员工足够的发展空间和舞台。如果员工技能或能力大大超过目前岗位工作要求，应给员工提供更高层次的岗位，如果没有更高层次岗位，也应给予超出岗位要求的技能和能力以额外报酬。

5. 绩效工资制

绩效工资制是以个人业绩为付酬依据的薪酬制度，绩效工资制的核心在于建立公平合理的绩效评估系统。绩效工资制适用范围很广，在销售、生产等领域更是得到广泛认可，计件工资制、提成工资制也都是绩效工资制。

第五节　企业项目化制度与标准模块

在企业组织架构设计和部门、岗位职责明确以后，有了明确的人员聘用与育留流程和组织薪酬管理方法，管理制度、标准建设成为以员工行为为核心的两大组织管理内容。

企业项目化制度与标准（EP Organization Rule and Standered，EP-ORS），是站在企业组织的层面，通过对内的制度约束和对项目执行的第三方标准要求，持续改善企业员工的工作行为，从而保障企业项目化管理能力不断提升和企业项目化战略目标成功实现。其中，管理制度作为企业内部立法，是通过组织权力程序形成的行为规范，对员工或组织具有强制约束作用，但管理成熟度较低；标准是按照通用规则形成的第三方强制要求，分为国家标准、行业标准、企业管理标准等内容，执行范围更广泛，管理成熟度也更高。

企业项目化制度与文化模块导图如图 7-25 所示。

图 7-25　企业项目化制度与文化模块导图

一、企业管理制度与标准概述

企业管理制度与标准是站在企业组织的层面，通过对企业员工行为的制度约束、标准规范和持续改善企业员工的工作行为，从而保障企业项目化管理能力不断提升和企业项目化战略目标成功实现的两大措施。

（一）企业管理制度概念与理解

制度有狭义和广义两种解释。狭义的制度，也称为规章制度、管理制度，它的一般含义是：要求大家共同遵守的办事规程或行动准则。它是在一定历史条件下形成的管理体系。制，就是强力约束；度，就是强力约束的程度。广义的制度，是指某一领域的制度体系，如通常所说的政治制度、经济制度、法律制度和文化制度等。

企业在行使管理职权、处理日常工作的过程中，需要具有一定的规范体式的文书做辅助或者保证。换句话说，企业单位开展工作的种种方法、措施，都需要依靠管理制度进行规范、安排。所以，企业管理制度是企业为了自身的建设，在进行生产、流通和服务等一系列经营活动时，为保障经营活动的合法有效进行，经过一定的程序制定的，在生产运作、财务会计、人力资源等各方面进行规范管理的相应的规范性文件，是企业单位依法管理社会事务、经济事务和进行公务活动的重要工具，是企业管理的依据和保证。

（二）企业标准化管理体系概念与理解

企业标准化管理体系涉及企业管理制度的方方面面，包括职业素质标准、岗位职责标准、岗位考评标准、企业全面形象管理、组织管理、行政后勤保障管理、人力资源管理、生产管理、技术研发管理、设备管理、质量管理、财务管理、物控管理、营销管理、经济合同管理、管理判例等，是企业管理运行较为完备的制度体系，为企业步入良性的发展轨道奠定了坚实的基础。

（三）企业管理制度与标准建立评析

管理制度与标准建立，作为组织中硬性规定手段，是站在企业组织的层面，通过对企业员工行为的约束，持续改善企业员工的工作行为和行为成效，从而保障企业项目化管理能力不断提升和企业项目化战略目标成功实现的重大措施。管理制度和标准建立，是在员工行为发生之前，通过事先的制度约束说明和标准描述影响员工的行为。管理制度与标准建立对企业员工的作用如图7-26所示。

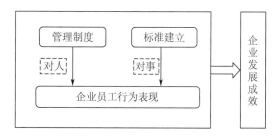

图 7-26　管理制度与标准建立对企业员工的作用

需要明确的是，管理制度与标准都是一种事前约束，而对员工行为进行事后约束的是通过业绩成效管理实现的，对于业绩成效管理的相关内容将在财务成效管理领域进行详细阐述。

1. 管理制度

管理制度作为企业内部立法，是通过组织权力程序形成的行为规范，对员工或组织具有约束作用。管理制度是必须遵守的规范，对行为起约束作用，并努力将这种约束形成行为习惯。需要说明的是，对于用制度来约束的行为，企业有一定的经验，各层级人员需要对制度约束形成一定的共识。制度管理只罚不奖，对于符合制度规定的行为，不会对其褒奖，但对于违反制度规定的行为，一般都会有一定的惩罚措施。

2. 标准建立

企业要在贯彻落实国家关于标准化工作的法律、法规、政策、方针的基础上，建立健全以技术标准为主体核心、以管理标准为支持、以工作标准为保障的企业标准化体系。

（1）技术标准 技术标准是标准化管理体系的核心，是实现产品质量的重要前提，其他标准都要围绕技术标准进行，并为技术标准服务。具体来说，技术标准是对生产相关的各种技术条件，包括生产对象、生产条件、生产方式等所做的规定，如产品标准、半成品标准、原材料标准、设备标准、工艺标准、计量检验标准、包装标准、安全技术标准、环保卫生标准、设备维修标准、设计标准、能源标准等。

企业技术标准的形式可以是标准、规范、规程、守则、操作卡、作业指导书等。

任何企业都应首先以其高质量的产品（包括有形产品和无形产品）标准为中心，以高质量的产品（或工程服务）标准为中心，建立完善的企业技术标准体系。

（2）管理标准 管理标准是生产经营活动和实现技术标准的重要措施，它把企业管理的各个方面以及各个单位、部门岗位有机地结合起来，统一到产品质量的管理上，以获得最大的经济效益。

管理标准是对有关生产、技术、经营管理各个环节运用标准化原理所作的规定，它涉及各个管理方面，包括企业经营决策管理、生产管理、技术管理、质量管理、计划管理、人事管理、财务管理、设备管理、物资供运销管理、经济实体管理以及标准化管理等。

（3）工作标准 工作标准是对企业标准化领域中需要协调统一的工作事项制定的标准，是以人或人群的工作为对象，对工作范围、责任、权限以及工作质量等所做的规定。工作标准主要是研究规定各个具体人员在生产经营活动中应尽的职责和应有的权限，对各种工作的量、质、期以及考核要求所做出的规定。企业工作标准化管理，主要是明确工作标准的内容和对象，科学制定工作标准；认真组织实施工作标准；对工作标准的完整性、贯彻情况、取得的成效进行严格考核。

企业标准化管理实质上是对由技术标准、管理标准、工作标准这三大标准体系所构成的企业标准化系统（或企业标准体系）的建立与贯彻执行。企业文化是以企业核心价值观为核心形成的隐性心理契约。企业文化是企业内部所特有的核心价值观，对员工行为起引导、拉动的作用。对于用文化来拉动的行为，企业缺乏充分的经验和共识，往往是企业高层的一种期望。从绩效管理来看，文化拉动只奖不罚，对于发扬企业文化的行为，往往给予褒奖，而对于未达到企业文化要求的行为，并不会进行惩罚。

企业管理修炼案例

案例回放

联想集团在进行企业文化教育时，提出了法治、人治、文化治三个概念。联想集团的管理哲学认为：对普通员工和基层经理人员的管理更多的是靠法治，即靠规章制度管理，原因在于他们的工作弹性小；对高级经理人员的管理，除坚持法治原则，更多的是靠人治，原因在于他们的工作弹性大，仅靠制度管理是远远不够的，必须"恩义"相结合，即讲情操、讲志向、讲企业共同的发展前景，用长远利益来凝聚他们。在法治、人治之外，联想集团还提出文化治，即企业核心价值观，认为无论是法治还是人治，都必须建立在企业核心价值观基础上，靠企业核心价值观来凝聚人心，提高战斗力。

案例分析

制度管理和企业文化管理这两种手段孰轻孰重，如何运用？这需要从时间和空间两个方面考虑。从时间角度来讲，企业发展往往会经历三个阶段：人管人、制度管人、文化管人。企业发展初期，人不多，规模不大，几乎没有制度可言。待企业有所发展，人员增多，就要定规矩，靠严密的制度来管理，为此管理者会大力提倡爱岗敬业，号召员工树立岗位意识。而从空间（企业层级）角度来讲，会有类似于联想集团这样的侧重。其实具体到不同的岗位或者行业，二者的侧重会有所不同。比如传统的生产制造业，多会强调制度的作用；而知识密集型企业，则将企业文化建设放在非常重要的位置。

关于制度管理和文化管理，虽然在不同的情况下企业有不同的侧重，但对于企业来讲，制度建设和企业文化建设二者须臾不可偏废。制度管理好比管理的"硬刀子"，解决的是哪些能做、哪些不能做的问题；企业文化管理好比管理的"软刀子"，它通过教化使人们形成明确的是非感、荣辱感，从而改变人们预期收益和预期成本的结构，达到事先预防、降低犯错误率的目的。两者一软一硬，一拉一推，共同将组织的协调成本降到最低，推动组织前进。因此，谋求提升组织契约性的管理制度和谋求提升企业凝聚力的文化建设要齐头并进。

制度管理和文化管理虽然是两种不同的管理手段，但是企业对二者所期望达到的目标是一致的，都是要使得企业的治理水平和运行效率等得到提升，保障企业发展目标的实现。具体来说，刚性的制度是企业进行现代企业管理的基础，形成了企业的骨架；柔性的文化是企业保持生机、活力的基础，形成了企业的灵魂和思想。它们的共同作用使企业形成发展的基础和动力，并使企业成为一个生命有机体。

二、企业项目化制度与标准建设

（一）企业项目化制度与标准的作用与价值

企业项目化制度与标准的制定，不但要考虑企业和高层主管的管理诉求，而且要考虑执行主体——员工的接受程度和能力。特别是企业项目化管理以企业的提升和跨越发展为目标，势必会对员工产生重大影响，因而也就很可能遇到员工各种层面的抵制。所以，在企业制定项目化管理制度与标准时，应先进行一定程度的规划，明确制度与标准的作用及价值。

企业制定项目化制度与标准一般是要达成如下目的：

1）完善制度、明确标准、提升管理。

2）达到事先有计划、做事讲程序、过程有控制、结果有考核的管理水平。

3）作为对制度进行修改、充实和完善的工作指南。

4）协调职能部门，实现企业的高效运转。

（二）企业项目化制度与标准的建设流程

企业项目化制度与标准，是在企业生产经营活动中，根据项目化战略发展的需要，要求所有成员共同遵守的规定和准则的总称。没有规矩难成方圆，企业是一个相对稳定的组织，企业项目化制度与标准是组织管理的基础支撑。企业项目化制度与标准虽不是企业项目化管理的核心，但往往成为企业项目化管理外在表现的主体，因此企业项目化制度与标准显性化（企业项目化管理制度与标准建设）成为企业管理的一项重要工作。

影响企业制度与标准的因素多种多样，企业制度与标准的制定和执行面临着一些瓶颈：

1）制度与标准落后，不能适应企业发展阶段的需要。

2）制度与标准不科学，很难适应企业竞争力提升的需要。

3）制度与标准不全面，执行标准难以统一。

4）制度与标准过于细化和理想化，与实际脱节。

5）制度与标准往往被束之高阁，编制却不执行。

6）制度与标准老化，修订不及时。

为有效突破企业制度与标准管理的瓶颈，制定企业制度与标准管理的建设流程如下。

1. 梳理既有制度与标准

企业制度与标准在施行过程中往往会出现各种各样的问题。但制度与标准是企业好的工作经验的固化，不能简单地全部否定。对好的制度与标准应进行保留或提升，对不完善的制度与标准应进行调整，对不适合企业发展现状的制度与标准应予以搁置或剔除。现提供一个原有制度与标准检核清单，供企业参考。原有制度检核清单如图7-27所示。

原有制度与标准检核清单

□制度与标准是否过于复杂或简单？
□原有制度与标准是否过时或标准过低？
□制度与标准是否涵盖全过程管理？
□制度与标准的分类是否统一，是否便于查找？
□制度与标准是否适用？
□制度与标准编码是否科学，是否考虑到组织发展等问题？
□是否制定了进行制度与标准管理的相关制度，以及是否设立了专门的制度与标准管理归口部门？
□其他问题。

图7-27　原有制度检核清单

2. 制定制度与标准建设目标

企业管理制度与标准建设的整体目标是构建科学、完整、先进的管理制度与标准体系，使企业的业务运行机制与文件化的管理体系有机结合，以实现企业规范化管理。具体目标如下：

1）形成系统、完整的制度与标准体系，包括企业章程、企业战略、经营政策、组织结构、部门职责、岗位说明、规章制度、业务流程以及应用表单等，并从企业整体角度对各部门的各种规章制度、行为规范、执行标准按业务流程进行统筹修订或制定。

2）明确企业各部门的职责、权限，力求达到各部门职责清晰、权责对等。

3）使企业各类业务流程制度与标准化，并通过行为规范和文件规范以及岗位说明，明晰流程中的每个环节和细节。

4）建立科学合理的管理制度与标准，完善统一各种应用表单，实现规范运行。

5）采用科学的编码体系，实现文件的信息化管理。

3. 确定制度与标准建设原则

（1）服从组织架构和规模原则　制度与标准设计应以企业的发展战略为指导思想，同时结合目前企业的组织架构和规模确定设计制度与标准的基本思想，并在此基础上进行调研，明确制度与标准建设的现状与需求。

（2）系统化原则　各职能部门、项目化部门、职能部门与项目化部门之间的制度与标准应可以相互衔接，形成一个全面的、相互支撑的管理制度与标准体系。

（3）简明化原则　制度与标准中的文字及流程应简洁明了。制度与标准应以规范工作流程为切入点。制度与标准并不是越细越好，应根据企业的实际情况进行规划，重点把握"度"。

（4）一般和特殊相结合原则　制度与标准设计既要遵循管理的共性原理，也要结合企业特殊的个性。制度与标准分为通用制度与标准、特殊制度与标准两类。通用制度与标准多为企业级管控及职能支持，特殊制度与标准多指特定的业务或项目等。

（5）刚柔相济原则　制度与标准的刚性是维持其严肃性、有效性的基础。设计制度与标准应力求严谨，保证足够的刚性，这是管理科学化的重要体现。但是为了保证在不断变化的内外因素情况下保持制度与标准的有效性，设计的制度与标准要有一定的弹性。保持适当的弹性（灵活性），是制度与标准生命力的体现。

（6）激励与约束相结合原则　企业制度与标准既要能够对工作各方面、各环节进行有效的控制，提升管理效益，又要以人为本，充分发挥员工的积极性与创造性，实现个人与企业的共同成长。

4. 规划制度框架

在确定企业项目化制度目的、原则和梳理企业现有制度的基础上，企业可以系统规划企业项目化管理制度的总体框架结构并细化目录，明确废止哪些、修改哪些、增设哪些，从而形成一套系统、完整并能有效支撑企业项目化管理的制度体系。

因企业所处的行业、规模、发展阶段不同，企业项目化管理制度的框架结构、数量和内涵也有所不同。就一般而言，企业项目化管理制度主要包括以下内容：

（1）企业项目化管理制度总则。

（2）企业项目化业务管理制度。

1）企业市场管理制度。

2）企业研发管理制度。

3）企业采购管理制度。

4）企业生产管理制度。

5）企业储运管理制度。

6）企业销售管理制度。

（3）企业项目化项目管理制度。

1）企业××项目管理制度手册。

2）企业××项目管理流程手册。

3）企业××项目管理作业指导书。

4）企业临时性任务管理规定。

5）企业项目集管理规范。

6）企业项目组合管理规范。

（4）企业项目化综合管理制度。

1）企业行政后勤管理制度。

2）企业财务管理制度。

3）企业人力资源管理制度。

5. 开发（修订）管理制度

（1）制度制定流程　企业管理制度的制定需遵循一定程序，如图7-28所示。

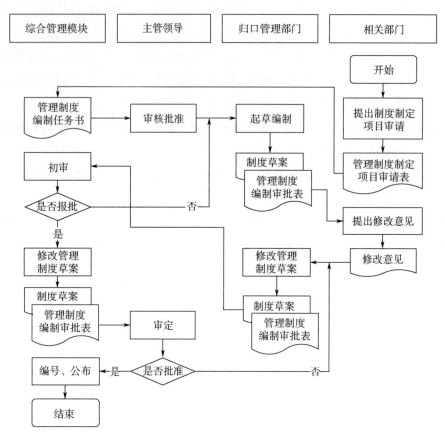

图 7-28　管理制度制定流程

（2）制度制定组织　制度制定组织的工作内容包括以下几项：

1）成立管理制度建设专项小组，负责跟进工作的开展。

2）明确制度制定的依据、时机选择和制度制定的目的，确定合理的制度制定预期。

3）自下而上设计管理制度草案，反复修改后由专项小组及高层管理者审定。

（3）制度编写　制度的编写要符合一定的规范，包含必要的制度内容。一般而言，管理制度的编写要包含以下内容：

1）制度名称。

2）制度编码。

3）编制目的。

4）编制依据。

5）相关职责。

6）运用范围。

7）实施程序。

8）考核流程。

9）修改程序。

6. 管理制度发布

管理制度发布应注意以下问题：

1）管理制度应由各归口部门主管领导批准，所有制度均由综合管理模块进行编号、发布。

2）归口管理部门应在显著位置或使用公共信息平台，以图板形式公示所归口管理的管理制度的相关信息。

3）制度使用部门应在显著位置或使用公共信息平台，以图板形式发布本部门使用的管理制度文件名称、版次和发布时间等信息。

（三）企业项目化管理制度的实施完善

1. 企业管理制度的执行

（1）在制度首次实施前，建议制订实施制度的计划。

（2）试行、修订后全面推开，同时根据运行情况制订配套措施以及强有力的配套支撑措施，如全面加大绩效考核的力度。

（3）整治、规范企业内部环境，使管理制度存续。

1）消除员工对制度的抵触行为。

2）进行制度实施的培训。归口管理部门负责制度培训工作，并组织考核；综合管理模块应配合归口管理部门做好制度的宣传、培训和检查工作；制度使用部门要做好部门内部相关制度宣传的可视化工作，采取多种形式使相关人员了解和明确制度内容。

3）可视化制度实施过程。将执行过程中的相关信息予以分类保管，成册分装；各部门应对本部门执行的各项制度执行情况进行月度自查，完善各项制度执行记录等。

2. 企业管理制度的检查

（1）监督检查的内容。

1）企业已实施的各制度的贯彻执行和管理情况。

2）企业在实施制度时，是否存在制度的实施工作之间相冲突的情况。

（2）监督检查的周期。

建议分为月度检查、季度审核和年度评审。

（3）监督检查的报告和结果的处理。

1）建议将制度的监督检查结果纳入经济责任制考核。

2）对制度执行和管理中出现的问题，被检查部门应采取有效措施纠正和处理。

3）归口管理部门对纠正措施的落实情况进行监控，并对其有效性进行验证和确认。

4）制度本身存在问题的，由归口管理部门提出修订意见，按照规定修订制度。

3. 企业管理制度的奖惩

1）建议建立制度执行与管理年度星级评价办法。

2）对起草人员予以奖励。

3）对制度建设工作做出显著成绩的部门和个人，企业应予以表彰及物质奖励。

4）对违反企业制度的行为，可视其后果的严重程度予以相应的处罚。

4. 企业管理制度的修订完善

企业管理制度的规范性，要求企业项目化管理制度呈稳定和动态的统一。长年一成不变的规范不一定是好的规范，经常变化的规范也不一定是不好的规范，应该根据企业发展的需要而实现相对的稳定和动态的变化。在企业的发展过程中，企业项目化管理制度应具有相应的稳定周期与动态周期。这种稳定周期与动态周期，是受企业的行业性质、产业特征、人员素质、所处环境、企业家个人因素等相关因素综合影响的。企业应根据这些影响因素的变化，控制和调节企业项目化管理制度的稳定性与动态性。因此，要求企业根据实际工作的情况实时地加强管理制度修订工作，改进环境，推进制度动态创新。

企业管理制度修订流程如图 7-29 所示。

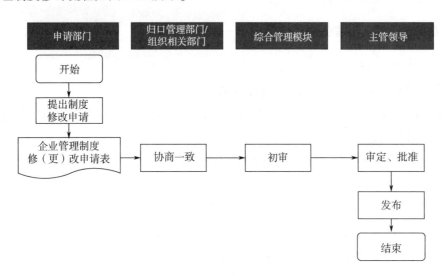

图 7-29　企业管理制度修订流程

建议修（更）改后的管理制度在正式批准实施之前，仍按原制度执行。管理制度经 5 次以上修改或有大量内容修（更）改的，应按规定改版，并须按照管理制度制定程序要求进行。

（四）企业项目化管理制度的升级与标准

1. 管理制度与管理标准

与企业管理制度紧密相关的还有管理标准。管理制度和管理标准既有紧密的联系，也有一定程度的区别。管理制度和管理标准都是对人的行为进行约束。

管理标准比管理制度的成熟程度更高，表现为科学性和规范化程度两个方面。管理制度产生的基础多为经验管理，是实践管理发展到一定阶段的产物。而管理标准可以在原制度的基础上纳入科学、适用的先进成果，运用标准化原理、方法，经过提炼、加工、升华而来。因此，管理标准比原管理制度更具科学性。同时，由于管理标准有特定的格式和严格的审批、发布手续，因而规范化程度较高。

管理制度和管理标准是非常容易混淆的两个管理关键词，明确二者的区别与联系对企业项目化的制度建设具有重要的作用。二者的区别与联系如图 7-30 所示。

制度和标准的具体区别如下：

1）从管理对象来看，制度往往是对人和组织，而标准往往是对任务或活动。

2）从成熟程度来看，管理标准比管理制度的成熟程度更高。管理制度往往是企业内部的规范，只要有关各方就某种行为规范达成一致共识，就可以制定。而管理标准则是在管理制度的基础上，

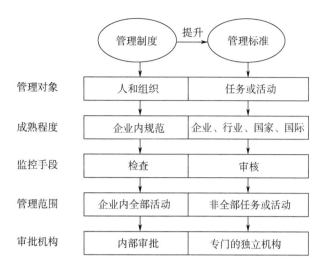

图 7-30　管理制度与管理标准的区别与联系

经过一定阶段的实践和沉淀，达到更高的成熟程度，运用标准化原理、方法，思考更加科学、适用的行为准则，经过提炼、加工、升华而来。管理标准可分为企业内部标准、行业标准、国家标准甚至国际标准，代表着不同水平的规范程度。

3）从监控手段来看，制度的实施需要定期或不定期的检查，而标准则一般要定期进行审核。

4）从管理范围来看，制度往往覆盖企业活动的全过程，而标准则往往不会完全覆盖全部活动。

不是所有的管理制度最终都能够转化为管理标准。可以转化为管理标准的管理制度，主要是涉及生产经营全过程、与生产经营直接相关的管理事项；而关于行政、党群及后勤、文教等的管理事项，不宜转化为管理标准。

5）从审批机构来看，管理标准形成的程序较严格，需要接受专门机构的独立审批过程；管理制度形成的程序较简单，一般组织内部审批通过即可。

2. 企业项目化管理制度的升级——企业项目化管理标准

管理标准的形成需要一定的基础。同时，其形成过程较为漫长。当不具备形成标准的条件时，要实现管理的规范化，必须首先制定完善的制度进行统一和约束。随着管理经验和知识的积累，一些管理制度经受住了长期生产实践的考验，同时又较好地运用了各种现代化的管理方法和手段进行总结和提高，一旦具备形成标准的条件就可以原管理制度为基础，制定相应的管理标准，同时废止原管理制度。

如果企业的管理制度最终能上升至企业、行业、国家甚至是国际标准，则标志着企业在某项或某些管理上达到了领先的水平。因此，管理制度本身不断修订和提升至管理标准的过程，也是管理能力不断提升的具体体现。

第八章

企业项目化财务成效管理领域

企业财务成效管理，是企业实施项目化管理获得财务收益的外在显现。财务成效作为企业项目化管理系统的重要组成部分，为企业战略实施、项目突破、运作积淀提供强有力的财务支撑。

第一节　企业项目化财务成效管理综述

一、企业项目化财务成效管理的概念与内涵

成效一般指所获得的预期的好效果和功效。财务成效一般是指以财务指标为核心体现，反映企业实施项目化管理效果和功效的一项综合指标。

企业财务管理，是企业在一定的整体目标下，关于资产的购置（投资）、资本的融通（筹资）和经营中现金流量（营运资金）以及利润分配的管理。财务管理是企业管理的一个组成部分，它是根据财经法规制度，按照财务管理的原则，组织企业财务活动，处理财务关系的一项经济管理工作。简单地说，财务管理是组织企业财务活动、处理财务关系的一项经济管理工作。

企业财务成效管理，是以财务管理为核心手段，对企业实施项目化管理获得的财务成果和财务效果的管理。建立以企业战略目标为导向的财务管理体系，通过财务语言规划、沟通、协调、管控功能约束并保证企业的经济资源配置和运行效率，实现企业要素全覆盖，衔接各个工作中心运作，化解冲突，减少内耗，保证经济资源充分发挥效能。

二、企业项目化财务成效管理的作用与价值

财务成效管理位于企业项目化管理的操作层级，如果把战略管理领域比作企业项目化发展的方向盘，把项目管理领域比作企业项目化发展的发动机，把运作管理领域比作企业项目化发展的车轮，那么财务成效管理领域则对企业战略发展、项目管理、运作管理起到全方位的支撑作用：

1）财务成效管理直接支持企业战略执行，将战略目标分解形成实施方案。

2）财务成效管理为项目管理构建一个完整体系，形成预算的刚性，上下环节紧密相连。

3）财务成效渗透到企业运营各个环节，表现为全过程的现金流、财务流管理。

第二节　企业项目化全面预算管理模块

一、企业项目化全面预算管理的概念和理解

全面预算管理（Total Budget Management，TBM），是利用预算对企业内部的各种财务及非财务资源进行分配、考核、控制，以便有效地组织和协调企业的生产经营活动，完成既定的经营目标。在企业项目化管理体系中，全面预算管理侧重于根据战略目标指引，合理分配企业内有限的财务资源，支撑创新项目顺利实施和落地。

企业项目化全面预算反映的是企业未来某一特定期间各级各类项目的财务计划，以实现战略目标为目的，以项目成效预测为起点，进而编制预计损益表、预计现金流量表和预计资产负债表，反映企业在未来期间的财务状况和项目成果。

二、企业项目化全面预算管理的目标

常言道，凡事预则立，不预则废。全面预算管理是企业项目化管理财务成效模块中不可或缺的重要环节。它通过对业务、资金、信息、人才的整合，明确适度的分权授权、战略驱动的业绩评价等，以实现对企业资源的合理配置，并真实反映项目的实际需要，进而为作业协同、战略落地、项目成本与项目价值等方面的最终决策提供支持。

1）全面预算是项目目标的具体化。

2）全面预算是 PMO 协调各项目的重要手段。

3）全面预算是控制项目成本的工具。

4）全面预算是财务业绩指标成效的标准。

三、企业项目化全面预算管理的步骤

企业项目化全面预算管理的步骤如图 8-1 所示。

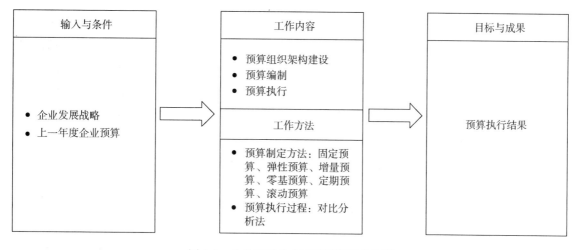

图 8-1　企业项目化全面预算管理的步骤

（一）建立预算组织

建立"以总体预算目标为导向，以现金收支管理为纽带，以成本定额控制为手段，以责任报告制度为基础，以激励约束机制为保障"的全面预算管理模式，充分发挥预算在生产经营管理中的预测、控制、信息反馈、激励约束等作用。对两级预算管理机构的职责和经营预算目标，以及资金预算的编制、审批、执行、检查、分析和考核都做出明确的规定，从制度上保障预算工作的顺利推进。成立预算管理委员会，具体负责研究解决企业经营中的重大事务，审议企业经营年度规划和年度建设计划，审议企业经营业务年度预算、决算等。

（二）科学编制预算

按照预算编制"自上而下、自下而上、上下结合"的原则，经过反复研究，制定企业经营业务收入指标、成本费用支出指标和应收账款降低率等指标，使预算指标更加符合生产实际。

（三）强制预算执行

推行以"现金流管理"为主导的预算理念，将预算执行符合率纳入考核体系，坚决纠正"重编制、轻执行"的现象。结合企业生产经营特点，对各项付现成本进行分解，并落实可控付现成本同比减少10%的硬指标。通过建立单位负责人授权审批制度，控制月度各预算项目实际发生值与预算控制计划值差额比例在5%之内；如遇特殊突发事件超出年度预算、月度预算差额控制比例的开支项目，则由开支部门提出书面申请，说明原因，按程序逐级申报预算委员会审议。

（四）强化预算监督

通过建立信息反馈系统，对企业预算执行情况进行跟踪监控，定期召开预算执行分析会，通报成本费用支出情况，及时发现预算执行偏差，分析具体原因，制定控制办法。

（五）严格预算考核

建立科学的预算考评体系，实行"严考核、硬兑现"，强化预算约束力。年终对企业各部门预算执行情况进行考评，真正体现科学、客观、公正，充分发挥预算的激励和约束作用。

（六）预算体系评估

通过优化预算体系，不断提升全面预算管理水平，优化企业的资源配置，提高企业的组织协调与精益管理水平。通过预算的考核体系，考察全面预算的执行情况，考察预算组织的执行效率，甚至从更高的层面优化全面预算，如业务模式改进、业务流程改进、管理流程改进、商业模式改进等，诊断在哪里可以做改进优化，经过多年的运行让全面预算系统真正成为企业的战略工具。

第三节　企业项目化全面决算管理模块

一、企业项目化全面决算管理的概念和理解

全面决算管理是对项目预算成本执行情况的总结，是在项目收尾阶段对各项目的成本进行整

理、分析，以便有效地评价项目成本管理成效。在企业项目化管理体系中，全面决算管理侧重于根据战略目标指引，基于项目预算，合理评价创新项目的成本管理情况。

二、企业项目化全面决算管理的目标

全面决算管理是企业项目化管理财务成效模块中不可或缺的重要环节，更是全面预算管理的延伸和反馈。它通过对企业内各创新项目成本管理情况的整合，明确企业项目整体成本支出情况，真实反映项目的成本管理效果。

（1）综合反映企业财务状况、经营成果和现金流量情况　全面决算需要编制财务决算报表，财务决算报表中的资产负债表反映财务状况；利润表反映经营成果；现金流量表反映现金流量情况；会计报表附注，可以对报表中不能反映的内容和不能详细披露的内容做出进一步的解释说明。

（2）有利于总结经验，改善企业经营管理　年终决算是对企业全年预算执行结果的书面总结，考核经营效益，对出现的经营亏损、呆账等问题进行原因分析、经验总结，促进企业改善经营管理水平，同时为企业下一年度财务预算的编制提供依据。

三、企业项目化全面决算管理的步骤

企业项目化全面决算管理的步骤如图8-2所示。

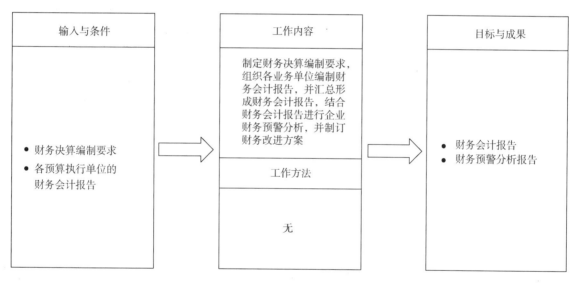

图8-2　企业项目化全面决算管理的步骤

（1）下发决算要求　企业董事会或经理办公会根据年度财务预算执行情况，制定年度财务决算的编制要求，并由财务管理部门向各业务部门下发预算布置等文件。

（2）各业务部门编制财务会计报告，提交财务管理部门审核　各业务部门编制财务会计报告，并汇总至财务管理部门，财务管理部门对财务会计报告的真实性、完整性等方面进行审查，提出具体修改意见并反馈至各业务部门，各业务部门根据修改意见进行修正。

（3）财务管理部门编制公司合并报表　各业务部门提交的财务会计报告审核无误后，财务管理部门汇总编制公司合并报表，并编制财务情况说明书、会计报表附注，形成完整的财务会计报告，并提交企业董事会或经理办公会进行审核，审核无误后在内部发布。

（4）财务管理部门组织财务预警分析　结合财务会计报告，财务管理部门组织进行财务预警分析，对潜在的风险提出改进建议及措施，并监督各业务单位实施改进方案。

第四节　企业项目化业绩成效管理模块

在企业项目化管理整体提升过程中，财务成效模块的一个重要功能是通过数据反馈，量化衡量整体战略目标落地及创新项目实施效果，其过程是企业项目化业绩成效管理。

企业项目化业绩成效管理通常包括设定业绩目标、衡量实际业绩、将实际业绩与业绩目标进行比较、计算实际业绩与业绩目标之间的差异。如果有必要，还要针对这一差异采取措施。其过程中，设定业绩目标固然重要，但指标设置亦很关键。财务性业绩指标是使用最为广泛、最为关键的业绩指标，其主要理由是：

1）财务性业绩指标直接与企业长期目标相衔接。

2）恰当的财务性业绩指标能综合反映企业经营业绩。

3）非财务指标主要被用作业绩评价的辅助指标。

目前较为流行的战略性业绩衡量系统强调在运用财务性业绩指标对总体业绩进行控制的同时，运用非财务指标对细节即具体过程进行控制，以弥补财务性业绩指标的不足。

例如，对生产部门而言，可能既需要衡量单位产品成本，又需要衡量次品数量；既需要关注产品质量，又需要关注劳动生产率等。可见，尽管非财务指标很重要，但是它并不能取代财务指标，而应当被视为财务指标的有益补充，意在找出影响企业长期财务业绩的动因。

为财务报告和短期经营控制准备的财务会计信息对于评价企业或部门的经营业绩并没有太大用处，企业内部的业绩评价不应被定期编制的对外报告所束缚，在计算经济附加值时通常要对公认会计准则下获得的利润进行调整，以便校正可能因管理者对会计数据操纵或因公认会计准则、制度所固有缺陷造成的偏差。

企业管理修炼案例

案例回放

某机械股份有限公司案例

一、公司基本情况

某机械股份有限公司（以下简称"J公司"）成立于1993年，现已成长为我国最大的纸箱、纸盒包装机械研发、制造和出口公司，是世界最大的瓦楞机械设备和后续加工设备的制造商。J公司拥有7家子公司，年营业收入超过10亿元。主营业务涵盖纸箱、纸盒包装机械制造、生产及销售，汽车零部件制造及销售，工业自动化等机器人产业。从目前的经济形势来看，专业设备制造行业、汽车零部件行业近几年仍会保持比较稳定的增长；工业自动化等机器人产业在国内处于起步阶段，在未来几年会飞速发展。

公司在发展过程中的目标是多重的，最主要的目标就是追求更多经济效益。在现代社会，经济环境日益复杂，管理者经常遭遇许多不确定性，竞争越来越激烈，企业面临严重挑战；国内经济增速放缓，企业生存和发展愈发艰难。

针对复杂的内部和外部环境，如何在不确定性中抓住生存和发展的机会，公司决定实施全面预算管理。"凡事预则立，不预则废"，全面预算管理作为一种较为成熟的管理方法，能实现对公司业务流、信息流和资金流的整合，对企业分散经营风险、优化资源配置、实现战略目标等具有重大意义。

二、全面预算管理方案的设计

J公司率先搭建了预算管理组织机构，形成了以董事长、总经理、财务总监为统领的预算管理委员会，作为全面预算管理的最高权力机构；以财务部为日常管理的常理机构；以各职能部门为主要的预算执行机构。

经预算管理委员会研讨得出，J公司全面预算管理的总体思路是：以企业发展战略为基础，以市场为导向，以现金流量为重点，以预算目标和绩效考核为手段，通过全员参与、全面覆盖和全程跟踪控制优化资源配置，防范经营风险，节支降耗增效，促进企业管理水平经济效益和市场竞争力的提高，经营预算、资金预算、资本预算、筹资预算和财务预算等共同构成公司的全面预算体系。

三、全面预算管理的实施过程

（一）全面预算的编制

1）确定全面预算管理的流程。全面预算管理以年为周期进行循环，包括全面预算目标下达、预算编制、预算汇总审批、预算执行监控、预算分析调整以及预算考核评价六大环节。

2）制定公司的长期发展战略和年度经营目标。综合考虑公司的使命、面临的宏观经济环境市场竞争情况、历史数据以及公司的实际生产经营状况等之后，制定企业的战略发展目标及年度经营目标，并将目标层层分解到各分/子公司和职能部门。

3）各分/子公司和职能部门根据年度工作计划、预算管理制度及编制说明，编制对应的经营预算、资金预算、资本预算、筹资预算以及财务预算等预算初稿。

4）财务部在收到经营预算、资金预算、资本预算、筹资预算以及财务预算等预算初稿后进行初步评审，发现问题后要求相关部门及时补充或修订。财务初审完毕后，由预算管理委员会组织各分/子公司和职能部门进行二次审查，综合考虑预算的目标是否合理以及是否能够完成，审核通过以后下发给各预算执行机构。

（二）全面预算执行、控制、分析和考核

1）全面预算的执行。预算一经批准下达，各分/子公司和部门应严格按照预算执行，客观、准确、及时地记录各责任部门发生的运营业务活动及消费的资源，并将目标完成情况及时汇报给相应的管理层。

2）全面预算的控制。公司建立了预警系统，当责任中心每月实际费用的执行达到预算目标的一定比例时，应向责任中心提出警告，责任中心应根据实际需求做好经营管理或提出预算调整等工作。公司各责任中心都设置了预算管理员，实施日常预算控制。部门所有的费用支出须先经部门预算管理员审核签字并登记台账，确认该项支出有预算后方可到财务部报销，以确保部门经济活动受控于预算。同时，财务部设置了专门的审核岗位，按照预算管理制度和费用报销管理制度等相关规定严格把关，对报销的每笔费用进行审计，预算范围内费用可以开支，无预算的费用必须走费用追加工作流程，否则不得列支。

3）全面预算的分析。每月度末，财务部将编制责任中心的预算执行报告，在报告中按照重要性原则对相关的项目进行重点分析及文字说明。公司按月召开全面预算管理工作例会，财务部将预算执行结果分别通报总经理和相关责任中心，要求相关责任中心提出整改意见并采取应对措施。

4）全面预算的考核。预算考核是全面预算管理持续有效实施的关键，是对公司各责任中心预算执行结果的考核，是对执行者的一种有效激励。公司建立了季度预算考核制度，赏罚分明，季度考核结果与个人薪酬直接挂钩，考核者和被考核者还会进行面对面的沟通，找出解决问题的思路和办法。同时，预算的考核结果还将直接影响职位的变化，促使责任各中心及时发现和解决经营管理中的潜在问题，确定改进措施，明确下阶段的工作重点，确保全面预算的顺利完成。

四、全面预算管理的实施效果

（一）全面预算管理促进公司战略和经营目标的实现

公司实施全面预算管理以来，包装机械板块通过技术改进、工艺改善、制程及交付管控提高了产品的可靠性，完善了第四代产品的关键技术，使之更加贴近国内国际市场需求；通过工艺改进创新、工装设计、新材料利用等措施手段，降低了公司产品成本；通过多次研究论证，完成了智能化工厂的整体解决方案设计，满足了客户高效、低成本、环保的要求，确保了公司高端精品战略的推进。成本管理作为公司一项长期推进的战略，通过工艺改进创新、工装设计、新材料利用等措施降低设计成本；通过商务谈判、供应商及物料整合、开发新的供应方等多种方式，持续降低材料采购成本，降低产品的生产成本。通过多项举措，生产部门 2015 年全年单位工时物耗与年初预算目标相比减少了 15.42%，为公司创造了较好的效益。汽车零部件板块铸造业务，在市场整体环境较严峻的局面下，公司集中资源先后开发了布雷博、TRW、京西重工、大陆汽车等优质客户合计 10 个项目，优质客户订单量稳步上升，步入了新的发展阶段。

汽车零部件板块玻璃业务，加强管理，减员增效，人数较 2014 年减少 164 人，减幅达 25.9%，但劳动生产率较 2014 年度上升 27.7%；产品质量合格率得到了较大提升，成品率达标率提升到 90%，质量损失率由 2014 年度的 7.1% 下降到 4.3%，保障了公司全年目标的实现。

针对机器人业务板块，为了加大项目管理力度，公司推行项目管理制度，将项目负责人权责利进行统一，充分调动了各事业部员工的主观能动性和工作积极性。公司投入了大量人力和资金，成功研发出瓷砖分拣联合包装机及槟榔全自动生产线自动化等产品，实现销售的大类从较为单一的电池封装线拓展到 FPC 贴合机、高清机顶盒自动化生产线、物流设备等多种产品线，有效促进了公司产业转型升级。

（二）全面预算管理具有防范企业风险的作用

全面预算管理是从战略管理的角度，通过全面预算的制定和实施规避风险，使公司战略更好地落地。全面预算的制定和实施过程是使公司所处的经营环境与拥有的资源和公司目标保持动态平衡的过程。公司在实施全面预算的过程中，能够识别、预测、评估与控制各种风险，保障企业健康发展。

（三）全面预算管理通过考核各责任中心的业绩起到激励作用

按照公开、公平、公正的原则，公司根据全面预算的执行结果对各责任中心的业绩进行评价，明确责任并实施奖惩，并与员工进行面对面的沟通，从而调动员工的积极性，促使各责任中心发掘潜能，积极主动完成预算目标。根据实际情况进行总结，不断修正、优化各种经济手段，发挥预算管理的事中控制和纠偏作用。

J 公司通过实施全面预算管理，取得了较好的成绩。实践证明，该预算管理体系具有一定的实践性和可操作性；将预算管理贯穿于经济活动全过程，将企业有限的资源进行优化配置，创造最大的价值；全员参与，人人有责，用绩效考核的方式促使改进以达到预算目标。综上所述，全面预算管理有利于提高企业经营管理水平，增加企业的经济效益，实现企业财富最大化，推动企业又快又好地发展。

永续发展层次篇：体系管理、永续传承

知识提升，理念信仰；
能力复制，基业传承。

实操磨砺，固化总结，而得知识。
知为标，识为本，知识指导，行如师众支撑；
终极思考，完善提升，而得思想。
思为始，想为终，思想引导，动若圣贤引领。
三级跨越，层级演进，应能卓越。

操作管理实效化，知识管理持续化，思想管理永久化；
体系运转，做优做久，永续传承。

创新发展阶段	发展本质	核心难点	运转规则	领导位置	管理范畴
永续发展	N→Nˣ	做优、做久	自治	平台	体系
持续发展	1→N	做强、做大	法治	后台	面
创业发展	0→1	做对、做成	人治	前台	点

读者感言：

阅 读 导 图

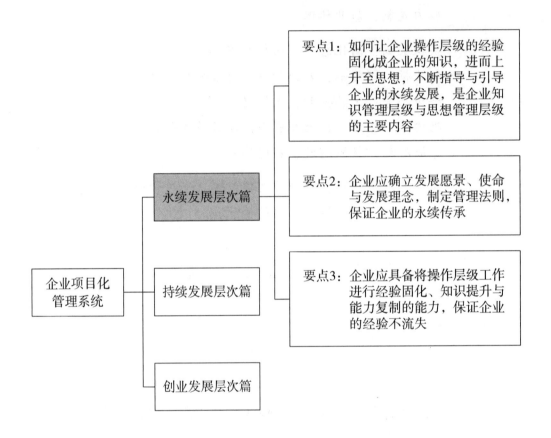

企业项目化管理系统

永续发展层次篇

持续发展层次篇

创业发展层次篇

要点1：如何让企业操作层级的经验固化成企业的知识，进而上升至思想，不断指导与引导企业的永续发展，是企业知识管理层级与思想管理层级的主要内容

要点2：企业应确立发展愿景、使命与发展理念，制定管理法则，保证企业的永续传承

要点3：企业应具备将操作层级工作进行经验固化、知识提升与能力复制的能力，保证企业的经验不流失

为实现企业的永续发展，必须进行企业项目化管理的层级演进，以解决企业永续发展的两大核心难题：做优，做久。

企业项目化管理层级的演进是一个双向过程。首先，将实践性的规律性成果上升为知识，再将知识性的提升性成果上升为思想；其次，在企业项目化思想的引导下，丰富项目化知识；最后，在项目化知识的指导下，强化项目化实践。企业项目化管理层级演进如下图所示。

企业项目化管理层级拓展图

第九章

企业项目化知识管理层级

管理大师德鲁克认为："21世纪的组织，最有价值的资产是组织内的知识工作者和他们的生产力。"可见，在信息时代里，知识已成为最主要的财富来源。知识工作者是企业非常重要的资产，组织和个人的重要任务之一就是对知识进行管理。知识管理将使组织和个人具有更强的竞争实力，并做出更好的决策。

企业项目化知识管理是将从操作层面所获取的经验与教训进行总结与提炼，并通过对企业外部知识进行参考与借鉴，所形成的一套能够指导在企业内部进行推广与传播，同时对企业操作实践产生有利指导意义的知识管理过程。企业项目化知识管理是通过对企业中知识的积累、提升与传播，推动企业能力传承的重要手段。

第一节 企业项目化知识管理综述

一、企业项目化知识管理概念与理解

（一）知识的概念

知识是人类在实践探索的基础上，为认识客观世界（包括人类自身），总结归纳出并认为正确真实，可以指导解决实践问题的经验、概念、程序、模型等知识成果，包括对任务、人员和企业发展的规律性描述以及在总结、教育和传播中获得的技能。

知识具有如下特征：

- 隐性特征：知识具备较强的隐蔽性，需要进行归纳、总结、提炼。
- 行动导向特征：知识能够直接推动人的决策和行为，加速行动过程。
- 动态特征：知识不断更新和修正。

- **主观特征**：每个人对知识的理解都会加入自己的主观意愿。
- **可复制/转移**：知识可以被复制和转移，可重复利用。
- **延展生长特征**：知识在应用、交流的过程中，被不断丰富和拓展。
- **资本特征**：知识就是金钱。
- **倍增特征**：知识经过传播不会减少，而会产生倍增效应。一条知识被两个人分享，就至少产生两条新知识。
- **熟练特征**：知识运用越熟练，有效性越高。
- **情境特征**：知识必须在规定的情境下起作用，人类选择知识一般都会进行情境对比。
- **心智接受特征**：知识必须经过人的心智内化，真正被理解，才能被准确运用。
- **结果导向特征**：知识不但加速过程，也导向一个可预期的结果。
- **权力特征**：掌握知识的人，即便不在职务高位，也拥有一定的隐性权力。
- **生命特征**：知识是有产生和失效的过程，有生命长短，不是永久有效的。

（二）企业项目化知识的概念

企业项目化知识，是依托于现代企业管理知识和项目管理知识，对企业项目化管理实践的总结和提升，是在企业项目化管理实践过程中被企业公认的良好做法，是描述企业项目化管理专业知识和术语的总和。

企业项目化知识是企业从长期性、稳定性的组织特性出发，将一般企业管理知识与项目管理知识进行有效融合发展而来的。企业项目化知识主要包括：企业项目化管理所特有的知识、一般企业管理的知识以及项目管理知识。企业项目化管理所特有的知识，是指在一般企业管理和项目管理基础上拓展和丰富并为企业项目化管理所独有的知识，如企业项目化管理能力与概念模型、企业项目化战略分解（EPS）、企业项目化战略管控等；一般企业管理的知识，是指在一般性的企业管理学科中重点阐述的知识，如战略管理、组织管理、人力资源管理等；项目管理知识，是指在项目管理学科研究中所阐述的知识，如项目生命周期、项目分解结构、里程碑等。

需要说明的是，上述三个方面的知识虽然在内容上有所交叉，但都有自己独特性，既不是其他知识的翻版，也不是其他知识内容的简单组合。企业只有在综合运用这些知识的基础上，才能为企业项目化管理实践提供更为系统、全面和实效的指导。

企业项目化知识，既是企业项目化管理实践经验的总结，又为企业项目化管理实践提供指导，是企业项目化管理能力的重要组成部分。在企业的具体实践中，企业项目化管理的知识往往以企业项目化管理体系纲要、企业项目化管理流程、企业项目化管理工作手册、企业项目化管理工作模板等形式表现出来。当然，企业也要重视没有直接表现出来的可能存在于企业传统、习惯乃至员工头脑中的隐性知识，因此必须注意知识显性化和人员主观能动性相结合，促进知识的显性化。

（三）企业项目化知识管理的概念

简单地说，知识管理是对知识、知识创造过程和知识的应用进行规划和管理的活动。

企业项目化知识管理是指企业构建一个项目化知识的管理系统，通过经验固化、知识提升和能力复制等工作，让企业人员乃至组织自身，持续性快速掌握企业发展进程中的资讯和知识技能，构筑起其他企业难以模仿的核心知识能力，从而引导企业永续发展。

企业项目化知识管理，既包括对企业人员的管理，也包括对企业知识的管理，是对企业人员和知识所构成系统的管理。

企业项目化知识管理具有如下特征：

1. 在管理理念上

项目化知识管理真正体现了"以人为本、知识资本"的管理理念，人才和知识成为企业管理的核心。

2. 在管理对象上

知识管理以无形知识资产管理为主要对象，比以往任何管理形式都更加强调知识资产的重要性。

3. 在管理内容上

要遵循"经验固化—知识提升—能力复制—经验再固化—知识再提升—能力再复制"的循环过程。

4. 在范围及重点上

知识管理包括显性知识管理和隐性知识管理，但以隐性知识管理为重点，注重显性知识与隐性知识之间的共享与转换。

5. 在目标和策略上

以能力复制为目标，以经验固化为基础，以知识提升为中介，注重三者之间的良性互动。

6. 在组织方式上

与企业管理组织所侧重的层级组织方式相比，项目化知识管理更加强调全员性和开放性。

二、企业项目化知识管理的动因与本质

（一）企业项目化知识管理的动因

企业实施项目化知识管理主要在于以下动因：

1. 超级竞争

市场竞争越来越激烈，创新速度日益加快，所以企业必须达到知识层级，才能应对超级竞争所带来的挑战。

2. 顾客价值

顾客对服务或产品提出越来越高的价值诉求，要求企业上升到知识层级，才能为创造提供更高的价值。

3. 人员流动

员工的流动性加快，如果企业不能很好地管理其所获得的知识，企业就会因员工流动而失去其核心竞争优势。

4. 不确定性

环境的不确定性表现在由于竞争而导致的不确定性和由于模糊性而带来的不确定性，在动态的不确定环境下，技术更新速度加快，学习已成为企业得以生存的根本保证，组织成员获取知识和使用知识的能力成为组织的核心技能，知识已成为企业获取竞争优势的基础，成为企业重要的稀缺资产。

5. 全球影响

全球化经营要求企业具有交流沟通能力以及知识获取、知识创造与知识转换的能力。知识获取、知识创造和知识转换依赖于企业的学习能力，学习是企业加强竞争优势和核心竞争力的关键。

（二）企业项目化知识管理的本质

企业项目化知识管理，既不是锦上添花，也不是雪中送炭，而是基于奠基强体的一种长期努力和根本属性。

1. 企业项目化知识管理不是锦上添花

一些企业管理者对知识管理的理解有一定偏差，认为知识管理是在企业管理基础良好的情况下，为了使企业更上一层楼而进行的管理。有观点认为，在事业起步和变革中，知识管理起不了什么作用；只有在事业稳定、效益日增时，知识管理才更有效果。事实上，企业项目化知识管理是企业中人与知识的系统管理，伴随企业生命周期的始终，而不是某一阶段所独有的产物。

2. 企业项目化知识管理不是雪中送炭

还有一些企业，在蒸蒸日上的时候将管理的重心放在实体活动、人员等方面，认为企业的良好发展与知识管理的联系不大。而当企业出现问题、面临发展瓶颈或遇到发展难题时，又期望通过知识管理能马上扭转企业的现状，使企业恢复或重塑发展的辉煌。然而企业项目化知识管理是企业多年发展规律与经验的沉淀，不是一朝一夕所能形成的，其成果也不是一朝一夕可以检验的。

3. 企业项目化知识管理的本质是企业能力的持续复制

企业项目化知识管理是对企业中的知识进行总结、提炼与传播，形成知识体系的过程，来自企业员工工作方法与技巧的提升、经验与教训的沉淀，最终也将被用于指导员工的实际工作。这种工作能力的指导，是企业能力持续复制的体现，因此企业项目化知识管理的本质是企业能力的持续复制。

4. 企业项目化知识管理的手段超越了一般性的薪酬绩效

企业项目化知识包含狭义的知识与广义的知识之分。狭义的知识，是企业中类似工作流程文件、工作模板表单等以电子或纸质文档出现的，可帮助员工更快速地掌握工作技巧等的知识性文件；广义的知识不仅包含以上内容，同时包含企业的知识体系构建以及企业日积月累的全部智慧结晶。企业项目化知识管理，单凭一般的薪酬绩效的激励手段，并不能完全促进企业知识管理的落实，还需要依靠其他荣誉以及更高层次的激励促进知识管理的落地。

三、企业项目化知识管理的原则与内容

（一）企业项目化知识管理的原则

企业项目化知识管理要遵循以下三条原则：

1）积累原则。知识积累是实施知识的管理基础。

2）共享原则。知识共享，是指一个组织内部的知识和信息要尽可能公开，使每一个员工都能接触和使用公司的知识和信息。

3）交流原则。知识管理的核心就是要在公司内部建立一个有利于交流的组织结构和文化气氛，使员工之间的交流毫无障碍。

知识积累是实施知识管理的基础；知识共享是使组织的每个成员都能接触和使用公司的知识和信息；知识交流则是使知识体现其价值的关键环节，它在知识管理的三个原则中处于最高层次。

（二）企业项目化知识管理的内容

企业项目化知识管理层级共包含三个模块的管理内容，即经验固化模块、知识提炼模块、能力复制模块，三个模块的关系如图9-1所示。

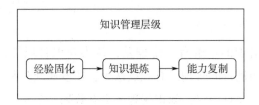

图9-1　企业项目化知识管理层级三个模块的关系

企业的不断发展需要知识与经验的有效传承，而经验的固化是企业知识传承的首要步骤。在形成具有指导意义的可视化经验后，根据这些经验进行知识的提升，是知识传承中的第二步。接受企业来自前人经验总结提升而形成的知识以后，如何将这些知识运用到实际操作中指导实际工作，称为能力复制。三者共同构成了企业项目化知识管理领域的管理内容，是企业知识传递过程中必不可少的步骤。

第二节　企业项目化经验固化模块

很多企业中都存在这样的情况：老员工离职，会带走一身的经验、技术，如果没有充足的时间，相应的工作岗位也将陷入混乱。那么，如何才能保证即使老员工离职，其所在的工作岗位仍然能正常运转呢？这就需要进行企业项目化经验固化。

企业项目化经验固化（EP Experience Curing，EP-EC），是指将在实践中总结而来便于本岗位工作更顺利进行的技能与方法等，以可视化方法进行有效的记录，以便接任该岗位的工作人员能够快速进入工作状态。企业中积累的经验大致可以分为两类：成功的经验与失败的教训。在工作岗位上的成功经验是企业员工快速掌握工作技能的重要方法，而企业中的重大工作失误也是企业积累的宝贵财富。企业经验固化最有效的方法是树立基准标杆，将成功的经验进行固化与传承。

综上所述，企业项目化经验固化是将员工在五大操作领域的实践通过一定的方法进行固化，形成成功的经验或失败的教训，从而指导员工更顺利地开展岗位工作的过程，如图9-2所示。

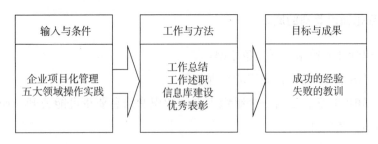

图9-2　企业项目化经验固化模块导图

经验固化是知识管理的起点和基础，是包括各层级但以中低层级经验为主的总结提炼和固化。以下将对企业项目化经验固化的内容进行详细阐述。

一、企业经验的作用与价值

（一）成功经验的来源与作用

1. 成功经验的来源

企业的成功经验主要来自两个方面：企业经营管理的成功经验；企业员工在日常工作中所积累的成功经验。

1）企业经营管理的成功经验，一般是对企业在经营决策中所使用的方法等的总结，是企业高层管理企业的重要参考手段，一般通过参与相关企业管理培训与行业研讨交流等获得。

2）企业员工在日常工作中所积累的成功经验，一般通过树立榜样进行经验的固化与传递。人是最具有模仿能力的高级生物。据心理学研究表明，在人类社会发展中，人的大部分行为是模仿行为。这些模仿行为，主要来自榜样的示范作用。在企业发展壮大的过程中，总是伴随着大批杰出员工的辛勤付出。他们可能是制定企业发展方向、战略和经营策略，建立先进的管理机制、体系，使企业保持持续健康发展的企业高层领导；也可能是掌握现代企业管理理论知识，具有丰富管理经验、执行力较强的中层管理骨干；也可能是攻克了技术难关，在新产品开发或技术服务中做出突出贡献的技术人员；还可能是在市场销售前线取得良好业绩或在生产一线出色完成生产任务的操作人员。这些人员是企业经验固化的主要来源，对于企业发展有着至关重要的作用。

2. 成功经验的作用

企业中成功经验的作用主要体现在两个方面：避免各种层级的能力流失；为更高层级的能力提升奠定基础。

1）避免各种层级能力的流失。企业的成功经验，无论是管理者的经验，还是员工在工作中所积累的岗位工作经验，都是企业发展能力的体现。企业成功的经验，往往是各层级人员站在自身岗位的角度对企业发展的深度思考，是企业前进过程中宝贵的无形财富，一旦在企业发展的进程中丢掉这类无形的财富，企业将花费更多的时间、投入更多资源重新进行积累，这对于致力于持续、健康、稳定发展的企业而言无疑是沉重的负担。因此，企业成功经验的积累能够避免各种层级能力的流失，促进企业永续发展。

2）为更高层级的能力提升奠定基础。企业的成功经验还有一个重要的作用，就是可以促进企业整体管理能力的提升。这是由于企业的成功经验是企业中人员、系统等相互匹配、协调之后所产生的较为满意的成果，可以成为后续同类工作的重要参考与指导，可以为企业有效应对发展之路上的未知难题提供重要的基础保障。

（二）失败教训的作用

在企业发展的过程中，成败并存。如果说将成功的经验标准化能够给企业带来有效的工作思路和方法，那么失败的教训则更能给员工带来启迪与反思。把这些具有典型性的失败实例加工成案例，对员工的工作落实、扩大管理者和员工的多向思维，以及提高企业管理水平无疑具有重要的意义。

俗话说，失败乃成功之母。在企业运作中，将失败的经验总结为案例，就有如一面镜子，映照出企业某些方面已经变旧的观念，同时扫清管理工作中的盲点，凸显企业管理流程和制度本身存在的问题。

那么，如何从失败中学习？有的企业虽然花费了大量时间，对错误和失败进行了事后评估和剖析，也只是得出书面总结而已，并没有带来实质性的改变，也没有任何收益。

工作的失败有很多原因，可能是缺乏参与激励机制，可能是目标计划策略错误，可能是考核过程不合理，也可能是检查不力、落实不到位。总结失败经验，将典型失败例子编写为案例，能够让后来者以此为鉴，少走弯路。

为什么说通过分析失败案例能达到"他山之石，可以攻玉"的效果？因为员工在学习失败案例会假想自己置身其中，在现实中碰到类似的问题时可以借鉴案例分析的解决方法，也可以自己想出更好的解决方法。

勇于面对失败经验，对于企业和个人而言都是相当重要的，而做错之后要勇于总结改正才错得值得，总结失败案例对于一个企业的管理好处非常多。

1. 避免重复性错误

无论是企业还是个人，在成长和发展的道路上，因为各种各样主观或客观的原因出现错误在所难免，重要的是不要在同一个地方错两次。通过分析和学习失败的案例总结教训，让自己和他人以此为鉴，能够减少重复性失败，不断完善提高。

2. 促进突破性成功

失败是基于对成功的渴望而进行的尝试，因此失败对于成功而言并不是一无是处。通过失败案例管理，促使企业管理人员认真分析思考企业存在的问题，找出产生问题的根本原因，促进企业人员更加深入的思考，进而制订解决方案。

二、企业经验固化工作与内容

企业经验固化，是对企业成功经验与失败教训的总结，是企业宝贵的资产与财富。虽然不同的行业、不同的企业，其经验固化的工作重心与内容重点不尽相同，但对其进行归纳总结后可以发现，企业经验固化大致可以分为经验总结、经验提炼与经验固化三项工作。

1. 经验总结

企业中的经验总结，按照岗位活动的时间与性质不同，可以分为阶段性工作总结与项目性工作总结。

（1）阶段性工作总结　阶段性工作总结是指职能部门各层级的月度、季度与年度等的工作总结以及项目部门项目里程碑等重要节点的阶段总结。进行阶段性总结，是指对本岗位、部门在本阶段工作中所突破的工作重点、解决的工作难点中的工作流程、技巧、方法等进行书面的文字表达。

（2）项目性工作总结　项目性工作总结是指在项目结束后对项目从立项到实施再到收尾的全过程中的工作重点、难点以及项目中经典做法的总结。

2. 经验提炼

将总结中的规律性成果进行提炼，形成具有普遍指导意义的规章制度与工作法则，用以减少员工在工作岗位上对于工作的探索与尝试的时间。

3. 经验固化

根据反映活动的形式不同，企业中的经验可以分为陈述性经验与程序性经验。

●陈述性经验：陈述性经验是描述客观事物的特点及关系的经验，也称为描述性经验。陈述性经验主要包括三种不同水平：符号表征、概念、命题。

●程序性经验：程序性经验是一套关于办事的操作步骤的经验，也称操作性经验。这类经验主要用来解决"做什么"和"如何做"的问题，用来进行操作和实践。

无论是陈述性经验，还是程序性经验，在经验提炼之后都需要进行经验的固化，将经验提炼的结果进行贯彻落实。

三、企业经验固化常用方法

企业的经验，无论是成功的，还是失败的，都是企业经营发展过程中的宝贵财富，是企业跨越发展的基石。这些经验往往是企业中某个员工所具有的，而不是企业共享的。如何将这些个人的经验固化成企业可以直接利用的方法或工具，是企业不断追求的目标。企业可以从以下四个方面将企业经验加以固化，打造铁打营盘的企业。

1. 工作总结

任何经验，仅凭口头传授，都包含一定的转述损失。经验的传达会受到转述人的表达能力、情绪智力以及接收人的理解能力的双向影响，从而形成信息沟通的漏斗，导致信息缺失。然而沟通漏斗现象是不可避免的，只能尽量削弱其负面影响，因而就要减少信息表达损失或增加信息接收收益。然而信息接收收益的不确定性主要来源于信息受体的接收程度，不可控性较高，从信息来源处进行规范是比较有效的方法。因而应将企业中的经验进行总结，固化成文字内容，便于信息受体理解。例如制造行业，可以按照成熟的经验制定详细的工序作业指导书，并加以不断优化，而不是只应付"ISO品质标准检测"的一个象征性的文件。有必要的还可以以DV形式拍下来，使信息的传达更加具象化。

2. 工作述职

工作述职，是任职者陈述自己的任职情况，评议自己的任职能力，包括履行岗位职责，完成工作任务的成绩、缺点和问题、岗位工作规划，进行自我回顾、评估、鉴定等，是接受上级领导考核和群众监督的一种应用文，具有汇报性、总结性和理论性的特点。

通过进行工作述职，任职者与管理者均可以在其中获取相关的信息，对企业的经验传递具有重要意义。首先，进行工作述职的任职者可以对自己所在的岗位工作进行系统、全面的思考，总结工作过程中成功与失败，对未来一定时期内的工作进行科学合理的规划，将自身的工作心得与感悟总结为文字，对未来本岗位以及其他类似的工作岗位具有借鉴意义；其次，任职者的管理人员，可以通过下属的工作述职，对比自身的工作内容，将下属的工作与企业的整体发展进行充分关联，进而调整管理重点；最后，还可以将任职者的工作经验进行推广，为部门乃至企业的发展提供经验基础。

3. 信息库建设

企业的经验，来自不同的工作层级、不同的岗位人员。可以毫不夸张地说，即使同一个工作岗位，不同的人也会产生不同的工作经验。因此，建立工作经验的信息库，是企业经验固化的重要方法。

4. 优秀表彰

通过技能评级选拔出技能优秀人才，使能力强的人员成为业务骨干，并通过其绩效，加以相应的待遇提升，同时在企业中进行宣传并号召员工向其学习，从而使优秀员工的有效经验与方法得到固化与传承。

企业经验固化，是企业项目化知识管理的首要内容，是知识管理进行的前提与保障，对其中的经验进行固化后就可以进行知识提升了。

第三节　企业项目化知识提炼模块

企业项目化管理知识的提升修炼，是指企业清晰界定知识修炼途径，科学制定知识修炼过程，促进企业独有的项目化管理知识水平不断提高，以达到更高的项目化管理成熟度等级，具体定义如下：

企业项目化知识提炼（EP Knowledge Refine，EP-KR），是指企业清晰界定知识提炼途径，科学制定知识提炼过程，促进企业独有的项目化知识水平不断提高，以达到更高的项目化管理成熟度等级的过程。企业项目化知识提炼的来源主要有两方面：内部知识与外部知识。其中，内部知识包含成功的经验与失败的教训。企业项目化知识的提炼，通常需要外部机构进行辅助，一般通过培训的方式进行。

由上述定义可知，企业项目化知识提炼，是将企业中成功的经验、失败的教训以及企业外部的知识，通过一定的修炼途径进行提炼，形成企业专有的项目化知识，从而促进企业达到更加成熟的企业项目化管理水平的过程，如图9-3所示。

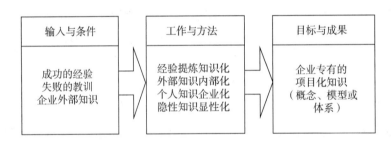

图9-3　企业项目化知识提炼模块导图

以下将对知识升模块的内容进行详细阐述。

一、企业项目化知识的分类与分级

（一）企业项目化知识的分类

企业项目化知识，按照不同的分类方式，具有不同的类别。以下分别从存在的层级、存在的状态、应用的层级以及适用的程度四个方面对企业项目化知识进行划分。

1. 按存在的层级划分

企业项目化知识，按存在的层级可划分为社会知识、企业知识与个人知识。

（1）社会知识　是指企业项目化知识的广泛概念，包括政治、经济、科学、人文、历史、地理、社交等与企业发展相关的知识。社会知识的获取，一般不是通过集体的形式获得的，应用的程度也因人而异。

（2）企业知识　包括企业中的管理知识、操作流程规范、岗位职责说明、工作模板工具等企业中以文字形式或其他形式存在的，对企业的正常运转、岗位工作具有指导意义的内容。

（3）个人知识　是指员工在本工作岗位根据自身的能力处理本岗位工作所形成的工作经验、技巧与方法等，这些知识可能已经落实于文字，也可能存在于员工头脑之中。

2. 按存在的状态划分

企业项目化知识，按存在的状态，可划分为显性知识与隐性知识。

（1）显性知识　是指企业中能够清晰表达的知识，即人们可以通过口头传授、企业规章制度、工作指导、工作标准等方式获取，可以通过语言、纸质文件、电子文件等方式传播，同时容易学习的知识。

（2）隐性知识　是指企业中不能清晰表达的知识，一般存在于员工的个人头脑之中，不会或不愿意通过正规的形式（如培训等）进行传递，或者说隐性知识的拥有者和使用者很难完整、清晰地表达的知识。

3. 按应用的层级划分

企业项目化知识，按应用的层级，可划分为执行知识、管理知识与决策知识。

（1）执行知识　是指企业中的执行者所具备的关于本项工作或本岗位实际操作执行的专业与技能知识。

（2）管理知识　是指企业中的管理者所具备的专业知识与管理知识。

（3）决策知识　是指企业中的决策者所具备的有关企业战略发展方向、经营决策等的专有知识。

4. 按适用的程度划分

企业项目化知识，按适用的程度，可划分为公用知识与专有知识。

（1）公用知识　是指对企业知识管理具有普遍指导意义的企业项目化管理范式。

（2）专有知识　是指企业从企业自身特点出发，通过经验固化和外部知识借鉴提炼而成的具有自身特点的专有知识。

（二）企业项目化知识的分级

企业项目化知识成熟度等级，反映了企业管理思想深化和管理操作经验总结的程度，共分为三个等级：概念层级、模型层级和知识体系层级，如图9-4所示。

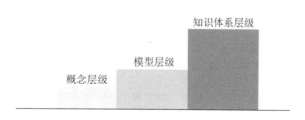

图9-4　企业项目化管理知识成熟度等级

（1）概念层级　是企业项目化知识管理成熟度分级的最初级，对企业项目化管理各层面或某些层面的知识总结还停留在概念层面。处于概念层级的企业项目化知识以片段或零散的形式存在于企业之中，关于企业独有知识有一些零散的知识亮点，但没有形成系统。

（2）模型层级　是企业项目化知识管理成熟度分级的较高一级，对企业项目化管理各层面或某些层面的知识总结已上升到模型层面，对管理实践具有更有效的指导作用。处于模型层级的企业项目化知识已经具有一定的系统性，是企业项目化专有知识积累与提炼的体现，形成了较为完整的模式。

（3）知识体系层级　是企业项目化知识管理成熟度分级的最高层级，对企业项目化管理各层面或某些层面的知识总结已经形成系统、科学、全面、适用的企业项目化专有知识体系，是企业项目化知识管理的最高目标。

三、企业项目化知识提炼

（一）知识提炼的目标

企业进行知识管理，首先要明确企业知识管理的目标，即依托外部知识借鉴和内部经验提炼，通过系统完善，形成企业特有知识并反复运用和不断创新，促进企业实现可持续发展，具体如图9-5所示。

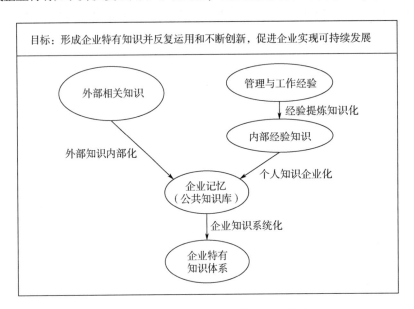

图9-5　企业项目化知识提炼目标与策略

（二）知识提炼的途径

企业进行知识管理，还要明确企业知识的来源。企业知识的来源有两个，如图9-6所示。

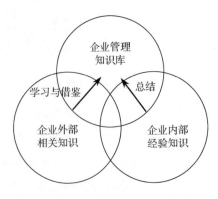

图9-6　企业管理知识获取来源

1) 企业外部相关知识，具体来说包括：供应商、客户、竞争对手（包括潜在的进入者）、互补商，以及私立知识机构（如各种培训机构）、公共知识机构（如公共图书馆）等。

2) 企业内部经验知识，包括：尚未挖掘、整理的企业内部公共知识和企业员工的隐性知识等。

（三）知识提炼的工作

企业项目化知识的提炼工作主要包括以下四项。

1. 经验提炼知识化

知识提炼工作首要的是将企业中的经验进行知识化，使之形成企业人员可以学习的、对岗位工作具有指导意义的知识。

2. 外部知识内部化

外部知识内部化，即通过各种知识获取渠道，从企业外部搜集与企业发展相关的知识，吸收借鉴成为企业内部知识。

企业从供应商、客户、竞争对手（包括潜在竞争对手）、互补商获取有关竞争战略的企业外部知识；从私立知识机构（培训机构、信息中介、咨询公司等）和公共知识机构（国家统计局、政府官方网站、公共服务性机构、行业协会、民间组织等）获取有关社会、市场、行业和其他方面的知识。这些企业外部知识，通过企业内的各种知识获取途径内化为企业内部知识，以公共知识库或"企业记忆"的形式存在。值得注意的是，企业也可以通过其内部和外部的知识发布渠道将有关本企业的知识发布出去，成为企业外部知识。

3. 个人知识企业化

个人知识企业化，即企业从内部挖掘知识，将尚未挖掘整理的公共知识、员工的隐性知识等提炼显化为企业公共知识。

许多企业内部知识都存在于员工身上，员工的异动将带走企业的知识，因此将个人知识企业化是企业知识管理的核心之一。个人知识企业化主要包括两个过程：

一是企业内部隐含知识的移转和扩散。它主要是通过观察、感悟、对话、模仿和不断实践等，使得难以表达的技能、经验和诀窍、心智模式和团队的默契等隐性知识，在企业不同层次知识主体内部和之间进行交流与共享。

二是企业内部隐含知识的提炼和显化。它主要是通过隐喻、类比、图表、概念和模型等方式，将企业不同层次知识主体所拥有的、可以显性化的隐性知识，用概念、语言和文字等清晰地表达出来，以公共知识库或"企业记忆"的形式存在。

4. 企业知识系统化

企业知识系统化，即企业将从外部吸收借鉴和内部提炼显化的零散知识系统化，形成企业特有的知识体系。

企业知识系统化就是运用科学的方法，把外部吸收借鉴的分散的、不系统的知识和企业内部提炼的各种知识进行综合和集成，实施再建构，使单一知识、零散知识、新旧知识经过整合提炼形成新的企业特有知识体系。企业知识系统化既照顾到历史，又具有前瞻性。对于企业来讲，绝不是现有知识的简单相加，而是一个知识创新的过程。企业知识系统化过程可以概括为：企业知识积累储存—学习共享—应用创新的循环。

（1）企业知识积累储存　企业知识积累储存通常被称为"企业记忆"，是有效知识管理的一个很重要的组成方面。企业从外部吸收借鉴的知识和内部提炼的知识，都要以公共知识库或"企业记忆"的形式积累储存起来。

企业记忆包括以各种方式存在的企业知识，如书面文档、存储于电子文档中的结构化信息、存储于专家系统中的显性知识、文档化的企业程序和过程，以及企业成员和企业成员网络所获取的隐性知识等。

企业记忆分为正式记忆和非正式记忆。正式记忆通常指一般的、显性的、能够明确用语言表述出来的知识，如企业年度报告档案。非正式记忆指特定情境和特定环境中的知识，如企业决策及其结果、地点和时间等。现今，多媒体数据库、数据库管理系统等都是提炼企业记忆的有效工具。

（2）企业知识学习共享　企业员工可以借助企业内部的组织学习或激励机制，将企业记忆中的显性知识内化为个人的隐性知识；企业可以将员工的个人知识转化为企业的公共知识，并最终融入企业记忆。这样，通过显性知识、隐性知识的转化，在企业内部能够实现企业知识学习共享的良性循环。

知识学习共享的途径，可以是培训和现场指导等正式机制，也可以是未经计划的讨论等非正式机制；可以是师傅教徒弟等个人化的渠道，也可以是知识库等非个人化的渠道。

（3）企业知识应用创新

企业竞争优势来源于企业应用创新知识的能力而不是知识本身。企业可以以三个基本机制实现企业知识的应用创新，创造企业能力。

一是指令，即将专家的隐性知识转化为系统的显性知识，并有效率地转移给非专家的一套特定规则、程序、标准和指示。

二是企业惯例，指企业发展的协调和合作方式、互动规则和程序细则。这可以使得合作者之间没有必要讨论做事的规则，而是可以高效率地应用其专业知识来完成团队赋予的任务和目标。因此，惯例可以降低企业成员的互动成本。

三是创建自我发展型的任务团队。在任务不确定和环境复杂的情境下，企业惯例和企业指令往往都无法实施，这时可以将有专门技能和必要知识的成员组成自我发展型的任务团队来解决问题。

企业管理修炼案例

案例回放

施工企业"管理异地复制"催生行业第一

作为国内优秀的大型电力施工企业，天津电建通过进行有效的知识管理，逐步实现"项目管理异地复制"，成功实现了企业业绩规模5倍增长，成为行业发展第一。

20世纪90年代后期，天津电建面对竞争激烈的市场，选择了国际通行的项目管理方法，并在大唐盘电项目和华能德州项目中试行，在实践中积累了一些经验。国华准格尔工程和大唐托克托工程相继中标后，以此为契机，天津电建开始尝试探索项目法施工管理模式，从传统施工体制向工程项目管理转变。自2000年开始，投入大量资源总结开发《天津电建项目管理运行规则》和《天津电建项目管理实施细则》，并持续进行升级换版工作。2000年，公司自有职工约5000人，能够同时进行两个项目。随着施工管理经验的不断丰富，天津电建也锻炼出一批出色的施工项目管理人员，业绩不断提升，逐步跻身行业先进行列。2003年，公司自有职工约4000人，能够同时进行位于天津和河北等地的4个项目。随着火电建设井喷期的临近，其承包的工程量大幅跃升。在此背景下，天津电建战略层提出未来蓝巢事业的"干字型"发展战略,要以火电建设施工管理为主营业务,做深做强,加强火电建设施工的精益化、标准化建设,实现天津电建成为国际化的电力建设工程承包商的愿景。尽管公司的管理能力和业绩在不断提升,但在整体战略的实施过程中,天津电建在项目管理综合能力发展方面遇到一些瓶颈,主要体现在:工程项目管理的经验和能力主要体现为基于现场和任务的基本管理,在工程项目管理的统一性和可复制性上存在不足,严重阻碍了工程项目管理能力的提升和扩展。

在此背景下,2004年天津电建聘请道特咨询公司承接项目管理体系规划项目,在总结公司现有项目管理成功经验的基础上,依据公司大发展面临的格局,运用国际化项目管理的观点和方法,系统整理现有项目管理体系,形成一个具备精益化和可复制性特征的项目管理体系,便于公司整体施工项目管理能力的提升和项目管理人才的培训。

该项目的成果包括蓝巢工程项目管理手册、蓝巢工程项目管理核心流程和蓝巢工程项目管理模板,都能够适用于天津电建所有电力工程施工项目管理和所有其他工民建施工项目管理。

在此基础上,天津电建进行了有效的知识管理,以《项目法运行规则》和《项目管理实施细则》为起点,通过PDCA持续改进,在实践中不断总结、提炼和推广项目管理的经验和模式,建立全面系统的电力施工工程项目管理知识体系,提高项目管理水平,逐步实现了公司项目管理异地复制。

天津电建推行管理制度系统化、管理过程程序化、管理评价标准化,在项目管理上严格按三层管理设置项目管理层、公司管理层、核心作业层。一个系统就是一个管理模块,一个模块有27万字的管理制度、上百万字的《项目管理手册》。所有项目的临建设施布局都是相同的,管理人员都是敞开式办公。天津电建推行工作标准化,机关人员轮换非常频繁,这样即使是新招来的毕业生上岗后也能按标准工作。

2000年,公司自有职工约5000人,2个项目同时进行;2003年,企业自有职工约4000人,4个项目同时进行;2005—2006年,自有职工7500~8000人,可同时开展16个项目;2008—2009年,职工人数没有大的变化,而同时开展项目突破了20个,并成功进军海外工程承包市场。

案例引发的思考

知识经济的形成和发展,需要与之相适应的管理模式、管理理论和管理实践,全球企业管理迎来了以知识管理为标志的革命。

• 平庸的企业:蒸蒸日上时,不会想到让忙于业务工作的员工转向知识管理事务;江河日下时,不会将窘迫的财力投入到知识管理上。

• 追求卓越的企业:会将好的企业知识传承发扬,永远不会让同样的错误发生第二次。

四、企业项目化知识提炼组织与人员

(一) 企业项目化知识管理人员

按照对知识管理与决策的权限不同,企业中的项目化知识管理人员可分为企业首席知识官(CKO)与企业知识管理者(KMer)。

首席知识官(CKO),英文全称为Chief Knowledge Officer,是随着知识管理的发展而在企业内部出现的一个新的高级职位,代表的是高级的知识执行长官。这一职位的设立,意味着知识管理已正式成为公司的一项重要管理内容，将为公司知识管理战略的实现与发展发挥重要的作用。首席知识官 CKO 一般要做如下工作：结合企业的业务发展战略，率领企业找到知识管理的愿景和目标；正确定义企业的知识体系并进行系统表达；推动建立合适的 IT 系统工具以保障"知识之轮"的运转；将知识管理的流程与业务流程紧密融合为一体；建立合适的知识管理考核与激励机制；营造适合知识管理的信任、共享、创新的文化氛围。

知识管理者（KMer），英文全称为 Knowledge Managemer，是随着知识管理在企业能力传承等方面发挥着越来越重要的作用，越来越多的企业认识到知识管理工作者对于企业正常运转的重要性之后，近年来出现的致力于在企业中进行知识总结、提炼、传播等工作的人员。

一个企业中只存在一个 CKO，却可以有很多推动企业知识传播的 KMer。

（二）企业项目化知识从业人员

根据人员在企业化知识中的贡献与价值，从业人员分为：

知识缔造者，是指企业项目化专有知识中某一部分知识的创造者，其所创造的知识可以作为其他知识与工作的指导。

知识提炼者，是指将企业中零散的、片段的知识进行系统化规范与层级提炼的人员。

知识传播者，是指将企业项目化专有知识在企业内不同部门不同岗位之间进行传播，给其他岗位以借鉴指导的人员。

知识学习者，是指进行企业项目化专有知识学习，以期用于自身工作岗位改善工作绩效的人员。

知识享受者，是指既没有进行知识的创造与提炼，也没有进行知识的传播与学习，却能享受到知识提炼所带来的成果的人员。

企业项目化知识的提炼，是企业追求卓越管理能力的核心工作之一，也是企业项目化知识管理的中间桥梁。对于追求卓越的企业来说，应深入了解企业项目化知识管理的概念、内涵以及对企业管理能力的指导作用与价值，核心掌握企业项目化管理知识修炼途径和知识成熟度等级，持续加强企业项目化管理通用知识的学习和自身经验的总结，逐步构建起并持续完善具有企业自身特点的项目化知识管理成果，为企业的卓越发展奠定坚实的知识管理基础。

最后要说明的是，企业项目化管理知识的提炼修炼是一个持续性的过程，不可能一蹴而就。随着企业的发展，企业项目化知识管理的需求会不断变化，一般企业管理理论和知识及其他领域知识的发展和进步，也会促进企业知识提炼修炼的过程，与之形成内外互动的局面。

第四节　企业项目化能力复制模块

企业项目化能力，是企业高效系统完成企业项目化任务的一种综合素质。

企业项目化能力复制（EP Abilities Copy, EP-AC），是指对企业项目化管理实施过程中，企业在日常经营管理活动中满足企业生存、成长和发展的系统方法和综合过程所表现出的水平的复制，是企业项目化管理快速、稳定实施的保障。从企业经营的宏观方面来说，主要包括企业发展战略规划能力、资源获取能力、资源整合能力、价值链管理能力、关键核心竞争优势和能力等；从企业内部管理微观维度来看，主要包括企业组织运作能力、指挥控制能力、战略分解与执行能力、综合管理能力等；从企业职能分配来看，主要包括企业产品开发与设计能力、市场与客户服务能力、产品与服务提供能力、生产与品质保障能力、供应与物流管理能力、人力资源开发与利用能力、成本管控能力、品牌策划与运作能力、后勤保障支撑能力等基础能力。企业进行项目化能力复制最有效的成果就是形成学习型组织与企业大学。

综上所述，企业项目化能力复制，是对企业项目化知识进行传播的过程，用以缩短企业进行工作探索的时间，如图9-7所示。

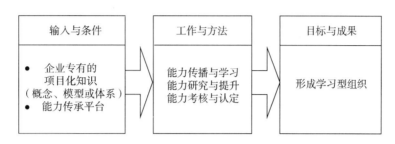

图9-7　企业项目化能力复制模块导图

以下将对能力复制的内容进行详细阐述。

一、企业项目化能力与复制

（一）企业项目化能力的理解

企业项目化管理能力，是企业项目化管理知识最为重要的概念之一，是企业项目化管理追求的目标，也是反映企业项目化管理水平的标志。对企业项目化管理知识的提炼，要从了解企业项目化管理能力开始。

作为企业的一种能力，企业项目化管理能力也反映了一般能力所具有的最为基本的特征。这些特征主要包括：

1）能力是胜任某项任务的主观条件。

2）能力是直接影响活动效率，使活动顺利完成的个性心理特征。

3）能力是经验和知识的一种积累。

4）能力不能脱离任务和实际而存在。

企业项目化管理能力是企业在其项目化的过程中，通过学习和实践逐渐积累起来的，能够系统、高效地完成企业项目化任务，包含理念、知识和管理在内的一种企业综合素质。简而言之，企业项目化管理能力是对企业的项目化管理思想、知识和操作层面综合水平的一种描述。企业项目化管理是企业在外部环境的影响和驱动下实施的。这一外部环境的最大特征就是企业之间的竞争。企业为应对现实和潜在竞争而采取的内部变革，也是对这一特征的直接反映。从这个角度讲，企业项目化管理能力就是企业应对外部竞争和内部变革挑战的能力。

（二）企业项目化能力复制

企业项目化能力复制，是企业组织通过项目化知识的传播和学习，让企业组织在实践操作层面，不用再像以往那样要经过长期的实践努力，而是能够快速掌握组织或社会曾有的能力，从而让组织获得比竞争对手更优的特性和竞争力。

企业项目化能力复制，包括人员能力复制和组织能力复制，二者是相互关联支撑的。

二、企业项目化能力复制作用与价值

中国古典的管理方式大多数是师傅教徒弟的传承管理，下属同时也是徒弟。用今天的管理语言来说是"复制"，即把自己的知识复制给自己的员工，以形成持续扩大的团队能力。我们应该看到复制在企业中的作用。尤其是中小企业面临管理困境时经常出现老板一个人承担了企业百分之七八十的经营任务，而员工的能力无法跟上导致无法创造收益。有的企业家提出应该教会管理者学会复制。管理者不能仅依靠自己去创造收益，因为个人的能力总是有限的。能够将一个团队发展起来，就必须要学会复制，但仅有复制就可以解决一切问题吗？

人有社会性的特点。古典的管理学说派像泰勒等只是将员工基于经济人的角度来看，认为员工也像机械一样，只要给予其相应的激励报酬就能获得产出。从这个意义上来说，就像给所有的电脑输入相同的指令就能标准地做下去。但随着现代人知识水平的提高，人对世界事物的认识是各不相同的。知识爆炸的年代，我们应该看到每个人的思维开始变得更具个性，相应对事物的接受能力和认知度也不相同。更为关键的是传统意义上人的生活已经从简单的填饱肚子的基础需求，上升到了要满足自身发展甚至自我发展需求的层次。如果企业者仅用简单复制的办法将无法满足企业的发展。一方面是员工的认识程度不同，会导致因复制学习的程度不同而错漏百出。复制不是一对一的简单复制，而是要通过一对二、一对多再逐次放大。但是这样一来反弹的问题同样会让企业陷入解决问题的怪圈中。另一方面，复制者的能力一般不可能是全面的，所以又存在优势互补的问题。如果全盘接收，同样缺陷也会被接受。如果整个团队将缺陷放大，那么可能是致命的硬伤。

复制更应该是立足于完备的企业流程标准建设上，通过企业复制"流水线"的操作来弥补复制的缺陷。在这里，领导者——优秀的企业家通过建立一整套的工作流程来完善每个工作达成的条件和结果环节，建立由企业家与最优秀人员参与其中的标准复制团队。企业家应该将自己的优势能力放到标准里面去，而该标准的设立也必须由所有的员工共同建设。如领导者是从生产精英成长起来的，他知道如何制作更为精确、优秀的模具，但他教某个徒弟时效率很低；如果全盘接收他的理念与方法，那么在团队的结合中是否适用，也会制约复制的效果。如果建立一个标准的流程，将每一个步骤进行分解，然后取最优秀的指数，指数的设定即可以由复制者提供最佳的标准。随后，所有员工规范严格地按照此流程和标准进行，只有这样的复制才能更好地起到实际的作用。

实际上，只有在建立了完备的制度并形成管理流水线后，才能实现持续的复制发展。复制应该是将优秀的能力转化为制度，通过制度实现持续有约束的标准复制。可口可乐、肯德基等就是最好的证明。每个优秀的办法是可以复制的，但通过制度结合优秀的复制是无法超越的。

三、企业项目化能力的分类

企业项目化能力，按照能力复制的结果和应用程度的不同，可分为参考性的能力、指导性的能力、遵从性的能力。

（一）参考性的能力

参考性的能力，是指企业中某些具有参考价值的，在复制应用过程中可以结合自己的工作岗位、所处环境进行符合自己岗位工作的修改与变动的能力。这类能力的复制，多是不具有强制约束力的，复制的程度因人而异。

（二）指导性的能力

指导性的能力，是指企业中对工作岗位具有指导作用，在复制过程中应根据其整体规律、操作流程等进行贴合本岗位工作的变动的能力。这类能力的复制，与参考性能力相比，具有一定的约束性，其中的规律性内容是经过前人不断总结与提炼而来的，具有较强的指导意义，在进行变动的过程中需要经过深思熟虑。

（三）遵从性的能力

遵从性的能力，是指企业中形成的、几乎不能变动、在复制过程中必须完全严格遵守的能力。这类能力的复制，具有完全强制性，是企业知识积累过程中所形成的高度智慧结晶，相当于企业的最高法则。

四、企业项目化能力复制工作与组织

企业能力复制具有一定的工作内容，并根据进行能力复制的工作分工不同，形成了不同的企业能力复制组织。

（一）企业项目化能力复制工作

1. 能力传播与学习

能力的传播与学习，是指将通过知识管理所形成的企业能力在企业内进行传播并对相关人员进行培训，使之学习相关能力以应用到本工作岗位的过程。

2. 能力研究与提升

能力的研究与提升，是指对企业现有的工作能力再次进行研究与优化，使之能更好地在企业内部进行传播，提升企业员工的工作能力与企业整体管理能力的过程。

3. 能力考核与认定

能力考核与认定包含两个层面的意义：一是对企业进行能力学习的员工进行考核，评价其工作能力的过程；二是对企业整体的管理能力进行评定，以便确定企业知识管理的方向与目标。

（二）企业项目化能力复制组织

企业项目化能力复制的最高形式是形成学习型组织，使知识在企业内部进行全面传播。

学习型组织（EP Learning Organization，EP-LO），指为应对变化剧烈的外在环境，组织应力求精简、扁平化、弹性适应、终生学习、不断自我组织再造，以维持竞争力。学习型组织是通过培训弥漫于整个组织的学习气氛、充分发挥员工的创造性思维能力而建立起来的一种有机的、高度柔性的、扁平的、符合人性的、能持续发展的组织。这种组织具有持续学习的能力，具有高于个人绩效的综合绩效。

根据企业项目能力复制的工作范围和程度，企业项目化能力复制组织包括。

1. 企业培训中心

企业培训中心，是企业进行知识传播与学习的媒介，是企业内部形成的、对内部职工进行职业教育、专业技能培训等的知识型组织。企业培训中心综合管理企业职工培训的规划、计划、资源及主要培训实施工作，将企业职员培训按照统一管理、分级实施的模式开展。

2. 企业研究学院

企业研究学院，兼具企业培训中心的职能，是企业知识管理更高层级的体现，在承担企业培训中心的职能之外，还负责能力的研究与提升工作。

3. 企业内部大学

企业内部大学，又称公司大学，是指由企业出资，以企业高级管理人员、一流的商学院教授及专业培训师为师资，通过实战模拟、案例研讨、互动教学等实效性教育手段，以培养企业内部中、高级管理人才和企业供销合作者为目的，满足员工终身学习需要的一种新型教育、培训体系。

企业内部大学是企业进行知识管理更高层次的体现，同时承担着企业培训中心的能力传播与学习的职责、企业研究学院的研究与提升工作，同时还需要对企业中的知识管理与学习者进行考核与认定。

企业能力复制，是企业知识管理的最终目标，也是企业知识管理水平的重要体现。企业的知识管理重点在于应用于企业的实际管理之中，指导企业向永续发展之路前进，而能力复制是企业知识管理与知识应用之间的重要桥梁，是知识管理落地的基础。

企业要想永续发展，离不开知识的指导，同样也与企业的发展思想密切相关。企业应该具备怎样的发展思想才能保证永续发展呢？下一章将进行详细阐述。

第十章

企业项目化思想管理层级

　　思想是思维活动的结果，属于理性认识，一般也称"观念"，属于形而上的哲学范畴。人类社会的任何行为，都是人类思想不同程度的体现；思想对人类社会的活动又具有引导作用。管理亦然。

　　企业管理思想，是人们在企业发展实践中对管理活动进行系统思考所形成的观点、想法和见解的总称，是人们对企业管理实践活动中的种种关系、矛盾和规律的自觉性、系统性的反映。企业思想管理是对企业中所形成的本质性思想所进行的管理。企业思想管理的方向决定了企业发展的方向，思想管理的高度决定了企业管理的高度，思想管理的系统性决定了企业管理的系统性。企业项目化思想管理，从思想萌芽到思想形成再到系统与深化，经历了一个逐步成熟、日渐完善的发展过程。从内涵来看，企业思想管理正在从工业经济时代"以物为本"的核心思想，向当今环境下"以人为本"和"以知识为本"的核心思想转化。

　　企业项目化思想管理是在企业进行项目化管理实践的基础上逐渐形成并发展起来的，是对企业管理实践的精炼和总结，对企业管理实践发挥着重要的指导作用。企业项目化思想管理是企业永续发展过程层级的继续演进过程，是突破知识管理层级之后的思想引导，是企业本质能力传承的过程，所形成的愿景使命、发展理念、管理法则是企业永续发展过程中不可更改的绝对性内容。企业项目化管理思想，反映了当今企业管理的时代特征和发展趋势，具有鲜明的时代性、先进性和系统性。

　　本章将从对企业发展愿景和使命的研讨开始，确定企业终极发展目标的实现路径——企业发展理念，并从企业管理的学科特性出发，提出实现企业发展目标路径之上所坚持的管理法则；从深入剖析企业项目化管理能力的科学内涵入手，紧密结合企业自身的独有特征，描绘出企业项目化管理的发展蓝图，提炼出追求卓越的企业项目化管理思想：企业使命愿景、发展理念以及管理法则，进而以企业项目化管理思想成果为核心，引导企业管理的实践发展。

第一节　企业项目化思想管理综述

一、企业项目化思想管理概念与理解

（一）思想的概念

思，就是意识运动；想，就是目的性的意识行为。思想，一般也称"观念"，其活动的结果属于认识。人们的社会存在，决定人们的思想。一切根据和符合客观事实的思想是正确的思想，对客观事物的发展起促进作用；反之，则是错误的思想，对客观事物的发展起阻碍作用。简单地说，思想就是人们在思考过程中所产生的关于目的性的想法。思想也是一个人的行为方式和情感方法的重要体现。

思想是指主体的具体意识的直线型运动形式，思想的本身就是意识运动形式的表达，是意识的主体在意识形态里进行的意识的运动行为，是以某一问题为点的直线意识的运动形式，思想的作用是有助于进行意识的引导，是思想直线运动形式的存在特征。

所有具备思想能力的主体，都是处于生物演化高端的高级动物，高级动物能通过自身的行为来适应大自然的生存环境。这种生存行为的指导，就是本身意识的形态在环境变化中所形成的具体意识的运动，这本身的意识的运动就是思想的意识。意识与思想的区别，在于意识作用在演化中所引起的是形体的本能变化，思想作用引起的是行为的变化。

（二）企业项目化思想的概念和认知

企业项目化思想，是领导者对企业项目化发展最终目标的思考，包括终极目标的思考（使命愿景）、发展路径（理念）的思考、根本要求（原则）的思考。

（三）企业项目化思想管理的概念与理解

企业项目化思想管理，就是企业为追求永续发展，面对如何做久、能力如何传承的难题，由企业的最高层，特别是创始高层，对组织最终发展目标、路径等的思考和管理，包括企业项目化思想的制定、宣贯、修订完善等。

二、企业项目化思想管理的动因与本质

企业进行项目化思想管理，是内外环境共同影响所决定的，最终目的是确保实现企业永续发展的目标。关于企业项目化思想管理的动因以及本质的详细阐述如下。

（一）企业项目化思想管理的动因

随着企业规模不断发展壮大，企业逐渐从创业发展阶段做对做成的需求上升为持续发展阶段做强做大的渴望，而一旦企业突破持续发展阶段的难题，做优与做久的永续发展愿望就成为企业奋斗的目标。企业项目化知识管理解决了企业做优的难题之后，企业继续发展与进步，而此时由于内外部环境的影响，领导人最关心的是企业如何在发展良好的基础之上实现做久的愿景。企业项目化思

想管理是应企业做久的需求产生的，从规划企业的发展愿景出发确定企业的发展使命，进而规定企业的发展理念、制定管理法则，以保证企业的永续经营。

（二）企业项目化思想管理的本质

企业进行项目化思想管理，主要是为了突破企业做久的难题，实现企业能力的传承，达到永续经营的目标，因此企业项目化思想管理的本质是实现能力的永续传承。

企业虽然有生命周期，但是不同于一般的生物体经历从出生到灭亡的自然生命过程，而是在不断发展的过程中继续壮大。如果在这个过程中，企业具有长远的统一发展目标，具备使命感，各种能力都能够得到有效传承，就能够长久传承。

三、企业项目化思想管理的工作与内容

（一）企业项目化思想管理的工作

企业项目化思想管理是一项系统的工作，涵盖了设计与完善、解读与理解、宣贯与教化、应用与督导四项内容。

1. 企业项目化思想的设计与完善

企业项目化思想的设计与完善，是指对指导企业永续经营发展的愿景使命、发展理念、管理法则等进行规划、设计与完善，以保证企业能够突破做久的难题。

2. 企业项目化思想的解读与理解

对企业项目化思想进行设计与完善之后，需要对其进行解读与理解，以便使企业全体人员对其中的内涵深入理解，以企业的思想理念为工作理念。

3. 企业项目化思想的宣贯与教化

企业项目化思想的宣贯与教化，是指将企业项目化的思想理念在全体员工中进行传播，使全体员工对企业项目的思想内容有更为深刻与全面的了解。

4. 企业项目化思想的应用与督导

企业项目化思想管理的直接目的就是思想内容的应用。无论是设计完善、解读理解，还是宣贯教化，最终都要落地实现，为企业所用。因此，企业项目化思想工作内容的最后一项，也是最为关键的一项，就是企业项目化思想的落地应用与督导。

（二）企业项目化思想管理的内容

企业项目化思想管理领域共包含三个模块的管理内容，即愿景使命、理念价值观、行为法则，三个模块的关系如图 10-1 所示。

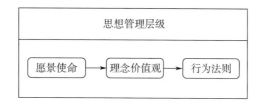

图 10-1　企业项目化思想管理领域三个管理模块的关系

企业项目化思想管理领域中的使命愿景模块是对美好愿景和企业责任的描述，决定企业的理念价值观与行为法则。企业的理念价值观是企业美好愿景的实现路径，是在企业的发展方向和共同信念基础上形成的指导企业朝着最终目标前进的途径，决定着企业行为法则。企业的行为法则是组织活动一般规律的体现，对企业发展的终极目标以及发展路径具有一定的约束作用，需要依据企业的使命愿景和理念价值观制定。企业项目化思想管理中的愿景使命、理念价值观、行为法则分别回答的是我们要什么、凭什么发展以及应该如何发展三个问题。

第二节　企业项目化愿景使命模块

企业项目化愿景与使命是企业对发展终极目标的整体描述。企业项目化思想管理首先要解决企业管理在企业发展中的地位和价值问题。这一思想的成果往往体现在企业发展愿景和使命中。通过对企业自身基本情况的总结、对所处行业基本状况的分析以及对社会基本形势的剖析，利用跟随行业内标杆企业愿景与使命或独立创新的方法，确定企业的发展愿景与使命。企业项目化愿景使命模块导图如图 10-2 所示。

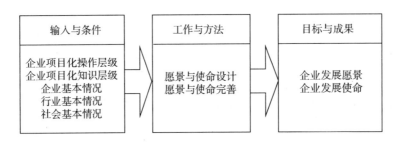

图 10-2　企业项目化愿景使命模块导图

以下将对企业项目化愿景使命模块的内容进行详细阐述。

一、企业发展愿景与使命简析

（一）企业发展愿景与理解

企业发展愿景（EP Enterprise Vision，EP-EV），又译企业发展远景或远见，简称企业愿景。企业愿景是企业的发展方向及终极目标的体现，是指企业的长期愿望及未来状况，体现组织发展蓝图与永恒的追求。企业愿景，是企业最高管理者特别是创始领导人头脑中的一种概念，是这些最高管理者对企业未来的基本设想，是对"我们代表什么""我们希望成为怎样的企业？"的持久性回答和承诺，这一管理方法自20世纪90年代以来盛行一时。企业愿景，是对企业发展终极目标的整体描述，主要是针对企业内部利益相关方，引导企业组织的发展方向和终极目标。

（二）企业发展使命与理解

企业发展使命（EP Enterprise Mision，EP-EM），界定了企业在社会经济发展中担当的角色和责任，阐释了企业的基本性质和存在的根本理由，引导界定了企业的主导思想和经营领域，是企业发展战略目标和经营策略制定的根本依据。企业发展使命确立了企业发展的基本指导思想、原则、方向和发展哲学等，它超越了企业的战略目标，是一种抽象的存在，影响着经营管理者的决策和思维。对于各企业的发展使命，有着形形色色的描述形式，但上升为一般性的表述，核心体现为企业为什么而存在以及如何存在的问题。企业发展使命也是对企业发展终极价值的整体描述，其主要是针对企业外部利益相关方，引导企业外部利益相关方对企业的认知和认同。

（三）企业发展愿景与使命辨析

企业发展愿景和企业发展使命都是对企业未来发展方向和目标的构想和设想。也正是因为两者都是对企业未来的展望，人们很容易把二者理解为一个意思或一个概念，因此在很多不同的企业之间或在一个企业内部经常出现通用或混用企业发展愿景和企业发展使命等的现象。

然而，企业发展愿景与使命在企业中分别发挥着不同的作用，对企业的指导意义也不尽相同。

企业发展愿景（或企业宗旨）是指企业长期的发展方向、目标、目的、自我设定的社会责任和义务，明确界定公司在未来社会范围里是什么样子，对其"样子"的描述主要是从企业对社会（也包括具体的经济领域）的影响力、贡献力、在市场或行业中的排位（如世界500强）、与企业关联群体（客户、股东、员工、环境）之间的经济关系进行表述。企业发展愿景主要是考虑对企业有投入和产出等经济利益关系的群体产生激励、导向、投入作用，让直接对企业有资金投资的群体（股东）、有员工智慧和生命投入的群体、有环境资源投入的机构等产生长期的期望和现实的行动，通过企业使命的履行和实现让这些群体、主体感受到在实现社会价值的同时，自己的利益的发展也能得到保证和实现。

企业使命是在界定了企业愿景概念的基础上，把企业使命具体地定义到回答企业在社会经济领域经营活动的范围或层次。也就是说，企业使命只具体表述企业在社会中的经济身份或角色，即该企业是做什么的、在哪些经济领域里为社会做贡献。企业使命主要考虑的是对目标领域、特定客户或社会人在某确定方面的供需关系的经济行为及行为效果。

从企业发展愿景（或企业宗旨）和企业发展使命等理论概念的关系来讲，使命是愿景的一个方面，换句话说愿景（或宗旨）包括使命，使命是愿景中具体说明企业经济活动和行为的理念。如果要分开表述企业发展愿景和企业发展使命，愿景里就不应再表达企业经济行为的领域和目标，以免重复或矛盾。

二、企业发展愿景

如前所述，企业发展愿景体现了企业家的立场和信仰，是企业家头脑中的一种概念，是企业家对企业未来的设想，是对"我们代表什么""我们希望成为怎样的企业？"的持久性回答和承诺。企业发展愿景不断地激励着企业奋勇向前，拼搏向上。那么永续发展的企业为什么要明确企业发展愿景？企业发展愿景又有何作用与价值？以下将进行详细阐述。

（一）永续发展为什么要明确企业发展愿景

1. 统一发展方向与终极目标

要使企业员工都自觉地参与到企业经营活动之中，就需要有整合了企业所有理念的企业发展愿景。很多企业往往把企业发展愿景当作企业原则、社训、企业精神、信条等抽象的观念或姿态，并不明确企业的发展使命、存在意义、经营方针、事业领域、行动方针等，还一贯重视"人和""诚实"等过于含蓄的非规定性的潜意识力量。

当前，随着结构重组（restructuring）、再造工程（reengineering）和标杆学习（benchmarking）等管理方法的普及，终身雇佣制逐步解体，个人经理的自律性受到了重视。若要在自律的基础上，企业员工充分发挥个人能力去达成企业共同的目标和愿景，同时实现自我，就必须明确企业发展愿景。仅仅从经济代价或交换的角度去理解个人或企业关系是不全面的。当个人能理解和参加到企业发展愿景中时，就能融进企业，文字化的企业发展愿景不应是抽象的概念或只言片语，而应包含具体、明确的方针。当提出明确的企业发展愿景，并传播到每个员工，激发起员工的自觉参与意识时，企业就能获得发展。

2. 强化企业的关系性

要强化企业的关系性，就必须有企业愿景。近年来在管理和营销领域，关系性（Relationship）概念受到关注。这是企业在对大量生产、大量销售体制造成个体的人际关系衰退后进行反思后产生的概念，许多学者认为这一概念对于曾坚持生产者观念的企业是必要的。关系的概念不但适用于企业和顾客的交往，也适用于企业与内部员工之间的关系。经营者和员工之间的关系不是简单的劳动合同关系，而是以相互信赖和密切联系为基础的关系，即非机械的伙伴关系，这种关系需要通过公司内部沟通创造出共同价值的"共同创造"观念。另外，这种关系的基础要求有企业成员共享的共同企业发展愿景。有了共享的企业发展愿景，就能迅速、正确地沟通，企业成员在同一企业发展愿景、共同目标下建立关系，在相互沟通和活动中创造共享价值（Shared Value）。

3. 增加价值创造力

企业提供的商品和服务是具有价值创造可能性的"企业价值创造物"，而非价值本身。所有商品和服务都是在人类生活的某种特定时期、场所和状况下，通过与其他信息相结合创造出独特的使用价值来感动或满足人类。作为企业竞争力的新的要素，主要包括组织的知识、应变能力、价值创造力，但必须清楚这些要素作用的发挥取决于企业发展愿景这种知识资源基础管理（knowledge resource-based management）体系的确立。

4. 更有力地突破现实阶段的发展困境与难题

企业每发展到一定的阶段，就会陷入不同的瓶颈与难题中，只有突破现有阶段的困境，才能保证企业继续发展。进入永续发展阶段的企业，有很强大的物质基础与经营管理经验，领导人并不担心企业近几年乃至近十几年的发展，而是更关注如何使企业永远经营下去，这也就是企业永续发展阶段的难题。在此阶段，物质所带来的刺激已经不像创业阶段和持续阶段对人员的影响那么大，企业急需一种统一的目标与愿景，为未来的努力寻找奋斗的方向。企业发展愿景在永续发展企业中具有突破现实阶段发展困难与难题的目标思想引导作用。

5. 更密切地实现组织全体人员的融合与协作

企业是有生命的，就像人一样。"企"字由"人"和"止"构成，如果"人"去掉了，"企业"就变成了"止业"。这表明人对于企业非常重要。人与动物的根本差别，就在于人是有思想的。"思想是行动的先导"，思想的变化能产生质变的飞跃。如果只想发生小小的改变，那只需要改变企业中人的行为方式；如果希望带来根本的改变，那就必须改变人的思维模式。世界上有很多历经多年的著名大企业，实际上都发展成了一个文化组织。企业发展愿景的重要作用是把企业中的实践与知识转变成一种管理思想、管理工具，形成一套思想引导体系，并上升到企业管理哲学和文化层面，以此引领全员的执行力，实现组织中全体人员的融合与合作，从而保证企业的永续发展。

(二) 企业发展愿景详解

企业发展愿景是企业发展方向及战略定位的体现，是指企业的长期愿望及未来状况，是组织发展的蓝图，体现组织永恒的追求。

德鲁克认为企业家要思考三个问题：第一个问题，我们的企业是什么？第二个问题，我们的企业将是什么？第三个问题，我们的企业应该是什么？这也是思考企业文化的三个原点，这三个问题集中体现了一个企业的发展愿景，即企业发展愿景需要回答以下三个问题：

1) 我们要到哪里去？

2) 我们的未来是什么样的？

3) 我们的目标是什么？

正确回答以上三个问题就可以描绘出企业的发展愿景。

企业发展愿景包括两部分：核心信仰（Core Ideology），未来前景（Envisioned Future）。

1) 核心信仰包括核心价值观（Core Value）和核心使命（Core Purpose）。它用以规定企业的基本价值观和存在的原因，是企业长期不变的信条，如同把组织聚合起来的黏合剂，核心信仰必须被组织成员共享，它的形成是企业自我认识的一个过程。核心价值观是一个企业最基本和持久的信仰，是组织内成员的共识。

2) 未来前景是企业未来 10～30 年欲实现的宏大愿景目标及对它的鲜活描述。

企业发展愿景是企业战略发展的重要组成部分，是根据企业现有阶段经营与管理发展的需要，对企业未来发展方向的一种期望、一种预测、一种定位。通过市场效应，及时有效地整合企业内外信息渠道和资源渠道，以此规划和制定企业未来的发展方向、企业的核心价值、企业的原则、企业的精神、企业的信条等抽象观念或姿态以及企业使命、存在意义、经营方针、事业领域、核心竞争力、行为方针、执行力度等细微性的工作，从而让企业的全体员工及时、有效地了解企业发展愿景赋予自己的使命和责任，使企业在计划—实行—评价—反馈的循环过程中，不断增强自身解决问题的力度和强度。

(三) 企业发展愿景价值

企业发展愿景的作用是促使组织的所有部门朝向同一目标并给予鼓励。同时，它也是员工日常工作中的价值判断基准。为此，在规定企业发展愿景时应明确企业的提供价值和目的。企业的提供价值是企业本质的存在理由和信念。这不同于财务报表上的利润或"近视（Myopia）"的期望值。

企业发展愿景的另一构成要素——企业目的，是为企业员工指示发展方向、提供激励的基本框架。

从世界上许多优秀企业的发展历程中可以看出，并不是在企业创立之初就能明确规定企业发展愿景的内容及其实行方法，也没有明确什么样的才是最好的标准答案。也就是说，企业愿景不是由其内容而是由其理念的明确性和理念下的整合性的经营活动来规定和强化的。例如，许多企业都可以把"利用尖端技术生产出电子产品来贡献社会和人类"作为企业愿景，但关键是这种愿景有多么深远并且是否能坚持下去。

三、企业发展使命

企业是构成经济社会的基本单位，也是创造社会财富的核心主体。企业发展使命决定着企业的基本发展方向和基本业务范围。因此，清晰地界定企业发展使命和明确企业发展的根本途径至关重要。那么，在永续发展的企业中，为什么需要企业发展使命？企业发展使命又有何价值与作用呢？以下将进行详细阐述。

（一）永续发展为什么要明确企业发展使命

1. 最大限度地获得社会各群体的认可和支持

企业发展使命不仅回答企业是做什么的，更重要的是企业为什么这样做，也就是企业终极目标的意义。德鲁克认为，使企业遭受挫折的最重要的原因，恐怕就是人们很少充分地思考企业的发展使命是什么。企业在制定战略之前必须先确定企业发展使命，明确企业的经营思想，为企业目标的确立与战略的制定提供依据。事实证明，那些一代代经历各种变迁而成员依然紧密团结、走向辉煌的企业，都拥有一个全体员工共同高举的战略旗帜——企业发展使命。当大家齐心协力地认准方向、拥有共同的信念和目标时，就会爆发出极大的能量，足以克服很多意想不到的困难。

2. 更加明确地界定企业经营追求的利益诉求

企业使命是企业生产经营的形象定位。它反映了企业试图为自己树立的形象，如"我们是一个愿意承担责任的企业""我们是一个健康成长的企业""我们是一个在技术上卓有成就的企业"等，在明确的形象定位指导下，企业的经营活动就会始终向公众昭示这一点，而不会"朝三暮四"。换言之，企业发展使命的确定，更加明确地界定了企业经营追求的利益诉求。

（二）企业发展使命详解

企业发展使命界定了企业在社会经济发展中所应担当的角色和责任，阐释了企业的根本性质和存在的理由，说明了企业的经营领域和主导思想，是企业发展目标和策略制定的根本依据。企业发展使命确立了企业发展的基本指导思想、原则、方向和发展哲学等，超越了企业的战略目标，是一种抽象的存在，影响着经营管理者的决策和思维。各企业的发展使命，有着形形色色的描述形式，但上升为一般性的表述，核心体现为企业为什么存在以及如何存在的问题。"存在"是企业发展中最为重要的关键词，如何摆脱企业生命周期宿命论，获得持续、稳定和健康发展是企业发展使命首先要解决的问题。

根据哈默的能力理论，卓越企业具备了一种让企业能够持续、稳定和健康发展的能力。那么，到底什么是卓越企业？卓越一词源自于西方企业管理的实践，英文单词是"great"，意思是"非常好或者非常优秀"，超越了好或者优秀的层面。企业可能在一个或者几个阶段表现为卓越，却很难保证一直持续，这样的企业称不上"卓越企业"。卓越企业应当能主动适应环境的变化，保持原有的成功与成就并获取新的成长优势。所有的企业均可以通过不断创新和不断优化其管理、营运的活动，通过变革实现从一种状态不断向另一种状态周而复始的循环上升，实现做强做大、持续发展的使命。事实上，国际上有很多优秀企业的发展轨迹已证实这一点。卓越企业有其内在的基因和外在的表现，这种基因和表现使企业能够持续、稳定和健康地发展。

1）从社会角度来说，卓越企业是能带来良好的社会影响，并对社会和谐发展起到良好作用的企业。

2）对于股东而言，卓越企业是在艰难的产业环境中能够确保股东资产保值，在竞争的环境中能够确保股东收益最大化的企业。

3）在客户眼中，卓越企业是能够按时交付订单、保证产品质量、产品具有科技先进性并能够快速改进和更新的企业。

4）对于合作伙伴来说，卓越企业是在成长历程中能够相互合作并具备明显可借鉴优势的企业。

5）从员工的角度来说，卓越企业是能够提供具有竞争力的薪水、优良的晋升空间和锻炼机会，并且能够长期发展的企业。

因此，卓越企业是指能够持续、健康和稳定发展，并以此为使命的企业。企业应超越单纯对企业短期业绩等目标的追求，寻求一种长期的科学发展机制，促进企业持续、稳定和健康发展，并不断地走向卓越。

（三）企业发展使命价值

1. 统一经营目标

企业发展使命足以影响一个企业的成败。著名领导力大师弗兰西斯女士认为，一个强有力的组织必须要靠使命驱动。崇高、明确、富有感召力的使命不仅为企业指明了方向，而且使企业的每一位成员明确了工作的真正意义，激发出内心深处的动力。企业发展使命的重要价值之一就是能够统一企业的经营发展目标，使企业的全体员工朝着一个经营目标奋斗。

2. 协调内外矛盾

企业使命是指企业在社会进步和社会经济发展中所应担当的角色和责任，是指企业的根本性质和存在的理由，说明企业的经营领域、经营思想，为企业目标的确立与战略的制定提供依据。就其社会作用而言，企业发展使命能够协调企业在社会的认知中以营利为目的而不顾社会发展与经济进步的矛盾，使企业能够被社会所接受。

3. 提升永续动力

一个伟大的组织能够长久生存下来，最主要的条件并非结构形式或管理技能，而是我们称之为信念的精神力量，以及这种信念对于组织的全体成员所具有的感召力。任何组织若想长期生存下去并取得成功，首先，必须树立起一系列牢固的信念，这是一切经营政策和行动的前提；其次，必须始终如一地坚持这些信念，相信它们是正确的；最后，必须随时准备改变自身，以应付环境变化的挑战，但信念不应改变。在企业中，企业发展愿景是企业的内在信念，而企业发展使命则是企业的外在信念。因此，企业发展使命能够为企业永续发展提供源源不断的精神动力。

第三节　企业项目化理念价值观模块

企业项目化理念价值观，是企业在追求终极目标的过程中所依赖的核心手段和途径。管理者追求企业绩效的根据，是顾客、竞争者以及职工价值观与正确经营行为的确认，然后在此基础上形成企业基本设想与科技优势、发展方向、共同信念和企业追求的发展目标，这些可称为企业理念价值观。不论是营利组织，还是非营利组织，不论是企业，还是机关团体，任何一个组织都需要一套理念价值观。事实证明，一套明确的、始终如一的、精确的企业理念价值观，可以在企业中发挥极大的效能。企业项目化理念价值观形成过程如图 10-3 所示。

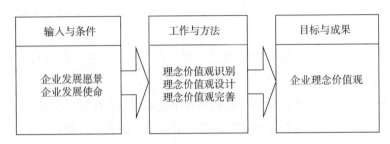

图 10-3　企业项目化理念价值观形成过程

以下将对企业理念价值观模块的相关内容进行详细阐述。

一、企业理念价值观简述

（一）企业理念价值观的概念与理解

企业理念价值观，是企业在持续经营和长期发展过程中，继承企业优良传统，适应时代要求，由企业家积极倡导，全体员工自觉实践，从而形成的代表企业发展信念、激发企业活力、推动企业经营管理的团体精神和行为规范，是由企业发展思想、观念、心理等因素经长期相互渗透、影响而逐步形成的一种内含于企业生产经营中的主导意识。

（二）企业理念价值观的特征与价值

企业理念价值观是企业项目化思想管理的重要内容，是企业精神活动和智慧的结晶，也是企业实践成果提升和总结的精髓。它不仅是企业为适应内外环境而升华的思想体系，同时也是指导企业发展的思想武器。企业理念价值观解释了企业的终极发展目标，并且是企业终极目标得以实现的依托和根据。

1. 企业理念价值观的特征

优秀的企业理念价值观应具备如下特征：

1）正确性。正确的理念是引导企业沿着正确方向发展的指路灯，也是制定企业发展目标的思想基础和来源，反之，错误的理念将葬送企业的发展前途。

2）超前性。企业的理念应超前于企业实践活动，而不是落后于企业实践活动，超前的程度决定着企业未来发展的高度和层次。

3）现实性。理念来源于实践，又必须回归实践。反之，将成为一种空洞的说教。只有植根于实践的理念，才是企业迫切所需。它也决定着每个企业的作风，如理念浮夸，企业势必会"虚胖"；如理念贴近实际，企业发展的作风也必然稳健有效。

4）共识性。一个企业的理念，只有得到大家的共识，才能迸发一股无形力量，才是企业具有凝聚力和向心力的根本基础，才能战无不胜、攻无不克。反之，则人心涣散，不战而溃。

5）决策性。企业理念不是空洞的知识，它无处不在、无时不有地客观存在于企业决策过程的每一个环节，大到企业战略决策，小到具体工作的决策，它都无声地影响着企业的决策，进而决定着决策的结果。

6）管理性。企业管理水平的高低取决于企业管理理念的正确性、先进性和有效性。

7）经营性。企业经营理念是指对市场和客户认识的深刻程度，从某种意义上决定着企业的经营水平和层次。

8）信仰性。对某种目标的信仰，是由最基本的理念元素构成的，企业家的信仰则具体物化为企业目标。因此，信仰性从深层次影响和决定着企业的命运。

2. 企业理念价值观的作用

企业理念价值观解释了企业终极发展目标得以实现的依托和根据，其作用主要表现在以下几个方面：

1）导向作用。企业的发展是有方向性的，既要遵循企业战略发展的方向，又要承袭企业发展的各种经验，需要兼顾短期利益和长期规划，优秀的企业建设离不开"发展方向"的指引。

2）凝聚作用。企业理念价值观能够实现企业先进文化的凝聚作用。拥有先进企业文化的企业，会向职工提供一种共同的、先进的价值观。这种价值观能把企业职工凝聚在一起，形成一股强大的合力，使广大职工同心同德地为企业的发展贡献力量。

3）约束作用。企业理念价值观的约束作用主要体现在两个方面：

第一，企业理念价值观能够提供思想指导、价值观念、行为准则、文化知识等，对企业发展方向起到约束作用。

第二，企业理念价值观能使企业职工正确地支配和控制自己的行为，告诉企业职工什么样的行为是正确的、什么样的行为是不正确的、什么地方是不能涉足的禁区等，能够帮助企业职工知晓曲直，在实践中及时调整自己的行为。

4）激励作用。企业理念价值观能够激励企业职工为实现企业目标而努力奋斗，同时使企业职工获得自我发展，实现自我创造。

（三）企业理念价值观设计的依据

企业理念价值观是企业终极目标发展方向的指引，其设计需要遵循一定的规则特征。

1. 时代特征

理念开发不能脱离企业所处的时代。时代在不断变迁，不同时代具有不同的特征。时代特征尽管不能作为企业理念开发的直接依据，但其影响是很大的。

2. 民族特征

企业应着眼于我国各民族的传统文化、民众心理、宗教信仰，制定与本民族传统相吻合的企业理念，使企业的经营思想能快速根植人心。

3. 行业特征

企业理念的开发要立足于企业所处的行业，针对行业技术状况、市场状况、产品特征、人员素质、消费者的偏好等设计自己的理念。

4. 业者偏好

业者偏好是理念开发最直接的依据，它再现了企业领导者的个性特征和对企业特色的理解或希望，是领导者对企业在市场中的定位，表现为企业从上到下在经营活动中的一贯性总体倾向。

（四）企业理念价值观开发的原则

与企业理念价值观设计需要遵循一定的规则特征相似，企业理念价值观的开发也需要遵循一定的原则。

1. 个性化原则

个性化原则是指企业所设计的理念必须能使自己在同业中具有特色。企业理念价值观只有具有一定的个性化原则，才能具有企业自身的特色。

2. 社会化原则

企业理念价值观需个性化，但必须为社会所认同。因而，理念的开发与设计必须同公众和消费者的价值观、道德观和审美观等因素相吻合，以得到社会公众的认同，获取较高的知名度和美誉度。

3. 简洁性原则

企业理念是对企业价值观的高度概括，字面必须简明、内涵必须丰富，并易于记忆和理解。简洁、清晰、新颖的企业理念将会更深入人心。

4. 人本原则

人本原则即以人为中心。企业必须将理念当作一种管理工具来应用，开发和树立企业理念的根本目的在于激发企业员工的积极性和创造性。科学的企业理念及其有效的实施，将会使所有的企业员工得到尊重和信任，使企业拥有一种良好的氛围和环境。

5. 市场原则

企业理念必须体现顾客需求和竞争的要求。对于企业来说，理念是指导其经营活动的工具，而企业活动既是满足顾客需求的过程，也是与同业者进行竞争的过程。因而，企业理念必须有助于这一过程。

（五）企业理念价值观的类型

企业理念价值观有各种各样的类型，大致可以分为以下几种。

1. 目标导向型

采用这种定位模式，企业将其理念规定或描述为企业在经营过程中所要达到的目标和精神境界。它可分为具体目标型和抽象目标型。其中，具体目标型的企业理念有丰田公司："以生产大众喜爱的汽车为目标"；抽象目标型的企业理念有日产公司："创造人与汽车的明天"。

2. 团结凝聚型

采用这种定位模式，企业将团结奋斗作为企业理念的内涵，以特定的语言表达团结凝聚的经营作风。例如，上海大众汽车有限公司的"十年创业，十年树人，十年奉献"等，即属此种类型。

3. 开拓创新型

采用此种模式定位，企业以拼搏、开拓、创新的团体精神和群体意识来规定和描述企业理念，如日本本田公司的"用眼、用心去创造"、住友银行的"保持传统，更有创新"等。

4. 产品质量型

采用此类定位模式，企业一般用质量第一、注重质量、注重创名牌等含义来规定或描述企业理念。

5. 技术开发型

这种类型的企业以尖端技术的开发意识来代表企业精神，着眼于企业开发新技术的观念。这种定位与前面开拓创新型相似，不同之处在于：开拓创新型立足于一种整体创新精神，渗透于企业技术、管理、生产、销售的方方面面；技术开发型立足于产品的专业技术的开发，内涵相对要窄得多。如日本东芝公司的"速度，感度，然后是强壮"、佳能公司的"忘记了技术开发，就不配称为佳能"等就属于技术开发型企业理念价值观。

6. 市场营销型

这种类型的企业强调自己所服务的对象，即顾客的需求，以顾客需求的满足作为自己的经营理念。典型的是，麦当劳的"顾客永远是最重要的，服务是无价的，公司是大家的"、施伯乐百货公司的"价廉物美"。

7. 优质服务型

这类企业突出为顾客、为社会提供优质服务的意识，以"顾客至上"作为其经营理念的基本含义。这种理念在许多服务性行业（如零售业、餐饮业、娱乐业）极为普遍。

二、企业项目化理念价值观示例

企业项目化在发展过程中也产生了众多优秀的理念，现举例如下。

（一）经营与管理并重

经营的本质是资源的获取，管理是指资源的配置。在社会物质资源分布不均的时代，获取来自各方的资源为己所用，是企业取得成功的重要途径。随着社会物质分布渐渐趋于平衡，如何将企业中的有限资源进行合理有效的配置，以满足企业生存发展的需求，变得越来越重要。在竞争如此激烈的当下，企业资源的获取与配置决定着企业发展的命脉，因此经营与管理并重是企业应给予高度重视的理念价值观之一。

（二）创新与开放并举

创新与开放是企业生存与发展必不可少的手段之一，也是企业经营发展的重要理念之一。

创新是一个企业生存和发展的灵魂。对于一个企业而言，创新可以包括很多方面，如技术创新、体制创新、思想创新等。简单来说，技术创新可以提高生产效率，降低生产成本；体制创新可以使企业的日常运作更有秩序，便于管理，同时也可以摆脱一些旧的体制的弊端，如科层制带来的信息传递不畅通；思想创新是相对比较重要的一个方面，领导者思想创新能够保障企业沿着正确的方向发展，员工思想创新可以增强企业的凝聚力，发挥员工的创造性，为企业带来更大的效益。

开放是对自己之外的知识、经验等接纳、吸收、引进的过程。对于企业而言，开放是指加强与行业内乃至行业外企业之间的沟通与交流，吸收对企业生存发展有利的知识与经验，以起到取百家之长、补一己之短的作用。

（三）绿色生态共享

绿色生态指既满足当代人的需要，又不对后代人满足其需要的能力构成危害的发展。创造绿色生态环境是人类跨世纪的追求，是可持续发展的重要方面，是"以人为本"原则最直接的体现。当今社会，环保已经成为时下最热门的话题，人们对绿色生态的期望越来越明显。企业作为社会中重要的经济推动主体，在确保环境安全与经济可持续方面有不可忽视的责任，绿色生态应成为当今企业经营发展的重要理念原则之一。

第四节　企业项目化行为法则模块

企业项目化行为法则是组织活动的一般规律的体现，是人们在管理活动中为达到组织的基本目标而在处理人、财、物、信息等管理基本要素及其相互关系时所遵循和依据的准绳。一方面，行为法则是对管理活动的科学抽象，是对管理规律的总结和概括，是管理理论的重要组成部分；另一方面，行为法则是以客观事实为依据并在管理实践中逐步产生和发展起来的。

简言之，企业行为法则，是在企业愿景使命、理念价值观的基础上，通过对使命愿景与理念的解读与理解进行的设计与完善，进而形成的企业行为法则，其具体形成过程如图10-4所示。

图10-4　企业项目化行为法则形成过程

以下将对企业管理内容进行详细阐述。

一、企业行为法则简述

（一）企业行为法则的概念与理解

行为法则（EP Conduct & Principle，EP-CP），是企业以客观的管理实践为依据，在管理实践中逐步产生和发展起来的，对管理行为活动及其规律，在更高层次上的高度总结和深度概括，是企业所有人员管理必须遵循和依据的准绳。如"企业管理系统化、规范化、标准化、信息化"等都属于企业管理的法则。

（二）企业行为法则的作用与价值

1. 企业发展的法定准则

企业行为法则，是企业在不断发展的过程中所形成的，对企业发展目标与方向具有约束作用，在企业发展过程中应该遵守的标准与准则。企业在实现终极目标的过程中有不同的道路与方法，而检验这些道路与方法是否是可行的标准就是企业行为法则。符合企业行为法则的方法与手段，就是合理的，应该提倡的；反之，就是不合理的，应该摒弃的。

2. 员工工作的法定规则

企业行为法则的另一作用就是对员工，特别是对企业高层员工的工作行为进行约束。企业行为法则是企业全体人员的行动准则，也是企业制度、标准等的修订依据，对员工的行为起着不可忽视的约束作用。

（三）企业行为法则示例

行为法则在企业的发展过程中发挥着重要的作用，很多企业家或管理学的研究专家们在企业发展的过程中总结出了适合企业发展的有效的行为法则，以下将对西门子的"四眼原则"以及法约尔的 14 条行为法则进行详细阐述。

1. 西门子的"四眼原则"

作为享誉全球的百年企业，西门子成功的原因有很多，其中之一就是西门子在商务上一贯坚持的深入分析、慎重决策的管理方式，即"四眼原则"，这一点已经在西门子遍布全球 180 多个国家的分（子）公司的经营中得以体现。西门子的"四眼原则"，又称"四眼"行为法则，是指所有的重大业务决策都必须由技术主管和商务主管共同做出，以保证运作战略能平衡商业、技术和销售等各方面的风险。由于采用"四眼"原则，可以做到"两只眼睛看业务，两只眼睛看商务"，这是西门子公司在管理模式上的一次重大改进。

2. 法约尔的 14 条行为法则

法约尔是管理思想的古典理论家的杰出代表，他把管理看作一组普遍的职能，即计划、组织、指挥、协调和控制，把管理实践看作有别于会计、财务、生产、分销和其他典型生产职能的一种功能。他强调，管理是工商企业、政府甚至家庭中所有涉及人的管理的一种共同活动。他根据自己的实践经验与理论研究的成果，总结出企业管理的 14 条行为法则，具体如下：

（1）劳动分工原则（Division of Work）　法约尔认为，劳动分工属于自然规律。劳动分工不只适用于技术工作，也适用于管理工作，应该通过分工来提高管理工作的效率。但是，他又认为："劳动分工有一定的限度，经验与尺度感告诉我们不应超越这些限度。"

（2）权利与责任原则（Authority and Responsibility）　有权力的地方，就有责任。责任是权力的孪生物，是权力的当然结果和必要补充。这就是著名的权力与责任相符的原则。法约尔认为，要贯彻权力与责任相符的原则，就应该制定有效的奖励和惩罚制度，即"应该鼓励有益的行动，而制止与其相反的行动"。实际上，这就是现在我们讲的权责利相结合的原则。

（3）纪律原则（Discipline）　法约尔认为纪律应包括两个方面，即企业与下属人员之间的协定和人们对这个协定的态度及其对协定遵守的情况。他认为纪律是一个企业兴旺发达的关键，没有纪律，任何一个企业都不能繁荣兴旺。他认为制定和维持纪律最有效的办法是：①各级有好的领导；②尽可能明确而又公平的协定；③合理执行惩罚。因为"纪律是领导人造就的"，无论哪个社会组织，其纪律状况都主要取决于其领导人的道德状况。

（4）统一指挥原则（Unity of Command）　统一指挥是一个重要的行为法则，按照这个原则的要求，一个下级人员只能接受一个上级领导者的命令。如果两个领导者同时对同一个人或同一件事行使他们的权力，就会出现混乱。在任何情况下，都不会有适应双重指挥的社会组织。

（5）统一领导原则（Unity of Direction）　统一领导原则是指："对于力求达到同一目的的全部活动，只能有一个领导人和一项计划。人类社会和动物界一样，一个身体有两个脑袋，就是个怪物，就难以生存。"统一领导原则讲的是，一个下级只能有一个直接上级。它与统一指挥原则不同，统一指挥原则讲的是一个下级只能接受一个上级的指令。这两个原则之间既有区别又有联系。统一领导原则讲的是组织机构设置的问题，即在设置组织机构的时候，一个下级不能有两个直接上级。而统一指挥原则讲的是组织机构设置以后运转的问题，即当组织机构建立起来以后，在运转的过程中，一个下级不能同时接受两个上级的指令。"统一指挥"里"指挥"一词词义偏重于动词，而"统一领导"中"领导"一词偏重于名词，指的是组织机构的一个环节。

（6）个人利益服从整体利益的原则（Subordination of Individual Interest to General Interest）　对于这个原则，法约尔认为这是人们都十分清楚的原则，但是，"无知、贪婪、自私、懒惰以及人类的一切冲动总是使人为了个人利益而忘掉整体利益"。为了能坚持这个原则，法约尔认为，成功的办法是："①领导人的坚定性和好的榜样作用；②尽可能签订公平的协定；③认真地监督。"

（7）人员的报酬原则（Remuneration）　法约尔认为，人员报酬首先"取决于不受雇主的意愿和所属人员的才能影响的一些情况，如生活费用的高低、可雇人员的多少、业务的一般状况、企业的经济地位等，然后看人员的才能，最后看采用的报酬方式"。人员的报酬首先要考虑的是维持职工的最低生活消费和企业的基本经营状况，这是确定人员报酬的一个基本出发点。在此基础上，再考虑根据职工的劳动贡献来决定采用适当的报酬方式。对于各种报酬方式，法约尔认为不管采用什么报酬方式，都应该能做到以下几点：①能保证报酬公平；②能奖励有益的努力和激发热情；③不应导致超过合理限度过多的报酬。

（8）集中的原则（Centralization）　关于这一原则，法约尔指的是组织权力的集中与分散的问题。他认为，集中或分散的问题是一个简单的尺度问题，问题在于找到适合于该企业的最适度。在小型企业，可以由上级领导者直接把命令传到下层人员，所以权力相对比较集中；而在大型企业里，在高层领导者与基层人员之间还有许多中间环节，因此权力比较分散。按照法约尔的观点，影响一个企业权利是集中还是分散的因素有两个：一个是领导者的权力；另一个是领导者对发挥下级人员积极性的态度。"如果领导人的才能、精力、智慧、经验、理解速度……允许他扩大活动范围，他则可以大大加强集中，把其助手的作用降低为普通执行人的作用。相反，如果他愿意一方面保留全面领导的特权，一方面更多地采用协作者的经验、意见和建议，那么可以实行广泛的权力分散。所有提高部下作用重要性的做法就是分散，降低这种作用的重要性的做法则是集中。"

（9）等级制度原则（Scalar chain）　等级制度就是从最高权力机构直到低层管理人员的领导系列。而贯彻等级制度原则就是要在组织中建立这样一个不中断的等级链，这个等级链说明了两个方面的问题：一是表明了组织中各个环节之间的权力关系，通过这个等级链，组织中的成员可以明确谁可以对谁下指令、谁应该对谁负责；二是表明了组织中信息传递的路线，即在一个正式组织中，信息是按照组织的等级系列来传递的。贯彻等级制度原则，有利于组织加强统一指挥原则，保证组织内信息联系的畅通。但是，一个组织如果严格地按照等级系列进行信息的沟通，则可能由于信息沟通的路线太长而使得信息联系的时间较长，同时容易造成信息在传递的过程中失真。因此，应该将尊重等级制度与保持行动迅速结合起来。为了解决这个矛盾，法约尔设计了一种"联系板"的方法，以便使组织中不同等级线路中相同层次的人员能在有关上级同意的情况下直接联系。

（10）秩序原则（Order）　法约尔所指的秩序原则包括物品的秩序原则和人的社会秩序原则。对于物品的秩序原则，他认为，每一件物品都有一个最适合它存放的地方，坚持物品的秩序原则就是要使每一件物品都在它应该放的地方。

针对人的社会秩序原则，他认为，每个人都有他的长处和短处，贯彻社会秩序原则就是要确定最适合每个人的能力发挥的工作岗位，然后使每个人都在最能使自己的能力得到发挥的岗位上工作。为了能贯彻社会的秩序原则，法约尔认为首先要对企业的社会需要与资源有确切的了解，并保持两者之间经常性的平衡；同时，要注意消除任人唯亲、偏爱徇私、野心奢望和无知等弊病。

（11）公平原则（Equity）　法约尔把公平与公道区分开来。他说："公道是实现已订立的协定。但这些协定不能什么都预测到，要经常地说明它，补充其不足之处。为了鼓励其所属人员能全心全意和无限忠诚地执行他的职责，应该以善意来对待它。公平就是由善意与公道产生的。"也就是说，贯彻公道原则就是要按已定的协定办。但是在未来的执行过程中可能会因为各种因素的变化使得原来制定的"公道"的协定变成"不公道"的协定，这样一来，即使严格地贯彻"公道"原则，也会使职工的努力得不到公平的体现，从而不能充分地调动职工的劳动积极性。因此，在管理中要贯彻"公平"原则。所谓"公平"原则，就是"公道"原则加上善意地对待职工。也就是说在贯彻"公道"原则的基础上，还要根据实际情况对职工的劳动表现进行善意的评价。当然，在贯彻"公平"原则时，还要求管理者不能"忽视任何原则，不忘掉总体利益"。

（12）人员的稳定原则（Stability Tenure of Personnel）　法约尔认为，一个人要适应他的新职位，并做到能很好地完成他的工作，这需要时间。这就是"人员的稳定原则"。按照"人员的稳定原则"，要让一个人的能力得到充分的发挥，就要让他在一个工作岗位上相对稳定地工作一段时间，使他能有一段时间来熟悉自己的工作，了解自己的工作环境，并取得别人对自己的信任。但是，人员的稳定是相对的而不是绝对的，年老、疾病、退休、死亡等都会造成企业中人员的流动。因此，人员的稳定是相对的，而人员的流动是绝对的。对于企业来说，应掌握人员的稳定和流动的合适度，以利于企业成员的能力得到充分发挥。"像其他所有的原则一样，稳定的原则也是一个尺度问题"。

（13）首创精神（Initiative）　法约尔认为："想出一个计划并保证其成功是一个聪明人最大的快乐之一，这也是人类活动最有力的刺激物之一。这种发明与执行的可能性就是人们所说的首创精神。建议与执行的自主性也都属于首创精神。"他认为人的自我实现需求的满足是激励人们的工作热情和工作积极性的最有力的刺激因素。对于领导者来说，"需要极有分寸地，并要有某种勇气来激发和支持大家的首创精神"。当然，纪律原则、统一指挥原则和统一领导原则等的贯彻，会使得组织中人们的首创精神的发挥受到限制。

（14）团队精神（Esprit de Corps）　人们往往由于管理能力的不足，或者由于自私自利，或者由于追求个人的利益等而忘记了组织的团结。法约尔认为，管理者需要确保并提高劳动者在工作场所的士气，培养个人和集体积极的工作态度。为了加强组织团结，他特别提出在组织中要禁止滥用书面联系。他认为在处理一个业务问题时，当面口述要比书面快，并且简单得多。另外，一些冲突、误会也可以在交谈中得到解决。由此得出，"每当可能时，应直接联系，这样更迅速、更清楚，并且更融洽。"

二、企业项目化行为法则示例

企业项目化在发展过程中也产生了众多优秀的行为法则，现举例一二。

（一）勿求"自道"，坚持"他道"

我国著名管理学家——南开大学管理学系创始人陈炳富教授，每次提到企业管理时，都要强调企业管理学科的特殊属性："管理既是一门科学，也是一门艺术。"管理学科有其科学的一面，有着客观的规律应当遵循；也有其艺术的一面，任何管理理论都不能照抄照搬，不能放之四海而皆准。这就在客观上造成了任何人都可以对管理讲出一些道理，但要讲深、讲透很难。

所谓"自道"，就是管理的好坏由自己说、由自己评价。所谓"他道"，就是管理的好坏由除己之外的其他利益相关方来评价。

勿求"自道"，坚持"他道"。也就是说，企业在谋求管理水平提升时，自我管理水平的高低不能由自己评价，而是要让其他利益相关方评价。在利益相关方群体中，客户和公众往往是企业至关重要的两个群体，应当给予足够的重视。以他们的标准来衡量自己的管理水平，就是"客户道""公众道"，也就是坚持"他道"。自己说自己的管理水平很高，这叫"自道"。当自己说自己好的时候，管理就很难提升。应该让别人说，坚持"他道"，让我们的客户评价我们的管理水平高，让我们的下级说我们的管理水平高，让我们的领导说我们的管理水平高。坚持"他道"，不仅是一种要坚持的管理评价方式，还是一种管理思维。即企业领导者在管理实践过程中，秉承一种追求卓越的精神，在企业中引领一种思维，发起一种自下而上的创新精神、由外而内的求真精神，在企业内部形成一种源源不断的管理创新动力。

（二）不依"小道"，追求"大道"

"以道御术"出自老子的《道德经》，意为：以道义来承载智术。道是境界、修养，术是智力、技巧。做事做人要以"道"为根本，讲究方"法"和利用规律，采用最好的"术"完成既定的目标。在我们的生活中，从来就不缺随机应变的"头脑"和"人才"，然而真正的企业家是"求道者"，因为"得道多助，失道寡助"。区分企业家境界的高低在于"道"而不在于"术"。所谓"道"，是指观念、纲领和规律等指引性的抽象论述；所谓"术"，是指方法、技能、策略等过程性的具体论述。目前，我们广泛提到的"道"多指人的"自修之道"，表现为人的自我修炼。而本书所论述的"道"表现为企业追求卓越的持续修炼。

人的能力有大小之别，企业管理水平有高低之分。企业管理水平，因管理对象、侧重点和追求不同，从高到低可分为"道、法、术、技"四个层次，如图10-5所示。

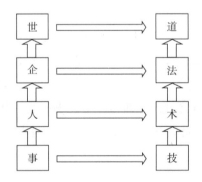

图10-5　"道、法、术、技"四个层次

（1）"世"修得"道"　其核心是管理求本溯源。道源自我国古代的哲学范畴，是指万事万物的规律。诚如老子所说，道是宇宙的本原和根本规律。企业管理达到"道"的层面，意思是说指明了企业管理的本源，并发现了企业管理的根本规律。本书在企业管理概念、价值、原则和能力构建方面的阐述，诸如多赢观念、系统权变思想等，很大程度上就是在"道"层面上的思考。

（2）"企"修得"法"　其核心是治企。法是指法令、规章和制度，古代写作"灋"，是会意字，从"水"，表示法律、法度公平如水。企业管理达到"法"的层面，就是指企业在管理方面建立了各种规章和制度，并以这些规章和制度来规范企业管理的行为和标准。众多的企业管理规章、制度、守则，都是企业管理在"法"层面上的体现。

（3）"人"修得"术"　其核心是管人。术是指权术、计谋，过去特指君主控制和使用臣下的策略和手段。诸如《三国志·诸葛亮传》中所述："孤不度德量力，欲信大义于天下，而智术浅短，遂用猖獗，至于今日。"企业管理达到"术"的层面，就是指企业领导者运用授权、监控、激励等各种手段，促使下级实现领导乃至企业的发展目标。企业管理中的激励手段、惩罚措施，都是企业管理在"术"层面上的体现。

（4）"事"修得"技"　其核心是理事。技是技术、技巧，指在某一领域内经过实践逐步积累起来的专门技术和技巧。企业管理达到"技"的层面，就是指企业经过管理实践、总结并研究出来进行管理活动的各种技术。诸如企业管理中的头脑风暴、SWOT 分析、质量控制以及项目管理中的 WBS、PERT 等都是在"技"层面上的体现。

从某种意义上讲，法、术、技也是一种道，只不过是"小道"而非"大道"。企业管理提升所坚持的"不依小道，追求大道"原则，就是说企业管理水平的提升，要以追求卓越为目标，要重视管理在技、术和法层面的努力，但不能停留在技、术和法层面，要努力追求并达到道的境界，实现企业管理在技、术、法和道各层面的融合。企业管理提升是一个孜孜以求的过程：始学管理之技，再攻管理之术，复谋管理之法，终求管理之道。在新时期经济条件下，追求卓越的企业就应追求最高层次的管理能力，要顺时势、应变化，不断地提升企业管理水平，直至达到管理的最高境界。

企业项目化思想管理，是企业项目化管理体系的最高层次，也是企业永续发展的最优解决方案之一。而企业在构建项目化管理体系的过程中，应该如何对企业进行变革，使之适应企业项目化管理的步伐，将在第三部分进行详细阐述。

第三部分

实施企业项目化管理变革，践行企业创新发展
（企业项目化管理变革实施）

九层之台，起于垒土。

卓越管理，非一蹴而就、数月之功；

唯历创业、持续、永续发展阶段，经人治、法制、自制变革方成。

世事无常，僵化保守。

核心能力，必日将衰落、泰极否生。

唯历构建、规范、优化、系统过程，经体制健全、机制完善维护方盛。

项目发展，去末求本；

管经杂谈，化繁为简。

凭借卓越管理之道，特创辉煌发展之路。

读者感言:

阅 读 导 图

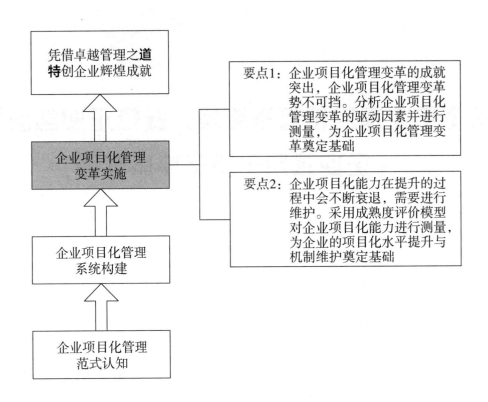

凭借卓越管理之**道**
特创企业辉煌成就

企业项目化管理
变革实施

企业项目化管理
系统构建

企业项目化管理
范式认知

要点1：企业项目化管理变革的成就
突出，企业项目化管理变革
势不可挡。分析企业项目化
管理变革的驱动因素并进行
测量，为企业项目化管理变
革奠定基础

要点2：企业项目化能力在提升的过
程中会不断衰退，需要进行
维护。采用成熟度评价模型
对企业项目化能力进行测量，
为企业的项目化水平提升与
机制维护奠定基础

第十一章

企业项目化管理变革与演进

在当今及未来企业项目化的大趋势下，企业要想领先于竞争对手，企业项目化管理变革势在必行。企业项目化管理变革，是企业为应对项目化的趋势，综合考量企业所处环境因素，把握变革时机，选定变革途径，实践企业项目化管理，导入企业项目化思想，固化并扩展企业项目化知识，摸索出一套适合企业的项目化管理体系，逐步构建出一个企业项目化管理体系的过程。企业在进行项目化管理变革的过程中，各部门与人员都需要进行相应的项目化管理转变与演进，以适应项目化管理的节奏与步伐，实现项目化管理变革的最终目标。

第一节　企业项目化管理范式变革

在十几年理论深化与实践探索的道路上，企业项目化管理助推了一批企业在激烈的市场竞争中脱颖而出，企业项目化管理的趋势日渐明显。那么，企业进行项目化管理变革的影响因素有哪些，影响程度如何？企业一旦决定进行项目化管理变革，流程有哪些？本节将针对上述问题一一进行阐述与解答。

一、企业项目化管理价值与趋势

（一）企业项目化管理的价值

在项目导向型时代，越来越多的企业加入了企业项目化管理实践的行列，并取得了瞩目的成就。企业项目化管理变革在不同行业、不同类型的企业中得以实践，涉及勘察设计、工程建设、IT研发、复杂制造、能源化工、航空航天、烟草、医药、施工总包、工程监理等多个行业，如青岛美今生物科技有限公司的项目化管理体系建设与应用、天士力开展的企业项目化管理变革、天津电建打造的项目化系统、天津卷烟厂的项目化绩效体系构建、国网天津电力公司的项目化管理变革、唐山轨道客车有限责任公司的项目化管理改造、铁路客站项目化管理体系构建等。

实施企业项目化管理变革的众多企业，或在工作效率方面取得了重大提升，或在整体业绩方面取得了重大成就，都在各自领域有所突破，为企业的长远发展奠定了重要基础。由于实施企业项目化管理变革取得突破性成就的企业横跨多个行业，数量众多，本书以与人们密切相关的铁路客站建设为例，对项目化管理的价值与成就进行详细说明。

企业管理修炼案例

案例回放

铁路客站项目化管理价值实践成就

虽然我国的铁路客站建设比西方起步晚，但通过不断的创新探索，经历了从思维突破到标杆引路再到系统推进的科学进程，已经形成了具有实践指导意义的铁路客站建设项目化管理体系，从以下三个方面对铁路客站的建设起到指导作用：

1）站在客站整体建设管理视角，从理念、战略、路线图三个方面对客站建设规划进行阐述。

2）根据高铁客站建设快速推进的经验总结，将客站建设整体分解成为不同的项目集群，从管理、技术以及保障机制三个方面剖析客站建设集群管控模式。

3）将客站集群进行有效划分，形成单个铁路客站，对其精益建设管理模式进行深入研究。

通过对铁路客站建设以上三个方面的剖析研究，结合我国铁路客站多年建设经验，形成了领先国际、符合国情的铁路客站建设项目化管理体系，如图11-1所示。

通过企业项目化管理体系的实施，我国的铁路客站在几年间取得了超过西方发达国家数十年的发展成就，主要表现在以下几个方面。

1. 规模更宏大

我国新时期的铁路客站，多以宏大的规模、磅礴的气势呈现在世人面前，相比于改革开放之初多数小规模的客站，在建筑规模上有了很大的突破。与西方国家相比，我国新时期的铁路客站规模也有了长足进步。目前，西方规模最大的铁路客站为美国纽约市大都会终点火车站，占地 19 万 m^2，在我国新时期铁路客站的建设规模中仅相当于一般的中型客站。我国大型铁路客站占地面积一

图11-1　铁路客站建设项目化管理体系

般在 60 万 m^2 以上，建筑面积在 35 万 m^2 以上，特大型的客站占地面积甚至超过 100 万 m^2，相当于西方最大铁路客站占地规模的 5 倍以上。

2. 品质更卓越

"打造百年不朽精品工程"，是我国新时期铁路客站建设对于品质的最新要求。作为迎接国内外宾客的第一道窗口，新时期的铁路客站从建筑形式、绿色环保、技术标准等方面不断进行品质打造，形成了北京南站、武汉站、上海虹桥站等综合功能齐备、建筑造型优美、极具文化内涵的精品

客站。

3. 数量更庞大

截至 2014 年，我国共建成新客站 784 座。根据《中长期铁路网规划》，到 2020 年，我国铁路营业里程达到 10 万 km，建设客运专线 1.2 万 km 以上。

4. 功能更全面

我国新时期的铁路客站，贯彻"以人为本、以流为主"的原则，逐渐将客站的功能定位从"服务运输、经济适用"向"服务社会、先进适用"转变，铁路客站也逐步从以往"单一的客运作业场所"和"城市大门"向"综合交通枢纽"转变，流线模式逐渐从"等候式"向"通过式"过渡，与整个城市、整个区域的交通融为一体。如此全面的功能设计，不仅方便了旅客出行，也提高了乘车舒适度。

5. 速度更快捷

西方发达国家建设一座铁路客站的平均周期为 10～15 年，而我国建设规模更宏大、品质更卓越、功能更全面的大中型铁路客站平均周期为 3～5 年，并可同时进行百余座铁路客站建设的管理。近 10 年，我国所建设的铁路客站数量为西方国家近百年的客站数量总和，创造了世界客站建设速度的奇迹。

（二）企业项目化管理的趋势

近年来，伴随着市场化程度的加强，企业对项目化管理的依赖性日渐增强，越来越多的企业开始认识到企业项目化管理对企业发展的重要作用。

1. 高度市场化增强 EPM 依赖性

市场化是促进企业进行项目化管理的重要动力。从计划经济体制，到竞争愈加激烈后企业逐渐走向市场经济，再到社会主义市场经济阶段，企业的发展越来越依赖于个性化需求满足、及时响应市场变化的程度，因而越来越多的企业开始践行既能系统整合企业内部资源，又能快速响应外部变化，同时可以落地实操的企业项目化管理。

20 世纪 80 年代，我国开始对过去遵循的计划经济体制进行改革，并坚持对外开放，企业的数量和类型不断增多。当时企业面临的社会环境特征主要是供不应求，生产和服务效率成为企业之间竞争的核心要素。其核心内涵是，引进西方管理科学，加强职能管理，提升工作效率，降低运作成本，形成规模效益，从而提高企业核心竞争力。换句话说，企业只要提升效率，就有竞争力。当时引进的西方管理科学，主要是以专业化分工为基础的各项职能管理，如市场营销管理、生产运作管理、财务管理、人力资源管理等专业化的职能管理科学。这些管理理论与方法在各个层面提升了企业工作效率，对于企业的快速发展起到了非常重要的作用。

随着我国改革开放的推进，以 1992 年邓小平南方谈话为标志，彻底解除了计划经济的束缚，极大地解放了生产力，我国进入了社会主义市场经济发展阶段，生产能力得到了极大程度的提升。当时，很多行业逐步呈现出了供大于求的现象，企业之间竞争进一步加剧。其核心内涵有两个方面：一方面，完善职能管理。市场经济发展初期，大都是重复性的活动，企业只需要提升这些活动的效率，也就是完善职能化的管理。另一方面，加强项目管理。市场快速变化，必然会出现一些全新的活动。这些全新的活动，不同于以往的重复性活动，要求企业快速应对外来的变化，加强项目管理。有人把企业之间的竞争比喻成打大仗，企业的职能管理部门，诸如市场、研发、采购、生产、质量、销售等就是打仗的弹药库，企业的项目管理部门是战役的指挥部，统筹企业的各种职能部门和资源。总体看来，该发展阶段以职能管理为基础，以项目管理为核心，项目管理能力成为企业之间管理竞争的核心要素。

20世纪末，特别是加入WTO以后，随着国际经济全球化、市场多元化的发展，我国经济发展速度进一步加快，企业之间的竞争程度进一步加剧，企业发展环境的变化性进一步加大，企业发展的未来越来越难以预见，企业对管理的要求进一步提升。其核心内涵就是企业项目化管理，也就是说，要从企业整体方面，构建起一种面向发展、应对挑战的管理范式。

当前，很多管理专家从管理研究的不同角度提出了有关企业项目化管理变革趋势的理论。例如，战略管理专家提出的蓝海战略研究成果，组织管理专家提出的二元组织结构研究成果，都在力图解决企业面临的越来越多的挑战性管理问题。只不过，这些专家都是在管理的某一领域内思考解决问题的方法和策略，而未能将企业管理作为一个完整系统来考虑。从社会发展乃至行业和企业发展来看，企业项目化现象和趋势越明显，企业对企业项目化管理范式的依赖程度越强。

2. 不同规模化要求企业项目化管理变革差异性

企业项目化管理的变革，也受企业规模的影响。这是由于企业发展规模和阶段不同，企业管理的价值和内涵也会有所不同。在充分分析企业发展规模和阶段的基础上，确定企业管理提升的价值和内涵，是企业管理提升的关键。企业管理的功能特点突出表现为，管理价值随规模扩大而提升，管理重点随规模扩大而转移，如图11-2所示。

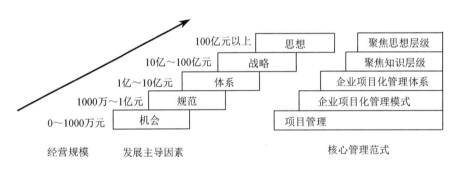

图11-2　基于企业规模的发展主导因素与核心管理范式

资料来源：《企业发展规模调查报告》（道特咨询公司）。

企业发展的规模不同，促进企业发展的主要因素就不同，核心的管理范式也就不同。一般而言：

当企业的年营业收入在1000万元以下时，企业往往处于初创阶段，应将对各种业务机会的把握放在首位。抓住机会，企业就发展了；抓不住机会，往往就会失败，而且很难再有机会。在这一规模或阶段的企业，应加强和突出项目管理，以增强对机会的把握能力。

当企业的年营业收入在1000万~1亿元时，企业往往处于成长期，企业的生产、销售、服务都面临着规模化的增长，所以就要固化各种经验，实现规范发展，才能在保证质量的情况下扩大规模。在这一规模或阶段的企业，应探索形成一套适合企业发展的企业项目化管理体系，以加强质量、提升规模。

当企业的年营业收入在1亿~10亿元时，企业往往已经成为有一定规模的实体，以往单纯依托领导的"目视管理"很难保证企业的正常发展，必须建立起一套完整的企业管理体系，使企业具备一种自动、有序的发展机制，以更好地发展。在这一规模或阶段的企业，应加强企业管理体系的建设，促进企业持续、稳定、健康发展。正如前文所描述的，在当今时代，这一管理体系，基本就是企业项目化管理体系。

当企业的年营业收入在 10 亿 ~ 50 亿元时，企业的规模已经很大，企业的业务转型异常困难，转化成本日益增大。企业已经形成较为完善或较为有效的管理经验与方法等。处在这一规模或阶段的企业，应加强和突出将实际操作经验转化成企业知识，从而进行企业项目化知识管理，保证企业能力的复制，以形成持续竞争力。

当企业的年营业收入在 50 亿元以上时，企业已经成为社会资源配置、经济发展和媒体舆论的核心，企业的问题已经不再表现为单纯的经济问题，而成为一定的社会问题。这时，企业要从本质上确定发展愿景与使命，确定理念价值观与行为法则，解决和平衡社会、消费者、股东、经营层、员工之间的利益冲突。因而，处于这一规模或阶段的企业，应重点进行企业项目化思想管理，为企业发展创造良好的社会环境。

企业对各种管理方式的探索，根本目的是通过管理提高企业的整体效益，实现更长远的发展。企业项目化管理变革，是通过对企业本身存在的管理模式进行项目化改进的基础上，最大限度地提升企业管理绩效。企业项目化管理变革，可以在企业的各个阶段进行，与企业原有的管理理念与方法并不相冲突。换言之，企业项目化管理，不是对其他管理范式的否定，而是聚焦于企业管理竞争力，对各种管理范式的系统整合和深化提升。

3. 行业系统化增强企业项目化管理融合性

近年来，越来越多的企业在认识到企业项目化管理的重要性之后，开始亲身践行企业项目化的管理变革，也取得了各种令人瞩目的成就。基于此，处于行业领先地位，或者致力于发展至行业领先地位的企业，开始思考如何应用项目化管理与行业进行融合，形成行业的项目化管理标杆。

笔者认为，将企业项目化管理范式的理论应用到具体的行业之中，形成具有行业指导意义的管理方法，可以称为企业项目化管理模式。换言之，企业项目化管理模式定义如下：

企业项目化管理模式（Enterprise Projectification Management Model，EPMM），是以企业项目化管理范式为指导，结合具体行业的特征与实践，所产生的对行业的发展具有指导作用与价值的管理方式。企业项目化管理模式是企业项目化管理范式在具体行业应用中的集中体现，同时也是企业管理能力的直接体现。

由此可以看出，企业项目化管理的变革，历经了从市场变化推动企业管理向个性化、及时响应性的管理，即企业项目化管理的发展阶段；再到各不同规模的企业亲身践行企业项目化管理并取得令人惊艳的成就的阶段；直至现在乃至未来将项目化管理与行业进行融合的阶段，这是企业项目化管理变革的趋势，同时也是企业项目化管理的发展期望。

二、EPM 变革驱动因素识别与测量

企业项目化趋势的出现，推动了企业项目化管理的生成，也可以说，企业项目化管理是应时而生的。那么，推动企业项目化管理变革的因素有哪些？这些因素对企业进行项目化管理变革有哪些影响？以下将进行详细阐述。

（一）EPM 变革驱动因素识别

企业项目化管理应时代发展而生。在项目导向型社会，企业项目化发展的趋势将越来越明显。

虽然企业项目化管理变革几乎对所有的企业来说都势在必行，但不同的行业、不同的企业，项目化管理变革的迫切程度急缓不一、变革的价值高低不同。企业项目化管理变革的迫切程度，是由企业所处的宏观环境、产业环境和企业内部环境决定的。企业项目化管理变革驱动因素如图11-3所示。

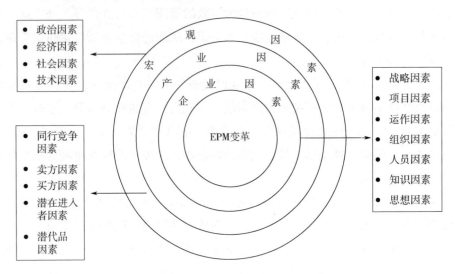

图11-3　企业项目化管理变革驱动因素

1. 宏观因素

宏观因素又称宏观环境，是指影响一切行业和企业的各种宏观力量。企业项目化管理变革受到企业所处的宏观环境的影响，主要有以下四个方面：政治法律因素（Political Factors）、经济因素（Economic Factors）、社会文化因素（Social and Cultural Factors）、技术因素（Technological Factors）。对于宏观因素的辨别，常采用PEST分析模型等工具。

结合当今社会发展的基本特征，可以从以下几个关键方面对企业项目化管理能力构建的影响因素进行分析：

1）政治法律的不稳定性。

2）经济发展的速度。

3）社会的不稳定性。

4）技术的更新速度。

企业所处社会的政治、法律环境越不稳定，经济发展速度越快、社会越不稳定、技术变革越快，企业受到外部环境的压力和挑战就越大，企业进行项目化管理变革的驱动力就越强。

2. 产业因素

企业所处的产业环境，对企业的经营管理有着非常明显而又直接的影响。企业的产业因素，往往成为企业项目化管理能力构建的直接动因。对于企业项目化管理能力构建的产业环境动因，可以波特的五种竞争力分析模型为基础，主要从客户（买方）、供应商（卖方）、潜在进入者、替代品以及同行竞争五个方面进行分析，如图11-4所示。

（1）同行竞争因素　大部分行业中的企业，相互之间的利益都是紧密联系在一起的，作为企业整体战略一部分的各企业竞争战略，其目标都在于使自己的企业获得相对于竞争对手的优势，所以在实施中就必然会产生冲突与对抗现象，这些冲突与对抗就构成了现有企业之间的竞争。为了保持在同行竞争中的优势，企业会采取一些列措施，包括管理变革。企业项目化管理变革的同行竞争因

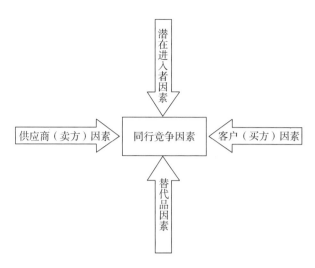

图 11-4　企业项目化管理能力构建的产业环境动因分析

素包含三个测量因素：

1）同行竞争者数量。

2）竞争的激烈程度。

3）竞争者的扩张手段和强度。

可以说，同行竞争者的数量越多、竞争程度越激烈、竞争者采取的扩张手段越强烈，企业进行项目化管理变革的动力就越强。

（2）卖方因素　卖方指企业的供应商，主要通过其提高投入要素价格与降低单位价值质量的能力，来影响行业中现有企业的盈利能力与产品竞争力。企业项目化管理变革卖方驱动因素主要包括：

1）卖方的数量。

2）卖方前向一体化的能力。

企业的供方数量越少、前向一体化的能力越强，供方对企业的影响就越大，企业进行项目化管理变革的程度就越强烈。

（3）买方因素　买方指企业产品的购买者，主要通过压价与要求提供较高的产品或服务质量的能力，来影响行业中现有企业的营利能力。企业项目化管理变革买方的驱动因素包括：

1）买方的数量。

2）买方的规模。

3）买方后向一体化的能力。

当企业产品的购买者较少、规模较大、后向一体化的能力很强的时候，企业就迫切需要进行项目化管理变革，以改变企业在整体供应链中所处的劣势地位。

（4）潜在进入者因素　新进入者在给行业带来新生产能力、新资源的同时，将希望在已被现有企业瓜分完毕的市场中赢得一席之地，这就有可能会与现有企业发生原材料与市场份额的竞争，最终导致行业中现有企业盈利水平降低，甚至会危及这些企业的生存。竞争性进入威胁的严重程度取决于两方面的因素，这就是进入新领域的障碍大小与预期现有企业对于进入者的反应情况。企业项目化管理变革潜在进入者的驱动因素主要包括：

1）行业的进入壁垒。

2）预期同行对新进入者的抵制程度。

如果行业的进入壁垒较低，预期同行对新进入者持观望或放任的态度，企业进行项目化管理变革的驱动力就较强。

（5）替代品因素

两个处于同行业或不同行业中的企业，可能会由于所生产的产品是互为替代品，从而在它们之间产生相互竞争行为，这种源自替代品的竞争会以各种形式影响行业中现有企业的竞争战略。企业项目化管理变革的替代品的驱动因素包括：

1）替代品的价格。

2）替代品的质量。

3）用户转换成本。

替代品价格越低、质量越好、用户转换成本越低，其所能产生的竞争压力就大，企业需要进行项目化管理变革的驱动力就越足。

3. 企业因素

企业因素是指对企业进行项目化管理变革产生影响的内部环境因素，与企业的战略与经营基础密切相关。企业内部因素分析，就是分析企业内部的环境结构，确定企业项目化管理在当前及未来的价值大小及迫切程度，然后有针对性地进行企业项目化管理的变革或能力提升。

企业内部环境或条件分析，目的在于掌握企业历史、现状并预测未来发展，明确企业所具有的优势和劣势。它有助于企业制定有针对性的战略，有效地利用自身资源，发挥企业的优势；避免企业的劣势，或采取积极的态度改进企业劣势。

企业发展思想的引导性、知识管理的指导性、中长期战略的导向性、项目的数量、运作的标准化程度、组织人员的稳定性、财务成效的管理水平等，都会对企业项目化管理变革产生影响。

综上所述，企业项目化管理变革的内部因素主要包括以下七项：

1）思想管理前瞻性。

2）知识管理科学性。

3）战略目标提升性。

4）项目任务艰巨性。

5）运作工作规范性。

6）组织人员专业性。

7）财务成效支撑性。

企业思想管理的前瞻性越强、知识管理的科学性越强、战略目标的提升性要求越高、项目任务越艰巨、运作工作越不规范、组织人员的专业化水平越低、财务成效的支撑效果越低，企业项目化管理变革的驱动性越强。

（二）企业项目化管理变革测量

识别了企业项目化管理变革的驱动因素，还需要考虑企业是否应该进行企业项目化管理变革以及项目化管理的现实管理基础。企业自身经营水平及管理水平参差不齐，为有效进行企业项目化管理变革，必须全面评估现实企业项目化管理能力，确定与目标能力之间的差距。决策者要对自己企业的现实基础有一定的了解，以便对企业项目化管理变革有一个合理的预期，最终做出正确的决策。

企业项目化管理变革基础与迫切程度的测量，需要对以上的企业项目化管理变革驱动因素进行测量，根据企业的实际情况对以上因素的影响程度如实作答。需要明确的是，以上各驱动因素在评价的过程中占据不同的比重，作者根据多年对企业项目化管理变革迫切程度以及管理基础的研究，总结出《企业项目化管理变革驱动因素测量问卷》（见附录 D）。

三、企业项目化管理变革工作详解

对企业项目化管理变革的驱动因素进行分析后，需要明确企业变革的各项准备工作，为变革的实施做充分准备。

（一）企业项目化管理变革发起

企业项目化管理变革通常由一些具有前瞻性、洞察力的变革发动者（Change Agent）发动。他们的身份可能是中高层管理者、内部专家以及外部顾问。

1. 中高层管理者

对于项目导向型企业而言，外部环境的剧烈变化，如能源危机、汇率波动、政治动荡、技术和社会文化因素引起的变化，以及迅速变化的市场环境和激烈的竞争态势等。这些变化会使企业内的中高层管理者意识到企业所面临的危机，迫使他们做出改变现有企业内部环境的选择。

2. 内部专家

为了满足客户个性化的定制需求，内部专家可能成为变革的发动者。

3. 外部顾问

企业出于解决问题或寻求更大发展的需求，需要依赖外部力量，外部顾问可能成为变革的发动者。

变革发动者的确定，对于变革的顺利推进有时会起到至关重要的作用。由于变革发动者的影响，变革的推动势力和阻碍势力之间的较量结果可能会改变。因此，企业可以通过变革发动者的影响削弱变革阻力，从而使天平倒向变革一方。这种影响力可能来自于变革发动者的级别、威望、同位程度、中立程度等因素。

在实际操作中，经常会出现发动者角色投射的情况。例如，一些企业高层管理者，将变革的决策投射在一家或几家咨询公司上，这样可以避免企业的政治猜疑、消极应对等问题。

（二）企业项目化管理变革方式

根据对待变革的态度以及变革的发起方式不同，企业项目化管理变革一般分为两种：主动变革和被动变革。主动应对未来市场或者环境的变化，先一步采取变革，这类变革方式称为主动变革，类似于开拓者。当别人的变革已经使得市场和竞争态势发生了变化，而不得不跟随开拓者进行变革，这类变革称为被动变革。对于企业而言，进行主动变革还是被动变革，要根据企业自身的情况和组织战略而定，没有一定之规。无论何种变革，企业项目化管理变革都是一种趋势。企业项目化管理变革驱动程度越大，越需要变革；变革驱动程度相对小的企业，只是时机选择的问题。

综合考虑变革的环境，企业可以选择主动变革或被动跟随变革。主动变革与被动变革的具体区别详见表11-1。

表 11-1　企业项目化管理变革的两种方式

比较项目	主动变革	被动变革
变革原因	预见性开拓	被动跟随
变革一般路径	确定需求—设立目标—选择技术—实施变革—评估跟进	被动决策—模仿目标—计划变革—实施变革—评估跟进
对变革的态度	主动挑战	被动接受
变革条件	市场未被开发	市场已被开发，开拓者未能完全占领市场
变革成本效益	成本高，成功后收益巨大	成本高，但低于开拓者，成功后收益大
变革阻力	未知领域，变革阻力大	环境驱使，变革阻力相对小

（三）企业项目化管理变革时机

时机的选择，对企业项目化管理变革来说非常关键。一般来说，变革时机有三种选择：提前性变革、反应性变革和危机性变革，详见表 11-2。

表 11-2　企业项目化管理变革的三种时机

变革时机	说明
提前性变革	管理者能及时地预测到未来的危机，提前进行必要的项目化管理变革
反应性变革	在这种情况下，企业已经存在有形的、可感觉的危机，并且已经为过迟变革付出了一定的代价
危机性变革	这时企业已经存在根本性的危机，再不进行战略变革将面临倒闭和破产。危机性变革是一种被迫的变革，企业往往付出较大的代价才能取得变革的成功

那么，抓住何种时机进行变革，才是对企业最为有利的呢？笔者根据多年企业项目化管理理论研究与辅导企业进行项目化管理变革的实践经验，总结出变革的最佳窗口期，如图 11-5 所示。

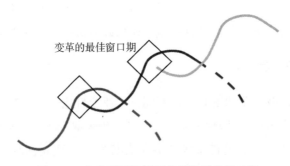

变革的最佳窗口期

图 11-5　企业项目化管理变革的最佳窗口期

本书认为，企业进行企业项目化管理变革的最佳时期是企业发展蒸蒸日上即将进入下一个衰退期之前，也就是提前性变革。

国内外的企业管理实践证明，及时地进行提前性变革的企业，是最具有生命力的企业。无疑，提前性变革是当前众多企业想要实现跨越发展、在管理上领先一步的最佳选择。但提前性变革也可能会失败，究其原因，很重要的一点就是未在最佳时机进行变革。因此，提前性变革也要注意最佳时机的选择。

当企业实施项目化管理变革所获得的价值大于变革所付出的代价时，企业可以选择进行项目化管理变革。企业项目化管理变革所付出的代价与企业实施项目化管理变革所获得的价值差距越大时，企业进行项目化管理变革时机越好。

（四）企业项目化管理变革途径

相应的，企业项目化管理变革的途径也并非唯一，企业根据自身情况可以有多种选择。根据企业在项目化管理变革中对自己和外部资源的借助和依赖程度不同，企业项目化管理变革的途径可分为三种。

1. 自我努力型

自我努力型的项目化管理变革途径，就是企业依托自己、独立实现项目化管理的变革，不依靠任何外部组织的帮助和支持。

2. 外部借力型

外部借力型项目化管理变革途径，就是企业在没有或缺乏项目化管理变革能力，而且不愿意培养这种能力的情况下，通过特定工作的外包等方式，完全借助外部组织的能力，使自己在某一段时期开展和实现企业项目化管理的变革。

3. 外部助力型

外部助力型项目化管理变革途径，就是企业在自我努力的基础上，通过借助外部机构在企业项目化管理变革方面的知识、能力和资源，开展和实现企业项目化管理的变革。

对三种企业项目化管理变革途径进行比较，具体差异见表11-3。

表11-3　企业项目化管理变革途径比较

比较项	自我努力型	外部助力型	外部借力型
风险大小	小	中	大
耗用时间	长	中	短
耗用费用	高	较低	低
能力可持续性	强	较强	弱
培育效果	中	高	低

就以上三种主要的企业项目化管理变革途径而言，各有优势与不足。企业通过自身努力实现的项目化管理变革具有很强的持续性，但花费时间较长、成本高，而且受企业自身能力和资源的限制；通过外部借力开展企业项目化管理变革，可以快速拥有较强能力，但持续性不强，且能力比较容易丧失；借助外部助力开展企业项目化管理变革，成本较低，所需时间较短，但风险比较大，而且受企业自身能力和外部供应资源的双重影响。

企业在选择项目化管理变革的途径时，既要考虑企业对项目化管理变革在时间和程度上的需要，又要考虑变革的内外部条件、花费时间、成本以及能力的持续性等各种情况。一般而言，企业更倾向于以"自我努力为主、外部助力为辅"的方式开展和实现企业项目化管理变革。

（五）企业项目化管理变革程度

企业项目化管理变革可以在不同发展时期的企业中进行，但是企业的发展阶段不同，其变革的程度也不尽相同。根据企业的发展程度，企业项目化管理变革可以划分为项目化起步、项目化修正和项目化改造。

1. 项目化起步

对于刚刚开始发展的企业，其管理基础薄弱，可以全面实行项目化管理，称为项目化起步。例如，霍林郭勒市星圣农业有限公司成立之初即引入项目化管理方式，以项目作为标杆试点，推进全面项目化管理，取得了瞩目的成就，即属于项目化起步型的变革企业。

2. 项目化修正

项目化修正型变革，是指企业已经具有一定的发展基础，形成了一套虽不完善却有一定指导性的管理模式，在此基础上，利用企业项目化管理的方式与方法对企业现有的管理模式进行修正，在不影响企业发展的前提下，使企业进行项目化管理的变革转化。

3. 项目化改造

项目化改造型变革，是指企业经过多年的发展，形成了固有的发展模式，指导企业日常的正常运转，在此基础上需要对企业的固有管理模式进行较为全面与彻底的项目化管理变革，使其按照项目化管理的模式发展。进行项目化改造的企业，往往存在较为强烈的变革阻力，尤其是在企业的经营发展状况良好的情况下，企业中高层管理人员和基层员工大多对变革存在抵触情绪。

（六）企业项目化管理变革难点

在项目化管理变革实践中，往往存在以下难点。

1. 人员能力与变革管理水平的融合

企业要尽可能地要求员工参与到变革过程中去。如果选择外部咨询顾问团，就要选择外部助力的变革方式。企业要在变革实施过程前、过程中及过程后，有针对性地开展多层次、全方位的员工培训，建立企业项目化管理的全员培训体系，逐步提升人员能力，使之与企业项目化管理能力的需求相匹配。

2. 管理变革程度与企业发展阶段的匹配

企业作出变革决策，代表决心很大，但由于管理不是一蹴而就的，如果变革的步子过大，缺乏变革的基础，往往会导致变革失败。比如，HS企业在项目化管理变革中在绩效管理方面做得非常细，但对于事业部来说绩效指标过于细化无法进行考核，与事业部的发展阶段不相匹配。因此，管理变革程度要与企业发展阶段相匹配。

四、企业项目化管理变革的流程

企业项目化管理变革流程，是企业实施项目化管理变革的全过程展现，流程如下。

（一）企业项目化管理变革决策

决策工作既需要科学性，又需要高度的艺术性。企业项目化管理变革决策，是对企业发展影响深远的一项决策。确定企业项目化管理变革决策，需要考虑以下因素。

1. 决策依据

企业项目化管理变革的决策，需要参考企业项目化管理变革驱动因素的迫切程度。一般而言，企业项目化管理变革的驱动因素迫切程度越强，实施企业项目化管理变革的决策越快，反之则越慢。

2. 决策条件

企业项目化管理变革往往取决于企业高层的果断决策，但决策前的评估则需要配备一定的智囊组织，即成立决策评估组织，配置评价人员。决策评估工作的前提是：要对企业充分了解，并对企业情况做出准确描述。这对参与评估人员的专业性提出了要求，要求进行评估的专家具有企业项目化管理研究的专业性。因此，评估组织一般由企业内部执行高层和外部咨询专家双方共同组成。组织成立后，双方必须共同制订明确的评估计划，规定目标、进度、质量等内容，确保评估工作的高效性。一般情况下，企业项目化管理变革评估组织构成及职责描述见表11-4。

表11-4　企业项目化管理变革评估组织构成及职责描述

评估主体	职责描述
企业内人员	了解所需企业管理现实情况，收集资料
	清晰、专业地描述企业管理现实情况
	有足够精力投入评估工作
外聘专家	指导企业内人员描述企业管理现状
	选择评估指标和方法
	设计调查问卷
	指导问卷调查
	组织专家组评估
	出具"企业项目化管理变革诊断报告"
	沟通报告内容

（二）企业项目化管理变革规划

企业项目化管理变革一旦决策完成，就要坚定不移地执行下去，开始企业项目化管理变革的规划制订工作。

1. 明确企业项目化管理变革目标

企业项目化管理变革必须为企业的战略目标服务，不能陷入为变革而变革的死循环。企业项目化管理变革的目标在于实践企业项目化管理，逐步构建出一个企业项目化管理体系，使企业项目化管理能力适应新的有挑战性的环境，完成企业的中长期战略，并为企业的持续发展做出努力。将企业项目化管理变革的目标进行细化，包括以下五个方面：

1）导入企业项目化管理思想。

2）总结和扩展企业项目化管理知识。

3）构建企业项目化管理体系。

4）打造企业项目化管理操作系统。

5）将企业项目化管理能力提升到企业所要求的水平。

2. 成立企业项目化管理变革组织

在确定开展企业项目化管理变革后，必须成立相应的推进组织，明确企业项目化管理变革的责任主体以及相应的职责与权限。

（1）成立企业项目化管理变革组织　企业项目化管理变革不仅要成立专门的推进团队，还要明确该组织的职责与权限。企业项目化管理变革组织的使命是推动企业项目化管理变革，使之在规定的期限内在企业中达成变革目标，并巩固企业项目化管理变革的成果。企业项目化管理变革组织是以企业项目化变革代言人为核心的团队。一般情况下，变革代言人是企业的高级领导。团队解散以后，变革代言人的影响还会持续下去。

1）企业项目化管理变革组织的职责。企业项目化管理变革组织通过在企业中的通告、谈话、会议、培训、咨询或行政权力等手段，或使用强制性方式，或使用说服式方式，或使用激励方式，确保完成项目化变革的总目标和阶段性目标，保证项目化管理变革的顺利进行。

2）企业项目化管理变革组织的权限。因为变革结束后该临时组建的团队将被解散，所以仅仅是在企业项目化变革期间具有企业项目化管理变革组织的权限。不同的企业变革具体情况不同，企业项目化管理变革团队的权限也不同，但可能都需要具备物质奖励权、行政人事权、物资调动权等权限。变革团队的权力在一定程度上来自代言人的企业职务。

（2）制订企业项目化管理变革规划　企业项目化管理变革规划的制订，应形成企业项目化变革规划方案，对管理变革的未来实施进行全面预演。企业项目化管理变革规划，应该系统性地描述变革实施的各个层面以及相应的目标及工作内容。

（三）企业项目化管理变革动员

许多变革失败往往是由于企业大多数员工对于变革的方向、方式等的不理解与不赞同，从而对变革产生抵触情绪，导致抵制变革的行为。因此，企业项目化管理变革必须要进行全体动员，使公司全员形成统一的变革目标。

（四）企业项目化管理变革执行

企业项目化管理变革需要遵循按照一定的阶段，才能保证变革的效果朝着对企业有利的方向进行。一般而言，企业项目化管理变革需要经过三个阶段：标杆突破阶段、深化拓展阶段、系统完善阶段。

1. 标杆突破阶段

企业项目化管理变革标杆突破阶段一般包括以下工作：系统性地设计、开发标杆项目工作分解结构 WBS 与里程碑管控相关机制，实效性地提升标杆项目的过程管控能力，有效实现以单项目管理能力支撑企业项目化管理变革初步成果。企业项目化管理变革的标杆突破阶段一般历时 1 年，企业可根据自身的实际发展情况以及外部环境进行调整。

2. 深化拓展阶段

企业项目化管理变革的深化拓展阶段，在对标杆项目精益化建设进行深化的同时，要充分借鉴标杆项目精益化建设的经验，开展其他类型项目管理精益化建设。系统搭建企业项目化管理体系框架，突破公司系统管理研究不足，形成自有的管理体系和模式。通过单项目管理的精益化建设和项目化管理体系框架的搭建，促进公司项目化管理变革深化成果的展现。

3. 系统完善阶段

企业项目化管理变革的系统完善阶段，主要是指借鉴标杆项目管理与深化拓展的项目管理的经验，开展基建、管理提升等其他类型项目管理精益化建设。在此基础上，开展企业项目化管理中心建设，使项目化管理部门提升到为企业战略服务的高度。

（五）企业项目化管理变革监控

当项目化管理变革实施效果与预期的项目化管理变革目标出现较大偏差时，变革代言人及其团队要根据变革规划阶段的计划采取相应纠偏措施，要及时向管理层和基层了解情况，找出症结所在，针对性地解决主要矛盾。

（六）企业项目化管理变革修正与发展

企业项目化管理变革本身被视作一个项目，既注重前期的规划，又注重收尾工作总结及变革经验的总结，可以确保企业项目化管理变革的成功和企业变革经验的固化。因此，在企业项目化管理变革的过程中，需要根据变革的效果对变革方案进行可允许程度的变更与修正，以便确保变革的最终效果。

第二节　企业项目化管理体制演进

企业项目化管理变革是对企业整体管理方式的改进与提升，涉及企业的方方面面，需要企业各部门、全体人员进行有效的配合。换言之，企业进行项目化管理变革的同时，相关部门与人员的职责等需要进行同步演进，以配合企业项目化管理变革的步伐，实现项目化管理变革的成果。现代企业越来越强调企业内部资源的整合与利益协调。企业各级组织、部门及个人之所以不能进行很好的合作，往往就是因为在以职能管理为基础的管理范式中，各组织（部门、个人）之间的目标不统一，相互具有各自不同的利益诉求，表现在企业经营管理中就是各自按照各自的目标、围绕各自的局部利益展开工作，而使企业的整体目标无法有效落实，企业的整体利益得不到充分保障。采用企业项目化管理的体制，将与企业某一整体目标相关的各组织（部门、个人）整合在一起，构成一个整体，能充分整合企业资源，协调各部门之间的利益，从而保证企业总体目标的实现。

那么，什么是企业项目化管理体制？它又是如何进行演进以适应变革节奏的呢？本节将进行详细阐述。

一、企业项目化管理体制解析

（一）体制的内涵与理解

从管理学角度来说，体制指的是国家机关、企事业单位的机构设置和管理权限划分及其相应关系的制度。有关组织形式的制度，限于上下之间有层级关系的国家机关、企事业单位。

（二）管理体制的内涵与理解

管理体制是指管理系统的结构和组成方式，即采用怎样的组织形式以及如何将这些组织形式结合成为一个合理的有机系统，并以怎样的手段、方法来实现管理的任务和目的。

（三）企业管理体制的内涵与理解

企业管理体制是规定企业在各自方面的管理范围、权限职责、利益及其相互关系的准则，它的核心是管理机构的设置。各管理机构职权的分配以及各机构间的相互协调，它的强弱直接影响管理的效率和效能，在企业管理中起决定性作用。

（四）企业项目化管理体制的内涵与理解

企业项目化管理体制（EPM Regime，EPMRG），是企业的组织层级设置和管理权限划分及企业规范与制度的具体表现和实施形式，是企业的规范体系。企业项目化管理体制，是企业实现项目化管理变革过程中所具备的模块基础。企业项目化管理范式的落地实施，需要相应的管理体制支撑，从而保证企业项目化管理的价值的充分体现。

企业的管理体制的形成，是在企业多年经营管理基础之上逐渐形成的适合企业发展的一套管理制度与秩序。然而一旦政策、市场竞争格局发生巨大变化，现有的管理体制就会阻碍企业的发展，企业采取措施进行体制转型与改革的压力就会越来越大。

随着技术的快速升级，在激烈的市场竞争中，企业对市场需求做出反应的迅速程度已经成为决定企业成败的关键。然而在传统的企业管理体制下，越大型的企业，市场反应的速度一般越慢。这是由于企业规模化后，更加注重标准化管理，也就是运作管理，对企业发展的重要作用。标准化的流程作业通过持续改善保持企业的可持续增长，却制约了企业的灵活性。麦肯锡公司一项关于"敏捷型组织建设"的调查表明，在全球1500多名受访高管中有91%的人表示，近5年来，敏捷性对于组织的成功非常重要。显然，面对传统的以运作管理为主要体制运转的企业而言，必须尝试适应时代发展、竞争环境的管理体制。而随着项目化趋势的不断加深，企业项目化管理体制的改革也成为越来越多的企业冲破竞争的主要尝试。

二、企业项目化管理体制与演进路线图

企业项目化管理范式的实施，是以三大层级、五大领域、二十二个模块为基础的，并且将企业所处的不同生命周期进行有效划分，形成创业发展、持续发展、永续发展三大层次，不同层次时期的企业进行项目化管理实施的路径也不完全相同。企业项目化管理体制的健全同企业进行项目化管理落地实施相类似，根据企业所处的时期进不同，路径也不完全相同。企业不同阶段的特征如图11-6所示。

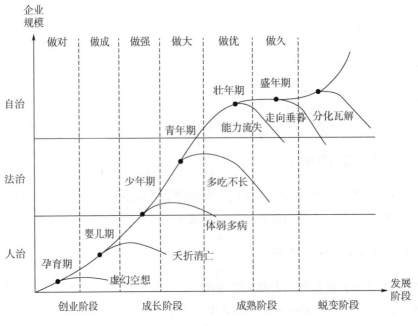

图11-6 企业不同阶段特征描述

由图 11-6 可以看出，企业所处的阶段不同，所遇到的难题以及管理重点也有所不同，因此企业项目化管理体制演进的基础与方式也不尽相同。以下将对处于不同层次的企业如何进行企业项目化管理体制的演进进行详细阐述。

三、创业发展项目管理体制

（一）创业发展难题

创业发展时期的企业，以项目为企业活动的核心，企业运行的规章制度等并不完善，存在明显的创业人"一言堂"现象。创业时期的企业负责人，更像以企业创业项目管理为职责的项目经理，此时企业以项目成功为最重要的管理目标。因此，处于创业发展时期的企业，最大的难题是选对项目、做成项目，也就是做对、做成。

（二）创业发展体制的本质与核心

创业发展项目管理体制的本质，是创业发展阶段管理特点的体现。创业发展阶段，所有工作围绕项目进行，制度不健全，决定了创业发展项目管理的本质是"人治"，创业发展的领导人的言行即企业的管理制度与标准。在此阶段，项目管理体制的核心是"定事要准、谋事要透、干事要快、了事要清"。

四、持续发展领域管理体制

（一）持续发展难题

渡过创业发展时期，企业即进入持续发展时期。持续发展时期又可分为两个阶段：迅速成长阶段，稳定成长阶段。在迅速成长阶段，企业基本形成了自己独特的产品系列，产品市场份额稳步提高，市场竞争能力逐渐增强，业绩增长速度加快。经过快速的增长和积累之后，市场竞争者增多，产品市场份额增长速度减缓，企业进入稳步成长阶段。这一阶段是企业永续发展期的过渡阶段。这时，企业在竞争产业中已经有了比较明确的市场定位，为了保持现有的发展速度，企业会不断寻求新的业务方向，寻求新的利润增长点。企业管理层的决策管理和风险管理的能力较强，分权经营管理模式逐渐得到完善，具有管理经验的职业经理人不断被吸收到企业中来。处于持续发展阶段的企业，有两大难题，即做强与做大。

（二）持续发展的本质与核心

持续发展阶段的企业，突破了创业发展阶段项目经理"一言堂"的界限，根据创业项目管理的经验形成了一套活动管理的制度与准则，使企业的管理有据可循。因此，此阶段管理体制的本质是"法治"。同时，处于持续发展阶段的企业，不再以创业项目管理的成功为最终目标，而是以企业的正常运转与发展为目的，统一管理企业内部的项目与运作活动，同时以战略为方向主导，配合组织保障与人员支撑，实现企业的不断壮大的目标。因此，持续发展领域管理体制的核心是"战略主导、运作基础、项目核心、组织保障、人员支撑"。

（三）持续发展体制的内容与建设

持续发展层次的企业，已经具备一定的规模，企业中的项目也逐渐增多，并且一部分项目已经逐渐转变为运作，企业的管理效率不断提高，企业的管理不断标准化。此时的企业体制与创业发展时相比，包括单项目管理、战略分析、战略规划、战略实施、战略管控、项目孵化、项目集群管控、运作转化、运作管理、组织架构与职责、人员聘用与育留、组织薪酬管理、制度与标准、全面预算管理、全面决算管理、业绩成效管理共计十六个模块的内容。

五、永续发展层级管理体制

（一）永续发展难题

进入永续发展层次的企业，企业的经营活动相对稳定，除了并购等重大决策的影响外，企业各期间的净收益变化不是很明显，战略目标及竞争优势已显现出来，在行业中的地位也基本稳定。此时的企业拥有竞争力很强的产品群和企业核心竞争力，经过成长期的研究开发与发展，那些技术成果已经转化为企业的产品优势。可以说，此时的企业已经具备项目化管理操作层级的能力，企业自运转状态良好，需要更加明确的思想指导，以企业中知识、经验与能力的传承来引导企业不断发展。因此，处于永续发展阶段的企业，最大的难题是做优与做久。

（二）永续发展的本质与核心

进入永续发展阶段的企业，运作与管理基础较为雄厚，企业的规章制度也较为完善，企业的管理方式仅通过外界监督已经不能满足企业发展的需要与步伐，处于此阶段的企业管理体制的本质已经突破"人治"，进入"自治"阶段，永续发展层级管理体制的核心也上升为"思想引导、知识指导、操作核心"。

第十二章

企业项目化管理能力与诊断

企业项目化管理变革完成，企业项目化管理体系初步构建，并不意味着完事大吉。对任何一个成功的变革都要设法保持它、支持它，推动它持续提升。一方面，企业要巩固和落实项目化管理变革的成果，并在此基础上进行能力的提升与维护；另一方面，企业项目化管理还会面临新的挑战，需要清晰地掌握本企业项目化管理水平的成熟度，以有效应对竞争，保持快速发展。

第一节　企业项目化管理能力

企业项目化管理能力，是企业项目化管理水平的体现。企业项目化管理能力是以何种形式展现的？划分为几个等级？如何进行企业项目化管理能力的提升？本节将对以上问题进行一一解答。

一、企业项目化管理能力概念与理解

（一）能力的概念与理解

"能力"一词由拉丁语"Competentia"而来，意思是"被授权进行判断"和"有权发表意见"。现代语词典中对能力给出的定义是："能力，能胜任某项任务的主观条件"。

心理学对能力的解释是："能力是直接影响活动效率，使活动顺利完成的个性心理特征"。由此可见，能力是顺利完成某种活动直接有效的心理特征，而不是顺利完成某种活动的全部心理条件。

在国际项目管理协会（IPMA）建立的国际项目管理能力基准（ICB）中，将能力定义为知识、素质、技能以及在某方面中取得成功的相关经验的集合[⊖]。

由能力的概念可知，能力首先是和特定活动相关的，不能脱离活动而存在。正如一个有绘画能力的人，只有在绘画活动中才能施展自己的能力；一个教师的组织能力，只有在教育教学活动中才

⊖　国际项目管理协会（IPMA）. 国际项目管理专业资质认证标准 IPMA Competence Baseline 3.0［M］. 北京：电子工业出版社，2006.

能显示出来。

能力是顺利完成活动的主观条件与心理特征，不是顺利完成活动的全部特征条件。因为成功完成某种活动受许多客观因素和主观因素的影响，如活动空间、兴趣与爱好等，但这些因素都不直接影响活动的效率，不直接决定活动的完成，而只有能力才有这种作用，它是完成某种活动所必备的主观条件和心理特征。例如，思维的敏捷性和言语表达的逻辑性是直接影响教师能否成功地完成教学任务的能力因素，如果缺乏这种因素就无法顺利有效地完成教学任务。

（二）企业项目化管理能力的概念

企业项目化管理能力是企业在其项目化的过程中，通过学习和实践逐渐积累起来的，能够系统、高效地完成企业项目化任务，包含思想、知识和操作在内的一种企业综合素质。

企业项目化是企业在外部环境的影响和驱动下实施的，这一外部环境的最大特征就是企业之间的竞争，企业为应对现实和潜在竞争而采取的内部变革，也是这一影响的直接反映。从这个角度讲，企业项目化管理能力也就是企业应对外部竞争和内部变革挑战的能力，是企业项目化管理水平的体现。

（三）企业项目化管理能力的理解

企业项目化管理能力是对企业的项目化思想、知识和操作层面综合水平的一种描述，具有以下几种表现。

1. 企业项目化管理能力的直接表现

企业项目化管理能力，直接表现为企业的一种管理行为。对于这种操作管理能力，应当重视，不可忽略。

企业的所有经营管理活动都是在一定的思想和理念指导下开始并完成的，经营管理理念在企业的经营管理中起着非常重要的指导作用。企业项目化管理能力，是企业系统、高效完成项目化任务的一种综合素质。为了系统、高效地完成项目化管理任务，首先应丰富和完善经营管理理念，形成一种能够促进项目化管理任务完成的指导思想、理念、价值观和行为准则。所以说，企业项目化管理能力从根本上来讲，表现为企业的一组新的经营理念。

企业项目化管理能力的经营理念体现在多个方面、多个层次。例如，在对企业核心能力的总体认识方面，企业在强调以往针对重复性活动所需要的标准化能力的同时，也要强调针对临时性、一次性活动所需要的项目化管理能力。特别是社会竞争日益加剧的情况下，企业要更加强调项目化管理能力，这样才能在经营理念上，指导企业谋求经验效率和变革效果的动态均衡。又如，在企业项目化管理任务的执行过程中，在项目孵化阶段，要强调创新的理念；在项目管理阶段，要强调系统执行的理念；在运作转化阶段，要强调变革提升的理念。再如，在企业组织方面，不仅要强调专业化的职能分工，还要强调综合性的资源整合和团队协作。

2. 企业项目化管理能力的核心表现

企业项目化管理能力，核心表现为企业的一套管理知识。这种知识管理能力应当复制，不可遗弃。

知识是人们在发展过程中形成的被人们普遍公认的经验总结，是人类思想的概括提炼，同时又能够为人类的实践提供指导，而且便于传播。企业要系统、高效完成项目化管理任务，形成企业项目化管理能力，必须拥有一套企业项目化的知识体系。这种知识体系是企业项目化过程中被人们公认为良好的做法。

企业项目化管理能力的知识层介于思想层和操作层之间，是企业项目化管理能力的核心。企业项目化管理能力的知识，是在企业项目化思想的指导下，对企业项目化管理工作的具体认识和经验总结，比企业项目化管理思想更具体，更易于识别和掌握。

3. 企业项目化管理能力的根本表现

企业项目化管理能力，表现为企业的一组管理思想。这种思想管理能力，是可以传承且不可更改的。

任何能力的发挥，都不能简单地停留在思想和知识层面上，都必须落实到具体的操作中。也就是说，任何能力都必须有科学、有效的方法保障和便捷、有效的工具支撑。只有这样，这种能力才算有效。企业要系统、高效地完成项目化管理任务，要构建、提升项目化管理能力，必然需要一系列的管理组织、方法和工具的支撑。反之，这一系列的管理组织、方法和工具，也就构成了企业项目化管理能力不可分割的一部分。这一系列的项目化管理组织、方法和工具，构成了企业项目化管理的操作模式。企业项目化管理能力的操作层，在企业项目化管理能力的三个层次中，外在显现性是最强的，最容易为人们认知。所以，企业项目化管理能力直接表现为企业项目化管理思想。

值得说明的是，企业项目化管理能力在三个层次上的表现并非独立存在，而是相互促进、相互支撑的，共同形成一个企业项目化管理体系。企业项目化管理能力是在以上三个层次上的综合表现，是企业在项目化管理思想、知识和操作上的一种综合素质。

二、企业项目化管理能力高低与划分

企业项目化管理能力和其他能力一样都有高低之分。为更好地描述企业项目化管理能力的高低，本书将企业项目化管理能力划分为五个等级：初始级、规范级、优秀级、卓越级和持续改进级，如图12-1所示。级别越高，说明企业的项目化管理能力越强。企业项目化管理能力的提升，就是企业项目化管理能力由一个较低的级别提升到一个更高的级别。

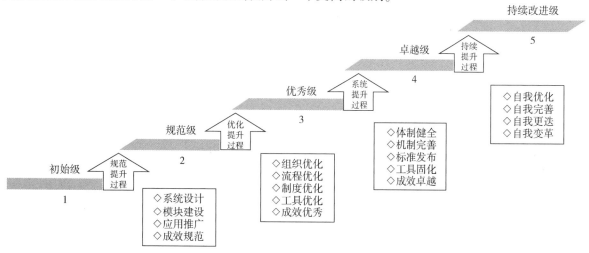

图12-1　企业项目化管理能力等级划分

企业项目化管理能力的层级划分，为企业项目管理水平的评价提供了一套方法和工具，为企业项目化管理能力的提升提供了一个可以参照的尺度。

1. 初始级

企业具备项目化操作能力，有项目在实践，但是处于简单、原始的状态，既不能很好地组织，也没有相应的理论指导，仅仅停留在个人认知与经验上。在这种情况下，企业项目管理比较混乱，需要对人员进行培训，需要提高工作效率，需要切入构建过程。

2. 规范级

企业有项目管理意识和要素，有相关的知识和相应的操作能力，但是没有形成能够最有效地进行项目化管理的组织，没有正确的项目化战略，项目化活动和财务成效管理还有很大提升空间。在这种情况下，虽然企业上下对项目管理思想有统一的认识，但主要依赖于个人经验，尚未形成高效流畅的企业制度，需要人员能力与组织或具体工作相结合，需要提升过程管理水平。

3. 优秀级

企业有正确的项目化战略、项目、运作、组织人员和财务成效管理，也有相对规范的理论知识和指导思想，形成了一个粗略的项目化管理框架，但是整个企业的项目化管理还处于定性阶段，没有量化。在这种情况下，企业已经将项目管理各种成功做法固化为企业制度，可以指导其他项目，但项目管理效果一般，需要加强方法和工具的运用等，切入优化过程。

4. 卓越级

企业项目化管理达到卓越水平，具备战略、项目、运作、组织人员和财务成效五大模块，活动管理方面包含项目孵化、项目管理和项目转化过程，各项活动管理都有具体的指标可进行量化分解。也就是说，企业项目化管理的各要素都已具备，但未形成对内的有效整合和由外而内的动态互动。在这种情况下，要达到卓越水平，还需将人员能力提升与组织系统进行整合，切入系统过程。

5. 持续改进级

企业项目化管理的思想、知识及操作共同形成了一个系统，兼具整合性和互动性，既能实现企业内部资源的有效整合，又能快速响应外部变化，同时可以实现自我迭代和持续改进。

企业项目化管理能力等级特征比较见表12-1。

表12-1　企业项目化管理能力等级特征比较表

	等级	管理差异	特征
5	持续改进级	自我优化 自我完善 自我更迭 自我变革	具有自我提升功能的项目化管理人才 具有自我完善功能的企业项目化管理管理系统
4	卓越级	体制健全 机制完善 标准发布 工具固化 成效卓越	优秀的项目化管理人才 优化的企业项目化管理管理系统
3	优秀级	组织优化 流程优化 制度优化 工具优化 成效优秀	合格的项目化管理人才 规范的企业项目化管理管理系统
2	规范级	系统设计 模块建设 应用推广 成效规范	项目化管理人才
1	初始级	自我探索 没有指导	初始状态

三、企业项目化管理能力提升与手段

企业项目化管理能力的提升，是由一个较低的级别转化为一个更高的级别的过程。由初始级提升到规范级是一个规范提升过程，由规范级提升到优秀级是一个优化提升的过程，由优秀级提升到卓越级是一个系统提升过程，由卓越级提升到持续改进级是一个持续提升的过程。

（一）企业项目化管理能力提升目标与原则

企业项目化管理能力的提升，代表着企业项目化管理水平的提升，是企业实施项目化管理变革的成果体现。企业项目化管理能力存在于各个层次，不论是创业发展阶段、持续发展阶段还是永续发展阶段，企业项目化管理能力都可以划分为以上五大等级。各个层次的企业进行项目化管理变革，都需要对项目化管理能力进行提升，以实现更高效、更规范的管理。企业项目化管理能力提升以坚持超越、追求卓越为原则，以凭借卓越管理之道、特助辉煌发展之路为目标。

（二）企业项目化管理能力提升途径

企业的管理能力体现在对人的管理以及对组织的管理两个方面。对人员的管理，以提升人员能力与素质为目标，使其能够更加胜任本岗位的工作；对组织的管理，主要是对组织内机构、运行机制等进行协调管理。企业项目化管理能力与一般管理能力类似，同样来源于两个方面：企业员工的能力与整体组织的能力，其提升的路径与项目管理能力提升路径相似，人员途径，即人员素质的提升；系统途径，即管理系统的建设。

（三）企业项目化管理能力提升过程

企业项目化管理能力从低到高可划分为初始级、规范级、优秀级、卓越级和持续改进级五个等级，每个等级有其各自的特征与标准。各等级突破各自的特征界限，进入更高等级的过程，也是企业项目化管理能力提升的过程。按照跨越阶段的提升过程，同样将企业项目化管理能力的提升分为四个过程，如图 12-1 所示。

就一般情况而言，企业项目化管理能力的提升从初始级开始，由低到高逐步提升，每个层级的跨越都要经过企业项目化管理能力提升的一个过程，每个跨越层级的过程都有企业要完成的特定任务，很难轻易绕过。当然，我们并不反对某些基础良好的企业从中间的某个层级直接开始培育企业项目化管理能力，或者在某一时段直接完成两个或三个阶段的直接跨越。

下面就企业项目化管理能力的跨层级提升过程进行说明。

1. 规范提升过程

规范提升过程是企业的项目化管理能力由初始级提升到规范级的过程。为了实现这一级别的提升，该过程的主要工作一般有：对项目化的任务进行系统分类，明确各部门的管理职能，明确不同级别、不同类别项目化管理任务的管控主体；初步形成项目化管理要求，配置项目化管理人员；初步建立最低限度的项目化管理制度，并转化为企业可执行的标准。对不同级别的、不同类型的项目化管理任务明确管理控制要点；初步建立起项目化的人才培养规划，在企业内部开展项目化管理的知识培训，普及企业项目化管理的通用术语及工具；辅导典型的项目化管理任务实施，总结项目化管理成功经验；开发典型的项目化管理模板，并在企业中推广和应用等。

2. 优化提升过程

优化提升过程是企业的项目化管理能力由规范级提升到优秀级的过程。为了实现这一级别的提升，该过程的主要工作一般有：改进企业项目化管理模板，并以内部指导的形式在企业中推广应用；成立企业项目发展促进中心或项目管理办公室，配置专职人员，进一步改善和优化企业的项目化管理；全面完成各种级别和类型的项目化管理模板，提升企业项目化管理信息系统功能，开发人员的项目化管理能力模型和企业项目化的人员管理办法，实现覆盖企业项目化工作全部参与者的内部培训，初步建立起项目化管理绩效考核办法等。

3. 系统提升过程

系统提升过程是企业的项目化管理能力由优秀级提升到卓越级的过程。为了实现这一级别的提升，该过程的主要工作一般有：建立企业项目化管理知识体系，在企业项目化管理经验的基础上，建立企业项目化管理经验共享机制，将个人经验转化为组织经验；持续完善企业项目化管理模板，并以内部标准的形式在企业中强制应用；开发项目化管理的定量分析工具，以达到企业项目化的量化管理；开发企业项目化管理风险知识库，提升风险控制能力；对企业项目化管理实行量化考核，并与绩效挂钩等。

4. 持续提升过程

持续提升过程是企业的项目化能力由卓越级提升到持续改进级的过程。为了实现这一级别的提升，该过程的主要工作一般有：持续开展企业项目化管理知识、方法与工具的内部创新活动，促进活动项目化管理能力的持续提升；持续加强和完善企业项目化文化、组织和制度，健全企业项目化管理机制；形成一批具有较高水准的企业项目化管理内部培训师，实现人员项目化管理能力的自我提升；建立外部学习标杆，打造行业（区域）领先的企业项目化管理能力；将企业项目化管理上升到思想层次，实现企业发展与企业项目化管理的愿景使命等协同的工作。

表12-2为企业项目化管理能力提升过程的内容比较，对各过程的进行了重点辨析。

表12-2　企业项目化管理能力提升过程的内容比较表

过程名称	解决的主要问题	核心内容	实现时间
持续提升过程	持续超越、追求卓越的长期机制	上升至项目化思想管理体系 培养项目化内部培训力量	3～5年
系统提升过程	人员管理能力的认证 企业项目化管理能力的评价	建立项目化知识管理体系 进行项目化管理量化考核	2～3年
优化提升过程	企业项目化管理体系与体系的诊断、规划与建设 项目管理体系开发	成立项目管理专有部门 广泛进行全员宣传与培训	1～2年
规范提升过程	高层的企业整体系统管理能力 中层的项目管理和职能管理能力	项目化任务分类分级 组织制度、人员培训体系初步建立	0～1年

由表12-2可知，企业项目化管理在不同过程带来的价值不同。如果要形象地表述，可以说在构建过程投入产出比小于1，在规范过程投入产出比为1:2，在优化过程投入产出比为1:10，而在系统过程投入产出比为1:30。当然，这种描述只是形象描述，并不是精确描述。企业项目化管理能力提升，随着管理水平等级的提升，提升的价值放大倍数越大。因此，企业项目化管理能力提升是一个孜孜以求的过程。当然，追求卓越的过程也是让企业领导者越来越感到欣喜的过程。

就一般情况而言，企业项目化管理能力的提升，要从初始级开始，由低到高逐步提升，每个层级的跨越都要经过一个过程。当然，也不排除一些情况，如某些基础良好的企业，从中间的某个层级开始培育企业项目化管理能力，或者在某一时段一次完成两个或三个阶段的跨越。以上关于企业项目化管理能力层级跨越内容的介绍，其主要目的在于为企业提供一般性参考。

第二节 企业项目化管理诊断 DEPMT

以上对于项目管理成熟度的研究，或从流程角度出发，或从企业的项目数量出发，或从项目管理的统一程度出发，都在一定程度上为企业提升项目管理能力提供了指导。然而这些研究的一个共同点是，仅为企业项目管理成熟度的评价提供依据，而没有对企业整体的管理能力进行研究。基于以上考虑，笔者创新性地开发了企业项目化管理诊断 DEPMT 工具。

一、企业项目化管理成熟度与诊断

（一）管理成熟度应用解析

管理成熟度是衡量企业管理水平的重要工具。在项目管理领域，通常用项目管理成熟度来衡量企业项目管理能力的水平。项目管理成熟度（Project Management Maturity，PMM），表达的是一个组织（通常是一个企业）具有的按照预定目标和条件成功地、可靠地实施项目的能力。严格来讲，项目管理成熟度指的是项目管理过程的成熟度。项目管理成熟度具体表现为项目管理成熟度模型，为企业项目管理水平的提高提供了一个评估与改进的框架。PMM 必须包含两个要素：一是必须能够清晰准确地帮助项目组织明白自己现在所处的状态和需要改进的内容；二是必须提供项目组织改进的步骤和实现改进的路线图。

项目管理成熟度评价模型的应用，为企业更加直观、清晰地掌握企业的项目管理水平提供了有效的依据。目前国内外对于项目管理成熟度的模型有多种解释，最为典型的有伯克利项目管理过程成熟度模型（Berkeley Project Management Process Maturity Model）、美国哈罗德·科兹纳（Harold Kerzner）博士的 5 层项目管理成熟度模型（K-PMMM）、Andersen & Jessen 提出的组织中的项目管理成熟度模型（Project Maturity in Organization）等。

（二）企业项目化管理诊断 DEPMT

1. 背景与目标
1）企业管理实践界，对企业整体管理水平的评价和认知存在重大困惑。
2）管理理论界，企业整体管理的理论几近空白，缺乏实际成果。
3）填补企业管理系统构建和提升的理论空白。
4）掌握一套企业整体管理诊断工具。
5）成为企业整体管理提升的引领者。
6）成就一番个人发展事业。

2. 版权与应用
1）DEPMT 管理诊断工具的内容文字、文件资料版权均属道特公司所有。
2）由 DEPMT 管理诊断工具产生的相关成果归被诊断对象与道特公司共有。

3）解释权归道特 DEPMT 诊断工具专家小组。

4）仅有道特咨询公司正式文本授权的诊断师可以使用本工具，同时得到诊断系统的后台支撑、专家支持，并获取本工具的持续更新权利及使用权。

5）道特咨询公司保留针对非授权使用本工具的个人或企业的版权申诉权。

3. 术语与说明

（1）企业发展层级

在企业发展过程当中，从企业的生命力以及发展的能力来看，根据企业所处生命周期的不同，由低到高可分为创业发展、持续发展、永续发展三个层级。

表 12-3　企业发展层级特征比较表

企业发展层级	特征				难题
	特点	效益	失败率	关注点	
永续发展	业务来源稳定 服务标准 产生新业务	高	小	下一代	做优、做久
持续发展	业务来源较稳定 服务规范 产生新业务	中	中	中长期（3~5 年）	做强、做大
创业发展	业务来源不稳定 服务不规范	低	大	现在	做对、做成

在 DEPMT 诊断时，对处于不同发展层级的企业，诊断的着重点也不尽相同。企业处于创业发展层级时，更加注重对企业项目创新领域的诊断和评价；企业处于持续发展层级时，更加注重对企业战略主导领域、项目创新领域、运营积淀领域、组织人员保障领域、财务成效支撑领域的诊断和评价；企业处于永续发展层级时，能力复制层级和思想传承层级的重要性需要提高，诊断重点在五大领域和两大层级之间平均分配，具体比例详见表 12-4。

表 12-4　不同发展阶段各领域层级权重表

二级指标	权重（%）		
	创业发展层级	持续发展层级	永续发展层级
战略主导领域	18	16	10
项目创新领域	36	32	20
运作高效领域	9	8	5
组织保障领域	18	16	10
财务成效领域	9	8	5
知识指导层级	5	10	25
思想传承层级	5	10	25

（2）企业创新发展整体管理等级划分标准

在 DEPMT 诊断的五大模块、两大层级中，同样按照初始级、规范级、优秀级、卓越级和持续改进级进行划分,如图 12-2 ～图 12-9 所示。

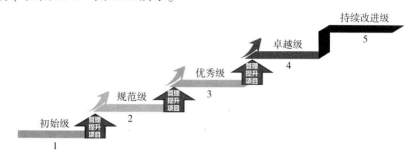

图 12-2 企业创新发展整体管理层级划分

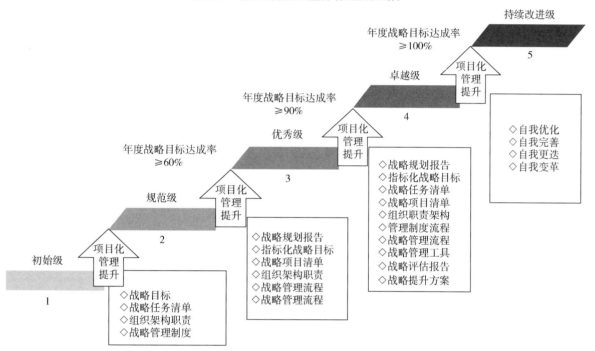

图 12-3 战略主导领域层级划分

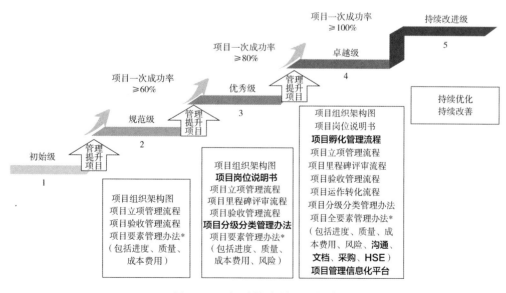

图 12-4 项目创新领域层级划分

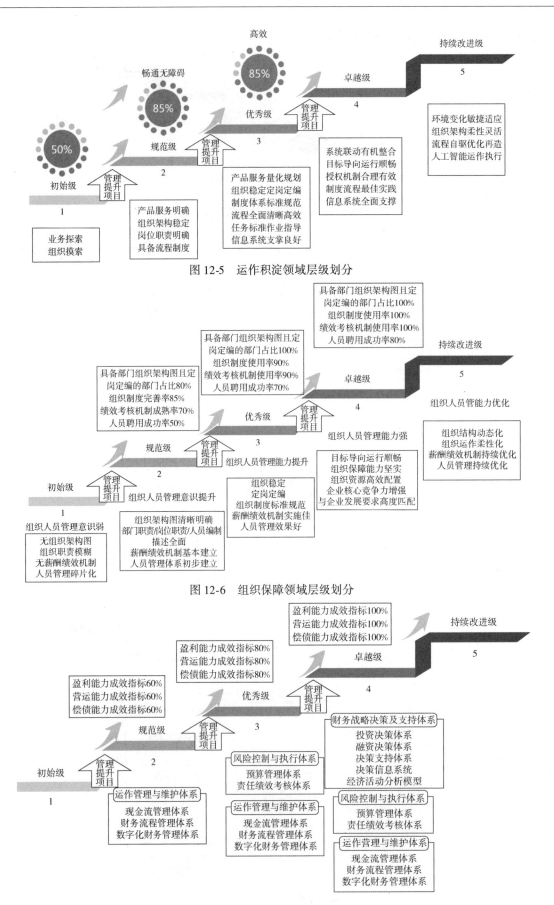

图 12-5　运作积淀领域层级划分

图 12-6　组织保障领域层级划分

图 12-7　财务成效领域层级划分

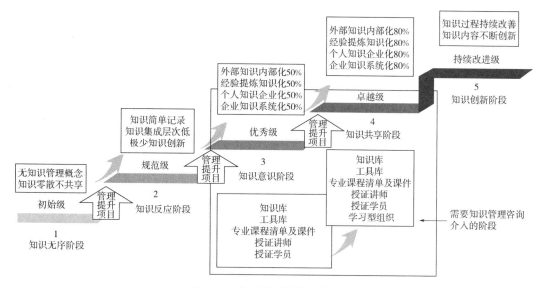

图 12-8 知识指导层级层级划分

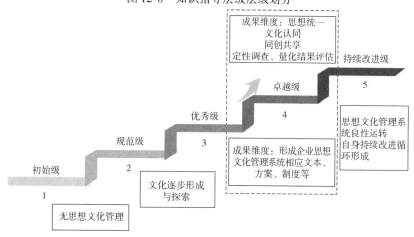

图 12-9 思想传承层级层级划分

（3）DEPMT 诊断要素

DEPMT 由五大领域（战略主导领域、项目创新领域、运作高效领域、组织保障领域、财务成效领域）和两大层级（知识指导层级、思想传承层级）构成，每个领域（层级）包含若干个成效、成果要素。

成效要素是可从实践中直接统计出的，有具体单位的指标，是结果导向的评价要素。

成果要素是可视化的，通过制度、办法、流程、信息系统等记载的支撑文件或信息，是过程导向的评价要素。

（4）DEPMT 诊断流程

DEPMT 诊断流程如图 12-10 所示。

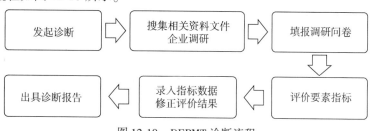

图 12-10 DEPMT 诊断流程

第三节　企业项目化管理能力维护与完善

项目化管理能力是企业的一种综合能力，是企业在长期的发展过程中形成的一种独有的智慧和技能。企业项目化管理能力是企业经过了比较复杂的过程，而形成的一种企业内外互动的能力。虽然这种能力因企业不同而存在部分差异，但都会受到企业内外部因素的影响和制约。企业项目化管理能力不会一成不变，如果不进行维护，已经拥有的项目化管理能力在许多情况下会减弱甚至丧失。诸如随着项目规模的不断扩大、复杂程度的逐步提高，原有的活动项目化管理能力就会逐步萎缩；随着社会经济水平的提高、科技水平的发展，企业原有的组织项目化管理能力可能会因薪酬、激励的不足而下降；随着企业项目化的人才流失和新员工的加入，企业原有的人员项目化管理能力将会被削弱。

那么，如何维护与完善企业项目化管理能力，才能保证企业持续、健康、稳定地发展呢？

一、企业项目化管理能力维护

（一）能力衰落与因素

企业项目化管理能力并不是一成不变的，而是在不断的复制与传承过程中逐渐衰退。认清企业项目化管理能力衰退的因素，能够协助企业有针对性地寻找避免能力衰退的手段，保证企业的发展。

导致企业项目化管理能力衰退的影响因素主要有以下两项：

（1）环境变化　企业项目化管理能力受环境影响较大。一般情况下，企业所处的环境越稳定，企业项目化管理能力衰退得就越慢；反之，就越快。影响企业项目化管理能力衰退的环境包括政治法律环境、社会经济环境、行业发展环境等。

（2）自我变化　自我变化是指企业项目化管理能力会受到企业内部变化的影响。企业自身的变化，包括管理方式、操作流程、管理规范等，都会对企业项目化管理能力提出新的挑战与要求，对企业项目化管理能力的自然传承产生重要影响。

（二）能力维护与手段

为避免企业项目化管理能力的衰退，使该能力能够有效进行复制与传承，从而保证企业项目化管理水平的提升，需要对企业项目化管理能力进行维护，主要有以下几种手段：

（1）规避陷阱　在复制、传承企业项目化管理能力的过程中，会遇到看似提升实则停滞不前或衰退的陷阱，如"能力陷阱"[⊖]等。企业项目化管理能力维护过程应规避类似的陷阱，保证企业项目化管理能力与管理水平的有效提升。

（2）突破误区　维护企业项目化管理能力的过程中，应该认清能力具有自然衰退属性的事实，需要不断根据内外环境变化而进行变化与提升，突破能力一旦具备就不会消失的误区。

（3）健全体制　体制是否健全是衡量企业项目化管理水平的重要指标，也是有效维护企业项目化管理能力的重要保障。健全的体制包含企业的组织建设、部门规划等内容，是企业项目化能力维

⊖　能力陷阱：是指企业在变化的环境中，不能抛开过去做事的成功方式去寻求新的方法，因而阻碍变革和创新。

护的基础与载体。企业项目化体制健全的内容，已经在第十一章有所阐述，本部分不再进行解释。

（4）完善机制　机制是否完善是衡量企业项目化管理水平的另一重要指标，同时也是有效维护企业项目化管理能力的重要保障。如何进行机制的完善，才能对企业项目化管理能力进行有效维护，将在下文进行详细阐述。

二、企业项目化管理机制完善

卓越的企业项目化管理，可以使企业形成一个促进创新、追求卓越的发展机制。这样，企业在业界可以持续发展，领先并保持领先，即使遇到突如其来的挑战也能快速应对。因此，企业项目化管理机制的完善，是企业项目化能力稳定的重要体现。

（一）企业管理机制简述

机制，指有机体的构造、功能及其相互关系；机器的构造和工作原理。管理机制，是指管理系统的结构及其运行机理。管理机制本质上是管理系统的内在联系、功能及运行原理，是决定管理功效的核心问题。企业项目化管理机制，是指企业项目化思想管理、企业项目化知识管理、企业项目化战略管理、企业项目化项目管理、企业项目化运作管理、企业项目化组织管理和企业项目化人员管理七大子系统之间相互协调与相互作用，从而保证企业项目化管理在企业内正常运转的作用机理。

（二）企业项目化管理机制与框图

企业项目化管理机制的完善是衡量企业项目化管理体系构建是否全面的又一重要指标。企业项目化管理机制以项目为中心，通过思想引导、知识指导、战略主导、组织保障、人员支撑、运作推动几大机制，同时通过计划、执行、检查以及纠正的自我不断完善，共同推动企业项目化管理在企业内的落地实施，如图 12-11 所示。

（三）企业项目化管理机制完善

企业项目化管理机制的完善，是对企业的各部分进行统一协调与管理的过程，是企业正常运转的有效法则。

1. 项目决定机制

项目决定机制是指企业的管理协调以项目为中心，通过思想、知识、战略、组织、人员、运作等进行资源的配置。项目决定机制是企业项目化管理机制的轴心。项目决定企业的未来，是企业不断升级发展的动力，因此项目在企业项目化管理机制中起决定作用。

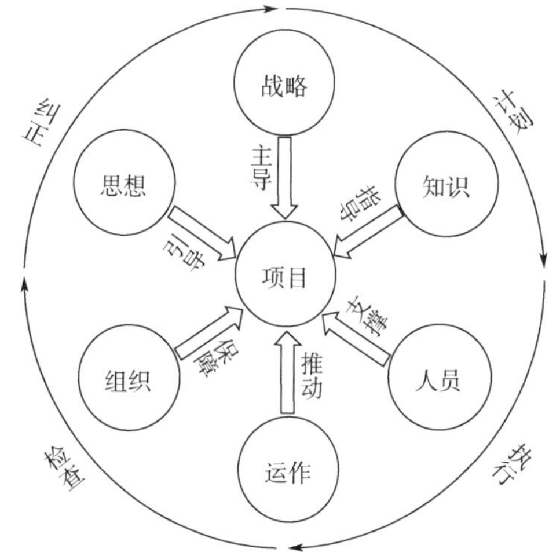

2. 思想引导机制

图 12-11　企业项目化管理机制

思想引导机制是企业项目化管理机制中必不可少的"理念"指引，也是企业经营的最终愿景与发展规则的体现，引导着企业发展与前进的步伐。日本著名的企业家松下幸之助曾说过："有正确的经营理念，企业才有健全的发展"，可见思想引导对于企业发展的重要作用。

3. 知识指导机制

企业中的活动，来源于知识，也通过知识进行管理经验的传播，因而知识是企业项目化活动的指导机制。21世纪是知识经济时代，知识的有效接收与传播是社会与企业不断发展与前进的动力。企业中的活动缺少了知识的指导，将难以提升效率，难以向规模化发展。

4. 战略主导机制

战略是企业一切活动的主导，是企业任务分解的来源，因而战略主导机制在企业项目化管理中占有重要地位。进入21世纪以来，我国经济乃至世界经济正在发生结构性、根本性的变化。在这样大变革的情况下，哪个企业具有战略眼光，哪个企业就能脱颖而出。未来的时代，应该属于战略驱动的时代。正是由于我国经济处在新产业快速增长、传统产业升级的转折点，未来的很长一段时间将是战略制胜的关键时刻，是否有前瞻性的战略眼光将在很大程度上决定一个企业发展的大格局和最终的成就。战略的重要性将被极大地放大，这将是战略主导的时代。

5. 组织保障机制

企业的项目活动，需要与之相匹配的组织作为保障。组织是为了达到某些特定目标经由分工与合作及不同层次的权力和责任制度，而构成的人的集合。组织的作用是把现有的人、财、物整合，从而以最优的形态完成或实现组织的目标。组织对于发挥集体力量、合理配置资源、提高劳动生产率具有重要的作用。管理学认为，组织一方面是指为了企业目标而建立起来的一种结构，该种结构在很大程度上决定着企业的目标能否得以实现；另一方面，是指为了实现目标所进行的组织过程。对于企业而言，组织是企业中人、事、物的凝结体，也是管理规则与制度的载体，因而是企业项目活动强有力的保障。

6. 人员支撑机制

企业的项目活动，需要不同的人员来完成，因此人员是企业项目化管理的支撑机制。在一切企业要素中，人是决定性因素，因为资金、设备、原材料、科学技术等都是靠人去掌握和运用。例如，企业的经营、生产、销售、计划、组织协调等都靠人的活动来实现。因为企业竞争的主力军是广大员工，任何制度的实施、任何目标的达成都要通过人的努力去实现，效率的提高也要通过人的努力去实现。人员是企业活动的主要执行者与管理者，因此企业项目化管理的正常运转不能缺少人员的支撑机制。

7. 运作推动机制

项目活动是推动企业不断进步与发展的动力，而运作是保障企业稳定的主要因素。项目活动的产生需要稳定的基础，因而运作作为保障企业稳定的活动对项目的产生起推动作用。运作推动机制，是企业项目化管理机制的动力机制，对企业项目活动起着至关重要的作用。

附 录

附录 A 企业项目化管理百词解析

模块1：企业项目化管理综述

1 词条：企业项目化

【企业项目化管理范式百词之1：企业项目化】

企业项目化（Enterprise Projectification，EP），是当今企业的最佳发展状态，也是企业管理的必然演变过程。企业项目化是指当今企业受科技进步、顾客需求增加、竞争加剧等环境因素的影响和驱动，主要采用项目形式，通过更加主动和创新性的活动努力，取得企业变革性跨越式提升，并达到持续、稳定、健康发展状态的一种演变过程和结果。

2 词条：企业项目化管理

【企业项目化管理范式百词之2：企业项目化管理】

企业项目化管理（Enterprise Projectification Management，EPM），是指在信息化竞争型社会，企业领先、科学、系统的管理方式。其核心是响应当今社会项目化发展趋势，企业为追求达到持续、稳定、健康的最佳发展状态，而采取的管理思想、组织、方法和工具的统称。

3 词条：企业项目化管理范式

【企业项目化管理范式百词之3：企业项目化管理范式】

企业项目化管理范式（Enterprise Projectification Management Paradigm，EPMP），是企业领导和管理学者用以解决企业项目化管理实际问题，并共同认可接受、执行遵从的规则内容。企业项目化管理范式是对当今国内外企业项目化管理实践卓越经验的总结、提炼和升华，具有系统整合内部资源、动态响应环境变化、科学实效落地实操三大特点。其核心内涵是三大层级、五大领域、二十二个模块。虽然企业项目化管理范式对当今企业的整体管理具有科学指导价值，但不能完全照搬。

4 词条：企业项目化管理模式

【企业项目化管理范式百词之4：企业项目化管理模式】

企业项目化管理模式（Enterprise Projectification Management Model，EPMM），是以企业项目化管理范式为指导，结合具体行业的特征，所产生的对行业发展具有指导作用与价值的管理方式。企业项目化管理模式是企业项目化管理范式在具体行业应用的集中体现，同时也是企业管理能力的直接体现。

5 词条：企业项目化管理体系

【企业项目化管理范式百词之5：企业项目化管理体系】

企业项目化管理体系（Enterprise Projectification Management Systems，EPMSS），是指企业立足自身特点，充分借鉴企业项目化管理范式理论知识，参考相关企业卓越管理经验，构建并持续完善具有自身特点的整体管理体系。从企业发展的外在表现看，企业项目化管理体系包括创新发展、持续发展、永续发展三个层次的管理。

6 词条：企业项目化管理系统

【企业项目化管理范式百词之6：企业项目化管理系统】

企业项目化管理系统（Enterprise Projectification Management System，EPMS），是指企业项目化管理范式理论的操作层级在企业中的具体体现，是企业在项目化管理范式的指导之下，结合企业自身的特点，进行的战略、项目、运作、组织与人员方面的管理变革，是企业项目化管理体系的组成部分。

7 词条：企业项目化操作管理层级

【企业项目化管理范式百词之7：企业项目化操作管理层级】

企业项目化操作管理层级（EP Operation Management Level，EP-OML），是企业项目化管理范式的基础层级，是企业项目化管理在操作层面的体现，由具有明确管理目标、内容、方法和工具并可外在显现的管理领域构成。企业项目化管理操作层级，是企业管理竞争力的直接表现，对企业项目化管理体系发挥着坚实的支撑作用。具体包括企业项目化战略管理领域、项目管理领域、运作管理领域、组织人员管理领域和财务成效管理领域五个领域。

备注：管理层级与管理层次的区别

企业项目化管理层级（level）：是指企业在项目化管理体系构建过程中在内容结构上的等级划分，侧重于内涵的比较，由低到高分为企业项目化操作管理层级、知识管理层级和思想管理层级。

企业项目化管理层次（hierarchy）：是指企业在发展过程中，在企业项目化管理变革修炼中的递进方式，侧重于外在的体现，由初级到高级分为初级创业修炼、中级持续修炼、高级永续修炼。

8 词条：企业项目化知识管理层级

【企业项目化管理范式百词之8：企业项目化知识管理层级】

企业项目化知识管理层级（EP Knowledge Management Level，EP-KML），是企业项目化管理体系的中间层级，是企业项目化管理在知识层面的体现，由企业对外部项目化管理理论知识以及范式体系的借鉴和自身管理实践中经验教训的总结提炼整合而成，表现为企业独享并较难为竞争对手完全模仿的管理概念、模型、制度、规范、理论等知识，通过企业人员对知识的传播、学习和应用，达到复制企业管理能力的目的。企业项目化知识管理层级，是企业管理竞争力的核心体现，对企业项目化管理体系发挥着重要的指导作用。企业项目化管理知识层级由经验固化、知识提炼、能力复制三个管理模块组成。

9　词条：企业项目化思想管理层级

【企业项目化管理范式百词之 9：企业项目化思想管理层级】

企业项目化思想管理层级（EP Ideological Management Level，EP-IML），是企业项目化管理体系的高端层级，是企业项目化管理在思想意识层面的体现，由企业在项目化管理操作和知识层面之上，对企业未来发展终极目标以及坚持理念、原则等在思想意识层面的思考所得。企业项目化思想管理层级，是企业管理竞争力的本质体现，对企业项目化管理体系发挥着持久的引导作用。企业项目化思想管理层级，由企业项目化管理的使命愿景、理念价值观和行为法则三个管理模块组成。

模块 2：企业项目化战略管理领域

10　词条：企业项目化战略管理领域

【企业项目化管理范式百词之 10：企业项目化战略管理领域】

企业项目化战略管理领域（EP Strategic Management Field，EP-SMF），是企业项目化操作管理层级五大领域之一，是基于企业项目化的发展视角，在发展环境日益动荡、竞争日益加剧的条件下，为实现企业持续、稳定和健康发展目标，对企业中长期发展目标进行整体谋划，进而有效进行战略分解和实施战略管控的管理内容和过程。企业项目化战略管理，在企业整体管理中居于主导地位。企业项目化战略管理，以战略分析为前提，以战略规划为基础，以战略实施和战略动态管控为核心。企业项目化战略管理领域具体包括企业项目化战略分析、战略规划、战略实施、战略管控四大管理模块，拥有企业项目化战略地图、战略主题、战略任务分解、战略连续统等核心概念。

11　词条：企业项目化战略分析

【企业项目化管理范式百词之 11：企业项目化战略分析】

企业项目化战略分析（EP Strategic Analysis，EP-SA），是企业项目化战略管理的前提，是指企业对所处社会宏观环境、行业中观环境以及企业微观环境进行客观分析和趋势判断，结合对企业自身发展能力的客观评价，利用战略分析工具，进行企业发展战略定位和初步规划的战略管理内容和过程。企业项目化战略分析是战略规划、实施与管控的前提，对确定企业定位、未来发展方向乃至目标策略具有至关重要的作用和影响。企业项目化战略分析工具主要有 SWOT、波士顿矩阵、波特五力模型等。

12　词条：企业项目化战略规划

【企业项目化管理范式百词之 12：企业项目化战略规划】

企业项目化战略规划（EP Strategic Planning，EP-SP），是基于企业项目化战略分析结果，进行企业发展的战略定位，制定企业项目化的总体战略目标，并对企业中长期发展策略进行谋划，包括企业的近期、中期和长期的战略目标以及对其实施路径和战略任务的描述。企业项目化战略规划的制定是建立在企业项目化战略环境分析的基础之上，是企业项目化战略实施的前提，是企业项目化管理管理的精要所在。企业项目化战略规划工具主要有战略定位、战略目标、战略任务、战略主题、战略蓝图、战略连续统等。

13　词条：企业项目化战略实施

【企业项目化管理范式百词之 13：企业项目化战略实施】

企业项目化战略实施（EP Strategy Implementation，EP-SI），是在完成企业项目化战略规划后，为实现企业战略目标而对战略规划的实施与执行。即企业明晰自己的战略目标后，必须专注于如何将其落实转化为实际的行为并确保实现。企业项目化战略实施是战略管理的行动阶段，也是战略管理的核心内容。企业项目化战略实施一般包括战略发动、战略执行两大内容，是一个自上而下、再自下而上不断循环的动态管理过程，也是一个"决策—执行—反馈—再分析—再决策—再执行"不断循环，持续推动战略目标实现的过程。

14　词条：企业项目化战略管控

【企业项目化管理范式百词之 14：企业项目化战略管控】

企业项目化战略管控（EP Strategic Control，EP-SC），是指在企业项目化战略实施过程中，检查企业为达成战略目标所进行的各项战略任务的执行情况，评价实施企业战略执行后的绩效，把它与既定的战略目标与绩效标准相比较，发现战略差距，分析产生偏差的原因，纠正偏差，使企业战略的实施更好地与企业当前所处的内外环境、企业战略目标协调一致，使企业持续、稳定、健康的发展战略得以实现。企业项目化战略管控注重对战略实施过程的管理和监控，将管控系统的规划工作置前，从而真正体现战略管理的实效性。

15　词条：企业项目化战略地图

【企业项目化管理范式百词之 15：企业项目化战略地图】

企业项目化战略地图（EP Strategy Map，EP-SM），是描述企业项目化战略定位、战略目标以及发展策略的战略管理方法。战略地图，以平衡计分卡的四个层面目标（财务层面、客户层面、内部层面、学习与成长层面）为核心，通过分析这四个层面目标的相互关系而绘制的企业项目化战略因果关系图。企业项目化战略地图的主要作用是：第一，直观地描述企业项目化战略，让"高深"的战略转化为企业各层次人员更容易理解的语言；第二，将企业战略目标（或定位）分为四个基本的模板，也可以称之为基本的战略路径/侧重点。

16　词条：企业项目化战略主题

【企业项目化管理范式百词之 16：企业项目化战略主题】

企业项目化战略主题（EP Strategic Themes，EP-ST），是在企业项目化战略管理特征分析、战略环境洞察分析的基础上，为实现企业项目化战略目标而确定的战略发展主题，是企业项目化战略规划和战略地图的重要组成部分。企业项目化战略主题承载着企业当前的发展重心、所需解决的主要问题或未来的发展方向，一个企业的项目化战略需要通过项目化战略主题来具体体现，并通过引导企业的持续成长来实现自身的价值。

17　词条：企业项目化战略任务分解

【企业项目化管理范式百词之17：企业项目化战略任务分解】

企业项目化战略任务分解（EP Strategic Task Structure，EP-STS），是在制定企业项目化战略目标后，针对如何确保战略目标被正确理解和落实实施而展开的工作，是企业项目化战略管理的重点和难点。企业项目化战略任务分解通过识别支撑战略目标的核心活动——企业战略任务，精心设计企业不同战略任务间的组合，形成运筹帷幄的战略布局，对所有战略任务进行集中管理，统一调配资源，实现企业战略目标与战略任务的动态互动。

18　词条：企业项目化战略连续统

【企业项目化管理范式百词之18：企业项目化战略连续统】

企业项目化战略连续统（EP Strategic Continuum，EP-SC），是描述企业项目化战略管理全过程的方法。包括从概念阶段的项目化战略环境分析开始，形成初步的战略意图，到规划阶段明确项目化战略目标和战略实施路径，再到执行阶段依据战略规划和战略地图稳步实施战略，最终到结束阶段顺利实现战略目标的全过程。企业项目化战略连续统，表明企业项目化战略管理并非一个静态的点，而是由多个具有强相关关系和先后顺序的战略活动组成的动态集合体，全面展现了企业项目化战略管理的整个过程。

模块3：企业项目管理领域

19　词条：项目管理领域

【企业项目化管理范式百词之19：项目管理领域】

项目管理领域（EP Project Management Field，EP-PMF），是企业项目化操作管理层级核心任务的关键，是以企业战略任务为导向，从企业特定需求出发，为实现企业从稳定到突破的跨越式提升，对企业不同层级和类型的具有不确定性、挑战性、临时性特点活动的全周期、全要素、全团队进行管理的过程。企业项目管理，是企业管理能力提升的核心。企业项目管理领域具体包括项目孵化、单项目管理与项目集群管控三个模块，拥有企业项目孵化、项目活动、单项目管理、项目集管理、项目组合管理、全周期精益管理、全团队集约管理、全要素规范管理等核心概念与阶段门、里程碑、质量门、成本点等管理方法。

20　词条：项目孵化

【企业项目化管理范式百词之20：项目孵化】

项目孵化（EP Project Incubation，EP-PI），是企业升级发展的重要前提，是指企业创造条件促进项目发起并将项目列入企业正式工作程序的一个过程，其最大的特点就是这一工作往往体现为非常规的企业工作，孵化人员的各种努力并不一定为企业所认可。项目孵化阶段主要包括企业需求识别、项目策划、项目发起等工作。

21   词条：项目当事人与利益相关方

【企业项目化管理范式百词之21：项目化项目当事人与利益相关方】

项目当事人（EP Project Party，EP-PP），是指项目的参与各方。简单项目的当事人也简单。大型复杂的项目往往有多方面的人参与，如业主、投资方、贷款方、承包人、供货商、建筑/设计师、监理工程师、咨询顾问等，他们一般是通过严格的合同和协议联系在一起，共同参与项目。因此，项目当事人往往就是相应的合同当事人。

项目利益相关方（EP Project Stakeholder，EP-PS），包括项目当事人和其利益受该项目影响（受益或受损）的个人和组织，这些利益相关方之间有合同或行政上的关系，其利益因项目的实施或完成而受到积极或消极影响，同时也会对项目的目标和结果施加影响，其有效的沟通与协调是项目成功的关键。

传统的项目管理理论多以对项目当事人进行管理为主，而现代项目管理倡导把项目管理范围扩展到利益相关方，成功的标准更加趋向于利益相关方的多赢。

22   词条：单项目管理

【企业项目化管理范式百词之22：单项目管理】

单项目管理（EP Project Management，EP-PM），是企业针对单一项目活动，通过项目孵化、项目概念、项目规划、项目实施、项目收尾和项目转化中的一系列管理活动，实现单一项目活动成功。

23   词条：项目集管理

【企业项目化管理范式百词之23：项目集管理】

项目集管理（EP Program Management，EP-PGM），是指对具有相同或相似性质、目的等的同一类别项目进行的管理，其中项目集是指经过协调管理以便获取单独管理这些项目无法取得的收益和控制的一组相关联的项目。整体而言，企业项目化项目集管理是指对一个项目集采取集中式的协调管理，以实现这个项目集的战略目标和收益，包括把多个项目进行整合，以实现项目集目标，并使得成本、进度与工作被优化或集成。

24   词条：项目组合管理

【企业项目化管理范式百词之24：项目组合管理】

项目组合管理（EP Portfolio Management，EP-PFM），是指为了实现特定的组织目标，对集中放在一起以便于进行有效管理的一组项目、项目集和其他工作进行的统一的管理。这些不同的组成部分在一起有利于提高该工作的管理效率，以实现战略性商业目标，但项目组合中的项目或项目集可能不具有依赖性关系或直接关系。

备注：项目集与项目组合的区别

项目集（Program）是一组相互关联且被协调管理的项目；项目组合（Portfolio）是指为了实现战略业务目标，而集中放在一起以便进行有效管理的一组项目、项目集和其他工作。项目集管理和项目组合管理最大的区别在于构成项目集管理的这些项目之间是否是相互联系的。

项目集群管控：是指对项目集与项目组合形成的多项目进行的集成管控。

25　词条：项目管理成熟度

【企业项目化管理范式百词之 25：项目管理成熟度】

项目管理成熟度（EP Project Management Maturity，EP-PMM），表达的是一个组织（通常是一个企业）具有的按照预定目标和条件成功地、可靠地实施项目的能力。严格的讲，项目管理成熟度应该指的是项目管理过程的成熟度。企业项目化项目管理成熟度具体表现为项目管理成熟度模型，为企业项目管理水平的提高提供了一个评估与改进的框架。目前国内外对于项目管理成熟度的模型有多种解释，如 Kerzner 博士提出的（K-PMMM）、PMI 提出的 OPM3 等，而道特智库认为企业项目化项目管理成熟度模型应该分为简单级协调型、规范级指导型与标准级管控型三个水平。

26　词条：项目全周期精益管理

【企业项目化管理范式百词之 26：项目全周期精益管理】

项目全周期精益管理（EP Project Lifecycle Lean Management，EP-PLLM），是单项目管理三维度之一，对项目从起始到结束的全过程进行精细化管理。一般意义上的项目都会经历概念、规划、实施和收尾四个阶段，一个具体的项目可以根据项目所属专业领域的特殊性和项目的工作内容等因素划分成不同的项目阶段，而在项目各个阶段以最少的资源投入获得最大化的价值收益，就是项目全周期精益管理。

27　词条：项目概念阶段

【企业项目化管理范式百词之 27：项目概念阶段】

项目概念阶段（EP Project Concept Stage，EP-PCS），是项目全周期精益管理的起始阶段，这一阶段的工作直接影响项目后期的实施问题。企业项目化项目概念阶段各项工作的主要目的是确定项目的可行性，对项目所涉及的领域、总投资、投资的效益、技术可行性、环境情况、融资措施、带来的社会效益等进行全方位的评估，从而明确项目在技术上、经济上的可行性和项目的投资价值。

28　词条：项目规划阶段

【企业项目化管理范式百词之 28：项目规划阶段】

项目规划阶段（EP Project Planning Stage，EP-PPS），作为项目实施的前期准备阶段，对项目的实施过程进行全面、系统的描述和安排。企业项目化项目规划阶段包括为项目实施所要达到的结果提供依据的项目背景、目标及范围描述；为项目计划提供基础的工作分解及时间估计；为项目实施阶段按计划执行提供保证的进度安排、资源计划、费用估计及质量计划。

29　词条：项目实施阶段

【企业项目化管理范式百词之 29：项目实施阶段】

项目实施阶段（EP Project Implementation Stage，EP-PIS），占据项目全周期的大部分时间，是项目取得成功的关键所在。企业项目化项目实施阶段涉及的工作内容最多、时间最长、耗费的资源最多，以控制为主要手段，对于项目的进度、费用以及质量方面的综合协调是控制过程的主要目标。

30 词条：项目收尾阶段

【企业项目化管理范式百词之 30：项目收尾阶段】

项目收尾阶段（EP Project Closure Stage，EP-PCSS），是企业项目化项目周期精益管理的最后阶段，其目的是确认项目实施的结果是否达到了预期的要求，实现项目的移交与清算，通过项目的后评价进一步分析项目可能带来的实际效益。企业项目化项目收尾阶段的工作对于项目各参与方来讲都是非常重要的，项目各方的利益在这一阶段存在着较大的冲突，因此在质量验收、费用决算、项目交接等过程中应明确其依据。

31 词条：项目阶段门

【企业项目化管理范式百词之 31：项目阶段门】

项目阶段门（EP Project Decision Point，EP-PDP），也叫项目决策点，是指在项目执行过程中将项目中的任务分成几个大的阶段，在任务阶段之间（也就是阶段门）的执行结果可能会使得任务目标和范围改变，需要由总经理或副总经理等决策人员加以控制。需要明确的是，阶段门的控制主体是任务的决策人员。不同于其他项目管理概念，阶段门是根据中国特有环境衍生而成的管理方法，通过阶段门方法管理，必须合理设计每一阶段中的并行活动，收集足够的信息（如技术、市场、财务、运作等方面的信息），以如期推进计划并降低技术和业务风险。

32 词条：项目里程碑

【企业项目化管理范式百词之 32：项目里程碑】

项目里程碑（EP Project Milestone，EP-PMS），在项目某一阶段过程中，由项目负责人控制的，保障项目成果实现的，对阶段成果有很大影响的关键控制点。当项目进行至里程碑节点时，由项目团队或相关职能部门牵头组织召开会议，对里程碑节点应完成的各种成果进行评审，并决定是否进入下一个阶段的工作。里程碑在制订高层计划、检查和控制任务执行情况及向利益相关方汇报时非常有效。确定任务的里程碑主要是列出项目的关键节点，在执行任务前根据任务特点编制里程碑计划，并将该里程碑计划作为编制进度计划的依据。

33 词条：项目质量门

【企业项目化管理范式百词之 33：项目质量门】

项目质量门（EP Project Quality Gate，EP-PQG），是布置在项目生命周期不同阶段的点，是从项目里程碑中进行选取，在里程碑完成之前设置的一道质量门槛。在对里程碑的执行状态达到透明、各种预期风险都得以识别的情况下，由项目管理层或公司管理层（当需要决策的内容超出项目管理的权限时）做出确保项目质量的决策。项目质量门一般在项目的里程碑、有重要商业影响的阶段、责任移交的项目阶段进行设置，项目人员应该在质量门采取有效预防措施确保项目成功。

34 词条：项目成本点

【企业项目化管理范式百词之 34：项目成本点】

项目成本点（EP Project Cost Point，EP-PCP），是项目全过程中预设的成本控制点。在项目的成本点上，项目成本经理组织召开会议，由项目经理主持，项目团队成员、相关职能部门领导参加，对项目的过程状态进行评估，在项目的可控费用指标内对项目成本进行管控活动。项目经理可以根据项目的级别和类型，从里程碑过程中选取适合的里程碑点设置为成本点。

35　词条：项目工作分解

【企业项目化管理范式百词之35：项目工作分解】

项目工作分解（EP Project Work Breakdown Structure，EP-PWBS），是一种在项目全范围内分解和定义各层次工作包的方法，是对项目工作由粗到细的分解过程：按照项目发展的规律，依据一定的原则和规定，进行系统化的、相互关联和协调的层次分解，结构层次越往下层，项目组成部分的定义越详细，最后构成层次清晰的工作分解结构。

36　词条：项目职责矩阵

【企业项目化管理范式百词之36：项目职责矩阵】

项目职责矩阵（EP Project Organizational Breakdown Structure，EP-POBS），是一种将所分解的工作任务落实到项目有关部门，并明确表示出他们在组织工作中的关系、责任和地位的一种方法和工具。项目职责矩阵是一种矩阵图，一般情况下，它以组织单元为行、工作元素为列；矩阵中的符号表示项目工作人员在每个工作单元中的参与角色或责任。

37　词条：项目管理后评价

【企业项目化管理范式百词之37：项目管理后评价】

项目管理后评价（EP Post Project Management Evaluation，EP-PPME），是指项目投资方组织的对已完成的项目（或规划）的评价。项目管理后评价的内容包括：对项目目的、执行过程、效益、作用和影响所进行的系统的、客观的分析，通过项目活动实践的检查总结，确定项目预期的目标是否达到、项目或规划是否合理有效、项目的主要效益指标是否实现，通过分析评价找出成功失败的原因，总结经验教训，通过及时有效的信息反馈，为未来新项目的决策和提高完善投资决策管理水平提出建议，同时也为后评价项目实施运作中出现的问题提供改进意见，从而达到提高投资效益的目的。

38　词条：项目全团队整合管理

【企业项目化管理范式百词之38：项目全团队整合管理】

项目全团队整合管理（EP Project Team Integration management，EP-PTIM），与项目全周期精益管理相似，同为单一项目管理三维度之一，是项目目标得以实现的组织保障。项目全团队整合管理，就是对项目不同层次的干系人以及项目团队之间的利益、目的、冲突等进行协调与管理的过程。

39　词条：项目经理负责制

【企业项目化管理范式百词之39：项目经理负责制】

项目经理负责制（EP Project Manager Responsibility System，EP-PMRS），是指企业内部按照经济责任制的原则，以项目合同书的形式确定项目经理与企业的责权利关系，项目经理按照企业规章制度在施工生产中履行其权利和义务，最大限度地优化配置各道工序，优质、高效、圆满地完成生产任务。实施项目经理负责制的主要作用在于明确了责任主体，缩短了项目管理上的指挥层次和空间，对工程的安全、质量、进度、费用等关键部位的控制更为具体，有助于各种关系的整合、协调。

40 词条：项目团队

【企业项目化管理范式百词之 40：项目团队】

项目团队（EP Project Team，EP-PT），包括被指派为项目可交付成果和项目目标而工作的全职或兼职的人员，主要负责：理解需要完成的工作；如果需要，对被指派的活动进行更详细的计划；在预算、时间限制和质量标准范围内完成被指派的工作；让项目经理知悉问题、范围变更和有关风险和质量的担心；主动交流项目状态，主动管理预期事件。项目团队可以由一个或多个职能部门或组织组成。一个跨部门的团队有来自多个部门或组织的成员，并通常涉及组织结构的矩阵管理。

41 词条：项目全要素规范管理

【企业项目化管理范式百词之 41：项目全要素规范管理】

项目全要素规范管理（EP Project Total Factor Standardized Management，EP-PTFSM），与项目全周期精益管理、全团队整合管理共同构成单一项目管理三维度，是项目目标得以实现的资源保障。项目全要素规范管理，就是对项目进行过程中对项目结果产生影响的范围、进度、成本、质量、人力资源、沟通、风险、采购以及综合因素所进行的统一协调管理，是综合各要素对项目影响的程度后，对单一要素进行管理的同时对各要素相互影响的关系进行管理的方法。

42 词条：项目范围管理

【企业项目化管理范式百词之 42：项目范围管理】

项目范围管理（EP Project Scope Management，EP-PSM），是为了实现项目目标而界定项目工作范围，定义并控制哪些工作应该包括在项目内，哪些工作不属于项目工作范畴，确保项目工作都是实现项目目标所必需的，进而促进项目目标的顺利实现。项目范围管理是组织实施项目工作的抓手和基础，是决定整个项目成败的关键。对项目的范围进行有效管理，能够确保项目工作成果达到业主/客户的要求，实现项目目标。

43 词条：项目进度管理

【企业项目化管理范式百词之 43：项目进度管理】

项目进度管理（EP Project Schedule Management，EP-PSDM），是指在项目实施过程中，对各阶段的进展程度和项目最终完成的期限所进行的管理。是在规定的时间内，拟订合理且经济的进度计划（包括多级管理的子计划），在执行该计划的过程中要经常检查实际进度是否按计划要求进行，若出现偏差要及时找出原因，采取必要的补救措施或调整、修改原计划，直至项目完成。其目的是保证项目在满足其时间约束条件的前提下实现总体目标。

44 词条：项目成本管理

【企业项目化管理范式百词之 44：项目成本管理】

项目成本管理（EP Project Cost Management，EP-PCM），是使项目成本控制在计划目标之内所做的预测、计划、控制、调整、核算、分析和考核等管理工作。项目成本管理，就是要确保在批准的预算内完成项目，具体项目要依靠制订成本管理计划、项目成本控制两个过程来完成。项目成本管理计划包括成本估算、成本预算、成本管理计划编制；项目成本控制需要对计划中设置的成本点进行已发生费用的记录和成本偏差分析，制定相应的成本管控措施。

45　词条：项目质量管理

【企业项目化管理范式百词之45：项目质量管理】

项目质量管理（EP Project Quality Management，EP-PQM），是为了保证项目的可交付成果能够满足客户的需求，围绕项目的质量而进行的计划、协调、控制等活动。项目质量管理包括执行和贯彻其所在组织确定的方针、政策、规范、质量体系和管理职责，并使之在项目管理中结合实际具体化落实。

46　词条：项目人力资源管理

【企业项目化管理范式百词之46：项目人力资源管理】

项目人力资源管理（EP Project Human Resource Management，EP-PHRM），是指项目团队组建与管理的相关过程，是为了充分发挥项目的主观能动性，确保实现项目目标而进行的人员选聘、团队建设、考核与激励等活动。项目人力资源管理的任务是根据项目任务及实施进程的需要，不断地获得项目所需人员，将其整合到项目团队之中，或使其同项目管理团队密切配合，激发并保持他们对项目的忠诚与奉献精神，最大限度地提高其能力、挖掘其潜能，督促团队成员高效的完成各项工作，以实现项目目标。

47　词条：项目沟通管理

【企业项目化管理范式百词之47：项目沟通管理】

项目沟通管理（EP Project Communication Management，EP-PCCM），就是按照信息与沟通的需要，主要包括谁需要何种信息、何时需要以及如何将其交到他们手中，保证及时、恰当地生成、搜集、传播、存储、检索和最终处置项目信息所需要的过程。项目沟通管理的核心作用是作为项目实施过程中的润滑剂，是解决项目中各种冲突的主要渠道，也是平衡不同项目利益相关方利益诉求的有效手段，能够将项目实施过程中潜在的、可预知的矛盾与冲突消灭在萌芽状态，并将项目实施过程中突发的、临时性的冲突化解于无形。

48　词条：项目风险管理

【企业项目化管理范式百词之48：项目风险管理】

项目风险管理（EP Project Risk Management，EP-PRM），是对项目可能遇到的各种不确定因素进行风险识别、风险估计与量化、制定对策和风险监控等一系列工作。项目风险管理是项目管理中不可或缺的一个环节，其核心目的是防患于未然，通过事先对项目风险特征的分析及项目潜在、可能发生的风险评估，帮助项目组织者在不同的临界值范围内选择项目群体，有助于确定项目合理的范围。此外，由于项目风险管理本身动态反复、适时修正、持续改进的过程，当风险伴随着项目的推进而出现时，项目风险管理能够不断跟踪风险影响项目运行的轨迹，并通过有效的程序或手段进行纠偏，有助于改进项目的效益和效率。

49 词条：项目采购管理

【企业项目化管理范式百词之 49：项目采购管理】

项目采购管理（EP Project Purchase Management，EP-PPM），包括从项目组织外部采购或获得所需产品、服务或成果的过程。项目采购是项目执行中的关键环节，并构成项目执行的物质基础和主要内容。项目采购管理主要包括采购计划、采购控制、供应商管理及合同索赔与反索赔四项管理活动。

50 词条：项目集成管理

【企业项目化管理范式百词之 50：项目集成管理】

项目集成管理（EP Project Integration Management，EP-PIM），也叫项目整合管理，包括为识别、定义、组合、统一与协调项目管理过程组的各过程及项目管理活动而进行的各种过程和活动。在项目管理中，"集成"兼具统一、合并、连接和一体化的性质，对完成项目、成功管理利益相关方期望和满足项目要求都至关重要。

模块 4：企业项目化运作管理领域

51 词条：运作管理领域

【企业项目化管理范式百词之 51：运作管理领域】

运作管理领域（EP Operation Management Field，EP-OMF），是企业项目化管理操作层级五大领域之一，是企业针对运作活动的管理。对于运作活动的管理，追求的是做对、做精，也就是追求工作效率的提升，其管理方法就是标准化管理、流程化管理、精益化管理，其责任主体可以选择原有的组织部门和架构形式。在成熟的企业中，其价值链中有很多活动，是以运作的方式来进行管理的。企业实施运作管理，说明一个企业对某类活动的管理达到了成熟的层级，是企业项目化管理的核心基础，其本质反映了对重复性活动资源优化配置的能力，其核心管理要点是专业化的职能管理和结果导向的目标管理。运作管理领域主要包括运作转化和运作管理两个模块。

52 词条：运作转化

【企业项目化管理范式百词之 52：运作转化】

运作转化（EP Operation Transformation，EP-OT），是指将企业中的项目活动，通过管理能力提升将其转化为运作活动进行管理，从而降低管理成本、提升管理效率的过程。企业虽然通过项目管理的一系列努力获得了项目活动的成功，但不能作为企业长期追求的成功。作为长期稳定性的组织，企业还需将项目这种一次性的努力转化为企业长期性的收益，也就是把项目活动转化为运作活动，这有赖于活动外部环境的稳定和内部管理水平的提升两个条件，这个过程我们将其称之为运作转化。运作转化工作主要包括活动转化、组织转化、人员转化等工作。对于勘察、设计等典型项目活动，往往很难将其转化为运作活动，这也需要引起注意。

53　词条：运作管理

【企业项目化管理范式百词之 53：运作管理】

运作管理（EP Operation Management，EP-OM），是企业对运作活动的管理。企业的运作活动，是指活动环境稳定、工作内容清晰，企业曾经发生过，且本次活动与此前活动相比是重复的，没有影响性变化的活动，如企业流水线的生产、物料入库、财务报销、例行安全检查等活动。对活动按运作管理说明，一方面，人类社会对该活动的管理已经成熟；另一方面，企业自身已经掌握对该活动的管理。运作管理具有目标静态化、内容明确化、流程规范化、行为标准化、组织专业化、工具信息化等特点。

54　词条：职能管理

【企业项目化管理范式百词之 54：职能管理】

职能管理（EP Functional Management，EP-FM），就是企业按照管理的职责和效能的不同进行专业化细分，进而追求管理效率的管理。例如企业的供产销、人财物的管理，乃至此后进一步细分的研发、技改、仓储、物流等管理。这一管理方式，对运作活动管理非常合适。对于项目活动，还要在职能管理的基础上进行整合管理。职能管理的基本特点是：一是将可重复的产品生产经营活动分解为一系列标准化和次序化的任务，并分配给特定的执行者；二是由特定的管理层监督和确保执行者有效地完成既定任务，这种科层式的组织结构反映了生产社会化过程中短缺的市场环境下追求大量产品生产的实际。自 20 世纪六七十年代以来，过去的供给导向的市场已转变为需求导向的市场，因此在企业面对的是消费者主导的市场环境的今天，职能管理基础之上的整合管理和结果导向的流程管理（也就是项目管理）将成为企业管理方式的核心。

55　词条：标准作业流程（SOP）

【企业项目化管理范式百词之 55：标准作业流程（SOP）】

标准作业流程（EP Standard Operation Procedure，EP-SOP），就是将某一事件的标准操作步骤和要求以统一的格式描述出来，用来指导和规范日常的工作。SOP 的精髓就是将细节进行量化，用通俗的话来说就是对某一程序中的关键控制点进行细化和量化。

SOP 是在有限的时间与资源内，为了执行复杂的日常事务所设计的内部程序。从管理学的角度，标准作业程序能够缩短新进人员的学习时间，只要按照步骤指示操作就能避免失误与疏忽。标准作业程序的成立理由通常有下列几点（功能）：标准作业程序可以节省时间，因为时间是宝贵的；标准作业程序可以节省资源的浪费，因为资源是稀少的；标准作业程序可以获致稳定性，因为稳定是组织继续存在的主要动力。标准作业程序也可能产生若干问题，反而阻碍目标的实现，因此对这种反功能（Dysfunction）的病态必须加以了解：标准作业程序会抗拒变迁，无法适应特殊环境需要；标准作业程序会延误时机，无法满足民众需求；标准作业程序往往造成"新政策"与"旧实务"之间的矛盾，无法推动改革。

模块5：企业项目化组织人员管理领域

56 词条：企业项目化组织人员管理领域

【企业项目化管理范式百词之56：企业项目化组织人员管理领域】

企业项目化组织人员管理领域（EP Organization & Human-Resourc Management Field, EP-OHMF），是企业项目化管理操作层级的保障，以企业项目化战略为引导，以企业项目化活动（包括项目活动与运作活动）的需要为核心，结合现有企业组织人员条件，明确各组织、部门、岗位的职责、权限和相互协作机制，建立企业项目化组织管理制度和标准，进行企业项目化管理组织的设计及人力资源的聘用、育留等管理，提升企业项目化组织能力，为企业项目化战略和活动管理提供坚实的组织和人员保障。企业项目化组织人员管理领域具体包括组织架构与职责、人员聘用与育留、组织薪酬管理和制度与标准四个模块，拥有企业项目化组织架构、职能型组织架构、矩阵式组织架构、项目式组织结构、PMD、PMO、PMC、项目团队、组织职责描述、人力资源能力测评、职业生涯发展设计、组织薪酬、学习型组织建设、制度与标准等管理方法和工具。组织人员管理，是企业项目化管理的难点，需要充分发挥管理学科中科学和艺术二重性的功能和特点。

57 词条：组织架构与职责

【企业项目化管理范式百词之57：组织架构与职责】

组织架构与职责（EP Organizational Structure & Responsibility Description，EP-OSRD），是以企业项目化战略管理为导向的组织架构及对应岗位所要求的工作内容、责任范围，以职能管理为基础，对因企业项目化活动需求而构建的组织架构及权责分配的描述，是职务与责任的统一，由授权范围和相应的责任两部分组成，有助于任职者明确自己的主要产出领域及结果；也有助于管理者明确所需人员素质要求。企业项目化组织架构是基于新趋势的企业组织形式，有其鲜明的特征。企业项目化的组织架构设计，要充分考虑发展的趋势和要求。为有效支撑企业战略任务的实施，企业项目化组织架构应从整体组织架构、企业项目化专有组织和单项目组织三个层次进行规划、设计。企业项目化管理组织职责描述是保证企业组织架构稳定的重要途径。

58 词条：职能型组织架构

【企业项目化管理范式百词之58：职能型组织架构】

职能型组织架构（EP Functional Organization Structure，EP-FOS），是一种横向的部门化组织架构表现形式，按专业化的原则设置一系列职能部门的组合。职能型组织架构适用于基于运作的企业，项目性活动比例在10%以内，不需要设置企业项目化专有组织，少量的项目活动仅需企业高层或部门负责人即可实现有效的管理。

59 词条：矩阵型组织架构

【企业项目化管理范式百词之59：矩阵型组织架构】

矩阵型组织架构（EP Matrix Organization Structure，EP-MOS），是将按照职能划分的纵向部门与按照项目划分的横向部门结合起来，以构成类似矩阵的管理系统，在组织资源合理配置与利用方面显示出强大的优越性。这类企业的组织架构中既有职能型组织部分，又有项目型组织部分，适用于项目运作平衡型企业，项目比例在40%~60%，不仅需要设置企业项目化专有组织，而且要加大管理力度，区别对待项目活动和运作活动不同性质的活动。由于项目与运作有时不容易区分，需要根据不同目的去定义活动性质，实行不同的管理方式，确定不同的组织方式；同时由于项目与运作活动可以动态转化，组织架构应随企业项目化战略的校正或调整而调整。

60 词条：项目型组织架构

【企业项目化管理范式百词之60：项目型组织架构】

项目型组织架构（EP Project Organization Structure，EP-POS），是一种纵向的项目化组织架构表现形式，按项目的类别设置一系列项目集合（项目集或多项目），每个项目集实行项目集或多项目管理，设置相应的项目化管理组织。项目型组织架构适用于基于项目的企业，项目性活动比例在90%以上，需要设置企业项目化专有组织才能实现有效的管理。在项目型组织架构中，企业几乎不再存在职能部门。在项目型组织中，每个项目集或多项目组织就如同一个微型公司那样运作，完成每个项目集目标所需的所有资源完全分配给这个项目集、专门为这个项目集服务，专职的项目集经理对项目组拥有完全的业务权力和行政权力。由于项目数量和种类很多，企业项目化专有组织一般要设置三个层次：项目化管理中心（Projectification Management Center，PMC）；项目管理办公室（Project Management Office，PMO）；项目部（Project Management Department，PMD）。

61 词条：项目管理部

【企业项目化管理范式百词之61：项目管理部】

项目管理部（EP Project Management Department，EP-PMD），对某一次级类别的项目管理或对单一项目管理。通常某一次级类别的项目，同质化程度更高，协同效应更大。项目部经理是项目群/单一项目的直接管理者，负责项目的组织、计划及实施全过程，以保证项目目标的实现。PMD向PMO负责，直接管理个别重大项目，为项目提供各类管理支持。

62 词条：项目管理办公室

【企业项目化管理范式百词之62：项目管理办公室】

项目管理办公室（EP Project Management Office，EP-PMO），是单个业务领域成立的项目化管理组织，目的是负责项目集的计划、组织和协调，对项目运作复合性工作和纯项目式工作进行项目集成管理。在项目化模式下，PMO主要负责成组项目，即同类型项目的管理。PMO向PMC负责，根据PMC制订的企业项目化实施规划，制订部门管理规划，确定管理目标。

63 词条：项目化管理中心

【企业项目化管理范式百词之63：项目化管理中心】

项目化管理中心（EP Projectification Management Center，EP-PMC），是企业级的项目化管理组织，负责企业对项目的整体管理，是企业总裁的智囊和执行机构。PMC是企业项目化的直接管理部门，追求组织中所有活动的战略协同作用，确保组织战略目标的实现，让组织有限的资源发挥最大的价值，提高组织项目化管理能力。PMC负责在全公司层面搭平台、建体系，负责开发、推广和监控企业项目化管理模式，确定项目管理范围、提炼项目管理思想、总结项目管理知识、完善项目管理实操，实行项目分类、分级和多项目集约化管理，实施企业项目化管控等工作。PMC 向企业总裁负责，部门负责人为 CPO（Chief Projectification Officer）。

64　词条：企业项目化人员聘用与育留管理

【企业项目化管理范式百词之64：企业项目化人员聘用与育留管理】

项目化人员聘用与育留管理（EP Personnel Employment & Personnel Trainning Management，EP-PE & PTM），包括项目化人员的聘用、培养和留用三个部分。企业项目化战略目标的实现，相关项目和运作工作的实施，都需要根据组织管理的相关规定，进行各部门、各岗位人员的识别、选拔和任用工作来支撑。同时，为了使员工获得或改进与工作有关的知识、技能、动机、态度和行为，提高员工的绩效以及员工对项目目标的贡献，组织需要有计划、有系统地开展员工培训与开发工作。要根据企业发展的需要，对符合企业要求并能支撑企业发展的各层级人员，采用薪酬留人、绩效留人、职业留人和事业留人等各种手段予以长期留用，从而促进企业和人员的协同发展。

65　词条：项目经理

【企业项目化管理范式百词之65：项目经理】

项目经理（EP Project Manager，EP-PMR），从职业角度上讲，是指当今企业为应对日趋强烈的项目化发展趋势，针对企业创新性、挑战性的项目工作，建立以项目经理责任制为核心，对项目实行进度、成本、质量、安全等目标导向的全过程、全要素和全团队管理，全面提高项目管理水平而设立的重要管理岗位。项目经理是为项目成功与失败的第一责任人，项目团队的领导者，项目经理首要职责是在预算范围内按时优质地领导项目小组完成全部项目工作内容，并使客户满意。为此项目经理必须在一系列的项目计划、组织和控制活动中做好领导工作，从而实现项目目标。一般而言，一个优秀的项目经理，对上级而言，要有执行力（上不争锋）；对下级而言，要有领导力（下不争功）；对同事而言，要有凝聚力（平不争宠）。

66　词条：企业项目化人员管理能力资质与认证

【企业项目化管理范式百词之66：企业项目化人员管理能力资质与认证】

项目化人员管理能力资质与认证（EP Personnel Management Competence Certification，EP-PM-CC），是指对企业的各层级管理人员对应角色所应该具备管理能力和水平的描述和评价。企业管理的角色不同，资质与认证的层次也不相同。就目前而言，对项目经理的管理能力资质与认证的研究以及实施比较成熟。按认证的组织不同，主要有国际的 IPMP（国际项目管理协会 IPMA 推出的四级认证）和 PMP（项目管理协会 PMI 推出的一级认证）。对企业人员管理能力进行资质分析和水平认证，既有利于促进管理水平高的人才的职业生涯发展，更有利于企业整体管理水平的提高，是企业整体管理能力提升的一条核心手段。

67　词条：企业项目化组织薪酬管理

【企业项目化管理范式百词之67：企业项目化组织薪酬管理】

企业项目化组织薪酬管理（EP Organization Salary Management，EP-OSM），是指一个组织为了达到组织的战略和任务目标，根据组织管理相关规定和人员素质水平等情况，由企业管理者主导推动，确定各级员工应当得到的报酬总额、结构和形式的一个管理过程。从本质上讲，是指通过对优良行为的奖励、固化和对不良行为的处罚、警戒，达到改善企业员工行为、提升企业发展成就目的的组织措施。

68　词条：制度与标准

【企业项目化管理范式百词之 68：制度与标准】

制度与标准（EP Organization Rule and Standered，EP-ORS），是指站在企业组织的层面，通过对内的制度约束和对项目执行的第三方标准要求，持续改善企业员工的工作行为，从而保障企业项目化管理能力不断提升和企业项目化战略目标成功实现。其中，管理制度作为企业内部立法，是通过组织权力程序形成的行为规范，对员工或组织具有强制约束作用，但管理成熟度较低；标准是按照通用规则形成的第三方强制要求，分为国家标准、行业标准、企业管理标准等，执行范围更广泛，管理成熟度也更高。

模块 6：企业项目化财务成效管理领域

69　词条：企业项目化财务成效管理领域

【企业项目化管理范式百词之 69：企业项目化财务成效管理领域】

企业项目化财务成效管理领域（EP Financial Effectiveness Management Field，EP-FEMF），是企业项目化管理操作层级的支撑，是企业实施项目化管理获得财务收益的外在显现。财务成效作为企业项目化管理系统的重要组成部分，为企业战略实施、项目突破、运作积淀提供强有力的财务支撑。企业项目化财务成效管理领域具体包括全面预算管理、全面决算管理和业绩成效管理三个模块，拥有财务决策、财务风险、财务分析等管理方法和工具。

70　词条：全面预算管理

【企业项目化管理范式百词之 70：全面预算管理】

全面预算管理（EP Total Budget Management，EP-TBM），是指根据企业项目化战略要求和项目实施需求，通过内外部环境的分析，在财务预测与决策基础上，调配项目、运作所需的相应资源，对企业未来一定时期的经营和财务等做出一系列具体计划，是预算计划的数字化、表格化、明细化表达，体现了预算计划全员、全过程、全组织的特征。

71　词条：全面决算管理

【企业项目化管理范式百词之 71：全面决算管理】

全面决算管理（EP Total Financial Accounts，EP-TFA），是指对项目预算经费执行情况的总结。通过项目财务决算工作可以对项目预算经费的执行情况进行认真分析，促进后续项目预算的合理编制，从而提高财政经费的使用效益，有利于 PMO 掌握各项目成本管理情况，促进项目管理水平提升。

72　词条：业绩成效管理

【企业项目化管理范式百词之 72：业绩成效管理】

业绩成效管理（EP Performance Effectiveness Management，EP-PEM），是指为了达到组织的战略

和任务目标，根据组织管理相关规定和人员素质水平等情况，由企业管理者主导推动，由员工参与共同制定实施业绩成效目标、业绩成效计划、业绩成效考核评价、业绩成效结果应用以及业绩成效目标改进。根据组织或项目的业绩成效，对企业员工的行为表现进行考评。根据业绩成效面向的活动性质不同，企业项目化业绩成效主要分为项目业绩成效和运作业绩成效两种。

73 词条：运作绩效

【企业项目化管理范式百词之73：运作绩效】

运作绩效（EP Operational Performance，EP-OP），是指企业完成既定的常规性工作方面的绩效。其绩效考核对象侧重于企业的运作活动。运作绩效考核指标是企业常规性工作的运作指标，多从企业部门和岗位的职责描述中提取，往往以企业普遍采用的关键绩效指标（KPI）来展现，如生产产量、产成品率等指标。运作绩效考核的结果，基本上与被考核人员的薪酬、奖金等物质性的奖惩挂钩。

74 词条：成长绩效

【企业项目化管理范式百词之74：成长绩效】

成长绩效（EP Growth Performance，EP-GP），是指企业实现跨越式提升工作方面的绩效。其绩效考核对象侧重于企业的项目活动。成长绩效考核指标，就是企业临时性工作的项目指标，多从企业各部门和岗位完成的创新工作中提取，往往以企业的技术创新和管理创新指标来展现，如研发的新技术价值、增加的管理制度等。成长绩效考核的结果，基本上与被考核人员的岗位晋级、升职等长期性职业发展挂钩。

模块7：企业项目化知识管理领域

75 词条：企业项目化知识管理

【企业项目化管理范式百词之75：企业项目化知识管理】

企业项目化知识管理（EP Knowledge Management，EP-KM），是在组织中建构一个量化与质化的知识系统，让组织中的资讯与项目化管理的知识，通过获得、创造、分享、整合、记录、存取、更新、创新等过程，不断地回馈到知识系统内，形成永不间断的累积个人与组织的知识成为组织智慧的循环，在企业组织中成为企业项目化管理管理与应用的智慧资本，有助于企业做出正确的决策，以适应市场的变迁。

76 词条：企业项目化经验固化

【企业项目化管理范式百词之76：企业项目化经验固化】

企业项目化经验固化（EP Experience Curing，EP-EC），是指将在实践中总结而来便于本岗位工作更顺利进行的技能与方法等以可视化方法进行有效的记录，以便接任本岗位的工作人员能够快速进入工作状态。企业中需要固化的经验大致分为两类：成功的经验与失败的教训。在工作岗位上的成功经验是企业员工快速掌握工作技能的重要方法，而企业中的重大工作失误也是企业经验积累的宝贵财富。企业经验固化最有效的方法是树立基准标杆，将成功的经验进行固化与传承。

77 词条：企业项目化基准标杆

【企业项目化管理范式百词之77：企业项目化基准标杆】

企业项目化基准标杆（EP Benchmark，EP-BM），是企业项目化经验固化的有效方法，通过一定的评价手段与方法，评选出企业项目化管理实施过程中在管理方法创新、管理经验积累等方面做出重要贡献的人员或团队，将其树立成标杆，号召企业内的所有人员向其学习，形成企业项目化管理实施的基准。企业项目化基准标杆评选完成之后，需要将其有效的工作方法与优秀的工作经验进行书面固化，形成企业知识库中的重要资源。

78 词条：企业项目化知识提炼

【企业项目化管理范式百词之78：企业项目化知识提炼】

企业项目化知识提炼（EP Knowledge Refine，EP-KR），是指企业清晰界定知识提炼途径，科学制定知识提炼过程，促进企业独有的项目化管理知识水平不断提高，以达到更高的项目化管理成熟度等级的过程。企业项目化知识提升的来源主要有两方面：外部知识与内部知识。企业项目化知识的提升，通常需要外部机构辅助，一般通过培训的方式进行。

79 词条：企业项目化知识体系

【企业项目化管理范式百词之79：企业项目化知识体系】

企业项目化知识体系（EP Knowledge System，EP-KS），是指在实践中所获得的知识在一定的范围内按照一定的秩序和内部联系组合而成的整体，包括不同子系统组成的大系统。企业的知识体系，是指在管理理论研究层面，为保障管理目标的成功实现，所形成的管理理念、管理知识、管理组织、职责、标准、制度以及工具等各种管理要素所形成的整体。

80 词条：企业项目化能力复制

【企业项目化管理范式百词之80：企业项目化能力复制】

企业项目化能力复制（EP Abilities Copy，EP-AC），是指对企业项目化管理实施过程中，企业在日常经营管理活动中满足企业生存、成长和发展的系统方法和综合过程所表现出的复制水平，是企业项目化管理快速、稳定实施的保障。从企业经营的宏观方面来说，主要包括企业发展战略规划能力、资源获取能力、资源整合能力、价值链管理能力、关键核心竞争优势和能力等；从企业内部管理微观角度来看，主要包括企业组织运作能力、指挥控制能力、战略分解与执行能力、综合管理能力等；从企业职能分配来看，主要包括企业产品开发与设计能力、市场与客户服务能力、产品与服务提供能力、生产与品质保障能力、供应与物流管理能力、人力资源开发与利用能力、成本管控能力、品牌策划与运作能力、后勤保障支撑能力等基础能力。企业进行项目化能力复制最有效的成果就是形成学习型组织与企业大学。

81 词条：学习型组织

【企业项目化管理范式百词之81：学习型组织】

学习型组织（EP Learning Organization，EP-LO），指为应对变化剧烈的外在环境，组织应力求精简、扁平化、弹性适应、终生学习、不断自我组织再造，以维持竞争力。学习型组织是通过培训弥漫于整个组织的学习气氛、充分发挥员工的创造性思维能力而建立起来的一种有机的、高度柔性的、扁平的、符合人性的、能持续发展的组织。这种组织具有持续学习的能力，具有高于个人绩效中和的综合绩效。

82　词条：企业大学

【企业项目化管理范式百词之 82：企业大学】

企业大学（EP Corporate University, EP-CU），又称"公司大学"，是指由企业出资，以企业高级管理人员、一流的商学院教授及专业培训师为师资，通过实战模拟、案例研讨、互动教学等实效性教育手段，以培养企业内部中、高级管理人才和企业供销合作者为目的，满足人们终身学习需要的一种新型教育、培训体系。

模块 8：企业项目化思想管理领域

83　词条：企业愿景

【企业项目化管理范式百词之 83：企业愿景】

企业愿景（EP Enterprise Vision, EP-EV），又译企业发展远景，或译远景、远见，简称愿景（Vision）。企业愿景是企业的发展方向及终极目标的体现，是指企业的长期愿望及未来状况，体现组织发展蓝图与永恒的追求。企业愿景，是企业最高管理者，特别是创始领导人头脑中的一种概念，是这些最高管理者对企业未来的基本设想，是对"我们代表什么""我们希望成为怎样的企业？"的持久性回答和承诺，这一管理方法自 20 世纪 90 年代以来盛行一时。企业发展愿景，是企业对发展终极目标的整体描述，其主要是针对企业内部利益相关方，引导企业组织的发展方向和终极目标。

84　词条：企业使命

【企业项目化管理范式百词之 84：企业使命】

企业使命（EP Enterprise Mission, EP-EM），界定了企业在社会经济发展中担当的角色和责任，阐释了企业的基本性质和存在的根本理由，引导界定了企业的主导思想和经营领域，是企业发展战略目标和经营策略制定的根本依据。企业发展使命确立了企业发展的基本指导思想、原则、方向和发展哲学等，它超越了企业的战略目标，是一种抽象的存在，影响着经营管理者的决策和思维。各企业的发展使命，有着形形色色的描述形式，但上升为一般性的表述，核心体现为企业为什么而存在以及如何存在的问题。企业发展使命，也是企业对发展终极价值的整体描述，其主要是针对企业外部利益相关方，引导企业外部利益相关方对企业的认知和认同。

85　词条：理念价值观

【企业项目化管理范式百词之 85：理念价值观】

理念价值观（EP Idea & Value, EP-IV），企业发展理念，是由企业家积极倡导，全体企业员工自觉实践，关于企业发展的一种正确、理性的看法和思想。企业理念能够激发企业内部人员的活力，推动企业长期发展的精神和行为规范。一般而言，先形成企业家的意念，正确的企业意念成为企业观念，企业观念再上升到思想理性高度，就是企业的理念。企业理念的对外延伸就是企业价值观，基本内容是企业经营管理思想、宗旨、精神等一整套观念性因素的综合，构成企业价值观体系。

86　词条：行为法则

【企业项目化管理范式百词之86：行为法则】

行为法则（EP Conduct & Principle，EP-CP），是企业以客观的管理实践为依据，并在管理实践中逐步产生和发展起来的，对管理行为活动及其规律在更高层次上的高度总结和深度概括，是企业所有人员管理必须遵循和依据的准绳。企业管理系统化、规范化、标准化、信息化等都属于企业的行为法则。

模块9：企业项目化变革管理

87　词条：企业项目化价值决定模型

【企业项目化管理范式百词之87：企业项目化价值决定模型】

企业项目化价值决定模型（EP Value Decision Model，EP-VDM），是对目前企业的组织类型以及项目化能力进行评价诊断的模型。企业项目化价值决定模型以问卷的形式，通过对企业思想管理层级、知识管理层级以及操作层级的五个领域进行调查，得出企业在各领域实施项目化管理的基础能力，以便有针对性地提出企业项目化管理实施的建议。

88　词条：项目化组织

【企业项目化管理范式百词之88：项目化组织】

项目化组织（EP Projectification Organization，EP-PO），是当今企业在企业项目化管理范式以及相关理论的指导下，实施项目化管理变革改善，并在系统整合内部资源、及时响应外部变化以及落地实操管理方面具有一定成熟度的组织。项目化组织根据企业活动的变化属性以及数量的多少，可以分为五种组织类型，分别为基于项目的企业、项目导向型企业、项目运作平衡型企业、运作导向型企业以及基于运作的企业。

89　词条：基于项目的企业

【企业项目化管理范式百词之89：基于项目的企业】

基于项目的企业（EP Project Based Firm，EP-PBF），是指因独有而唯一的项目而成立，因该项目的结束而解散的企业。基于项目的企业，是在传统的组织模式的基础上，将组织结构和管理流程朝着利于对企业中独有而唯一项目进行有效管理的方向改进的企业。

90　词条：项目导向型企业

【企业项目化管理范式百词之90：项目导向型企业】

项目导向型企业（EP Project Oriented Firm，EP-POF），是指将项目作为企业活动的主导方向，通过项目导向不断提升自己的竞争能力和实现生存与发展的组织。在项目导向型企业中，项目活动与运作活动同时具备，但以项目活动为主，或者可以说项目活动的数量占据企业管理活动的主要部分。随着项目导向型社会概念的提出与普及，项目导向型企业也已经成为企业组织形态发展的大趋势。

91　词条：项目运作平衡型企业

【企业项目化管理范式百词之91：项目运作平衡型企业】

项目运作平衡型企业（EP Project Operation Blanace Firm，EP-POBF），是指企业中项目活动与运作活动同时存在且较为均衡，企业通过项目活动提升竞争力的同时也通过运作活动增强组织的稳定性。项目运作平衡型企业多以矩阵式的组织架构为基础，酒店、旅馆等大多属于典型的项目运作平衡型企业。

92　词条：运作导向型企业

【企业项目化管理范式百词之92：运作导向型企业】

运作导向型企业（EP Operation Oriented Firm，EP-OOF），是与项目导向型企业相对应的一个专业术语，不同于项目导向型企业，运作导向型企业是指以日常重复进行的运作活动为主要推动力，按照标准化职能分工的思想，实现企业的稳定发展。运作导向型企业的特点是企业以大型流水线式生产或制造类的运作活动为主，以生产线的改造与提升等项目活动为辅。

93　词条：基于运作的企业

【企业项目化管理范式百词之93：基于运作的企业】

基于运作的企业（EP Operation Based Firm，EP-OBF），是指企业内的活动类型基本为运作活动，项目活动的数量非常有限。基于运作的企业一般以具有相同或相似分工的职能部门为组织单位，以日常重复性的运作为企业主要活动类型，以劳动工作效率为主要工作目标，企业较为稳定。

94　词条：企业项目化管理成熟度评价模型

【企业项目化管理范式百词之94：企业项目化管理成熟度评价模型】

企业项目化管理成熟度评价模型（EPM Maturity Evaluation Model，EPM-MEM），是对一个组织（通常是一个企业）具有的按照既定目标和条件成功地、可靠地实施项目化管理能力的评价，是帮助实施项目化管理组织评估和改进项目化管理水平的一种方法和工具。企业项目化管理成熟度评价模型包含三个维度，即管理能力维度、管理标准维度以及管理领域维度。

95　词条：企业项目化管理能力评价等级

【企业项目化管理范式百词之95：企业项目化管理能力评价等级】

企业项目化管理能力评价等级（EPM Competence Evaluation Grade，EPM-CEG），是企业项目化管理成熟度等级评价模型中的一个维度，为企业项目化管理能力持续提升提供了描述性工具，符合企业项目化管理变革推进的思路和原则。企业项目化管理能力可以分为五个等级：原始级、简单级、规范级、优秀级和卓越级。级别越高，说明企业项目化管理能力越强。

96　词条：企业项目化管理变革

【企业项目化管理范式百词之96：企业项目化管理变革】

企业项目化管理变革（EPM Reform，EPMR），是企业为应对企业项目化的趋势，确定变革需求，分析能力差距，实践企业项目化管理，导入企业项目化思想，固化并扩展企业项目化知识，摸索出一套适合企业实际情况的企业项目化管理系统，逐步构建出一个企业项目化管理体系的过程。

97　词条：企业项目化管理生命周期模型

【企业项目化管理范式百词之97：企业项目化管理生命周期模型】

企业项目化管理生命周期模型（EPM Lifecycle Model，EPM-LM），是根据企业发展与成长的动态轨迹，对企业不同成长阶段的企业项目化管理特征与形态进行定性化描述，同时针对企业所处的不同生命阶段，给出企业项目化管理实施的建议。企业项目化管理生命周期共包含创业、成长、成熟与蜕变四个大阶段与孕育期、婴儿期、少年期、青年期、壮年期、盛年期六大时期，各时期分别以做对、做成、做强、做大、做优、做久为主要任务，进行企业项目化管理的实践。

98　词条：企业项目化管理体制

【企业项目化管理范式百词之98：企业项目化管理体制】

企业项目化管理体制（EPM Regime，EPMRG），是企业的组织层级设置和管理权限划分及企业规范与制度的具体表现和实施形式，是企业的规范体系。企业项目化管理的体制，是企业实现项目化管理变革过程中所具备的模块基础。企业项目化管理范式的落地实施，需要相应的管理体制支撑，从而保证企业项目化管理的价值的充分体现。换言之，体制是否健全是衡量企业构建项目化管理体系是否全面的主要指标之一。

99　词条：企业项目化管理机制

【企业项目化管理范式百词之99：企业项目化管理机制】

企业项目化管理机制（EPM Mechanism，EPMM），是基于企业项目化管理理念与方法而建立的一种管理工作系统，指企业项目化管理思想、企业项目化管理知识、企业项目化管理战略、企业项目化项目管理、企业项目化运作管理、企业项目化组织管理和企业项目化人员管理七大子系统之间相互协调与相互作用，从而保证企业项目化管理在企业内正常运转的作用机理。企业项目化管理机制的完善是衡量企业项目化管理体系构建是否全面的另一衡量指标，是企业项目化管理得以有效实行的保障。企业项目化管理机制以项目为中心，通过思想引导、知识指导、战略主导、组织保障、人员支撑、运作推动六大机制，同时通过计划、执行、检查以及纠正的不断自我完善，共同推动企业项目化管理在企业内的落地实施。

100　词条：企业项目化管经杂谈

【企业项目化管理范式百词之100：企业项目化管经杂谈】

企业项目化管经杂谈（EP Management Sutar Tittle-Tattle，EPM-M & ETT），是笔者多年对企业项目化管理不断思考、实践、检验与完善的智慧结晶，从企业发展之道出发，对企业所面临的竞争环境进行深入分析，从而提出企业项目化管理的修炼等级与晋级方案，为企业进行项目化管理的原因解惑，打开企业实施项目化管理的大门。企业项目化管理杂谈以精炼的语言展示了丰富的企业项目化管理知识，可作为企业管理人员的随身读物。

附录 B　某大型医药研发企业项目化管理成功案例分享

一、某大型医药研发企业的项目化演变

某大型医药研发企业（以下简称"该医药企业"）8 年来取得的卓越发展成就，得益于自 2001 年开始并持续倡导的全面项目化管理演变。该医药企业 8 年的项目化演变经历了三个阶段：项目化启动、项目化实施和项目化维护。

（一）项目化启动

1. 医药行业的项目化发展趋势

2001 年，在进行战略发展规划的研讨时，该医药企业对医药行业的发展进行了分析。分析认为：自 2001 年开始，整个医药行业的生产和销售虽然还会增长，但增幅会有所下降；为适应国家医药行业改革的需要，医药产品的价格将持续回落，医药行业的利润空间日渐缩小，对医药企业生产、销售的成本与费用控制提出了更高的要求；虽然医药产品购销活跃，但医药企业为获得更有利的发展空间而进行的竞争将更加激烈；外资企业的持续加入，会更进一步加剧医药行业的竞争，而医药行业存在的"大吃小，而非强弱联合"的发展趋势，对企业提出了尽快做大做强的要求。也就是说，进入 21 世纪以后，我国医药行业的发展将呈现出项目化的发展趋势，并面临更为激烈的竞争和变革挑战。

2. 该医药企业的创新发展战略

经董事会慎重研究，该医药企业决定迎难而上，谋求跨越发展。2001 年，该医药企业制定了"要成为行业内最优实践的标杆和典范，并打造最先进制造平台"的战略目标。

经战略性分析可知，该医药企业自 1994 年以来，随着业务的大量增加，组织架构逐步专业化和职能化，到 2001 年已经形成具有 12 个部门的科层制形态的金字塔形组织结构，从总经理到一线工人共分为 8 个管理层级。这种垂直化的组织管理模式，已出现了命令链过长、创新能力下降、员工合作意识低、部门间相互推诿的现象。该医药企业的这种管理模式和能力，远远不能适应市场竞争和新战略目标的要求。

为了实现新的战略目标，需要进行一系列创新性的变革：变革原有组织架构，打破部门割裂界限，提升团队凝聚力；变革企业资源配置和整合模式，采取创新性的管理模式，适应市场竞争，提高管理效能。由此，该医药企业掀起了项目化演变的浪潮。

3. 该医药企业的项目化战略决策与目标

2001 年，该医药企业总经理接受了一项新产品上市的任务，在执行这一任务的过程中，运用了项目管理的方法，优化、整合资源，使得新产品上市时间较原来的常规职能运作模式提前了一年，项目管理方法得到了董事长的高度肯定。2001 年 11 月，总经理亲自带领三名核心管理人员参加了某管理咨询公司组织的项目管理培训，并通过了 IPMP C 级认证，较为系统地掌握了现代项目管理知识。这为该医药企业实施项目化奠定了基础，并且这个四人团队后来成为该企业推动项目化管理的"种子"。

出于医药行业项目化的发展趋势以及企业创新战略的需要，2001 年年底，在高层充分研讨的基

础上，经过董事会讨论通过，总部做出了实施项目化的战略决策。该医药企业的项目化工作，由董事会授权，由总经理全面负责项目化的计划、组织、领导和控制，由中高层经理参与并担任项目化的核心成员。

该医药企业项目化的初始总体目标为：用4年的时间（2002年1月—2005年12月），通过在企业内部推动项目化管理，在原有标准化的组织母体内，建立一种新的、与原有组织完全融合的项目驱动型的组织系统，解决跨部门工作效率低下的问题，激发员工的积极性、创造性，使之更有忠诚度和自我成就感，实现高效运作，缩短生产周期，降低运作成本，增加经济价值，提升企业持续竞争能力。

（二）项目化实施

该医药企业从2002年1月开始实施项目化，至2005年年底基本完成。此间大致可分为三个阶段：标准化阶段、规范化阶段、优化阶段。

1. 标准化阶段（2002年1—12月）

第一个阶段是标准化阶段，也是项目化的培育和发动期。标准化阶段的目的是：增强企业变革的紧迫感，确立企业项目化的发展目标，培训并指导企业进行项目化工作的核心团队，创造典型成果，激发员工的参与热情。

该阶段的时间跨度为一年（2002年1—12月）。其核心目标是：项目化运行的第一年要有不少于5个增加利润、降低成本、提高效率的项目立项实施，之后的每年有不少于50个这样的项目；培养不少于5名员工成为项目管理专家，并通过IPMP认证，之后每年培养人数不少于2名；产生的可量化的利润贡献不低于200万元，之后每年产生的可量化的利润贡献不低于1000万元。

这一阶段是企业项目化概念形成的阶段。首先，通过向董事会、股东、管理层、员工等利益相关方传输企业推行项目化管理的原因，以及他们可以从中获得的利益，来获取各利益相关方的认可。然后，在项目化管理获得利益相关方充分认可的基础上，在领导层的大力支持下，选择一些项目作为项目化管理的试点项目，鼓励员工积极参与这些项目，加强员工对项目化管理的认知，帮助员工发现问题，并在实践中寻求最佳的解决方法，为项目化工作第二个阶段的实施打下基础。

项目化管理标准化阶段的努力，使该医药企业构建起了基本的项目化能力，使这种能力脱离了以前单纯依靠某个人的能力的状况，也就是说将项目化能力从原先的"简单级"提升到了"标准级"。

2. 规范化阶段（2003年1月—2004年12月）

第二个阶段是项目化管理的规范化阶段，是在固化第一阶段成果的基础上，完善公司层面的机制并使之制度化。该医药企业通过大量授权的方式，让多达60%的各级管理人员、技术人员参与项目管理，让他们直接感受到项目化管理的好处和优势，完成从"职能经理"到"职能—项目经理"双重角色的转变。

该阶段的时间跨度为两年（2003年1月—2004年12月）。其主要目标为：通过组织、制度、流程和信息系统的建设，实现企业内项目的标准化管理，实现项目的高效运作，提高员工的工作积极性，激发员工的创造性；通过建立健全企业项目化管理的流程及相关制度、开发企业项目化管理培训和认证体系以及项目化管理信息系统等一系列手段，促进企业内大量的一次性工作以项目的方式开展，并促使项目目标更快、更好、更省地成功实现。在这一阶段结束时，企业项目化管理运作的基本制度和模式初步形成。

项目化管理规范化阶段的努力，不仅明确了项目化在各个阶段、各个方面的要求，还通过组织、制度、流程方面的努力，确保了项目化的有关部门、人员都能够规范地开展工作，也就是使项目化能力由"标准级"提升到了"规范级"。

3. 优化阶段（2005 年 1—12 月）

第三个阶段是项目化管理的优化阶段，建立持续改进和系统化的组织保障体系，以形成公司制度和文化发展的坚实基础。

该阶段的时间跨度为一年（2005 年 1—12 月），是项目化管理体系的升级与自我完善阶段。该阶段的主要目标是：通过推动项目化管理，实现组织变革，创建具有本企业特色的项目化管理模式，激发全员创新，并不断自我完善；通过对项目化管理的效果进行评估与调整完善，促进在原有的标准化、流程化的组织母体中嵌入一种全新的、与之完全融合的项目驱动型的组织系统，来解决原有组织中跨部门工作效率低下的问题，实现组织的高效运作，使员工的能力得到更充分的发挥，增强员工的自我成就感，提高员工对企业的忠诚度。在这一阶段结束时，企业项目化管理的文化已日趋成熟。

项目化管理优化阶段的努力，进一步提升了该医药企业在组织、制度、文化、薪酬等方面对项目化的保障、促进作用，进一步完善和提升了相关的方法、工具，增加了工作的量化管理程度，使企业的项目化能力由"规范级"提升到了"优秀级"。

（三）项目化维护与发展

至 2006 年，该医药企业的项目化已经趋于成熟，进入项目化的维护与发展阶段。一方面，采取措施维护、发展和提升公司的项目化能力；另一方面，作为集团公司项目化的标杆，帮助和支持集团公司更多的单位实施项目化。

1. 项目化维护

此间，该医药企业的项目化维护工作主要包括以下三个方面：

1）项目管理人才的持续培养。

2）项目管理制度的持续完善。

3）项目管理能力的评价与推广。

2. 项目化发展

该医药企业项目化工作的持续推进以及取得的成效，在很大程度上影响了集团的其他单位甚至整个集团。

2006 年，该医药企业医药营销集团有限公司、研究院，借鉴该医药企业的成功经验，开始在单位内推进项目化工作，并进行了超过该医药企业规模的人员培训工作。医药营销集团有限公司作出了核心管理骨干不通过 IPMP 认证不予职位晋升的规定。研究院分两批，对所有的管理人员以及项目骨干进行系统化的国际项目管理知识的培训。

2007 年年底，该医药企业在制订下一年年度发展规划时，提出了"全面项目化"的战略目标。2008 年 3 月，集团召开了"集团全面项目化"的启动大会，从而拉开了集团全面项目化的大幕，开始了一段跨越式的新征程。

二、该医药企业构建项目化能力的动因分析

8 年的项目化发展以及所取得的卓越成就，印证了该医药企业项目化的成功，说明了该医药企

业项目化能力的存在与价值。下面对该医药企业项目化能力构建动因进行剖析。

企业是否需要项目化能力，需要什么程度的项目化能力，受企业内外部环境的综合影响。该医药企业提倡项目化发展，提升公司项目化能力，并非随意为之：自2002年启动项目化管理，到2004年提出"全面项目化管理"，正是从自己面临的发展环境出发，根据自身发展战略目标要求，作为本企业一项重要的战略措施提出来的。

（一）项目化能力构建的外部动因分析

首先，该医药企业提出培育并提升项目化能力，反映了对社会环境的认识。高层管理人员具有强烈的社会责任感和敏锐的社会洞察能力，认识到我国近一段时期总体上处于一个和平的发展环境之中。正因为社会发展稳定，国际化与市场化程度日益深化，经济发展日新月异，科技水平大踏步前进，不能满足于已有的发展成就，应该与时俱进，持续提升。这就需要具有较强的项目化能力。

其次，该医药企业提升项目化能力，反映了对中国医药行业发展的认知。2001年，在进行战略发展规划时，该医药企业就对医药行业的发展进行了分析。正是基于对社会与行业发展环境的分析，该医药企业才提出了"要成为一个行业内最优实践的标杆和典范，并打造最先进制造平台"的整体发展战略目标，在谋求技术创新变革的同时，也吹响了管理创新与变革的号角。只有通过企业项目化管理能力的培育和提升，才能适应我国经济快速发展的需要，才能适应我国医药行业发展的需要。

（二）项目化能力构建的内部动因分析

该医药企业培育并提升项目化能力，是企业认真调查、了解并有效满足股东、管理团队、员工职业发展和企业发展阶段需要的表现。

1. 满足股东的期望和需要

2001年，该医药企业董事会提出"要成为一个行业内最优实践的标杆和典范，并打造最先进制造平台"的战略目标。为实现这一战略目标，就需要对该医药企业进行创新性的组织变革，建立一个充分配置和整合各种资源、能够快速执行任务的团队式组织，形成适应市场竞争的先进管理模式，提高管理效能，并形成有该医药企业特色的企业核心能力。这一核心能力就是企业的项目化能力。可以说，推行项目化管理，提升项目化能力，正是公司股东、董事会等高层决策机构的期望和要求。

2. 满足管理团队的迫切需求

快速变化的市场环境，对企业的创新能力和及时应对外界环境变化的反应能力提出了更高的要求。面对外部环境的压力，如何快速、高质量地满足客户个性化的需求，是管理层急需考虑和解决的问题。

随着企业的高速发展，厂房扩建，生产能力不断扩大，生产品种不断增加，涌现出很多不能归口到任何一个职能部门，而是需要多个部门合作的创新性的工作，如新产品上市。这些工作需要采用团队合作的方式解决。如何寻求一种好的管理方法来处理类似的问题，也是管理层亟待解决的问题。

该医药企业的发展背景，使其长期以来形成了一种具有高度执行力而创新意识不足的文化。而随着企业的高速发展，员工队伍迅速扩大，新员工与企业原有体制下企业文化的冲突，以及与老员工思想的冲突日益显现。如何打破科层制结构的僵化，适应企业目前的发展状况，也成为高层管理人员急需解决的问题。

该医药企业的管理团队，大部分是从外部聘请的职业经理人，在企业内部相对缺乏工作资历和人脉关系，很难在短时间内形成权威。如果单纯采用职能式的管理方式，就很难有效调动各部门的资源。这就迫切需要一种能打破部门之间职能界限的新的工作方式，这一新的方式就是企业项目化管理体系。可以说，推行项目化管理，提升项目化能力，正是企业管理团队解决现实问题、提升能力的要求。

3. 满足员工职业化发展的需求

在原有组织结构和体制下，大量员工在某一职能型部门内从事着重复性的工作。在这种重复性的工作中，员工们对很多工作的涉入程度不高，很难获得良好的自我实现的机会，工作能力也很难全面提升，逐渐丧失了对工作的激情和创新动力。长此以往的结果是，员工自我成就感不足，对企业的满意度下降，对企业的忠诚度不高。人的发展欲望是无止境的，员工特别是有素质的员工，都在积极寻求能够参与企业管理、展现自我能力、实现自我价值的途径。项目化管理恰恰为员工提供了一种参与程度深、挑战性大、能更好地表现自我能力的有效方式。事实也证明，推行项目化管理很好地吸引并留住了更多、更好的员工。可以说，推行项目化管理，提升项目化能力，也是公司员工发展自我、谋求职业生涯更好发展的需求。

4. 满足企业发展规模与阶段的需求

该医药企业自1994年成立，到2001年已经发展成为一个中等偏大型规模的企业。按照对医药行业"大吃小，而非强弱联合"发展趋势的判断，如果企业不能尽快地做大做强，在行业竞争和变革中就会处于一种不利的地位。同时，按照发展阶段划分，企业正处于成长期向稳定期过渡的阶段，如果不能坚持创新，难免会发生稳定发展而创新力不足最后导致衰退的问题。因而，该医药企业适时提出了"第二次创业"的口号，要依然保持一种高速的增长和充足的创新能力。这就需要项目化工作的支撑。可以说，推行项目化管理，提升项目化能力，也是企业满足自己扩大发展规模和规避进入衰退发展阶段的需求。

三、该医药企业对项目化能力的认识

按照一般理解，医药生产企业的生产、经营与管理的项目化特征并不明显。但该医药企业不仅广泛而深入地开展了项目化工作，还获得了巨大成功。这就表明该医药企业对企业项目化与企业项目化管理能力有着充分的认识与理解，而且企业项目化的价值也在实践中得到了印证。该医药企业对企业项目化管理能力的认识不是一蹴而就的，而是在项目化实践和理论学习过程中逐步深化与加强的。这一认识过程基本可分为三个阶段：初步认识阶段、明确认识阶段和深化认识阶段。

（一）初步认识阶段

从2001年启动项目化工作，一直到实施项目管理第一阶段结束的2002年年底，该医药企业对企业项目化管理能力的认识基本停留在初级阶段。

在这一阶段，该医药企业虽然提出了企业项目化的口号，但对项目化以及项目化能力的概念、内涵等的认识还并不是很清晰，仅把其当作现代项目管理在企业的应用拓展，并没有对现代通用的项目管理和企业项目化管理进行严格的区分。

在企业项目化能力的思想层面，该医药企业还没能体会到项目化能力的精确内涵，并没有认识到企业项目化管理能力是一种面向竞争应对变革的组织管理模式，仅仅是想在企业中利用现代项目管理知识和方法，把典型的项目活动管好。也就是说，在思想层面，对企业项目化管理能力还停留在"对项目进行管理"的层面。

在企业项目化能力的知识层面，该医药企业局限于对现代通用的项目管理知识体系的学习和消化层面，未能形成具有自己特色的知识积累，更谈不上在通用的项目管理知识的基础上扩展项目孵化和项目转化等方面的知识学习和积累。

在企业项目化能力的操作层面，该医药企业具有了一定的基本认识。例如：在管理组织方面成立项目工作委员会，由总经理全面负责项目化工作，首先通过 IPMP 的四名部门经理组成核心团队；在管理方法方面，向管理人员发放《成功的项目管理》，大力倡导学习并推广现代项目管理方法；在管理工具方面，这一阶段还没有开发和利用特定的管理工具来支撑项目化工作。

与企业对项目化能力的初级认识相对应的是，该医药企业的项目化能力也处于比较低级的层次，其价值体现不明显，仅仅在一些项目特征明显的工作中获得了一定的成效。但这种初级的项目化能力，让企业和员工增强了对实现跨越式战略发展目标的信心，同时也明确了实现战略发展目标的基本思路和规划，清晰了努力的基本方向和路径。

（二）明确认识阶段

从 2003 年项目化实施的第二阶段开始，到项目化工作基本完成的 2005 年年底，该医药企业对企业项目化管理能力的认识逐步加深，基本处于明确认识阶段。

在明确认识阶段，该医药企业对企业项目化与企业项目化管理能力进行了较为广泛的讨论和研究，对企业项目化管理能力的基本内涵和特征有了一定的明确的认识，认识到了现代项目管理与企业项目化管理能力之间的区别；通过一系列措施，更新员工的思想认识，扩展企业项目化知识，提升企业项目化管理能力，并取得了较大的成效，使企业的项目化能力在思想层面、知识层面和操作层面都得到了进一步的加强。

在企业项目化管理能力的思想层面，该医药企业对企业项目化管理能力的认识进一步深化，认识到企业项目化是一种打破传统部门界限、整合内部资源的资源配置方式，是一种面向竞争应对变革的组织管理模式，不仅可以用于典型项目活动，对于具有项目特征的活动也可以按照项目进行管理。也就是说，该医药企业对企业项目化管理能力的认识，由原先的"对项目进行管理"提升到了"按项目进行管理"的层面。该医药企业总经理对企业项目化从四个方面进行了说明：企业项目化的核心目标，是对企业活动进行更好的协调、控制和评价，即更好的管理；企业项目化是一个转化过程，即把原先存在于某一职能部门内部的任务活动转化成一个跨部门的项目活动；企业项目化必将带来责任主体的变化，即由此前的职能责任主体转化成项目责任主体；企业项目化将使为完成目标所进行的资源配置的方式发生变化。

在企业项目化管理能力的知识层面，该医药企业不再局限于对现代项目管理知识体系的学习，而是鼓励大家将企业过去比较注重的标准化管理和创新管理等企业管理知识与现代项目管理通用知识结合起来，并通过实践积累形成具有自身特色的企业项目化知识：研发类、投资类、工程类、营销类项目管理模板等，如图 B-1 所示。

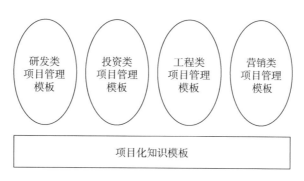

图 B-1　该医药企业的项目化知识模板

在企业项目化管理能力的操作层面，该医药企业对企业项目化管理能力的认识已经比较明确。在管理组织方面，进一步完善了各层级的项目化组织，组建了项目化办公室，将项目化管理能力提升为所有管理人员必备的一种管理技能，要求每一位职能经理都要完成"职能经理—项目经理"双重角色的转化；将这种能力与公司最为重要的医药专业能力相提并论，规定凡是获得国际项目经理资质认证（项目管理能力的标志）的人员，或是获得国家执业药师资格认证（医药专业能力的标志）的人员，都可以获得胸带颜色的升级。在管理方法方面，不仅鼓励大家广泛应用现代项目管理方法，还鼓励大家深入联系企业创新、变革等管理方法。诸如将项目孵化、项目管理和项目转化工作成果与人员薪酬奖励联系起来稳步推进：起初只要大家做好项目孵化（提出项目策划书）就给予奖励；一段时间后，只有做好项目管理（项目立项并成功完成）才给予奖励；最后只有做好运作转化（将项目成果转化为企业成果）才给予奖励。在管理工具方面，专门聘请软件开发单位开发了项目化管理信息系统，以支持企业的项目化工具。

正是在对企业项目化管理能力有了明确的认识，并采取了行之有效的措施后，该医药企业的项目化能力得到了很大程度的提高，达到了成熟阶段。这种能力的提高体现在具有项目特征的企业经营管理的各个领域：除了传统项目管理重点应用的基建、技改和研发领域，还表现在组织变革、流程改造、标准改进、人员招聘、会议安排乃至前台接待服务等各个领域。通过"按项目进行管理"的努力，使各个领域的工作水平和标准都得以改进和提高。这种能力的提升反映在经营成果上，就是该医药企业获得了可观的经济效益。仅以 2003 年为例，该医药企业项目化实施成果见表 B-1。

表 B-1　该医药企业 2003 年项目化实施成果

项目化分类	项目数量（个）	创新价值
企业级项目化	23	新增生产能力 5 亿元，创造经济价值 5000 万元
部门级项目化	33	提高资金周转率 20%，降低物料消耗 15%，节约成本 1200 万元
小组级项目化	32	为公司减少成本 600 万元

（三）充分认识阶段

该医药企业自 2005 年年底基本完成企业项目化变革以后，集团整体对企业项目化管理能力的认识更加深入，达到了充分认识阶段。

在充分认识阶段，该医药企业对项目化能力的认识进一步增强，认识到项目化能力不是企业在某一方面的表现，而是在经营管理理念、知识学习和积累，以及在管理组织、方法和工具方面的一种综合表现，应从整体发展战略的要求出发，综合提升项目化能力。

在企业项目化管理能力的思想层面，该医药企业认为：企业项目化管理能力是现代通用项目管理能力在企业经营管理中的深化与拓展，是企业这一稳定性组织得以长盛不衰、基业长青的动力、源泉。企业项目化管理能力不是企业的一般能力，而是企业得以持续健康发展的一种核心能力。也就是说，在这一阶段，该医药企业对企业项目化管理能力的认识，由此前的"按项目进行管理"提升到了"通过项目进行管理"的层面。

这一理念不仅得到了该医药企业内部全体人员的认可，也得到了集团整体的认可。自 2006 年，集团借鉴该医药企业项目化的成功经验，在全集团开始推广项目化管理。2008 年 3 月，集团召开了项目化管理经验总结表彰大会及集团全面项目化管理动员大会，将集团项目化能力提升作为继 1999 年全集团 MBA 学习后对管理能力提升的又一大战略举措，并将集团项目化能力提升作为集团再次创业的战略措施。

在企业项目化管理能力的知识层面，该医药企业一方面致力于通过内部学习和实践来丰富和完善项目化知识体系，广泛地开展项目管理培训和内部项目管理能力认证；另一方面，注重通过外部组织提升本企业的知识层次。2006 年，该医药企业在对项目化工作系统总结的基础上，汇总形成了该医药企业项目化实施成果，参加了在上海召开的第 20 届项目管理全球大会，申报了 2006 年度 IP-MA 国际项目管理大奖，并最终获得银奖。在这一过程中，有五位著名的国际项目管理专家对该医药企业的项目化工作进行评价，并提出了很多有价值的建议，进一步帮助公司完善了企业项目化知识体系。

在企业项目化管理能力的操作层面，该医药企业在不断地完善项目化管理组织、打造项目化文化、健全项目化管理制度，不断地开发和应用项目化管理流程、拓宽项目化管理领域，不断地改进和完善项目化管理工具。同时，该医药企业已经不再单纯满足于从管理组织、方法和工具方面来提升项目化能力，而是将企业项目化能力作为核心能力，提出了包含项目化在内的新的管理模式，并将这一新的管理模式整体称为全面项目化管理模式（图 B-2）。该医药企业的全面项目化管理模式包括四大部分，分别是全面项目化管理、全面标准化管理、全面预算管理、全面成本核算管理。

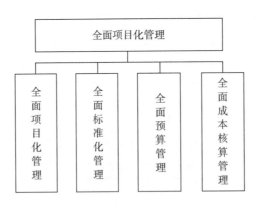

图 B-2　该医药企业全面项目化管理模式

在对企业项目化管理能力有充分认识的前提下，在综合提高企业项目化管理能力措施的支持下，该医药企业项目化能力得到了很大程度的提高，达到了几近卓越的阶段。这种几近卓越的项目化能力，极大程度地促进了该医药企业在各个领域的创新与提升。在"通过项目进行管理"思想的指导下，将项目化工作与部门和人员绩效考核紧密结合，高层管理人员业绩奖励的 80% 与项目化工作挂钩，中层管理人员业绩奖励的 50% 与项目化工作挂钩，基层管理人员业绩奖励的 20% 与项目化工作挂钩。所有人员为获得更好的业绩奖励，就必须主动性地发起项目，并很好地管理项目、转化项目。对一般企业来讲非常难以实施的创新和变革工作，在该医药企业变成了一种常态工作，同时这种工作的成功概率得以大大提升。这种卓越的项目化能力的发挥，为企业带来了更快的发展、更大的效益：2006 年，销售收入同比增长 65%；2007 年，销售收入同比增长 15%；2008 年，销售收入同比增长 23%。另外，也正是在这种充分认识的基础上，集团掀起了全集团实施项目化管理、提升项目化能力、促进集团二次创业成功的高潮。

四、该医药发企业项目化能力的培育与提升

在对企业项目化管理能力有一定认识的基础上，必须按照一定的步骤、有效的途径和合理的内容，通过持续努力逐步培育和提升。该医药企业项目化能力的培育始于 2001 年，至 2005 年年底基本完成，从 2006 年开始进入能力的维护与发展阶段。

（一）项目化能力的培育步骤

首先，该医药企业项目化能力的培育，是从高层战略决策开始的。因为企业项目化的实施，是企业的一项战略决策，对企业的发展规划、资源配置、组织架构、薪酬体系、制度流程等都有着深层的影响，不从战略上启动就无法有效支撑项目化的实施。该医药企业正是在董事会充分研究的基础上，于 2001 年制定了启动项目化的战略决策。

其次，组建项目化实施的组织，为项目化实施和能力培育提供组织支撑和保障。在项目化战略决策中，明确指出由公司总经理直接负责项目化实施，并在原有组织架构的基础上成立项目化工作委员会，而后又适时成立项目化办公室改进公司薪酬体系，制定项目化管理制度和流程。这些为该医药企业项目化能力的培育提供了坚实的组织基础。

最后，制订项目化发展规划，并在实施中持续改进和完善。该医药企业在项目化实施之初就制订了四年三阶段的项目化能力发展规划，并明确了各阶段的发展目标和核心策略；在实施过程中，根据实施情况随时予以监控和改进，有效保证了项目化能力的持续提升。

（二）项目化能力的培育途径

该医药企业项目化能力的培育，在综合分析各种途径的基础上，最终采取的是自我努力为主、外部借力为辅的发展途径。

在项目化管理能力的思想层面，高层管理者在对企业管理模式深度思考的同时，多次参加国际项目管理和企业管理高峰研讨会，获取先进的企业管理理念。在项目化管理能力的知识层面，在项目化能力培育之初，该医药企业借助于天津市道特企业管理咨询有限公司对核心人员进行现代项目管理能力的培养，然后在适度派出少量人员外出接受培训的同时，大力开展自主进行的内部培训。一方面，降低了人员培养的费用；另一方面，因内部培训师对企业自身情况更加了解，为后来的项目化管理能力的开发奠定了基础。在项目化管理能力的操作层面，除借助外部咨询公司和软件开发单位的力量外，该医药企业非常注重自我对管理组织的改造、管理方法和管理工具的开发，既降低了成本，又提升了有效性。

（三）项目化能力的培育内容

该医药企业项目化能力的培育，从内容上讲，基本分为以活动为对象的措施、以人员为对象的措施、以组织为对象的措施，也就是说从活动项目化能力、人员项目化能力和组织项目化能力三个方面培育企业的项目化能力。

在活动项目化能力培育方面，首先在某滴丸的上市活动中运用项目管理方法，既增强了实施项目化的信心，又为项目化管理树立了标杆；在项目化实施达到一定阶段后，对项目进行了分类，并逐步积累起了各种类型的项目化管理方法、流程和模板。

在人员项目化能力培育方面，通过对现代项目管理知识和理论的学习、内部研讨、培训、内部认证等工作，逐步改变人员的项目化理念，提升项目化能力。

在组织项目化能力培育方面，该医药企业在启动之初就成立了项目化工作委员会，随后适时成立了项目化办公室和各级项目化小组，同时塑造和提升企业促进创新、追求卓越的项目化文化，改进和完善有利于项目化工作推进的薪酬体系和考核机制等。

（四）项目化能力的维护与提升

2006 年，该医药企业就已经有了比较成熟的项目化能力。自 2006 年起，为保证项目化能力的持续提升，该医药企业采取了一系列有效措施。在活动项目化能力提升方面，采取了对各种项目化效果进行量化评估，在每年年底由各级部门上报转年项目清单并据此改进项目分类清单等措施；在人员项目化能力提升方面，采取了对新进员工进行项目化管理培训，评选年度十佳项目经理，选派优秀项目人才参加中国国际杰出项目经理评选等措施；在组织项目化能力提升方面，采取了以企业名义参加项目管理大奖评选，参与并支持集团项目化工作，持续改进项目化管理组织、制度等措施。正是这些有效的维护措施的实施，保证了该医药企业项目化能力的持续提升，保证了持续、快速发展。

五、该医药企业项目化管理经验总结

通过以上对该医药企业 8 年项目化管理实施情况的介绍，以及对该医药企业项目化管理能力的研究，经验总结如下：

该医药企业实施项目化管理，是应对外部竞争和挑战日益加大、应对企业内部创新变革需求不断提升等项目化趋势的一种必然。项目化管理，是企业应对竞争和变革挑战的一种资源配置模式，是企业应对创新变革的一种组织管理模式。

该医药企业的项目化管理能力，是企业项目化管理水平的标志，是企业在内外部构建动因的基础上，提升项目化管理水平、提升企业迎接竞争应对变革能力的一种能力。该医药企业项目化管理能力，是通用的项目管理能力，适应企业的深化与拓展，是企业项目化管理理念、项目化管理知识和项目化管理操作能力的一种综合素质表现。该医药企业项目化管理能力，是企业谋求持续发展的一种核心能力，它与企业标准化管理能力的动态均衡影响着企业的健康发展。

该医药企业以企业发展战略项目化为引导，通过活动项目化、人员项目化和组织项目化多方面的努力，逐步提升项目化管理能力，并通过有效措施予以维护、完善。这是一条行之有效的发展途径，有效支撑了企业跨越式战略目标的实现，并创造了不俗的成绩。

附录 C　某生产型企业的全面绩效管理方案

考核方案制订背景：该企业为传统的生产型企业，以运作活动为主。2007 年，企业面临新厂房建设的大型项目，为鼓励员工在该项目进行创新性投入，出台了"运作绩效＋成长绩效"的综合绩效管理方案。

××厂员工全面绩效管理办法

1　范围

本办法规定了××厂对各车间、科室的管理人员绩效管理的方法、流程、指标和打分细则及创新项目管理的规范。

本办法适用于××厂管理人员的绩效管理及创新项目的管理。

2　相关职责

2.1　厂长

2.1.1　负责审议、批准"××厂管理人员全面绩效管理办法"。

2.1.2　负责审批管理人员年度绩效管理结果。

2.2　厂副书记

2.2.1　负责主管范围车间部门正职的全面绩效管理工作。

2.2.2　负责审批主管范围车间部门副职及一般管理人员的全面绩效考核结果。

2.2.3　负责指导人力资源科进行工厂管理人员全面绩效考核工作。

2.2.4　负责审批工厂管理人员全面绩效考核月度、季度考核结果。

2.3　主管厂长

2.3.1　负责主管范围车间部门正职的全面绩效考核工作。

2.3.2　负责审批主管范围车间部门副职及一般管理人员的全面绩效考核结果。

2.4　人力资源科

人力资源科是工厂管理人员全面绩效考核的主管部门。

2.4.1　负责组织管理人员全面绩效考核方案的提出、制订和修改工作，并呈报厂长审议批准。

2.4.2　负责审核、协调各部门管理人员考核细则的制订、修订。

2.4.3　负责考核实施过程中的组织、协调、汇总、上报及反馈工作。

2.4.4　负责日常基础管理、台账、报表、汇总分析等。

2.5　综合管理科

综合管理科是工厂管理人员岗位成长绩效的认定和汇总部门。

2.5.1　负责发布年度工厂技术与管理创新活动要点。

2.5.2　负责创新提案的收集、汇总、立项和备案工作。

2.5.3　负责组织创新活动成果的审核工作。

2.5.4　负责岗位成长绩效的汇总及统计工作。

2.5.5　负责对创新项目载体归口部门的创新项目过程管理活动进行监督和指导，对各载体的创新项目进行立项备案。

2.6　各车间部门正职

各车间部门正职是部门内管理人员全面绩效考核的具体组织者。

2.6.1　负责本部门所有管理人员的全面绩效考核细则的制订、修改。

2.6.2　负责本部门副职管理人员及直接管理的员工全面绩效考核的实施与反馈。

2.6.3　负责本部门的管理人员全面绩效考核结果按时报主管厂长审批，并将审批后的考核结果及时报送人力资源科。

2.6.4　负责本部门全面绩效考核的台账、报表等基础管理工作。

2.7　各车间部门副职

各车间部门副职是部门内管理人员全面绩效管理的参与者。

2.7.1　参与本岗位下辖所有管理人员的全面绩效管理细则的制订、修改。

2.7.2　负责本岗位下辖所有管理人员的全面绩效管理的实施与反馈。

2.8　被考核人

参与本岗位全面绩效管理细则的制订、修改。

2.9　创新项目发起人（或小组）

负责提出创新项目，对项目的内涵进行基本构思，提出项目建议书。厂级命题项目可不设发起人。每人最多担任一个项目的发起人兼负责人，或最多在四个项目中担任发起人兼主要执行人（或参与人），或最多在四个项目中只担任发起人。

2.10　创新项目组

2.10.1　负责在项目立项后，制订项目计划。在创新项目组中，每人最多在四个项目中任职，并最多担任其中两个项目的负责人（包括在担任项目发起人时，兼任的项目负责人）。

2.10.2　负责实施项目，进行项目收尾。

2.10.3　负责向创新项目载体归口部门递交项目计划，提供项目执行过程材料，在项目结束后进行执行情况汇报。

2.10.4　负责将项目成果转化为参与项目人员的成长绩效得分。

2.11　创新项目载体的归口部门

技术创新项目的归口部门是技术中心，管理创新项目的归口部门是综合管理科，质量改进项目的归口部门是工艺质量科，QC项目的归口部门是综合管理科，班组创新项目的归口部门是工会。其他创新项目载体的设立，须经厂长办公会批准，报综合管理科备案。

2.11.1　负责依据工厂创新指导方向，制订本载体的"年度创新项目指导意见"。

2.11.2　负责对报送本载体的项目，提出是否准予立项的初步意见。

2.11.3　负责对项目执行过程进行监督和指导，检查项目计划的执行情况，对项目进行评价。

3　岗位全面绩效管理内容及结构

3.1　岗位全面绩效管理的核心原则

3.1.1　岗位绩效管理涉及工厂管理7岗至管理3岗的全部管理岗位，以工代干岗位也适用此办法。

3.1.2　岗位绩效考核以管理岗位年度绩效合约形式体现。

3.1.3　岗位绩效考核指标由岗位运作指标和成长指标共同构成。

3.1.4　岗位全面绩效考核结果的应用，涉及该岗位职级晋升、工厂双轨制专业技术职务评聘、奖励性培训和奖金发放。

3.2　岗位年度绩效合约

3.2.1　岗位年度绩效合约是岗位绩效考核的主要表现形式。

3.2.2　管理岗位年度绩效合约的基本构成。

（1）岗位基本信息：所属部门、姓名、岗位名称、岗级及签约日期。

（2）岗位运作绩效指标，包括岗位关键绩效指标（KPI）和兼职加分。

（3）岗位成长绩效指标。

（4）岗位运作绩效得分、岗位运作绩效累计平均得分。

（5）岗位成长绩效得分、岗位成长绩效累计平均得分。

3.3　岗位运作绩效

3.3.1　岗位运作绩效主要是根据工厂发展目标、部门所承担的绩效指标及岗位工作职责标准，对个人在年度内计划完成的工作业绩进行的约定。岗位运作绩效的考核结果，主要应用于薪酬和奖金的发放。

3.3.2　岗位运作绩效的构成。

岗位运作绩效由岗位 KPI 和协作兼职加分项构成。

3.3.3　岗位 KPI。

（1）岗位 KPI 是根据工厂目标与部门计划实现的目标，结合本岗位工作职责的要求来开发的。

（2）岗位 KPI 指标项的形式有：基本指标、晋阶指标、加分指标和否决指标。

（3）岗位 KPI 基本分 100 分，进阶指标和加分指标可累计计算，最高分为 110 分。

3.3.4　协作兼职加分项。

（1）协作兼职加分项是由工厂认定的、对工厂发展有积极意义的，由个人参与的、本部门职责以外的兼职性质工作所得的加分项。

（2）协作兼职加分项的认定标准和评价细则，由各协作兼职发起或组织部门负责提出，人力资源科组织整理，经厂长批准后施行。

（3）岗位协作兼职加分可累计计算，但单个岗位月度协作兼职加分累计超过 8 分时按 8 分计算。

3.3.5　岗位运作绩效的考核周期。

（1）岗位 KPI 的考核以月度为周期进行考核；以季度为周期的指标按照季度顺次调整，下一季度内各月份有效；以年度为周期的指标按照年度顺次调整，本年度得分当月调整，直至下一年度新的得分结果出台之前的各月份均有效。

（2）协作兼职加分项以月度为周期进行考核，当月统计，计入当月运作绩效得分。

3.3.6　岗位运作绩效的考核形式。

岗位运作绩效的考核形式为上级主管考核法。

（1）部门正职由主管厂长（书记）进行考核，考核结果由厂长确认。

（2）部门副职由部门正职（行政）进行考核，考核结果由主管厂领导确认。

（3）一般管理岗由直接上级（正职或主管副职）进行考核，由部门副职考核的考核结果需要部门正职进行确认。

（4）岗位考核结果由主管考核者在绩效合约中记录，最终考核结果以确认结果为准。

3.4　岗位成长绩效

岗位成长绩效是指个人在工厂管理进步、技术进步过程中所做出贡献的集中体现，其结果应用于岗位晋升和工厂双轨制专业技术职务评聘等长期激励的获得。岗位成长绩效由岗位人员参与工厂创新项目的数量、创新的战略重要程度、创新成果的高度、本人在项目中承担的管理与实施的具体角色和现实贡献来确定。

4　绩效考核流程与创新项目的管理

4.1　岗位运作绩效考核流程

4.1.1　每年年初，由人力资源科统一组织，部门内部就当年岗位运作绩效指标进行具体设计与调整，形成岗位绩效 KPI。岗位绩效 KPI 经人力资源科确认后，各部门组织本部门管理人员签订年度绩效合约，报人力资源科备案。

4.1.2　人力资源科根据年度工作重点，归口组织协作兼职加分项实施细则的制订工作，形成岗位运作绩效中的协作兼职加分部分，报送厂长审批后执行。

4.1.3　部门每月组织收集各类指标（月度）完成情况，并开展月度绩效反馈工作。

4.1.4　季度初由部门组织收集各类指标完成情况，并开展岗位运作绩效评价打分工作。

4.1.5　考核者与被考核者进行绩效沟通，被考核者就打分结果进行反馈确认，并研究绩效改进措施。

4.1.6　反馈确认后的季度考核结果，由部门收集报人力资源科备案。

4.1.7　每年年末，人力资源科负责统计年度各岗位运作绩效得分并反馈。

4.1.8　人力资源科负责按照考核结果，根据激励政策兑现岗位激励。

4.2　岗位成长绩效考核流程

4.2.1　工厂创新方向的把握。

每年年初，综合管理科按照年度工厂工作目标和集团战略发展要求，发布工厂创新目标规划大纲。

4.2.2　创新项目的报送与立项审批标准。

4.2.2.1　创新项目的报送。

创新项目可由工厂、部门及个人提出，须填报创新项目立项申请书。

在各类创新项目的立项表中，请明确阐述项目的目标：项目成果是指标型的，请明确指出项目完成后，某个（些）指标的具体改进值。项目成果属于能力改善型的，请在立项书中，明确项目的交付物。例如：建立品牌负责制度，要明确品牌负责人与产品各关键环节负责人，明确负责人与成员在品牌负责制下的工作职责。

4.2.2.2　创新项目的立项审批。

由综合管理科组织，各创新项目载体的归口部门具体实施，对所有的创新提案开展创新立项的初步审批。

4.2.3　创新项目等级判定。

工厂创新项目按照重要等级从高到低分为 1~3 级。

（1）1 级创新为工厂急需改进的重要管理技术指标或能力（工厂命题的项目可直接判定为一级项目）。

（2）2 级创新为部门急需改善的重要管理技术指标或能力。

（3）3 级创新为部门需要改善的一般管理技术指标或能力。

创新项目由各创新项目载体的归口部门实施立项初步审批后，所有立项创新项目汇总至综合管理科，由综合管理科组织对创新项目的重要等级，特别是 1 级、2 级创新项目等级进行初步判定，并报厂长办公会审核批准。

4.2.4　创新项目的价值预判。

由综合管理科组织创新项目载体的归口部门，对已立项的创新提案，按照内容、重要程度和创新组织方式进行创新项目价值的预判，并形成年度创新活动管理台账。

4.2.5　创新项目实际价值得分判定。

每年年初，由综合管理科负责组织，各创新项目载体的归口部门具体实施创新项目最终成果的实际价值得分判定。

4.2.6　创新项目成果向个人成长绩效分值的转化。

由具体创新项目负责人，按照推荐评价标准，根据参与人员在创新工作中的实际贡献，以创新项目实际价值得分为分配对象，对创新参与人员的个人价值进行分配。个人成长绩效考核结果报送综合管理科汇总。

4.2.7　个人成长绩效的统计与备案。

综合管理科对年度岗位成长绩效汇总统计后，将得分结果报送人力资源科备案。人力资源科按照成长绩效奖励政策及个人得分结果，实施相应激励措施。

4.3　创新项目过程控制的管理内容与要求

4.3.1　项目计划的编制。

各创新项目载体对于项目计划编制有要求的，按照相关项目计划编制要求进行。但是各级别项目的计划编制内容必须有以下几项，有特殊规定的，通报综合管理科后按规定进行。

4.3.1.1　一级项目计划编制内容要求。

（1）进度计划。

（2）人力资源计划。

（3）接口分析。

（4）风险分析及应对计划。

4.3.1.2　二级项目计划编制内容要求。

（1）进度计划。

（2）人力资源计划。

（3）风险分析及应对计划。

4.3.1.3　三级项目计划编制内容要求。

（1）进度计划。

（2）人力资源计划（仅为项目组成员及其职责描述）。

4.3.2　项目计划的执行。

项目组按照项目计划执行，执行过程中可修订计划。修订后的计划，应在项目计划检查前报创新项目载体归口部门。

4.3.3　项目计划的检查。

项目组按要求向创新载体归口部门提供项目执行过程材料，创新项目载体归口部门按级别要求对项目计划执行情况进行检查。综合管理科对创新项目载体归口部门的检查情况进行监督和指导。

4.3.3.1　载体归口部门检查创新项目的时间要求。

项目组向各载体归口部门上报项目汇报材料的时间要求：

一级项目至少每季度提交一份汇报材料。

二级项目至少每半年提交一份项目执行过程汇报材料。

三级项目在项目成果汇报中应介绍项目计划的执行情况。

4.3.3.2　载体归口部门检查创新项目的内容要求。

（1）一级项目。

检查进度计划是否按时间节点完成，如出现延后或提前是否及时修订计划。

检查接口分析是否分析到位。

检查风险应对计划的各种应对措施是否落实，如其他计划调整是否进行风险分析和制订新的风险应对计划。

检查是否按人力资源计划配备人员。

（2）二级项目。

检查进度计划是否按时间节点完成，如出现延后或提前是否及时修订计划。

检查是否按人力资源计划配备人员。

检查风险应对计划的各种应对措施是否落实，如其他计划调整是否进行风险分析和制订新的风险应对计划。

（3）三级项目。

检查进度计划是否按时间节点完成，如出现延后或提前是否及时修订计划。

4.3.4　项目过程执行情况评价。

项目过程执行情况评价，由所属项目载体归口部门依据项目计划检查情况在项目结束后进行。

4.3.5　项目的成果评价与奖励。

项目结束后，创新项目载体归口部门对创新项目进行评价和奖励。评价依据《科技工作管理规定 科技进步奖评审与奖励管理》和《管理创新活动奖励规定》以及项目过程执行情况进行。其中，依据前两个规定评价得到的项目得分占项目总分的70%。

奖励办法参见《科技工作管理规定 科技进步奖评审与奖励管理》和《管理创新活动奖励规定》。

5　绩效考核结果的应用

5.1　岗位运作绩效考核结果的使用

5.1.1　工资、奖金的发放。

5.1.1.1　奖金计算公式。

奖金 = 部门绩效奖金总额×（岗位运作绩效得分×岗位系数)/∑（该部门所有岗位的运作绩效得分×该岗位系数)

5.1.1.2　工资、奖金计算与发放流程。

（1）各部门上报人力资源科本部门管理岗位运作绩效考核得分。

（2）人力资源科计算部门奖金总额。

（3）各部门根据相关规定和计算公式计算本部门各岗位奖金额度。

（4）人力资源科审核各岗位奖金额度。

（5）汇总形成奖金发放表。

5.1.2　岗内晋级。

5.1.2.1 岗内晋级基本条件。

岗内晋级是管理岗位人员薪酬待遇提升的重要通道。岗内晋级的基本要求和条件与岗位运作绩效考核要求挂钩,具体政策略。

5.1.2.2 岗内晋级操作流程。

(1)人力资源科汇总各部门年度岗位绩效考核得分。

(2)人力资源科根据岗内晋级条件,提出当年岗内晋级名单。

(3)岗内晋级名单报厂办公会讨论通过。

(4)人力资源科根据相关规定调整岗内晋级人员薪酬、福利待遇。

5.2 岗位成长绩效考核结果的使用

岗位成长绩效代表了工厂各级管理人员,在"一流工厂"创建活动中所做出的贡献。在工厂进行中层管理者的晋升选拔、跨岗晋级资格的认定、工厂双轨制专业技术职务评聘和各类内外部培训的管理中,都将岗位成长绩效得分作为核心指标来衡量。

5.2.1 中层管理者岗位晋升。

5.2.1.1 中层管理者岗位晋升基本条件。

中层管理者职务晋升入围要求(略)。

5.2.1.2 中层管理者岗位晋升选拔操作流程。

(1)综合管理科每年末提供各岗位成长绩效得分。

(2)综合管理科每年末提供各部门绩效得分。

(3)各部门每年末提供本部门各岗位年度运作绩效得分。

(4)人力资源科负责统计、汇总和分析,提出当年符合条件的5晋4和4晋3入围人员名单。

(5)入围人员名单报厂办公会讨论通过。

(6)人力资源科根据相关规定调整岗位晋升人员薪酬、福利待遇。

5.2.2 一般岗位跨岗晋级。

5.2.2.1 一般岗位跨岗晋级基本条件。

一般管理岗(6岗、7岗)岗位跨岗晋级政策略。

5.2.2.2 一般岗位跨岗晋级操作流程。

(1)综合管理科每年末提供各岗位成长绩效得分。

(2)综合管理科每年末提供各部门绩效得分。

(3)各部门每年末提供本部门各岗位年度运作绩效得分。

(4)人力资源科负责统计、汇总和分析,提出当年符合条件的跨岗晋级人员名单。

(5)跨岗晋级人员名单报厂办公会讨论通过。

(6)人力资源科根据相关规定调整跨岗晋级人员薪酬、福利待遇。

5.2.3 工厂双轨制专业技术职务评聘与续聘。

岗位绩效与工厂双轨制专业技术职务评聘与续聘要求直接挂钩,具体政策略。

5.2.4 内部培训与学历教育。

建立员工个人培训账户。人力资源科负责岗位员工培训账户的建立和日常管理工作。个人年度成长绩效得分作为该员工的培训分值。例如:某员工2007年度共计获得了15.7分的成长绩效得分,则年终该员工的培训账户上相应增加15.7的培训分。培训分可累计存储,跨年使用,作为该员工享受培训与学历教育机会的依据。

5.2.4.1 专业技术与管理能力成长培训。

人力资源科根据工厂管理及人员职业生涯发展需要，选择专业技术及管理知识的培训课程。培训课程分为必备知识部分和能力提升部分。培训前，人力资源科对课程核心内容、主讲教师、日程安排、参加的人群对象、培训分值等进行公布。

必备知识部分的课程，由工厂和人力资源科确定必须参加的人员名单。能力提升部分的课程，个人可根据工作需要确定是否接受培训，并报人力资源科核准；也可由工厂和人力资源科确定必须参加的人员名单。

需要外派的培训，按照培训费用折算培训分值。培训分值与培训费用的等值关系，由人力资源科负责测算并确定。

由工厂和人力资源科指定参加外派培训的人员，培训分值减半计算。

员工参加培训后，人力资源科负责从该员工培训账户中扣除相应的培训分。

5.2.4.2 学历教育。

接受学历教育需要提前向人力资源科申报，由其批准和备案。学历教育与本岗位专业相关。

攻读的学历应高于本人现实最高学历。

申请攻读各类高等教育学历的人员，个人培训账户需要达到一定的培训分值。攻读大专学历要求个人培训账户分值达到70分；大学本科学历要求培训账户分值达到100分；硕士研究生学历要求培训账户分值达到150分。

培训分值达到申请相应学历教育培训分值要求的人员，个人可以按照规定进行接受学历教育的申报，经批准和备案并在人力资源科同意后，安排进行。

个人完成学历教育后，凭获得的学历（学位）证书报销学费，同时在个人培训账户中扣除相应的个人培训分。

培训分值尚未达到申请相应学历教育培训分值要求，但在相应分值要求的30%以上的人员。例如，想接受大学本科学历教育的个人，只要个人培训账户分值在30分以上，也可以按照规定提前安排学历教育的申报，经批准和备案并在人力资源科同意后安排进行，并凭学历（学位）证书报销学费。

对于不够条件，但按照规定可以提前接受学历教育的人员，个人应与厂人力资源科签订相关的协议，承诺在开始学历教育5年内个人培训奖励分应至少达到规定要求的80%以上。

如果学历教育5年期满后，个人培训账户培训分值仍无法达到规定要求的80%，则从个人工资中扣除已报销学费的50%；个人培训账户培训分值在规定要求的80%以上，但未达到规定要求，则从个人工资中按不足比例扣除已报销学费。

扣除比例 = 已报销学费总额 × (1 − 实际培训分值/攻读学历要求分值)

5.2.5 奖励性外派培训。

副科级以上干部当年成长绩效得分高于25分，一般管理岗当年成长绩效得分高于20分，可以享受外派培训机会1次。

外派培训奖励机会可跨年使用，费用实报实销。

培训内容应与专业相关，培训时间限定7日内。

培训课程可选清单由人力资源科提出，个人提出申请，人力资源科认定。

培训费每400元人民币等同于1个培训分，不足400元按照400元计算，以此类推。

员工接受外派培训奖励后，应扣除员工相应培训账户分值。

附录 D　企业项目化管理变革驱动测量问卷

企业发展项目化，项目管理科学化，科学管理知识化

(企业名称)

《企业项目化管理变革驱动测量问卷》

联系方式：022-2325 6533
邮　　箱：pmdoctor@263. com
联系地址：天津市和平区西康路 72-74 号云翔大厦 26 楼 H-O

企业项目化管理变革驱动测量问卷
道特智库

> **重要声明**：本调查由道特咨询公司发起，旨在了解_____项目化管理变革的驱动程度，为提高企业管理水平提供实施依据。本次调查研究仅用于客户企业的项目化能力提升服务，道特咨询公司会对客户企业的调查反馈严格保密，请认真回答，谢谢合作！
>
> 　请选择相应的选项或在相应选项上划"√"或写上选择数字。
>
> 道特智库

第一部分　被调研者及企业基本情况

1. 请说明您（问卷填写者）在公司中的角色与职责，并简要介绍您在工作面临的主要挑战和提升目标。

    （1）您的姓名：_____

    （2）您在公司中的角色和职责：_____

2. 贵公司所在的行业是：（　　）

    A. 工程建筑业　　　　　B. 生产制造业　　　　　C. 农业

    D. 医疗　　　　　　　　E. 金融　　　　　　　　F. 电子

    G. 纺织　　　　　　　　H. 交通　　　　　　　　I. 通信

    J. 互联网　　　　　　　K. 计算机　　　　　　　L. 咨询业

    M. 能源　　　　　　　　N. 零售　　　　　　　　O. 矿产

    P. 其他（请注明）：_____

3. 贵公司的性质是：（　　）

    A. 国有及国有控股　　　B. 集体所有制　　　　　C. 混合所有制

    D. 合伙人制　　　　　　E. 私营独资　　　　　　F. 中外合资

    G. 外商独资　　　　　　H. 股份制公司　　　　　I. 其他（请注明）

4. 贵公司上一年度的经营收入为：（　　）

    A. 1 亿元以下　　　　　　　　　　　B. 1 亿 ~ 10 亿元

    C. 10 亿 ~ 50 亿元　　　　　　　　　D. 50 亿元以上

5. 贵公司的成立时间为：（　　）

    A. 1 年以内　　　　　　　　　　　　B. 1 ~ 3 年以内

    C. 4 ~ 5 年以内　　　　　　　　　　D. 6 年及以上

6. 贵公司目前人员数量为：（　　）

    A. 50 人以内　　　　　B. 51 ~ 100 人　　　　C. 101 ~ 200 人

    D. 200 ~ 500 人　　　　E. 501 人以上

7. 贵公司销售交易类型是：（　　）

    A. 小型简单产品销售　　B. 大型复杂产品销售　　C. 居于 A 和 B 之间

第二部分　企业项目化管理变革驱动程度测量

8. 请对贵公司发展所处的宏观环境进行评价：

宏观环境因素	最低			中等						最高
	1	2	3	4	5	6	7	8	9	10
政治法律环境的不稳定性										
经济发展速度										
社会环境的不稳定性										
科学技术的更新速度										

9. 请对贵公司经营管理所处的行业环境进行评价：

行业环境因素	最低（少）			中等						最高（多）
	1	2	3	4	5	6	7	8	9	10
同行竞争者数量										
竞争的激烈程度										
竞争者的扩张手段										
卖方的数量										
卖方前向一体化的能力										
买方的数量										
买方的规模										
买方后向一体化的能力										
行业的进入壁垒										
预期同行对新进入者的抵制程度										
替代品的价格										
替代品的质量										
用户转换成本										

10. 和同行业竞争对手相比，请评价贵公司在以下方面所占的优势程度：

因素	最低（弱）			中等						最高（强）
	1	2	3	4	5	6	7	8	9	10
思想管理前瞻性										
知识管理科学性										
战略目标提升性										
项目任务艰巨性										
运作工作规范性										
组织专业化水平										
人员职业化水平										

本问卷到此结束，感谢您的参与！

附录 E　企业项目化管理诊断（DEPMT）问卷

掌握首套企业整体诊断工具　引领企业创新发展管理提升
成就个人乌卡时代事业发展

（企业名称）

《DEPMT 诊断问卷》

联系方式：022-2325 6533

邮　　箱：pmdoctor@263.com

联系地址：天津市和平区西康路 72-74 号云翔大厦 26 楼 H-O

特殊声明：本调查问卷是道特咨询公司"企业创新发展整体管理系统诊断"专用开发，除授权单位外任何非授权之第三方使用均为侵权行为。本调研需求的版权为道特咨询公司所有。

DEPMT 诊断问卷

道特智库

> **重要声明**：本调查由道特咨询公司发起，旨在了解_____创新发展整体管理水平，为提高企业整体管理水平提供实施依据。本次调查研究仅用于客户企业的项目化能力提升服务，道特咨询公司会对客户企业的调查反馈严格保密，请认真回答，谢谢合作！
>
> 请选择相应的选项或在相应选项上划"√"或写上选择数字。
>
> 道特智库

第一部分　被调研者及企业基本情况

1. 请说明您（问卷填写者）在公司中的角色与职责，并简要介绍您在工作面临的主要挑战和提升目标。

   （1）您的姓名：_____

   （2）您在公司中的角色和职责：_____

2. 贵公司所在的行业是：（　　　）

   A. 工程建筑业　　　　B. 生产制造业　　　　C. 农业

   D. 医疗　　　　　　　E. 金融　　　　　　　F. 电子

   G. 纺织　　　　　　　H. 交通　　　　　　　I. 通信

   J. 互联网　　　　　　K. 计算机　　　　　　L. 咨询业

   M. 能源　　　　　　　N. 零售　　　　　　　O. 矿产

   P. 其他（请注明）：_____

3. 贵公司的性质是：（　　　）

   A. 国有及国有控股　　B. 集体所有制　　　　C. 混合所有制

   D. 合伙人制　　　　　E. 私营独资　　　　　F. 中外合资

   G. 外商独资　　　　　H. 股份制公司　　　　I. 其他（请注明）

4. 贵公司上一年度的经营收入为：（　　　）

   A. 1 亿元以下　　　　　　　　　　　B. 1 亿~10 亿元

   C. 10 亿~50 亿元　　　　　　　　　D. 50 亿元以上

5. 贵公司的成立时间为：（　　　）

   A. 1 年以内　　　　　　　　　　　　B. 1~3 年以内

   C. 4~5 年以内　　　　　　　　　　　D. 6 年及以上

6. 贵公司目前人员数量为：（　　　）

   A. 50 人以内　　　　B. 51~100 人　　　　C. 101~200 人

   D. 200~500 人　　　　E. 501 人以上

7. 贵公司销售交易类型是：（　　　）

A. 小型简单产品销售

B. 大型复杂产品销售

C. 居于 A 和 B 之间

第二部分　DEPMT 系统诊断

8. 战略管理成效指标

战略管理成效	最差				中等					最好
	1	2	3	4	5	6	7	8	9	10
年度战略目标达成率										

9. 战略管理成果指标

战略管理成效		最差				中等					最好
		1	2	3	4	5	6	7	8	9	10
战略分析	宏观环境分析报告										
	行业竞争分析报告										
	标杆企业分析报告										
	企业业务能力评估报告										
	企业管理能力评估报告										
战略规划	战略规划报告 战略目标										
	战略定位										
	战略路径										
	战略举措										
	企业战略任务清单										
	战略突破项目清单										
	战略管理制度 战略组织架构										
	战略组织职责										
	战略管理工作流程										
	战略管理制度文件										
	战略管理工具库										
战略实施	战略宣贯实施方案										
	战略项目验收报告										
	战略任务执行报告										
战略考核修正	战略绩效评价报告										
	战略偏差分析报告										
	战略纠偏提升报告										

10. 项目管理成效指标

项目管理成效		最少（低）		中等						最多（高）	
		1	2	3	4	5	6	7	8	9	10
项目孵化	与行业内企业横向比较，每年新项目的产生数量										
	新项目在所有项目中所占比例										
项目成就与结果	项目对战略支持度										
	项目一次成功率										
	项目修正成功率										
	项目失败率										
	项目成果转化率										
人员满意度	客户满意度										
	项目团队成员满意度										
	项目管控人员满意度										

11. 项目管理成果指标

项目管理成果	最差		中等						最好	
	1	2	3	4	5	6	7	8	9	10
项目管理制度规范										
项目管理流程工具										
项目管理组织职责										
多项目管控职能										
项目管理信息系统										

12. 运作高效成效指标

运作高效成效	最差		中等						最好	
	1	2	3	4	5	6	7	8	9	10
主流程运作指标达成率										

13. 运作高效成果指标

组织子系统		最差		中等						最好	
		1	2	3	4	5	6	7	8	9	10
组织子系统	部门职责										
	岗位职责										
流程制度子系统	制度文件（含流程图）										
	跨部门协作										
IT 子系统支撑											

14. 组织保障成效指标

组织保障成效指标		最低				中等					最高
		1	2	3	4	5	6	7	8	9	10
组织管理成效指标	组织架构完善度										
	部门职责覆盖率										
	岗位职责设置率										
人员管理成效指标	人员聘用成功率										
	人员管理满意度										
	人员稳定率										
薪酬绩效成效指标	绩效考核方案的使用覆盖率										
	绩效考核方案的满意度										

15. 人员能力指标

人员能力指标	最差				中等					最好
	1	2	3	4	5	6	7	8	9	10
战略管理人员能力水平										
项目管理人员能力水平										
运作管理人员能力水平										
组织管理人员能力水平										
财务管理人员能力水平										

16. 组织保障成果指标

组织保障成果指标		最差				中等					最好
		1	2	3	4	5	6	7	8	9	10
组织管理成果	组织人员管理总体规划										
	公司治理结构图										
	企业组织架构图										
	部门组织架构图										
	项目组织架构图										
	部门职责描述书										
	岗位职责说明书										
	人员编制需求说明										
	组织管理规定										
	组织内控手册										

（续）

组织保障成果指标	最差				中等					最好
	1	2	3	4	5	6	7	8	9	10
人事管理成果 人员聘用年度计划										
人事任免管理规定										
人事授权管理规定										
人才推荐管理制度										
员工入职管理规定										
员工离职管理规定										
员工休假管理规定										
人事管理成果 人员调动管理规定										
劳动合同管理规定										
工作交接管理规定										
员工档案管理规定										
人员招聘管理系统										
员工测评系统										
员工职业发展系统										
考勤及工资发放制度										
薪酬绩效管理成果 绩效管理制度										
绩效整改实施细则										
绩效管理委员会章程										
绩效考核评价系统										
薪酬管理系统										
员工带薪休假管理规定										
员工社会保险和住房公积金管理规定										
员工冬季取暖补贴和集中供热采暖补助费发放管理规定										

17. 财务支撑成效指标

财务支撑成效指标	最低				中等					最高
	1	2	3	4	5	6	7	8	9	10
盈利能力成效指标										
营运能力成效指标										
偿债能力成效指标										

18. 财务支撑成果指标

财务支撑成效指标		最低				中等					最高
		1	2	3	4	5	6	7	8	9	10
财务战略决策及支持体系成果	财务战略决策成果										
	战略决策支持成果										
财务控制与执行体系成果	预算管理体系成果										
	责任绩效考核体系成果										
运作管理与维护体系成果	现金流管理体系成果										
	财务流程管理成果										
	数字化财务管理成果										

19. 专业知识指导层级成效指标

专业知识成效指标	最差				中等					最好
	1	2	3	4	5	6	7	8	9	10
经验知识更新到知识库工具库										
知识在组织内的运转程度										
外部认证通过率										
个人开发课程数量										

20. 专业知识指导层级成果指标

专业知识成果指标		最低				中等					最高
		1	2	3	4	5	6	7	8	9	10
知识开发	知识库										
	工具库										
专业展现	专业课程清单及课件										
	专业学习组织										
	专业授证讲师库										
能力复制	企业能力复制方案										

21. 思想传承层级的管理水平

思想传承层级成果	最低				中等					最高
	1	2	3	4	5	6	7	8	9	10
使命愿景										
理念与价值观										
管理法则										

本问卷到此结束，感谢您的参与！

附录 F　企业管理人员能力提升路线图

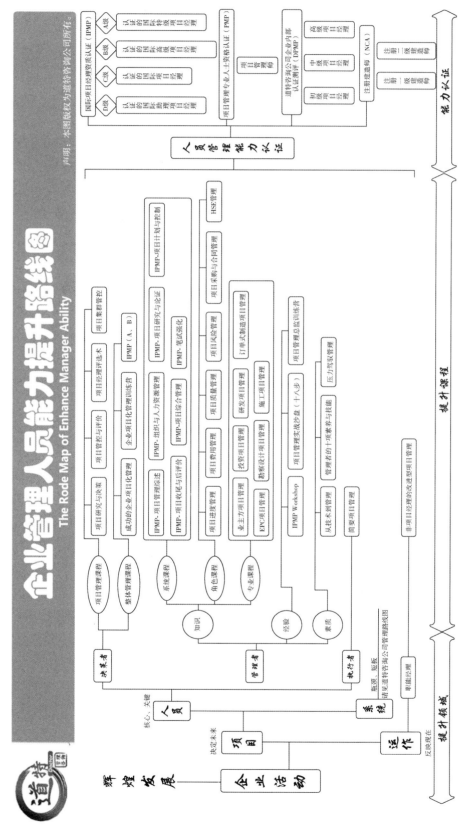

图F-1　企业管理人员能力提升路线图

附录 G　企业系统建设路线图

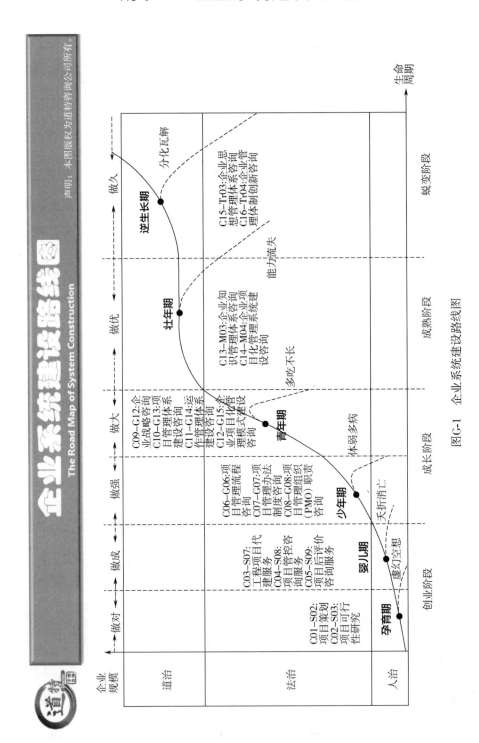

图G-1　企业系统建设路线图

后 记

　　多年来，我本人及道特智库团队一直潜心于企业项目化管理的研究和服务。本书的出版凝结了各界人士的支持和帮助，在此特别感谢南开大学张金成教授、《项目管理技术》杂志张星明主编、华中科技大学 EMBA 中心陈丹武主任和管理咨询专家梁毅先生在本书成书过程中所给予的大力支持和帮助，并对教育界、企业界及道特智库的众多人士、有关专家和朋友一并表示感谢。

　　科技在发展，社会在进步。转变发展观念，构建更为和谐的发展模式，成为当今企业发展的主题；客户为中心、市场为导向、系统应变为手段，柔性制造、定制化生产、持续变革，成为当今企业的核心任务。21 世纪的企业面临着全方位的挑战，只有那些勇于接受挑战、敢于锐意变革，系统、实效地构建了企业项目化管理体系的企业，才能走在时代发展的前列。

　　物竞天择，适者生存。面向竞争、迎接挑战的企业项目化管理，成为当今企业管理的必然选择。凭借卓越管理之道，特创辉煌发展成就，本书创新性地提出并系统性地构建了"企业项目化管理范式"，希望为当今企业转变发展模式、实现以管理促经营的科学发展奠定坚实的管理基础。

　　目前，企业项目化正围绕着理论提升、实践深化、组织建设三方面蓬勃发展。在组织建设方面，已经成立了企业项目化管理专业研究委员会、企业项目化管理俱乐部等组织，希望有志于企业项目化管理研究与发展的专家学者、企业精英们更多地参与进来，共同为企业项目化管理的深化与发展贡献智慧与力量！

　　最后，希望各位读者读有所思、悟有所得、用有所成。

参考文献

[1] 白思俊. 现代项目管理：上册 [M]. 北京：机械工业出版社，2003.

[2] 黄继刚. 核心竞争力动态管理研究 [D]. 北京：中国社会科学院研究生院，2002.

[3] 邵婧婷，欧立雄. 企业"按项目进行管理"的体系框架研究 [J]. 科技进步与对策，2008，25（12）：124-127.

[4] 项目管理协会. 项目管理知识体系指南（PMBOK®指南）[M]. 王勇，张斌，译. 4 版. 北京：电子工业出版社，2009.

[5] 钟伦纳. 研究社会的方法 [M]. 重庆：重庆大学出版社，2019.

[6] 李东红. 企业核心能力理论评述 [J]. 经济学动态，1999（1）：62-63.

[7] 张纯洪. 企业动态核心能力研究 [D]. 长春：吉林大学，2006.

[8] 王毅. 企业核心能力理论探源与述评 [J]. 科技管理研究，2000（5）：5-8.

[9] 魏江. 企业核心能力的内涵与本质 [J]. 管理工程学报，1999，13（1）：53-55.

[10] 张平淡. 核心能力创新企业价值 [M]. 北京：中国经济出版社，2007.

[11] 许庆瑞，郭斌，王毅. 中国企业技术创新——基于核心能力的组合创新 [J]. 管理工程学报，2000，14（B12）：1-9.

[12] 郁培丽，樊治平. 企业核心技术的一种评价与选择方法 [J]. 管理工程学报，2003，17（4）：42-45.

[13] 张纯洪，刘海英，孙巍. 核心能力的内涵及表现形式研究 [J]. 工业技术经济，2004，23（2）：40-42.

[14] 蒋翠清. 支持动态能力的企业知识创新体系研究 [D]. 合肥：合肥工业大学，2007.

[15] 张晓鹏，刘巨钦. 基于资源视角的企业集群核心能力形成的内在逻辑 [J]. 湘潭师范学院学报（社会科学版），2008，30（3）：39-41.

[16] 周怀乐，韩丽川. 互补资源对企业合作创新的影响分析 [J]. 科学技术与工程，2009，9（9）：2532-2535.

[17] 成思危. 中国管理科学的学科结构与发展重点选择 [J]. 管理科学学报，2000，3（1）：1-6.

[18] 康荣平，柯银斌. 核心能力论在中国的应用 [J]. 科研管理，1999，20（5）：1-4.

[19] 苏敬勤，吴爱华. 比较核心能力之形成路径 [J]. 科技进步与对策，2000，17（11）：62-63.

[20] 戚安邦. 项目管理学 [M]. 北京：科学出版社，2007.

［21］白思俊．现代项目管理：上册［M］．北京：机械工业出版社，2008.

［22］白思俊．现代项目管理概论［M］．北京：电子工业出版社，2006.

［23］刘荔娟．现代项目管理［M］.3 版．上海：上海财经大学出版社，2007.

［24］卢有杰．现代项目管理学［M］.2 版．北京：首都经济贸易大学出版社，2007.

［25］TREVOR L Y．泰晤士报商务版——成功的项目管理［M］．严鸿娟，译．长春：长春出版社，2001.

［26］中国项目管理研究委员会．中国项目管理知识体系与国际项目管理专业资质认证标准——国际项目管理专业资质认证系列［M］．北京：机械工业出版社，2003.

［27］国际项目管理协会．国际项目管理专业资质认证标准［M］．中国（双法）项目管理研究委员会，译．北京：电子工业出版社，2006.

［28］李长征，孙强．PRINCE 2 项目管理方法［J］．中国计算机用户，2003，19（38）：40-41.

［29］李鹏，戴俊俊，顾瑾．从流程层面到组织层面的扩展：项目管理成熟度研究综述［J］．物流科技，2005，28（9）：117-122.

［30］戚安邦，于波．面向创新的项目导向型企业体制与机制的集成模型与方法［J］．南开管理评论，2007，10（3）：94-101.

［31］孙亚男，王彦伟．提高项目管理水平的利器——项目卓越模型介绍［J］．项目管理技术，2005，3（8）：54-55.

［32］项目管理协会．项目管理知识体系指南（PMBOK®指南）［M］．卢有杰，王勇，译.3 版．北京：电子工业出版社，2004.

［33］何新贵，王纬，王方德，等．软件能力成熟度模型［M］．北京：清华大学出版社，2000.

［34］黄锡伟．CMMI 解析与实践［M］．北京：人民邮电出版社，2004.

［35］左美云，陈蔚珠，胡锐先．信息化成熟度模型的分析与比较［J］．管理学报，2005，2（3）：340-346.

［36］张名清．基于 Kerzner 模型的建筑设计企业项目管理成熟度研究［J］．建筑经济，2007（S2）：29-30.

［37］KERZNER H．组织项目管理成熟度模型［M］．张增华，吕义怀，译．北京：电子工业出版社，2006.

［38］崔智华，姚顺波，蔡哲．组织层项目管理评估研究［J］．中国管理信息化，2009（9）：98-101.

［39］张新星，张连营．组织的项目管理成熟度模型分析及其选择［J］．内蒙古农业大学学报（社会科学版），2007，9（2）：136-139.

［40］詹伟，邱菀华．项目管理成熟度模型及其应用研究［J］．北京航空航天大学学报（社会科学版），2007，20（1）：18-21.

［41］黄喜，李建平，张洪石．科研项目管理成熟度模型及其应用研究［J］．中国科技论坛，2009（6）：15-19.

［42］王卫东，袁家军，欧立雄．"神舟"飞船项目管理成熟过程和成熟度模型的建立［J］．航天工业管理，2006（6）：27-30.

［43］陈云川．小议项目管理成熟度模型的运用［J］．科技管理研究，2009，29（1）：266-267.

［44］范瑞琛，李强，冉杰．铁路建设中项目管理成熟度模型应用研究［J］．技术与市场，2008（11）：66-68.

［45］徐绪松，曹平．项目管理知识体系的比较分析［J］．南开管理评论，2004，7（4）：83-87.

［46］尹贻林，朱俊文．项目管理知识体系的发展研究［J］．中国软科学，2003（8）：103-105.

［47］徐绪松，曹平，龙虎．基于知识管理的项目管理知识体系框架［J］．管理世界，2003（4）：146-148.

［48］朱骏文，高华．项目管理知识体系框架研究［J］．技术经济与管理研究，2006（1）：70.

［49］高照兵，徐保根．论项目管理的知识体系［J］．项目管理技术，2008，6（7）：22-27.

［50］桂维民，杨乃定，姜继娇．基于战略视角的企业项目管理模式研究［J］．中国软科学，2004（5）：78-81.

［51］欧立雄，余文明．企业项目化管理中战略层次的项目组合选择模型［J］．科学技术与工程，2007，7（9）：2182-2186.

［52］戚安邦，杨玉武，廖媛红，等．面向知识经济与创新型国家的项目导向型组织和社会研究［J］．科学学与科

学技术管理，2006（4）：70-76.

[53] KERZNER H. 项目管理的战略规划：项目管理成熟度模型的应用［M］. 张增华，吕义怀，译. 北京：电子工业出版社，2002.

[54] 白思俊，袁天波，宫晓华. 基于组织学习视角的项目管理能力开发模型框架研究［J］. 情报杂志，2008，27（3）：11-13.

[55] 蔚林巍. 项目化的管理与项目组合管理［J］. 项目管理技术，2004，2（1）：1-5.

[56] 高水清，刘清志. 论企业项目化管理的可行性［J］. 山东理工大学学报（社会科学版），2007，23（6）：45-48.

[57] 周雪梅，刘冉. 企业的项目化管理初探［J］. 经济论坛，2006（3）：81-83.

[58] 袁敏敏. 项目化管理的实施与实践探索［J］. 职业与健康，2008，24（2）：177-178.

[59] 冉守忠. 工程设计企业项目化管理应用研究［J］. 农业科技与信息，2008（20）：65-66.

[60] 赵郑. 项目化管理：发掘企业营销的内部优势［N］. 中国医药报，2008-12-22（4）.

[61] KIM W C，MAUBORGNE R. 蓝海战略［M］. 吉宓，译. 北京：商务印书馆，2005.

[62] 戚安邦，杨玉武，廖媛红，等. 面向知识经济与创新型国家的项目导向型组织和社会研究［J］. 科学学与科学技术管理，2006，27（4）：70-76.

[63] GIDO J，CLEMENTS J P. 成功的项目管理［M］. 张金成，等译. 北京：机械工业出版社，1999.

[64] 李文. 项目化企业的组织结构选择［J］. 科学学与科学技术管理，2005，26（12）：151-156.

[65] 边秀武，吴金希，张德. 项目管理中的人和组织因素研究现状综述［J］. 清华大学学报（哲学社会科学版），2006（S1）：90-96.

[66] 戚安邦. 项目管理学［M］. 天津：南开大学出版社，2003.

[67] 中国项目管理研究委员会. 中国项目管理知识体系与国际项目管理专业资质认证标准［M］. 北京：机械工业出版社，2007.

[68] 刘国靖. 现代项目管理教程［M］. 北京：中国人民大学出版社，2004.

[69] 刘国靖. 现代项目管理教程［M］. 2版. 北京：中国人民大学出版社，2009.

[70] ROBBINS S P，COULTER M. 管理学［M］. 孙建敏，等译. 7版. 北京：中国人民大学出版社，2004.

[71] 方统法. 论企业核心能力的识别［J］. 外国经济与管理，2001，23（7）：9-14.

[72] COYNE K，HALL S，CLIFFORD P. 公司的核心竞争力是否只是一个幻影？［J］. 麦肯锡高层管理论丛，1997（Ⅲ）：95-105.

[73] 国家标准化管理委员会. 标准化基础知识培训教材［M］. 北京：中国标准出版社，2004.

[74] 史东明. 核心能力论——构筑企业与产业的国际竞争力［M］. 北京：北京大学出版社，2002.

[75] 余伟萍，陈维政，任佩瑜. 中国企业核心竞争力要素实证研究［J］. 社会科学战线，2003（5）：82-89.

[76] 王淑珍，赵邦宏，张润清，等. 资产评估统计与预测：下册［M］. 北京：中国财政经济出版社，2001.

[77] GILBERT G P. The project environment［J］. International Journal of Project Management，1983，1（2）：83-87.

[78] CHANDLER A D. Scale，Scope［M］. New York：The Free Press，1990.

[79] COCKBUM L M，HENDERSON R M，STERN S. Untangling the origins of competitive advantage［J］. Strategic Management Journal，2000（21）：1123-1145.

[80] PRAHALAD C K，HAMEL G. The core competence of the corporation［J］. Harvard Business Review，1990（66）：79-90.

[81] DOROTHY L B. Wellspring of knowledge：building and sustaining the sources of innovation［M］. Boston：Harvard Business School Press，1995.

[82] CHRISTINE O. Sustainable competitive advantage：combining institutional and resource-based views［J］. Strategic Management Journal，1997，18（9）：697-713.

［83］ COOPER G K, LYNEIS J M. Learning to learn: from past to future ［J］. International Journal of Project Management, 2002 (4): 213-219.

［84］ KNOEPFEL H, PANNENBACKER L, CAPUPIN G, et al. IPMA competence baseline 2000 ［M］. Zurich: International Project Management Association, 2000.

［85］ MORRIS P W G. Updating the project management bodies of knowledge ［J］. Project Management Journal, 2001, 32 (3): 21-30.

［86］ BODEA C. Project oriented society: from a theoretic concept to a concrete economic reality ［J］. Economy Informatics, 2002 (1): 22-27.

［87］ GAREIS R. Management in the project-oriented society ［C/OL］. Project management Group, 2002. http://www. wu-wien. ac. at/pmg_ eng/ma/pos.

［88］ GAREIS R, FUSSINGER E. Final report: analysis and benchmarking of the maturities of project-oriented nations ［C/OL］. Vienna: Vienna University of Economics and Business Administration, 2007. http://www. wu. ac. at/pmg/fors-chungsprojekte/abgeschlossen/poa2_ abschlussbericht.

［89］ SYDOW J, LINDKVIST L, DEFILLIPPI R. Project-based organizations, embeddedness and repositories of knowledge ［J］. Organization Studies, 2004 (9): 6-10.

［90］ CRAWFORD L. Project management competence for the new millennium: Proceedings of 15th World Congress on Project Management ［C］. London: IPMA, 2000.

［91］ WIDEMAN R M. Criteria for a project management body of knowledge ［J］. International Journal of Project Management, 1995, 13 (2): 71-75.

［92］ TURNER J R. The global body of knowledge, and its coverage by the referees and members of the international editorial board of this journal ［J］. International Journal of Project Management, 2000, 18 (1): 1-6.

［93］ Competency Standards Project Officer, Australian Institute of Project management. National standards for project management ［M］. Yeronga QLD, 1996.

［94］ WIRH I, TRYLOFF D E. Preliminary comparison of six efforts to document the project management body of knowledge ［J］. International Journal of Project Management, 1995, 13 (2): 109-118.

［95］ KWAK Y H, IBBS C W. Project management process maturity (PM) 2 model ［J］. Journal of Management in Engineering, 2002 (7): 150-155.

［96］ CMMI Product Team. CMMI^{SM} for systems engineering, software engineering, integrated product and process development, and supplier sourcing (CMMI-SE/SW/IPPD/SS, V1. 1) ［R］. Pennsylvania: SEI, Carnegie Mellon University, 2002.

［97］ MULLALY M. Longitudinal analysis of project management maturity ［J］. Project Management Journal, 2006, 37 (3): 62-73.

［98］ PAULK M, CURTIS B, CHRISSIS M, et al. Capability Maturity Model for Software (Version1. 1) ［R］. Pennsylvania: SEI, Carnegie Mellon University, 1993.

［99］ REMENYI D. Knowledge management and maturity models: building common understanding, proceedings of the 2nd European conference on knowledge management ［C］. London: Academic Conferences Limited, 2001.

［100］ SCHLICHTER J. PMI's organizational project management maturity model: emerging standards ［C］. Pennsylvania: PMI Annual Symposium, 2001.

［101］ PMI. PMI's organizational project management maturity model standards ［M］. Pennsylvania: PMI, 2004.

［102］ PMI. An executive's guide to OPM3 ［M］. Pennsylvania: PMI, 2003.

［103］ TURNER J R, KEEGAN A. The versatile project-based organization: governance and operational control ［J］. European Management Journal, 1999, 17 (3): 22-25.

[104] TURNER J R, KEEGAN A. Mechanisms of governance in the project-based organization: the role of the broker and steward [J]. European Management Journal, 2001, 19 (3): 35-37.

[105] HPBDAY M. The project-based organization: an ideal form for managing complex products and systems? [J]. Research Policy, 2000 (29): 48-50.

[106] BRESNEN M, GOUSSEVSKAIA A, SWAN J. Embedding new management knowledge in project-based organizations [J]. Organization Studies, 2004, 25 (9): 1535-1555.

[107] DAVENPORT J. UK film companies: project-based organizations lacking entrepreneurship and innovativeness? [J]. Creativity and Innovation Management, 2006, 15 (3): 28-29.

[108] KODAMA M. Project-based organization in the knowledge-based society [M]. London: Imperial College Press, 2007.

[109] LUNDIN R A, SODERHOLM A. A theory of the temporary organization [J]. Scandinavian Journal of Management, 1995, 11 (4): 437-455.

[110] LINDKVIST L. Governing project-based firms: promoting market-like processes within hierarchies [J]. Journal of Management and Governance, 2004 (8): 3-25.

[111] SYDOW J, LINDKVIST L, DEFILLIPPI R. Project-based organizations, embeddedness and repositories of knowledge [J]. Organization Studies, 2004, 25 (9): 1475-1489.

[112] PORTE T R L. Politics and "inventing the future": perspectives in science and government [J]. Public Administration Review, 1967, 27 (2): 122.

[113] ZACHARIAH M. Educational aid: a bibliographic essay and a plea for new lines of enquiry [J]. Comparative Education, 1970, 6 (2): 116.

[114] MCGILL R. Institutional development: a review of the concept [J]. International Journal of Public Sector Management, 1995, 8 (8): 72.

[115] O'DONOVAN I. Designing effective management education programmes [J]. International Journal of Public Sector Management, 1995, 8 (3): 39-51.

[116] FANZEL S, DENNING G L, LILLESO J P B, et al. Scaling up the impact of agroforestry: lessons from three sites in Africa and Asia [J]. Agroforestry System, 2004 (61): 339.

[117] TOYLOR H. From general training to projeetization: implications for learning process and the roles of trainers [J]. Public Administration and Development, 1995, 15 (5): 481-494.

[118] TOREACY M, WIERSEMA F. Customer intimacy and other value disciplines [J]. Harvard Business Review, 1993, 71 (1): 84-93.

[119] CHARLES F. Using a cross-functional team at Ford to select a corporate PM system [J]. PM Network, 1990, 4 (6): 35-59.

[120] WILLAIM R K. Strategic issue management [M] //KING W R, CLELAND D I. Strategic planning and management handbook. New York: Van Nostrand Reinhold, 1986.

[121] GAREIS R. Knowledge elements for project management and managing project-oriented organizations [C]. Vienna: Vienna University of E & B, 1999.

[122] TURNER J R, KEEGAN A E. Mechanisms of governance in the project-based organization: the roles of the broker and steward [J]. European Management Journal, 2001, 19 (3): 19-24.

[123] PEARCE F. The biggest dam in the world [N]. New Scientist, 1995-01-28 (5).

[124] CAVALERI S A, FEARON D S. Integrating organizational learning and business praxis: a case for intelligent project management [J]. The Learning Organization, 2000, 7 (5): 251-258.

[125] DAVIS S M, LAWRENCE P R. Matrix [M]. Boston: Addison-Wesley Publishing Company, 1977.

[126] PETERS T, AUSTIN N. A passion for excellence [J]. Fortune, 1985 (5): 20-32.

［127］ KATZELL M E. Productivity: the measure and myth［M］. New York: Amaeom, 1995.

［128］ TONEY F. Good results yield-resistance?［J］. PM Network, 1996 (10): 35-38.

［129］ OU L X, JIANG J J. Application of project management in marketing［C］. Project Management in 21st Century-Knowledge Economy and the Development of Western China, IPMF, 2000.

［130］ CURRIER D R. The fundamentals of top management［M］. New York: Harper and Brothers, 1951.

［131］ NEWMAN W H, WARREN E K, MCGILL A R. The Process of management: strategy, action, results［M］. 6th ed. Englewood Cliffs, N. J. : Prentice-Hall, 1987.

［132］ GIDO J, CLEMENTS J P. Successful project management［M］. California: South-Western College Publish, 1999.

［133］ TURNER J R. Towards a theory of project management: the nature of the project governance and project management［J］. International Journal of Project Management, 2006 (24): 93-95.

［134］ GADDIE S, CHARTER M. Enterprise project management: a seven-step process for connecting business planning to project delivery［C］. Texas USA: Proceedings of PMI's Annual Seminar and Symposium, 2002.

［135］ BYLINSKY G. The digital factory［J］. Fortune, 1994 (11): 93-110.

［136］ SCHINE E. Out at the skunk works, the sweet smell of success［N］. Business Week, 1993-04-26 (5) .

［137］ CATANESE A J. At penelec, project management is a way of life［J］. Project Management Journal, 1990, 21 (4): 7.

［138］ WILLIAM T. Message and muscle: an interview with swatch titan nicolas hayek［J］. Harvard Business Review, 1993 (3): 99-100.

［139］ KEEGAN A, TURNER J R. The management of innovation in project-based firms［J］. Long Range Plan, 2002, 35 (4): 94-367.

［140］ PLATJE A, SEIDEL H, WADMAN S. Project and portfolio planning circle: project-based management for the multi-project challenge［J］. Int J Project Manage, 1994, 12 (2): 6-100.

［141］ SCHEINBERG M, STRETTON A. Multi-project planning: tuning portfolio indices［J］. International Toural of Project management, 1994, 12 (2): 14-107.

［142］ ESKEROD P. Meaning and action in a multi-project environment: understanding a multi-project environment by means of metaphors and basic assumptions［J］. International Toural of Project management, 1996, 14 (2): 5-61.

［143］ MERWE A P V D. Multi-project management-organizational structure and control［J］. International Toural of Project management, 1997, 15 (4): 223-233.

［144］ ATKINSON R. Project managemen: cost, time and quality, two best guesses and a phenomenon, its time to accept other success criteria［J］. International Journal of Project Management, 1999, 17 (6): 337-342.

［145］ FREEMAN R E. Strategic management: a stakeholder approach［M］. Boston: Pitman, 1984.

［146］ DUMAINE B. Who needs a boss?［J］. Fortune, 1990 (5): 52-60.

［147］ SAWLE W S. Crisis project management［J］. PM Network, 1991 (1): 25-29.

［148］ DAI C X, WELLS W G. An exploration of project management office features and their relationship to project performance［J］. International Journal of Project Management, 2004 (22): 523-532.

［149］ STEWART T A. Brace for Japan's hot new strategy［J］. Fortune, 1992 (12): 62-74.

［150］ BUTLER R J. A project milestone bonus plan: bringing a plant startup on-line, on-time, on-cost［J］. National Productivity Series, Winter 1991, 11 (1): 31-39.

［151］ STUNTZ J W. A general manager talks about matrix management［M］//CLELAND D I. Matrix Management Handbook. New York: Van Nostrand Reinhold, 1984.

［152］ COCKBUM L M, HENDERSON R M, STERN S. Untangling the origins of competitive advantage［J］. Strategic Management Journal, 2000, 21 (10/11): 1123.

［153］ CHANDLER A D. Scale, Scope［M］. NewYork: The Free Press, 1990.

［154］ PRAHALAD K，HAMEL G. The core competence of the corporation ［J］. Harvard Business Review，1990（66）：79-90.

［155］ TEECE D J，PISANO G，SHUEN A. Dynamic capabilitied and strategic management ［J］. Strategic Management Journal，1997，18（7）：509-533.

［156］ HANEL G，HEENE A. Competence-based competition ［M］. New York：Wiley，1994.

［157］ LINDEN D W. The mother of them all ［J］. Forbes，1995（1）：75-76.

［158］ FAYOL H. General and industrial management ［M］. London：Sir Isaac Pitman & Sons，Ltd.，1949.

［159］ HOFSTADTER E. The science of the deal：project management needs wall street ［J］. PM Network，2002（9）：11-19.

［160］ ARCHIBALD R D. Managing high-technology programs and projects ［M］. New York：Wiley，1976.

［161］ GLELAND D I. Defining a project management system ［J］. Project Management Quarterly，1977，10（4）：37-40.

［162］ DAVIES T C. The "real" success factors on projects ［J］. International Journal of Project Management，2002（20）：185-190.

［163］ Project Management Institute Standard Committee. A guide to project management body of knowledge ［M］. Pennsylvania：Project Management Institute，2004.